KB071575

학습과학 II

학습자, 맥락 그리고 문화

How People Learn II: The Science and Practice of Learning 위원회 편저

신종호 · 이현주 · 최효식 · 연은모 · 진성조 · 장유진 · 황혜영
정은경 · 박수원 · 조은별 · 김명섭 · 김정아 · 류장한 공 역

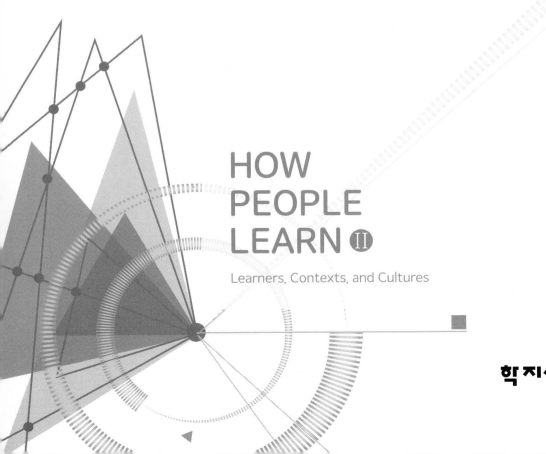

HOW
PEOPLE
LEARN II

Learners, Contexts, and Cultures

학지사

How People Learn II: Learners, Contexts, and Cultures
by National Academies of Sciences, Engineering, and Medicine, Division of
Behavioral and Social Sciences and Education, Board on Science Education, Board
on Behavioral, Cognitive, and Sensory Sciences, Committee on How People Learn II:
The Science and Practice of Learning

역자 서문

인간은 평생 학습자로 살아간다. 따라서 인간이 언제, 어떻게 학습하느냐는 개인의 삶은 물론, 사회 전체의 변화 방향을 결정한다. 같은 맥락에서 인간이 언제, 어떻게 학습하는가를 제대로 이해할 때, 우리는 개인과 사회의 미래를 기대하는 방향으로 이끌 수 있다. 인공지능이 인간을 대체할 것이라는 구체적인 예측들과 직면하는 오늘날, 인간의 학습 기제를 섬세하게 이해하고 교육에 반영하는 작업은 인간 소외 문제에 가장 직접적으로 대응하는 시작점일 것이다. 인간이 어떻게 학습하는가를 규명하는 노력은 특정한 개인이나 집단의 지적 호기심에서 비롯되는 문제가 아니다. 학습자로서 우리 모두가 공존하게 될 미래사회가 직면한 과제이다.

이러한 사회적 요구를 학술적으로 반영한 결과물 중 하나가 『학습과학 II(How People Learn II: Learners, Contexts, and Cultures)』라고 생각한다. 2000년에 미국 국립학술원(National Academies)이 학습의 기제를 교육심리학과 인지심리학 연구를 근거로 통합적으로 정리한 『학습과학(How People Learn: Brain, Mind, Experience, and School-Expanded Edition)』은 교육 장면에 중요한 실제적인 시사점을 제공해 주었다. 『학습과학』의 원문에서는 '책'이라는 용어 대신 '보고서(report)'라는 표현을 사용하였을 만큼, 경험적 연구들을 발굴하고 교육 현장과 연계하는 프로젝트의 결과물이었다. 이에 역자들은 이 보고서에 담긴 '학습에 대한 과학적 분석과 이해'의 중요성을 강조하면서, 『학습과학: 뇌, 마음, 경험, 그리고 교육』이라는 제목으로 이 책을 국내에 소개한 바 있다. 이후 20여 년 만에 급격한 사회적 변화들을 학습에 반영하려는 문제의식을 담고 새로운 보고

서인『학습과학 II』가 출판되었다.『학습과학 II』는『학습과학』과 비교하여 학습
에 대한 연구 주제와 방법론에서 뚜렷한 확장을 보여 주었다. 미래교육의 차별
화에 대한 사회적 기대가 더욱 높아지는 시점에 다양한 활용 가치를 담고 있다
고 생각된다.

우선,『학습과학』이 교육심리학, 인지심리학과 함께 신경생리학 관점에서 학
습자의 뇌 발달과 학습의 관계에 대한 연구들을 적극적으로 소개했다면,『학습
과학 II』는 사회적·문화적 요인과 학습 기제의 상호작용에 보다 방점을 두었다
고 볼 수 있다. '2장 맥락과 문화'를 시작으로 전체 장에 걸쳐서 학습이 발생하
는 맥락이 학습자의 경험에 미치는 영향이 폭넓게 검토되었다. 특히 여러 경험
적 연구 결과를 근거로 교수학습 환경에서 동일한 자극이 주어지더라도 학습자
가 지닌 사회문화적 배경에 따라서 이들 자극이 다르게 인식되고 해석될 가능성
들이 소개되었다. 교수자의 미묘한 문화적 편향이 학습자의 심리적 경험에 미
치는 효과 혹은 개별 학습자가 가진 사회문화적 경험이 학습 맥락에서 전략적으
로 활용될 수 있는 방안들을 다룬 연구 결과들은 우리가 학습자 간 이질성에 대
하여 은연중에 가지게 된 부담감을 풍성한 학습 자원으로 인식하도록 돕는다.
물론 미국 학교교육에서 다민족, 다인종 학습자를 대상으로 한 연구들의 비중이
높으나, 이들 내용들은 최근 우리나라에서 가시화되고 있는 사회계층별 교육격
차 문제나 다문화교육의 실천에 실질적으로 참고할 수 있는 내용들이다.

이와 함께 학습 맥락을 구성하는 요소로서 디지털 테크놀로지의 역할을 폭넓
게 다루어 교육현장에 적용될 수 있는 방안을 공유하는 부분도 주목할 만하다.
디지털미디어와 함께 성장한 이 시대의 학습자들에게 자연스럽게 학습 경험을
유도하는 디지털 환경을 제공하는 것은 매우 결정적인 교수학습 전략이다. 디
지털 테크놀로지를 교육적으로 활용한다는 의미가 단순히 새롭게 등장한 도구
들에 대한 많은 정보를 확보하는 것에 그쳐서는 안 된다. 이러한 관점에서『학
습과학 II』에서는 디지털미디어를 통해 학습자에게 제공해야 할 학습 경험의 본
질적인 속성들을 안내한다. 교육을 목적으로 활용되는 디지털 테크놀로지가 궁
극적으로는 학습자가 가진 사회문화적 경험을 충분히 활성화하는 기회를 제공

하고, 나아가 안전하게 삶의 공간에서 활용될 수 있도록 도와야 한다는 점에서 학습 맥락의 한 요소로 디지털 테크놀로지가 다루어진 점에 공감한다.

특히 『학습과학 II』에서는 생애 전반에 걸쳐 발생하는 학습자의 경험에 대한 논의가 더욱 풍성해졌다. 뇌 발달, 기억, 추론, 학습동기, 학습장애 등 다양한 측면에서의 생애 발달은 물론, 일터에서의 학습 기제까지 연구의 적용 범위를 넓혔다. 개인의 사회문화적 경험이 학습에 미치는 영향을 학교교육 이후의 시기까지 확대하여 분석함으로써, 학습을 과학적으로 바라보고 교육적 실천으로 연계하는 일련의 과정을 보다 거시적으로 그려 볼 수 있는 기회를 제공하였다고 여겨진다.

두 학기에 걸쳐 번역에 참여한 모든 참여자의 노고로 『학습과학 II』가 마무리되었다. 교사, 연구자 및 학습에 대한 통찰을 얻고자 하는 모든 분께 도움이 되길 바란다. 출판을 위해 세심하게 힘써 주신 학지사의 김진환 대표이사와 김준범 부장 이하 직원들에게 감사의 마음을 전한다.

2020년 3월
역자 대표 신종호

서문

　사람들이 배움에 호기심을 가지는 데에는 많은 이유가 있으며, 지난 수십 년 동안 뇌의 작용에 대한 이해와 배움이 개인의 학습, 교육, 정책에 어떤 함의를 가질 수 있는지를 탐색한 연구가 폭발적으로 증가하였다. 2000년, 『How People Learn: Brain, Mind, Experience, and School-Expanded Edition』 (National Research Council, 2000; 이후 HPL I)이 발간되었고 그 영향력은 매우 광범위하였지만 20년이 지난 지금도 연구의 지형은 계속 발전해 왔다. 『How People Learn II』는 상당한 수준의 업데이트가 이루어졌다. 본 보고서는 특정한 교육적 딜레마에 대한 해답을 제시하지 않는다. 특정한 교수법이나 '월요일 아침에 할 일'에 대한 답을 제공하지 않는다. 그 대신 위원회에서는 이 보고서가 모든 연령층의 교육과 학습에 관한 연구와 실천에 관한 논의를 풍부하게 할 수 있는 도구가 되기를 기대한다. 우리는 현존하는 과학적 증거를 우리가 할 수 있는 가장 간단하고 정확하며 완전한 방법으로 제시하고, 그 발견들을 창의적으로 종합하고 해석하려고 노력해 왔다. 그러나 실제 세계는 매우 복잡하고 예측하기 어렵기 때문에 과학적인 발견을 실제에 적용하는 것은 결코 쉬운 일이 아니다. 따라서 위원회는 독자들이 연구와 관련하여 우리가 제시하는 연구 결과에 대해 비판적으로 생각하고, 우리가 살펴본 연구 결과가 독자들의 전문 분야 맥락에서 교육 전략, 정책, 연구 질문을 정당화하는 데 활용된 여러 증거 및 정책과 어떻게 일치하는지 숙고해 보길 바란다. 적극적인 토론을 통해, 그리고 실제 연구가 수행되었던 특수한 맥락을 넘어 연구 결과를 다양한 맥락에 적용하려고 시도할 때, 우리는 학습에 관한 새로운 이해와 더 나은 정책과 실천을 창출할 수 있을 것이다.

본 보고서는 알프레드슬로안재단(Alfred P. Sloan Foundation), 미국교육학회(American Educational Research Association), 빌앤멜린다게이츠재단(Bill & Melinda Gates Foundation), 미국교육부 교육과학연구소(Institute of Education Sciences of the U.S. Department of Education), 티글재단(Teagle Foundation), 윌리엄앤플로라휴렛재단(William and Flora Hewlett Foundation) 그리고 추가적으로 국립과학아카데미의 W. K. 켈로그재단 기금(National Academy of Sciences' W. K. Kellogg Foundation Fund) 및 국립과학기술의학학술원 의장서클 기금(National Academies of Sciences, Engineering, and Medicine Presidents' Circle Fund)의 후원이 있었기에 가능하였다. 우리는 특히 본 보고서를 완성하는 데 비전과 열정을 제시해 준 Ed Dieterle(전 빌앤멜린다게이츠재단)에게 감사의 인사를 전한다. 우리는 연방정부 소속의 행동과학, 인지과학, 감각과학 위원회(Board on Behavioral, Cognitive, and Sensory Sciences), 특히 사회과학, 행동과학, 경제과학 이사회(National Science Foundation's Social, Behavioral and Economic Sciences Directorate)와 국립연구소 행동학과 사회학의 노화 분과(National Institute on Aging's Division of Behavioral and Social Research)의 실질적이고 핵심적인 지원에 대해 감사의 인사를 전한다. 또한 미국심리학회(American Psychological Association)에서 제공한 기금에 감사드린다.

연구 과정에서 우리 위원회는 세 차례의 회의에 참여한 많은 사람의 토론과 발표를 통해 혜택을 받았다. 첫 번째 위원회 회의에서, Marc Chun(휴렛재단), Felice Levine(미국교육학회) 그리고 Daniel Goroff(슬로안재단)는 본 연구에서 매우 중요한 배경 정보를 제공해 주었다. 또한 Marianella Casasola(코넬 대학교)는 이중 언어를 구사하는 유아의 사고와 언어에 대한 연구의 개요를 제공해 주었다. Barbara Rogoff(캘리포니아 대학교 산타크루즈)는 사람들의 학습 방법, 이유, 장소에 영향을 미치는 문화적 차이를 이해할 수 있도록 많은 영감을 주었고, Guinevere Eden(조지타운 대학교)은 읽기 및 읽기장애에 대한 가장 최근의 신경 이미지 연구에 대한 검토를 도와주었다. 마지막으로, HPL I의 위원회 구성원들은 연구와 실제를 아우르는 보고서를 작성하기 위해 다양한 분야의 아이디어를 융합하는 데 가장 최적화된 연구 프로세스에 대한 통찰력을 제공했다. HPL I 위원회에는 Barbara Means(스탠퍼드국제연구소, SRI International), Jose Mestre(일리노이 대학교 어배너-섐페인), Linda Nathan(보스턴 대학교), Penelope Peterson(노스웨스턴 대학교) 그리고 Barbara Rogoff 등이 포함되었다. 첫 회의의 웹캐스트 시청자에는 미국과 브라질, 덴마크, 독일, 그리스, 아이슬란드, 네덜란드, 포르투갈, 러시아, 대만 등 여러 국가의 사람들이 포함되었다.

두 번째 회의에서 세 명의 위원(Patricia Bauer, David Daniel, Jeff Karpicke)은 학습에 영향을 미치는 인지 및 발달 요인에 관한 증거를 위원회 및 청중과 공유하였다. Robert Mislevy(Educational Testing Service: ETS)는 학습 맥락에서 심리학과 기술의 발달이 어떻게 평가와 관련해서 새로운 관점을 제시할 수 있는지에 대해 통찰력을 제공했고, Kevin Crowley(피츠버그 대학교)는 비공식적 환경에서 학습의 개요를 제공했다. 마지막으로, Elizabeth Albro(교육과학연구소, Institute of Education Sciences)는 후원사의 견해를 위원회와 공유했다. 웹캐스트 시청자에는 캐나다와 미국의 청중들이 포함되었다.

세 번째 위원회 회의에는, ① 성인의 학습과 성인기의 학습 기술 활용에 관한 패널과, ② 학습장애 패널, 학습을 위한 보편적 설계(Universal Design for Learning), 보조 기술 등 두 개의 다른 패널이 논의되었다. 성인들의 배움에 관한 패널에는 Philip Ackerman(조지아 공과대학), Walter Boot(플로리다 주립대학교), Ursula Staudinger(콜럼비아 대학교)가 참여했다. 학습장애와 보편적 설계 패널에는 Donald Compton(플로리다 주립대학교), Jack Fletcher(휴스턴 대학교), David Rose(CAST) 등이 포함됐다. 이 회의의 웹캐스트 관객들에는 브라질, 캐나다, 미국 출신의 개인들이 포함되었다.

이 합의 연구 보고서(Consensus Study Report)는 다양한 견해와 기술적 전문성을 위해 선택된 개인들에 의해 초안 형태로 검토되었다. 이 독립적인 검토의 목적은 각 간행된 보고서를 가능한 한 완전하게 작성할 수 있도록 솔직하고 비판적인 논평을 국립과학기술의학학술원(National Academies of Science,

Engineering, and Medicine)에 제공하고, 그것이 연구비에 대한 품질, 객관성, 증거 및 반응성이 제도적 기준을 충족하는지 확인하는 것이다. 검토 의견과 초안은 심의 과정의 무결성을 보호하기 위해 여전히 기밀로 남아 있다.

우리는 이 보고서 검토에 대해 다음 사람들에게 감사를 전한다. Daniel E. Atkins 명예교수(미시간 대학교, 전기공학 및 컴퓨터과학), Philip Bell(워싱턴 대학교, 학습과학 및 인간 발달), John Dunlosky(켄트 주립대학교, 심리과학과), Kris Gutiérrez(캘리포니아 대학교 버클리, 교육정책과 언어, 문학과 문화), Kenji Hakuta(스탠퍼드 대학교, 교육대학), Karen R. Harris(애리조나 주립대학교, 메리루풀턴 사범대학), David Klahr(카네기 멜론 대학교, 심리학과), Kenneth R. Koedinger(카네기 멜론 대학교, 피츠버그학습과학센터), Gloria Ladson-Billings(위스콘신-매디슨 대학교, 교육과정 및 교수 전공), Lisa Linnenbrink-Garcia(미시간 주립대학교, 상담·교육심리 및 특수교육 전공), Bruce McCandliss(스탠퍼드 대학교, 교육대학), James W. Pellegrino(시카고 일리노이 대학교, 교육대학 학습과학연구소), Diana C. Pullin(보스톤 대학교, 린치교육대학), Barbara Rogoff(캘리포니아 대학교 산타크루즈, 심리학과), LorrieA.Shepard(콜로라도 볼더 대학교, 교육대학 교육연구실험실), Brian A. Wandell(스탠퍼드 대학교, 심리학과).

비록 위에 열거한 검토자들이 건설적인 협력을 많이 제공하였지만, 그들은 이 보고서의 결론이나 권고를 지지하도록 요청받지도 않았고 발간 전에 최종 원고를 보지 않았다.

이 보고서의 검토는 오레곤 대학교(University of Oregon) 심리학과 명예교수 Michael I. Posner와 캘리포니아 대학교 어바인(University of California, Irvine) 교육학과의 Greg J. Duncan이 총괄했다. 그들은 이 보고서에 대한 독립적 검토가 국립학술원의 기준에 따라 수행되고, 모든 의견을 주의 깊게 검토하는 책임을 맡았다. 최종 내용에 대한 책임은 전적으로 작성 위원회와 국립학술원에 있다.

또한 프로젝트 스태프와 행동과학과 사회과학 및 교육분과(Division of Behavioral and Social Saences and Education, DBASSE) 직원들에게 감사를 전한다.

특히 위원회의 자료 수집 기회를 조직하고, 의제 개발, 위임된 원고 선별 및 계약의 촉진 그리고 위원회 결과 보고서의 작성 및 개발에 대한 귀중한 지원을 담당한 Tina Winters(프로그램 부책임자)에게 특별한 감사의 말을 전한다. 수석 프로그램 조원인 Renée Wilson Gaines 또한 연구에서의 물류와 행정상의 요구를 관리하고 회의와 워크숍을 효율적이고 원활하게 운영하며 저작권 사용권을 확보하고 기타 필수 보고서 활동에 참여함으로써 연구 과정에 중요한 지원을 했다. 행동, 인지 및 감각과학 이사회의 이사인 Barbara Wanchisen과 과학교육위원회 이사인 Heidi Schweingruber의 연구에 대한 리더십, 지도, 감독 및 지원에 대해서도 역시 감사를 드린다. 우리는 또한 원고의 최종 편집과 관련해서 국립학술원의 컨설턴트인 Robert Katt에게 감사한다. 우리는 특히 보고서의 흐름을 개선하는 데 큰 도움을 준 Patricia Morison과 Alexandra Beatty에게 감사한다. 검토 과정을 관리 한 DBASSE의 사무국 직원, 특히 Kirsten Sampson-Snyder, 최종 출판 과정을 감독한 Yvonne Wise 그리고 재무 총괄인 Lisa Alston에 감사드린다. 끝으로, 학술지 및 데이터 검토, 결과 요약 및 일반 연구 지원을 위해 귀중한 지원을 해 준 국립학술원 연구센터에 감사드린다.

회장 Cora Bagley Marrett
연구 총책임자 Sujeeta Bhatt
『How People Learn II: The Science and Practice of Learning』 위원회

차례

개요

수십 년의 연구와 신기술과 연구 방법의 발전은 1980년대와 1990년대에 학습의 과정과 기능에 대한 연구가 괄목할 만한 꽃을 피우는 토대가 되었다. 2000년에 국가연구위원회(National Research Council)는 『How People Learn: Brain, Mind, Experience, and School: Expanded Edition(HPL I)』에 이 연구의 주요 결과를 요약하였다. 본 보고서는 전문가가 초보자와 어떻게 다른지, 학습이 맥락에 따라서 어떻게 전이되는지, 그리고 아동 학습자와 성인 학습자가 얼마나 같거나 다른지와 같은 학습의 본질에 대한 통찰을 정리한 두 위원회의 연구를 종합했다. 이 보고서는 효과적인 학습 환경의 설계에 대한 원칙을 기술하고, 역사, 수학, 과학에서의 효과적인 교수의 사례를 제시했다. 교사의 학습 기회가 학습의 효과를 증진하는 정도와 학습 지원을 위한 테크놀로지의 가능성에 대한 논의 등이 이에 해당한다. HPL I은 교사교육 분야의 전문가뿐만 아니라 중등학교 교원에게도 널리 사용되었고 수많은 교육자에게 실제 교육현장의 지침서로 활용되었다. 이 보고서는 HPL I에서 제시한 내용에 대해 부연 설명하였다.

연구자들은 학습의 본질을 계속 연구하여 학습과 관련된 신경학적 처리 과정, 학습 및 교육 테크놀로지와 관련된 개인과 문화적 변동성에 대한 새로운 시사점을 만들어냈다. 연구자들은 학습의 메커니즘과 뇌가 생애 전반에 어떻게 적응하는가에 대한 과학적 이해를 확장하는 것은 물론, 학습에 미치는 영향, 특히 사회문화적 요인과 학습 환경의 구조에서의 중요한 발견을 지속해 왔다. 동시에, 테크놀로지의 발달은 학습을 촉진하는 새로운 가능성을 제공했고, 학습에서의 새로운 도전 기회를 창출했다.

국립과학공학의학학술원(National Academies of Sciences, Engineering, and Medicine)에서 구성한 『How People Learn II: The Science and Practice of Learning』 위원회에서는 HPL I에서 다루는 새로운 통찰들을 정리해 달라는 요청을 받고, 유아부터 K-12 및 생애 전반을 포괄하는 교육을 넘어 발생하는 사안들에 대한 논의들을 확장시켰으며 개별 학습자에 미치는 영향들을 탐색하였다. 이 위원회는 다음의 사항들을 담당하였다.[1]

> 위원회는 공식적·비공식적 맥락에서 출생부터 성인기까지 학습에 대한 연구에 집중하여 다양한 분야에서 이루어진 연구들을 검토하고 종합했다. 현장에서의 실천과 정책에 영향을 미칠 가능성이 가장 큰 연구 및 접근 방식에 대한 검토가 이루어질 것이다. 이 보고서는 오늘날 세계적으로 학습의 지원에 요구되는 지식, 훈련, 기술을 촉진하기 위해 연구와 개발에 필요한 전략적 투자 방향을 명시하게 될 것이다.

이 역할을 수행하기 위해 위원회는 HPL I에 포함된 범위를 확장하는 연구를 실시했다. 이를 위해 많은 연구 분야의 탐구가 필요했고, 방법론과 증거 모두에서 다양한 연구를 탐색하게 되었다. 학습에 대한 연구는 생리적 과정, 심리학적 기능 및 심리사회적 기능 그리고 보다 거시적인 문화적 맥락을 포함한 학문 분야로 확장되었다. 우리는 실험 연구 기반의 신경심리학과 인지과학은 물론, 문화심리학과 사회심리학, 교실 기반 교육 연구, 성인 학습과 일터에서의 학습에 대한 질적 연구 등도 검토했다.

---

1) 위원회의 과업 명세서 전문은 1장에 수록되어 있다.

문화의 복잡한 영향

학습자는 복잡한 발달적·인지적·신체적·사회적·문화적 시스템 내에서 기능한다. 다양한 분야의 연구와 이론은 모든 학습자가 문화적으로 정의된 맥락에서, 문화적으로 정의된 방식으로 성장하고 학습함을 이해하는 데에 기여했다. 인간은 기본적인 뇌 구조와 기능뿐만 아니라 가족과의 관계, 연령과 관련된 단계 등 근본적인 경험들을 공유하는 반면, 각각의 현상들은 개인의 세부적인 경험에 의해 형성된다. 문화적 영향은 삶의 초기부터 시작되므로, 모든 사람에게 학습이 동일한 방식으로 일어나지 않는다. 학습과 문화의 상호 연계성에 대한 이러한 아이디어는 학습과 발달의 여러 국면에 대한 연구로 강화되어 왔다.

결론 2-1: 각 학습자는 문화적·사회적·인지적 및 생물학적 맥락의 상호작용에 의해 형성되는 삶의 과정에서 자신만의 지식과 인지 자원을 취합하게 된다. 학습자의 발달적·문화적·문맥적·역사적 다양성에 대한 이해는 사람들이 어떻게 배우는지에 대한 이해의 주축이 된다.

학습의 유형과 과정

학습은 놀라울 정도로 역동적인 과정이며, 학습자들은 태어나기 전부터 일생 동안 여러 경험과 자신의 환경에 적응한다. 학습과 관련된 요소는 미시적 수준(예: 학습자의 혈액 내 납 수치)에서 거시적 수준(예: 학습자의 이웃, 사회 및 문화의 질)까지의 영향을 포함한다. 가장 기본적인 개인 수준에서도, 뇌 발달과 인지(그리고 피질 영역 간의 연결성)는 발달 차이와 학습에서의 개인차를 유발하는 문화적·사회적·정의적·생리적 경험에 영향을 받고 조직된다. 다른 상황, 맥락, 교육적 전략은 다른 유형의 학습을 유발한다.

개인의 뇌는 자신의 고유한 경험에 기반해 발전하고 형성되는데, 이것은 시냅스의 분화와 신경적 발달에 따라 청소년기 전반에 발생하는 과정이다. 뇌는 학습자가 연령에 따라 자극과 요구에 반응하면서 지속적으로 신경 연결망을 형성하거나 재구조화함으로써 적응해 간다. 학습자는 아동기와 청소년기에 걸쳐 뇌가 발달함에 따라 지식과 기술을 습득하지만, 뇌 발달과 학습의 관계는 일방향적인 것이 아니다. 즉, 학습과 뇌 발달은 상호 양방향적으로 영향을 미친다. 학습은 전 생애에 걸쳐 뇌를 변화시킨다. 동시에, 뇌는 학습에 영향을 미치고 학습자가 처한 상황과 문화적 맥락에 영향을 받으며 전생에 걸쳐 발달한다.

학습은 개인에게 기억과 주의와 같이 여러 가지 다양한 인지적 과정을 조율할 것을 요구한다. 기억(지식과 정보를 저장하고 검색하는 능력)은 개인이 과거의 경험을 사용하여 현재의 문제를 조정하고 해결할 수 있도록 해 주므로 학습의 필수적인 요소다. 기억은 하나의 역량이 아니다. 기억은 학습자가 과거의 경험을 재구성하고 이들 사이의 새로운 연결을 구축하는 일련의 과정이다.

결론 3-1: 개인 학습자는 자신이 직면하는 도전과 상황에 반응하여 의도적으로, 동시에 무의식적으로 많은 유형의 학습을 통합한다. 학습자가 학습 기능을 통합하는 방법은 자신의 사회적·물리적 환경에 의해 형성될 뿐만 아니라 미래의 학습을 형성한다.

결론 3-2: 뇌는 인간에게서 전반적으로 일관되는 궤도를 따라 생애에 걸쳐 발달하지만 모든 학습자의 환경은 각자의 경험에 따라 개별화된다. 여러 일련의 복잡한 인지 기능들이 가능해지고 신경학적 수준에서의 어려움을 적응할 수 있게 됨으로써 점차적으로 성숙한다.

결론 3-3: 뇌 발달과 학습 간의 관계는 상호 의존적이다. 즉, 학습은 서로 연관된 신경계 네트워크를 통해 일어나고, 동시에 학습과 발달은 자극과 요구에 반응하여 신경계 연결의 계속된 형성과 재형성을 포함한다. 뇌 발달은 행동과 학습에 영향을 미치고, 다시 학습은 뇌 발달과 뇌 건강에 영향을 미친다.

결론 4-1: 성공적인 학습을 위해서는 뇌 속의 서로 다른 네트워크를 수반하는 다수의 인지 처리 과정을 조정해야 한다. 이러한 과정을 조정하기 위해 개인은 자신의 학습을 감시하고 조절할 수 있어야 한다. 학습을 감시하고 조절하는 능력은 일생에 걸쳐 변화하며 개입을 통해 향상될 수 있다.

결론 4-2: 기억은 대부분의 학습에 중요한 기반이 된다. 기억은 부호화된 심적 표상의 정확한 복사본을 인출하는 것이라기보다는 재구성을 수반한다. 학습자의 환경에서 이용 가능한 단서들은 무엇을 기억해 낼 수 있는지를 결정하는 데에 매우 중요하다. 또한 그것들은 학습자가 새로운 정보를 지식으로 통합하는 방식에 있어서도 역할을 담당한다.

지식과 추론

학습자는 정보의 조각 간의 관계를 규명하고 확립하며, 학습한 것을 사용하고 분류하기 위해 점점 더 복잡한 구조를 만들어 낸다. 지식의 축적과 이에 대한 추론 능력은 전 생애에 걸쳐 핵심적인 인지적 자산이다. 학습을 촉진하는 전략들은 학습자가 지식을 유지하는 데 필요한 심적 모형을 개발하고, 이로써 새로운 문제를 해결하는 데 지식을 적응적이고 유연하게 사용할 수 있도록 돕는다.

결론 5-1: 사전 지식은 잘 학습된 활동에 대한 참여와 관련된 집중력 부담을 감소시키고 새로운 학습을 촉진한다. 그러나 사전 지식은 사람들이 새로운 정보에 관심을 가지지 않고 새로운 문제를 해결하기 위해 기존 스키마에 의존하게 하는 편향을 가져올 수 있다. 이러한 편향은 의식적 노력을 통해서만 극복될 수 있다.

결론 5-2: 학습자는 자신이 축적한 정보에 대해 자신만의 독창적인 해석을 일상적으로 생성하고 정보 조각 간의 논리적 연결을 만들어 지식을 생산적으로 확장한다. 독창적인 해석을 생성하는 능력은 학습자가 지식을 일반화하고 범주화하여 문제를 해결할 수 있게 한다.

결론 5-3: 효과적인 것으로 알려진 학습 전략에는 학생들이 정보를 인출하고 학습한 내용을 요약하며 설명하도록 격려하는 방법뿐만 아니라 학습 내용을 제시하는 시간적 간격과 구조를 조정하는 방법이 포함된다. 체계적이고 분명한 지식 구조를 효과적으로 만드는 전략은 학습자가 정교화를 통해 명시된 내용을 뛰어넘고 지식을 인출하여 다양한 맥락에 적용함으로써 학습 내용의 심적 표상을 풍성하게 하도록 유도한다.

결론 5-4 : 학습 전략의 효과는 학습자가 가지고 있는 기술 및 사전 지식, 학습 내용의 성격 및 학습 목표와 같은 상황적 요소들의 영향을 받는다. 따라서 이러한 접근법을 효과적으로 적용하려면 학습자, 환경 및 학습 목표에 유익할 수 있는 구체적인 메커니즘이 무엇인지에 대해 신중히 고려되어야 한다.

학습동기

의식적인 학습은 지속적인 노력을 요구한다. 의도적인 학습을 하려면, 사람들은 학습을 하고 싶어야 하고 성취하는 것이 가지는 가치를 이해해야 한다. 수많은 요인들과 상황들이 개인의 학습 욕구와 학습에 노력을 쏟을지에 대한 결정에 영향을 미친다. 몰입과 내적 동기는 시간이 지남에 따라 발전하고 변화한다. 따라서 학습동기는 개인적 특성이나 환경적 특성뿐만 아니라 문화적 · 발달적 과정의 영향을 강하게 받는다.

결론 6-1: 학습동기는 개인이 자신의 삶과 학교 경험 및 학습이 이루어지는 사회문화적 맥락에 영향을 받아 스스로 구성하는 여러 가지 목표에 의해 영향을 받는다. 학습동기는 모든 연령층의 학습자가 학교나 학습 환경에 그들이 '소속되어 있다'고 느낄 때나 이러한 환경이 자신의 주체성(agency)이나 목적성(purpose)을 증진시킨다고 느낄 때 촉진된다.

결론 6-2: 교육자는 학습자들의 참여, 지속성 및 성취에 다음과 같은 방법으로 개입함으로써 그들의 동기 부여를 지원할 수 있다.
• 학습자들이 원하는 학습 목표나 적절히 도전적인 수준의 목표를 설정할 수 있도록 돕

는다.
- 학습자들이 가치 있어 할 만한 학습 경험들을 설정한다.
- 학습자들의 자기통제력이나 자율성을 지원한다.
- 학습자들의 학습 과정에 대한 확인, 모니터링 및 전략 수립을 지원함으로써 유능감을 개발시킨다.
- 학습자가 안전하고 가치 있다고 느낄 수 있는 정서적으로 지지적이고 위협적이지 않은 학습 환경을 조성한다.

학교에서의 학습을 위한 제언

이 보고서는 평생 동안, 그리고 공식적인 교육 환경을 벗어난 학습에 초점을 맞췄지만, 학교교육에 심층적인 시사점을 가진다. 우리는 학교와 관련된 네 가지 주제를 강조했다. 첫째, 학습과 발달의 문화적 속성을 이해한다는 것은 모든 교실에서 발생하는 현상, 즉 학습 환경, 교육자의 영향 그리고 모든 학생의 학교 경험 등을 문화적 영향에 주의를 기울이지 않고는 완전히 이해할 수 없다는 것을 의미한다. 둘째, 교육자에게 지침을 제공할 수 있는 학술적 내용을 규명하는 연구가 늘어나고 있다. 셋째, 교육자가 교실 환경과 학습자의 학습관에 영향을 미치는 문화의 영향에 주의를 기울일 때, 학습자는 자신의 학습에 적극적으로 참여하며 더 나은 교육적 지원을 받을 수 있다. 학습의 특정한 유형과 기능을 촉진하는 많은 전략은 주로 학습자가 스스로 적극적으로 발전하고 개선하도록 지원하는 방법이다. 마지막으로, 학습 평가는 학교 교육의 핵심 부분이다. 효과적인 평가는 학습이 어떻게 발생하는지에 대한 이해에 따라 달라진다.

결론 7-1: 효과적인 교육은 학습자의 사전 지식, 경험, 동기 부여, 관심사 및 언어와 인지 기술 간, 교육자 자신의 경험과 문화적 영향 그리고 학습 환경의 문화적·사회적·인지적·정서적 특성의 복잡한 상호작용을 이해하는 데 달려 있다.

결론 7-2: 여러 다른 연구들이 의미하는 본질은 학습자의 메타인지 기술을 개발하는 데 정확한 피드백과 지지를 제공하고, 학습자의 현재 역량에 맞는 도전 그리고 의미 있는 목표를 설정하고 추구하는 데 있어서 지원을 제공하는 것과 같이, 학습자를 자신의 학습을 지도하는데 참여시키는 것이 중요하다는 것이다.

결론 7-3: 점점 더 많은 연구가 교육과정과 교수 기법을 통해 학습자들이 배우는 내용과 그들이 학교 밖에서 배우는 것을 연결할 수 있도록 하며, 다양한 맥락의 학습 경험과 기회를 각 학습자에게 활용하는 교육 자산 모형을 채택하고 있다.

결론 7-4: 과학, 역사, 수학 같은 특정 분야에 특화된 언어와 수행을 의도적으로 가르치는 것은 학생들이 이러한 과목에 대한 깊은 이해를 발전시키는 데 매우 중요하다.

결론 7-5: 평가는 학교에서 학생들의 학습을 발전시키고 모니터링하는 데 중요한 도구이다. 잘 정의된 학습 모형에 기반을 두면 평가 정보를 사용하여 현재와 기대하는 수준의 학생 학습 및 수행 간의 격차를 확인하고 이를 좁힐 수 있다.

학습 테크놀로지

학습 테크놀로지의 효과를 강력하게 지지하는 경험적 근거들이 있으나, 보편적으로 이상적인 학습 테크놀로지는 없다. 테크놀로지의 효과는 학습자의 특성, 목표하는 학습의 유형, 사회문화적 맥락, 테크놀로지 사용에 대한 교수자의 지원 등에 따라 달라진다.

결론 8-1: 학습을 위한 테크놀로지의 사용은 테크놀로지가 다음과 아주 유사한 상황에서 긍정적인 영향을 끼쳤다는 증거에 기반해야만 한다.

- 학습의 형식과 학습 목표
- 학습자의 특성

- 학습 환경
- 학습에 영향을 끼칠 수 있는 사회문화적 맥락 특성
- 학습자와 교육자에게 제공될 테크놀로지 사용에 대한 지원의 정도

결론 8-2: 공식 교육과 훈련 과정에서 테크놀로지의 효과적인 사용은 학습에 영향을 끼치는 것으로 알려진 요소들을 고려하는 주의 깊은 실행 설계를 필요로 한다. 이런 요소에는 학습 목표, 전문성 발달 및 여타 교수자와 학습자를 위한 지원과 테크놀로지를 잘 배치하는 것이 포함된다. 학습자의 학습에 대한 지속적인 사정과 실행 평가는 특정 테크놀로지의 사용이 최적인지를 확신하는 데, 또 필요로 하는 향상을 확인하는 데 있어 가장 핵심적이다.

생애 전반에 걸친 학습

개인은 모든 환경에서 일생 동안 학습한다. 사람들이 무엇을 얼마나 학습하는가, 특히 의무교육 이외에 무엇을 얼마나 학습하는가는 각자의 선택과 환경에 의해 결정된다. 학습자의 역량과 자원은 시간의 경과에 따라 변화한다. 예를 들면, 추론과 지식의 수준은 개인의 발달 경로가 분기되기 시작하는 성인기 초기까지 증가한다. 지식 수준은 안정적으로 유지되거나 증가하는 반면, 사실적 정보를 신속하게 생성하고 변형하며 조작하는 능력은 감소하기 시작한다. 그러나 뇌는 쇠퇴하는 만큼 이를 보완하고 환경에 적응하기 위해 자원들을 수집하고 조율하면서 전 생애에 걸쳐 적응한다.

결론 9-1: 사람들은 평생에 걸쳐 지속적으로 학습하고 성장하며, 사람들의 선택, 동기, 자기조절 능력과 환경이 학습한 것을 새로운 상황으로 전이하는 정도와 질에 영향을 준다.

결론 9-2: 사람들은 그들의 환경 내 다양한 상황에 능동적으로 몰두하는 것을 통해 지속적으로 학습한다. 의무교육을 벗어난 학습은 학습자의 동기, 흥미, 기회에 따라 달라진

다. 업무에의 몰두(특히, 지적으로 사회적으로 요구되는 바가 많은 복잡한 업무), 사회적
참여, 운동, 적절한 수면은 모두 평생학습 및 건강한 노화와 관련이 있다.

연구 안건

이 보고서를 위해 위원회가 탐구한 연구는 학습이 변화하는 대내외적 환경에
대한 여러 시스템의 지속적 적용을 수반한다는 것을 보여 준다. 학습은 역동적
이고, 진행 중인 과정이며, 생물학적·문화적으로 동시성을 가진다. 학습의 본
질을 완전히 파악하기 위해서는 개인의 외부적 요인(학습자가 위치한 환경, 사회
적이고 환경적인 맥락, 학습자에게 제공 가능한 기회 등)뿐만 아니라 개인적 요소(발
달 단계, 신체적·정의적·심적 건강, 흥미 및 동기) 두 가지 모두에 대한 관심이 필
요하다. 우리는 2000년에 수행된 것과 같이, 인간이 어떻게 학습하는지에 대한
큰 그림을 그려 내는 다양한 작업에서 발견된 핵심 아이디어에 집중해 왔다. 이
그림은 보다 정교해졌지만, 여전히 연구할 것들이 많이 남아 있다.

우리는 두 가지 주요 영역에서 구체적인 연구 목표를 확인했는데, 이로써 연
구자들과 연구 기금을 지원하는 기관들에게 방향성을 공지하고, 인간의 학습 방
법을 연구하는 학제 간 분석, 방법들, 이론적 프레임 수준을 통합하는 작업을 촉
진하길 기대한다.

> **연구 영역 1:** 문화, 사회적 맥락, 교수 및 생애 전반을 포함한 맥락적 변화를 형성하는
> 요소들과 학습의 내적인 기제를 연결함으로써 모든 학습자의 요구를 충족시킨다.

구체적으로는, 이제 '평균' 학습자의 개념을 넘어 개인의 다양성을 수용하고
설명하는 것이 가능하다. 사회적·정의적·환경적·교수적·경험적 요인들을
포함한 개인차와 발달적 요인 및 상황적 요인들이 평생학습의 과정과 성과에 어

떻게 영향을 미치는지를 탐색하는 학제 간 연구가 더 많이 이루어지는 것이 가치가 있을 것이다. 다양한 연구 대상자에 기반하여 학습에 대한 흥미, 학습에서의 정체성 역할, 학습동기, 자기조절학습, 학습 환경의 영향, 생애 전반에 걸친 학습 및 학습장애를 다루는 연구를 수행하는 것 역시 가치가 있을 것이다.

> **연구 영역 2:** 생애에 걸친 학습을 지원하는 테크놀로지의 설계를 위한 학습과학의 함의, 학습자의 특성, 배우는 내용, 학습 환경 사이의 복잡한 상호작용, 사람들이 배워야 하는 것의 본질 그리고 학습자의 심리에 어떻게 테크놀로지가 영향을 미치며 잠재적 문제점은 무엇인가?

추후 연구에 필요한 주제 중에는 테크놀로지가 실제 학습 생태에 적합한지 여부, 자기주도적 온라인 학습에 참여하는 것이 학습에 미치는 영향, 이용 가능한 학습 테크놀로지들을 개선할 수 있는 방법 등이 포함된다.

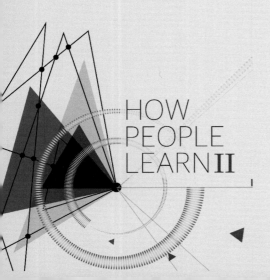

HOW
PEOPLE
LEARN II

1장

서론

사람들은 매일, 다양한 환경에서, 그리고 다양한 방식으로 배운다. 학습은 명장이 수년간 기술을 연마하는 것처럼 의도적으로 많은 노력을 투입하여 이루어지기도 하지만, 때때로 학습은 할머니가 가르쳐 주시지 않았지만 할머니의 타말레[1]를 만드는 법을 알게 되는 것과 같이 별다른 노력 없이 이루어지기도 한다. 지난 수십 년간 축적된 연구는 인간의 인식과 개인 및 집단의 경험과 차이가 사람들이 무엇을, 어떻게 학습하는지에 대한 이해를 확장하였다. 사람들이 어떻게 전문 지식을 습득하는지, 어떻게 개별 학습자들이 자신의 이해를 확인할 수 있는지, 그리고 이 외에 많은 학습의 측면에 대해 알게 되었다.

약 20년 전, 『How People Learn: Brain, Mind, Experience, and School-Expanded Edition』(National Research Council, 2000; 이후 HPL I)은 신경과학, 인지, 발달, 사회심리학, 인류학 그리고 교육을 포함한 다양한 분야의 획기적인 연구를 소개했다. 해당 저서는 다양한 연구에 기초하여 학습에 대한 논의를 제시하고 있으며, 교사, 학교 관계자, 학부모 및 정책 입안자가 주목할 만한 학습의

---

1) 옮긴이 주: 옥수수 반죽 사이에 여러 가지 재료를 넣고 익히는 멕시코 요리.

측면에 대해 다루었다.

이 책은 지난 10년간 수행된 연구에서 얻은 통찰을 통합하고, 학교 이외의 맥락에서 학습을 고려하고, 학습이 생애 전반에 걸쳐 어떻게 변화하는지 탐구하여 HPL I을 업데이트하고 확장하고자 한다. 이를 위해 우리는 사람들이 어떻게 학습하는지를 연구하는 것이 어떤 의미를 지니고 있는지 살펴보고자 한다.

'어떻게'는 학습이 시간이 지남에 따라 전개되는 과정들을 포함하고 있음을 암시한다. 사람들은 단순히 기억, 지식, 기술을 선형적이고 점진적인 방식으로 수집하지 않고 마치 비디오카메라가 이미지와 음향을 기록하는 것처럼 천천히 계속해서 정보를 머릿속에 저장해 둔다. 오히려 학습은 시간이 흐르면서 상호작용하며, 사람들이 세상에 대해 이해하는 방식에 영향을 미치는 무수한 과정들을 포함한다.

이 과정은 개인이 자신의 세계와 그 안에서 자신의 위치를 이해하는 데 도움을 주는 여러 활동과 상호작용을 의미하며, 놀이, 대화, 독서, 독해, 혼자 있는 것을 포함하고 있다. 감정, 목표, 사회적 관계, 이전 경험 및 인지·생물학적 성향은 모두 개인이 상황을 해석하는 방법과 해석을 통해 무엇을 배우는지에 영향을 미친다. 학습 상황에 대한 변화하는 욕구와 특성 그리고 외부적 지원은 사람들의 해석과 정서 그리고 개인의 의사 결정에 영향을 미치며, 결과적으로 개인이 무엇을 배울 것인지에 더욱 영향을 미친다.

'사람'은 나이, 성별 정체성, 피부색, 기술, 과거 경험, 신체적·지적 자원 등 여러 가지 측면에서 묘사될 수 있다. 예를 들어, 사람은 좋아하고 싫어하는 것, 강점과 약점, 가족, 우정, 정체성, 경험과 기억 그리고 흥미, 목표, 꿈을 가지고 있다. 이러한 모든 특징은 학습에도 영향을 미친다.

'배우다(Learn)'는 능동 동사로, 사람이 하는 것이지 그들에게 일어나는 것이 아니다. 사람은 학습 과정이 일어나고 있다는 것을 알지 못할 때일지라도 학습의 수동적인 수혜자가 아니다. 대신에, 사람은 직접 행동을 함으로써 상황, 문제 그리고 아이디어에 직면한다. 사람은 상황, 문제, 아이디어에 관여함으로써 사회적·정서적·인지적·물리적 경험을 축적하며 적응한다. 이러한 경험과 적응은 한 개인의 능력, 기술 그리고 앞으로 나아가는 성향을 형성하여 미래의 생각과 행동에 영향을 준다.

1. 위원회의 역할

HPL I에서 제시된 기초 연구는 오늘날에도 유효하지만, 거의 20년이 흐른 지금 새로운 연구에 대한 조사가 필요했다. 국립과학기술의학학술원(The National Academies of Sciences, Engineering, and Medicine)은 최근 연구로 HPL I을 확장하고 업데이트하기 위해 위원회를 구성했다. 위원회에 속한 16명의 위원은 인지과학, 학습 이론, 인지신경과학, 교육심리학, 발달심리학, 인력 개발, 교육공학 등 학습의 과학과 실천에 관련된 분야에 대한 다양한 전문 지식을 가지고 있다. 위원회는 학습에 관한 새로운 연구를 검토하고 정책에 영향을 미칠 가능성이 가장 큰 연구 결과를 확인하도록 요청받았으며, 아동·청소년의 학습과 유치원에서 고등학교(K-12)까지의 교육 환경에 국한되지 않고 학습의 문화적 특성과 맥락의 영향을 살펴보며, 그 내용을 탐구하는 공식적인 책임([BOX 1-1] 참조)을 부여받았다.

이 책(HPL II로 칭함.)은 위원회의 합의된 결론과 권고 사항을 담고 있다. 이 책은 HPL I의 대체물로서 작성된 것이 아니라, 사람이 어떻게 배우는지에 대해 살펴보고 최근의 연구를 확인하여 새로운 결과를 추가하고 보충하기 위해 작성되었다.

BOX 1-1 과업 명세서

위원회는 출생부터 성인기까지의 공식적·비공식적 학습에 중점을 둔 다양한 분야의 연구를 검토하고 종합하여 국립연구위원회(National Research Council: NRC) 보고서인 『How People Learn』(National Research Council, 2000)을 업데이트하고 확장하는 보고서를 준비하고 작성할 것이다. 보고서는 현장과 정책에 지대한 영향을 미칠 수 있는 연구 및 연구 방법을 고려해야 할 것이며, 오늘날의 학습을 지원하는 데 필요한 지식, 훈련, 기술을 촉진하기 위해 연구 개발에 대한 전략적 투자 방향을 명시할 것이다.

위원회는 이러한 책임을 다하기 위해 생애 전반(특히, 영아기, 유아기, 아동기, 청소년기, 성인 초기, 성인 중기, 노년기)에 걸친 학습 및 학습 맥락에 관한 연구를 검토할 것이다. 또한 위원회는 빠르게 성장하는 다양한 학문 분야의 발전을 반영할 것이다. 그 예로는 인지·신경 과학과 학습 기술, 교육과 교육 연구에서의 발견과 혁신, 발명, 인지과학, 발달·인지·신경 과학, 인지, 학습 및 기억, 인지 노화, 문화의 영향, 제2외국어 교수법, 언어학, 학습의 사회적·정서적·동기적 측면, 학문적 영역에서의 학습, 학습장애, 평가(예: 학문적·인지적·사회적·정의적 영역에서의 학습, 성취 및 수행), 연구의 적용과 보급을 포함한 다양한 연구 방법론 등이 포함된다.

여러 분야의 지식(예: 네트워크 모델링, 다층 모델링, 시뮬레이션 모델링)을 통합하고 다양한 맥락(예: 미시적·거시적 수준의 학습, 특정 커리큘럼 내의 교사-학습자 간 상호작용, 시간이 흐르면서 학습을 유발하는 다양한 교수법)에서 학습의 복잡성을 연구할 수 있는 방법론적 진보와 설계에 주의를 기울일 것이다.

HPL I의 기여

2000년에 발간된 HPL I은 1999년에 발행된 두 개의 보고서에서 드러난 주요 메시지를 종합하였다([BOX 1-2] 참조). HPL I은, (1) 기억과 지식의 구조, (2) 문제 해결과 추론, (3) 학습의 초기 기반, (4) 인지 과정과 자기조절 능력, (5) 학습자의 문화와 공동체에서 상징적 사고가 어떻게 생겨나는가에 대한 수십 년간의

BOX 1-2 HPL I의 역사

HPL I은 국립연구위원회의 행동과학, 사회과학, 교육위원회(Commission on Behavioral and Social Sciences and Education)에 속한 두 개의 별도 위원회의 업무를 요약하였다. 1999년 4월에 발간된 『How People Learn: Brain, Mind, Experience, and School』은 학습과학발전위원회(Committee on Developments in the Science of Learning)가 수행한 2년 연구의 산물이었다. 학습과학발전위원회는 인간의 학습과 인지적 발달을 다룬 연구를 통해 초등, 중등 교육에 통찰을 제공하고 교사, 학교 관계자, 부모 및 정책 입안자에게 가장 유용한 사안을 확인하도록 요청받았다(National Research Council, 1999b).

실무자, 정책 입안자와 연구자를 위한 워크숍을 계획하여 『How People Learn: Brain, Mind, Experience, and School』에서 다룬 이슈를 실제 현장에 적용하기 위해 국립연구위원회의 두 번째 위원회인 학습연구 및 교육실무위원회(Committee on Learning Research and Educational Practice)가 구성되었다. 워크숍의 결과는 1999년 6월에 발간된 『How People Learn: Bridging Research and Practice』에 수록되었다(National Research Council, 1999c). 이후의 보고서는 학생들이 역사, 수학, 과학 교과에서 어떻게 배우는지에 초점을 맞추었다(National Research Council, 2005). ([부록 A]는 HPL I 및 관련 보고서와 그 이용 방법에 대한 자세한 정보를 제공한다.)

연구에서 주요 결과를 요약했다. HPL I은 전문가가 초보자와 어떻게 다른지, 개인이 어떻게 학습을 새로운 맥락으로 전이하는지, 아이들이 어떻게 배우는지, 그리고 뇌 기능 및 발달에 관한 신경과학과 인지과학적 발견을 조사했다. HPL I은 학습에 관한 핵심적인 통찰을 확인하였으며, 구체적인 예는 다음과 같다.

• 전문가는 일반적인 능력(예: 기억력이나 지능)과 일반적인 전략의 사용뿐만 아니라 다른 측면에서도 초보자와 다른 특성을 보인다. 전문가가 습득한 광범위한 지식은 전문가가 무엇에 주목하는지에 영향을 미칠 뿐만 아니라 어떻게 정보를 구성하고 표현하며 해석하는지에 영향을 미치며, 이는 다시

전문가가 문제를 기억하고 추론하며 해결하는 역량에 영향을 준다.

- 기술과 지식은 더 깊은 수준에서 학습되기 위해 처음에 기술과 지식을 학습했던 맥락에서 벗어나 더 큰 맥락에서 확장되어야 한다.
- 언제 지식이 사용될 수 있는지를 아는 것은 학습의 필수적인 요소이다.
- 새로운 맥락에서 학습을 적용하는 능력으로서 학습 전이는 학습자가 다른 맥락에서도 적용 가능한 학습의 기본 원칙을 알고 이해할 때 가장 많이 발생한다.
- 추상적 아이디어에 대한 개념적 이해의 구축은 학습을 촉진한다.
- 학습자 스스로가 자신을 학습자로서, 생각하는 사람으로서 인지할 때(즉, 교수학습에 대해 메타인지적인 접근법을 사용할 때) 성공적인 학습이 가능하며, 지속적으로 학습하고자 한다.

HPL I의 저자 위원회에서는, 특히 학습 환경의 설계, 교수 전략, 교사교육, 학습 지원을 위한 테크놀로지에 중점을 두고 학습에 대한 새로운 통찰을 제공하였다. 위원회의 주요 논점 중에는 교육자에게 중요한 몇 가지가 있었다.

- 유년기의 학습과 발달은 아동의 초기 역량과 환경적 지원 그리고 경험 간의 상호작용에 의해 영향을 받으며, 아동을 돌보는 사람들의 영향도 받는다.
- 학습은 아동의 생물학적 특성과 환경적 특성에 의해 촉진되거나 규제된다.
- 학습 그 자체가 뇌의 물리적 구조를 변화시키고, 변화하는 뇌의 구조는 뇌가 기능하는 방식을 조직하고 재구조화한다. 따라서 다른 시기에 뇌의 다른 부위가 활성화할 수 있다.

HPL I은, 특히 교사 양성 프로그램 및 기타 교육 환경에서 사용되는 교재로서 광범위한 영향을 미쳤다. HPL I은 출판된 지 거의 20년이 지난 지금도 국립학술원이 발행한 세 번째로 가장 인기 있는 보고서로 남아 있다. 그러나 2000년 이후 학습 연구에 상당한 진전이 있었다. HPL I의 독자들은 HPL I에서 강조되지 않았던 주제와 2000년 이후 두드러진 발전이 있었던 분야들, 즉 학습에서 문화의 역할, 학령기부터 성인기까지의 학습 변화, 대학과 직장에서 필요한 학습 역량 등에 주목해 왔다.

책임의 해석

위원회는 구체적인 질문에 대한 답변이 아니라 광범위하고 다양한 업무에 관한 최신 정보를 제공하라는 요청을 받았다. 우리는 출생부터 노년기에 이르기까지 전 생애 학습자의 발달적 필요와 관심을 고려할 필요가 있었다. HPL I과 차별화되는 근본적인 변화는 비형식 학습 상황이라고도 불리는 학교 밖 학습 환경을 강조하였다는 점에 있다.

또한 HPL I의 저자는 학습에서 문화와 맥락의 중요성을 인식했지만, 문화적 다양성이 학교에서의 학습에 영향을 미치고 교육자가 이를 고려할 수 있는 구체적인 방법에 집중해 온 측면이 있다. HPL I이 출판된 이후, 문화가 모든 학습 맥락에서 모든 학습의 목적에 매우 중요한 역할을 담당하고 있음이 밝혀졌다. 사람이 직면하고 있는 끊임없는 도전 그리고 여러 상황과 관련된 다양한 기본 가정과 목표를 탐색하는 것은 학습의 중요한 부분이다. 따라서 우리는 개인의 경험을 형성하는 다양한 환경과 활동을 통해 사람이 어떻게 학습하는지를 탐구할 필요가 있었다.

2장에서 학습의 문화적 본질을 보다 상세하게 이해하는 데 있어서의 발달에 대해 논의하지만, 위원회는 복잡하고 역동적인 생태계에서 학습이 일어난다는 것을 염두에 두었다. 우리의 조사에서는 학습자를 적절한 수면과 영양과 같은 욕구를 느끼는 생물학적 유기체로서 인식할 뿐만 아니라 사회적 존재로서 인식하고 있다. 학습에 영향을 미치는 요인은 미시적 수준(학습자의 혈액 내 납 농도는 많은 요인 중 하나에 불과하다.)에서 시작하여 거시적 수준(예를 들어, 학습자의 이웃, 사회, 문화의 성질의 영향)에까지 확대된다.

책임의 해결을 위한 증거 수집

위원회가 고려해야 할 광범위한 연구가 있었다. 우리는 다양한 분야에서 진행되고 있는 여러 창의적인 연구를 다루려고 노력하였지만, 개별적인 연구에서 나온 발견에 너무 많은 비중을 두지 않았다. 우리의 목표는 독자에게 극히 미묘하고 복잡한 연구 결과를 지나치게 단순화하지 않고 최근의 연구에서 독자에게 주요 발견과 주제를 알리는 데 있다.

물론 과학과 실천에 관한 모든 것을 탐구하는 것은 가능하지 않았다. 게다가 국립학술원의 다른 보고서들은 이미 우리가 하려는 바를 포함하여 방대한 문헌을 통해 여러 관련 주제에 대해 탐색하였다.[2]

우리의 목표는 HPL I에 의존해 온 독자와 자신과 다른 사람의 학습을 돕기 위해 연구 결과를 실제에 적용하기 위한 전략에 대해 알고 싶어 하는 모든 독자에게 다양한 연구 결과를 공유하는 데 있다. 학습을 이해하기 위한 다음의 두 관점이 관련된 여러 연구 결과를 이해하는 데 도움이 될 것이다.

첫째, 학습을 발달 과정으로 이해하려면 많은 수준의 분석이 필요하다. 이는 학습 이해에 관련된 지식이 사회적·문화적 현상과 맥락뿐만 아니라 신경학적·생물학적 과정을 다루는 다양한 학문으로부터 나온다는 것을 의미한다. 따라서 우리는 학습에 대한 증거를 생애 전반에 걸쳐 시간에 따른 변화를 겪는 발달 과정으로서 탐구하였다. 우리는 사람이 나이를 먹으면서 어떻게 학습이 일어나는지 이해하려고 노력했고, 학습장애에 대한 새로운 통찰을 얻고자 하였다. 우리는 집행 기능 및 추론과 같은 인지 과정이 생애 전반에 걸쳐 어떻게 변화하고 정서, 동기와 같은 정의적 상태와 사회적 관계, 시스템, 문화 등이 학습에 어떠한 영향을 미치는가에 대해 탐구하기 위해 신경과학 문헌 외에 다양한

---

2) 예를 들어, "제2외국어로 영어를 배우는 학생들을 지원한다."라고 언급하고 있지만, 이 주제는 국립학술원의 새로운 보고서, 『아동과 청소년의 영어 학습의 교육적 성공 촉진: 미래 증진(Promoting the Educational Success of Children and Youth Learning English: Promising Futures)』(National Academies of Sciences, Engineering, and Medicine, 2017)에서 강조되고 있다.

문헌을 탐색하였다.

우리는 분자와 세포에서 사회문화에 이르기까지 다양한 분석 수준에서 학습을 조사하여, 학습과 관련된 복잡한 시스템을 입증하기 위해 다양한 분야의 연구를 활용하였다. 우리는 학습이 상호 의존적인 생물학적 · 인지적 · 정서적 · 대인적 · 사회문화적 조건에 걸친 분석을 통해 이해할 수 있는 복잡한 과정이라고 믿기 때문에 이러한 수준과 영역 간의 상호 의존성을 강조하려고 노력했다.

둘째, 우리는 생애 전반에 걸쳐 나타나는 다양한 환경과 맥락을 고려해야 했다. 사람은 학교와 같은 공식적인 학습 환경 안에서 삶의 일부분을 할애하고 있고 평생 여러 다른 형태의 환경에서 학습한다. 공식적인 교육 환경에서 얻은 기본 지식과 기술(독해력, 문해력, 수학, 과학, 지리, 구술 및 서면 의사소통 등)은 여전히 중요하다. 그러나 21세기 기술(예: 유연성과 적응성, 팀워크와 협업, 창의적 사고, 디지털 리터러시, 깊은 수준에서의 학습동기 부여, 자율적인 학습)과 같은 다른 종류의 학습의 중요성은 현재 매우 강조되고 있다(Rader, 2002). 또한 위원회는 사람들이 공식적 교육 외에 가정과 지역 사회의 맥락에서 개발하는 풍부한 지식과 역량의 중요성을 인식하였다.

위원회는 여섯 차례 비공개회의와 세 번의 공청회를 열었다. 우리의 정보 수집 과정에는 다음과 같은 주제로 연구자와의 토론 세션도 포함되어 있었다.

- 이중 언어를 사용하는 유아의 사고와 언어
- 학습의 방식, 이유, 장소에 영향을 미치는 문화적 차이에 대한 이해
- 읽기 및 읽기장애에 대한 신경과학
- 학습에 영향을 미치는 인지적 · 발달적 요인
- 심리학과 테크놀로지의 발전과 관련된 학습에서의 평가 과제
- 비공식적 환경에서 학습
- 성인기의 학습 및 성인기 학습에서 테크놀로지의 사용
- 학습장애, 학습을 위한 보편적 설계 및 보조 기술

비록 학습이 일생 일어난다는 생각이 새로운 것은 아니지만, K-12 교육 밖에서 일어나는 학습에 관한 관심의 증가는 우리가 보고서를 작성하는 데 도움이 되었다. 이 책은 교사-교육자, 교육 계통의 진로를 준비하는 사람, 신입 교사 등뿐만 아니라 교육에 영향을 미치거나 관련 정책을 만드는 사람을 포함하여 여러 다양한 독자에게 유용한 정보를 제공하기 위해 제작되었다.

2. 증거의 처리

HPL I에서 소개된 많은 연구는 여전히 경험적으로 뒷받침되며, 우리는 관련 증거에 대해 논의하였다. 그러나 우리의 과업은 새로운 연구를 검토하는 데 있다. 따라서 본 보고서에서는 HPL I에서 다루지 않은 오래된 연구를 일부 검토하였지만 주로 2000년 이후에 출판된 자료에만 관심을 제한하고자 하였다. 위원회에 소임을 다하기 위해 다양한 분야의 연구를 탐색하고 방법론과 증거의 기준이 다양한 연구들을 활용해야 했다. 우리가 수집한 자료를 평가하기 위해 몇 가지 원칙을 사용하였다.

우리는, (1) 중요한 특성에서 개인차를 보이는 연구 참여자가 포함되고, (2) 여러 가지 방법론을 사용하며, (3) 다양한 학습의 성과를 측정한 통제된 연구에서 도출된 증거가 가장 신빙성이 있다고 보았다. 그러나 우리가 원하는 종류의 연구는 찾을 수 없었다. 따라서 사례 연구, 변인 간의 상관관계를 조사하는 탐색 연구, 설계 및 개발 연구, 준실험 연구, 무작위 할당 실험, 실천 연구(또는 'hot-house' 연구), 연구 보고서, 온라인 출판물 등 다른 유형의 연구도 검토하였다[교수학습에 관한 연구 수행에서 방법론적 다양성의 가치에 대한 논의는 Moss와 Haertel(2016)을 참조].

우리는 이러한 다양한 출처가 다양한 종류의 증거를 제시하고 있으며 다른 관점과 분야의 발견을 혼합하기가 쉽지 않다는 점에 주의한다. 연구 설계, 표본, 분석 기법이 항상 비교 가능한 것은 아니며, 실험 기반 연구의 결과는 종종 교실, 일터 또는 기타 환경에서 나온 연구와 양립하기 어려운 경우도 존재한다. 우리는 각 장에서 우리가 탐구한 주요 영역에서의 증거들을 살펴보고자 한다. 또한 우리는 하나의 연구에 국한된 경험적 발견보다 메타분석과 문헌 분석에서 반복 검증된 발견에 더 큰 신뢰를 표하였다.

인간 행동에 관해 탐색하는 여러 연구에서 발생하는 문제 중 하나는 여러 연구를 살펴보았을 때 확고한 결론을 내리기 어렵다는 것이다.

헨리치와 동료들 그리고 다른 여러 학자가(Henrich et al., 2010a; Nielsen et al., 2017) 언급한 바와 같이 사회과학과 행동과학 분야의 연구는 서구권(Western)에서 이루어진 경우가 다수였고, 주로 교육 수준이 높고(Educated) 산업화되었으며(Industrialized), 부의 수준이 높고(Rich), 민주주의를 정치적으로 표방(Democratic)하는 국가에서 다수 수행되어, 일명 WEIRD 연구인 경우가 많았다(따라서 표본 선택 편의 문제는 WEIRD[3] 문제로 알려져 있다). 또한 연구자들은 연구 참여자 상당 부분이 대학생이기 때문에 일반적인 성인보다 더 어리다는 점에 주목했다. 이 문제는 특히 실험 기반 연구와 관련된 문제이다. 실제 환경에서 현장 연구는 다양한 참여자를 훨씬 더 쉽게 포함할 수 있다. WEIRD의 특징을 갖춘 연구 참여자만을 대상으로 연구를 수행하여 도출된 연구 결과는 이들 집단이 모집단을 대표하지 못하기 때문에 일반화할 수 없다.

물론 다른 연구에서는 연구 참여자의 특성이 덜 중요한 경우도 존재하지만(예: 뇌 구조의 신경생물학 연구), 우리는 연구 참여자의 편향 문제에 대해 반드시 주의를 기울일 필요가 있음에 주목한다. WEIRD 문제를 해결하는 법을 찾는 것은 우리의 책임 범위를 벗어나는 일이었지만, WEIRD의 문제와 가장 밀접하게 관련된 특정 분야에 관해 언급하였다. [부록 B]는 WEIRD 문제와 학습 연구의 모집단과 관련된 우려에 대한 보다 자세한 설명을 제공하고 있다.

우리는 지난 수십 년 동안 교육 연구의 토대가 된 증거에 대해 사람들의 관

---

3) 옮긴이 주: 'western, educated, industrialized, rich and democratic'의 약자로, 서구의 교육 수준이 높고, 산업이 발달되고, 부유하며, 민주주의를 가져서 국제 사회에서 주류로 여겨지는 이들의 특성을 의미한다.

심이 증가했다는 사실에 주목한다(Lodge, 2013; Slavin, 2008). 예를 들어, 미 교육부는 무작위 할당과 통제된 실험의 결과를 포함하여 엄격한 과학적 증 거의 중요성을 강조하고(U. S. Department of Education, 2001), 'What Works Clearinghouse')[4] 웹 사이트를 통해 안내 및 기타 자원을 제공하고 있다. 또한 연구자들은 실험실 기반 인지 심리학 및 신경과학 연구에 사용되는 연구 설계 와 방법론을 강의실 환경(Oliver and Conole, 2003; Smeyers and Depaepe, 2013)에 실질적으로 적용할 수 없는 경우가 많다고 지적했다. 즉, 교육 연구의 주요 당면 과제 중 하나는 학습 과정을 조사하는 연구의 연구 결과가 실제 현장에 적용되 기 위해서는 상당한 변형과 해석이 필요하다는 것이다.

3. 본 보고서에 대한 안내

이 책(본 보고서)은 오늘날 학습에 관한 연구의 지형을 개괄하며 시작한다. 2장에서는 학습의 문화적 특성에 대한 높은 관심과 이해에 대해 자세히 다룬다. 학습은 상황적으로 이루어지며, 왜 학습을 개인의 두뇌 안에서 예측 가능한 방 식으로 일어나는 현상이 아니라 사람, 시간, 상황에 따라 변화하는 역동적 시스 템 안에서 일어나는 과정으로 이해해야 하는가를 설명한다. 3장에서는 학습의 유형과 학습이 이루어지는 주요한 뇌의 프로세스에 대한 개요를 제공한다. 4장 에서는 학습을 지원하는 두 가지 핵심 인지 과정, 즉 개인이 자신의 학습을 조 율하는 방식과 학습 및 기억의 핵심 요소를 설명한다. 5장에서는 지식의 발달과 추론 사이의 역동적인 상호작용에 대해 논한다. 6장에서는 학습 성과에서 동기, 신념, 목표 및 가치의 역할을 검토한다.

이 책의 마지막 부분에서는 다양한 발달 단계에 있는 학습자와 교육자에게 도움이 될 수 있도록 그동안 검토했던 여러 연구의 시사점에 대해 다룬다. 7장

---

4) http://ies.ed.gov/ncee/wwc/PracciceGudes (2017. 11.) 참조.

은 보고서 전반에 걸쳐 제시된 주요 연구 결과를 재검토하고, 학교 학습에 대한 시사점을 상세히 기술한다. 8장에서는 학습을 지원하는 디지털 기술의 잠재력을 고찰한다. 9장에서는 성인 및 노년기의 학습과 모든 연령대의 학습자에게 영향을 미치는 학습장애에 관해 다룬다. 10장에서는 각 장에서 다룬 주요 주제를 간략하게 종합하여 10장을 마감하고 관련 정책과 실천을 지원하기 위한 추가 연구 제언을 제시한다.

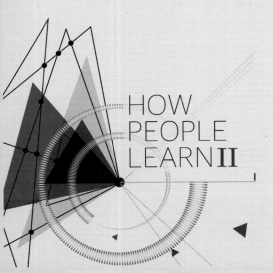

HOW
PEOPLE
LEARN II

HOW
PEOPLE
LEARN II

2장

맥락과 문화

한 개인의 발달은 개인이 살고 있는 환경-가족 및 가까운 지인들뿐 아니라 가족과 공동체가 자리한 사회-의 영향을 받는다. 이는 새로운 것이 아니라 19세기부터 지속되어 온 '환경'과 '유전'이 한 개인의 특성과 능력에 미치는 영향에 대한 논쟁과 맥을 같이한다. 1970년대 이후 많은 학자는 문화와 환경에 대해 탐구해 왔으며, 이러한 조사를 실행하는 것에 대해 의문을 제기해 왔다. 인종과 민족성, 문화적 가치, 역사적 관점, 의사소통 방식 및 다양한 지식과 기술에 대한 중요성에 대한 이해는 문화와 환경 그리고 학습의 복잡한 관계를 이해하기 위한 주제의 일부에 불과하다.

HPL I[1]의 연구자들은 문화의 중요성을 이해하고 교육자들에게 구체적인 아이디어를 제공하는 것에만 관심을 기울였다. 예를 들어, 다음과 같이 언급한다.

• 전문가는 '조건부' 지식을 가지고 있다. 즉, 자신의 지식이 유용할 수 있는 상황과 그것을 적용하는 방법을 아는 것이다.

---

1) 1장에 언급했듯이 HPL I은 『How People Learn I: Brain, Mind, Experience, and School- Expanded Edition』의 약어로 사용됨(National Research Council, 2000).

- 학교의 실패는 학생들이 가정 문화에서 배운 것과 학교에서 요구되는 것의 불일치로 부분적으로 설명될 수 있다.
- 학습은 학습이 이루어지는 맥락에 따라 근본적인 방식에 영향을 받기 때문에 학교와 교실은 학습자와 자신이 속한 사회를 바탕으로 구성되어야 한다.

HPL I이 출판된 이후 개인의 학습이 개인이 속한 특정 맥락에 크게 영향을 받는다는 것이 명확해졌다. 연구자들은 학습자들이 문화적으로 정의된 맥락에서 어떻게 문화가 정의한 방식으로 성장하고 배우는지 탐구해 왔다. 인간은 기본적인 뇌의 구조와 처리 과정뿐만 아니라 가족과의 관계, 발달 단계 등 근본적인 경험도 공유하며, 이러한 각각의 현상은 개인의 정확한 경험에 의해 형성된다. 하지만 문화적 영향은 삶의 시작부터 발달과 밀접한 관련이 있기 때문에 학습은 누구에게나 동일한 방식으로 일어나지 않는다.

우리는 풍부한 문화적·맥락적·역사적·발달적 다양성에 초점을 맞추고, 이에 대한 이해가 어떻게 학습을 향상시키고 최적의 학습 환경을 조성하는 데 도움이 되는지 관심을 두고자 한다. 우리는 학습이 개인이 살고 있는 복잡한 환경과 상호작용하는 물리적인 과정의 산물이라는 것을 인식한다.

이 장에서는 HPL I 이후의 문화와 학습에 대한 관점의 발달에 대해 살펴보고자 한다. 우리는 '문화'라는 단어가 어떻게 사용되고, 위원회가 이를 왜 사회문화적 관점으로 접근하여 발달과 학습의 필수 요소로 설명하는가에 대해 상세하게 설명하고자 한다.

1. 학습의 문화적 특성

위원회는 학습을 사회문화적인 관점에서 바라본다. 우리의 관심사는 사람들이 어떻게 학습을 하는가로(컴퓨터가 어떻게 학습하는가가 아니라) 학습이 발생할

때 사회적 · 정서적 · 동기적 · 인지적 · 발달적 · 생물학적 및 시간적 맥락들의
영향을 받는 것으로 보았다. 이는 문화가 무엇인지에 대한 우리들의 이해에서
비롯된 것이다.

문화의 정의

넓은 의미에서 문화는 전통을 반영하고 사회적 학습을 통해 대를 거쳐 사
회적으로 전달되는 사람들의 학습된 행동이며, 상황과 목표에 따라 달라진다
(Dirette, 2014; Hofstede, 1997; Nasir et al., 2006 참조).

문화는 개인의 행동과 신념을 반영하지만 근본적으로 사회적이다. 문화는 개
인이 다른 사람들과 바람직하고 유용한 활동을 맞추는 학습된 방법의 산물로,
한 개인의 행동, 기대, 신념 등의 다양한 방식으로 표현된다. 예를 들어, 물리적
요소로는 공예품, 도구 및 물리적 공간의 설계 등이 있으며, 타인과 교류하는 언
어 및 비언어적인 요소 그리고 다른 이들과 공유하는 세상을 바라보는 믿음과
방법 등이 있다.

서로 다른 문화적 실천을 통합하는 것은 중요한 학습 과제로서, 문화는 사
람들이 무엇을 배우느냐뿐만 아니라 어떻게 배우느냐에 관한 문제이다. 문화
는 또한 누군가 살고 있는 역사적 시대와 사회를 반영한다. 문화의 역동적인 특
성은 문화 공동체를 구성하는 사람들이 이전 세대들로부터 습득한 문화적 실
천을 유지하는 동시에 시간에 따라 변화하는 환경에 새롭게 적응하여 맞추거
나 완전히 변형시키는 데서 비롯된다(Cole & Packer, 2005; Wenger, 1991; Super
& Harkness, 1986; Tomasello, 2016). 문화는 살아 있는 체계이다. 지금 살고 있는
사람들은 이전 세대가 남긴 문화의 전달자이자, 지난 세대의 문화를 전달받아
자신들에게 발전시키고 적응시킨 것처럼 미래 세대에 전달하는 문화의 생성자
와 전달자가 된다. 문화는 한 집단의 구성원으로서의 자격뿐만 아니라 훨씬 덜
고정적인 것을 의미한다. 즉, 특정 공동체가 생활을 영위하는 방식을 가리킨다
(Nasir et al., 2006; Rogoff, 2016). 사람들은 문화를 받아들이고 변형시키며 살아

간다(Gauvain, 2009). 그러나 각 문화 공동체 내에는 사람들이 다른 역할을 맡고, 다른 도구를 사용하여 일하고, 다른 실천을 따르는 등 매우 상당한 다양성이 존재한다.

학습을 위한 모든 환경은 문화에 의해 형성되어 사회적으로 구성된 상황이다. 학교는 어린 학생들에게 특정 주제에 대한 폭넓은 문화적 지식(예: 읽기, 수학 및 과학)뿐 아니라 다른 이들과 함께 상호작용하는 지식을 통해 현대 사회의 요구에 올바르게 적응할 수 있도록 돕기 위해 만들어졌다. 학교에서 행해지는 사회적 활동들, 틀에 맞춰진 반복된 활동들은 학교의 문화와 학교가 속한 사회 속에 녹아 있는 목표와 가치를 반영한다. 개인은 문화를 받아들이고 가정과 지역 사회 안에서 자신들의 독특한 경험으로 소화시킨다. 교실 안과 모든 학습 상황에서 학습자는 자신의 가족 및 자신이 속한 그룹의 문화를 표현하고 나타내고 있을지도 모른다. 가령, 특정한 말투나 몸짓 또는 존경 어린 시선 등을 통해서 말이다.

문화를 설명하는 데 있어 인종이나 민족성에 관한 질문이 자주 언급되지만, 이들은 서로 구별되는 요소이다. '인종'과 '민족성'에 대한 정의는 일반적으로 합의되지 않는다. '민족성'은 주로 국적 및 혈통을 포함하며 개인의 집단 및 문화적 신분을 나타낸다(Sue & Dhinsda, 2006). 이에 반해, 인종은 서구 사회에서 개인의 신체적 용모(피부 및 눈동자 색과 모발 질감)와 관련된 유전적 공통점을 기반으로 한 분류를 나타내지만, 두 개념—민족성과 인종—모두 문화, 역사, 사회경제학, 정치적 지위 그리고 선조들의 지리적 근원을 반영하고 있다(Collins, 2004). 집단 간 유전적 차이에 관한 연구들은 인종에 따라 집단 간에 과학적으로 의미 있는 유전적 차이가 존재하지 않음을 확인했다(Smedley & Smedley, 2005). 인종은 사회적 구성이며, 인종적 범주나 특정 인종 집단의 정의에 포함되는 기준 역시 시간이 지남에 따라 다양해지는 것으로 알려져 왔다(Figueroa, 1991; Kemmelmeier & Chavez, 2014; López, 2006).

학습과 발달에서 문화의 역할

　문화를 구성하는 요소와 문화가 학습과 어떻게 관련되는가에 대한 관점은 시간이 지남에 따라 변해 왔다. 또한 문화와 학습 사이의 역동적인 관계는 연구 분야마다 다르게 개념화되어 있다. 적어도 다음의 네 개 분야—인류학, 교육학, 언어학 및 심리학—의 연구자들은 학습에서 문화의 역할, 특히 아동기 및 청소년기의 학습에 있어 문화의 역할에 대해 논의해 왔다. 우리는 아동의 발달 차이에 영향을 미친 문화의 영향에 대해 전반적으로 논의하지는 않는다(예: Bornstein, 2010; Rogoff, 2003; Super & Harkness, 2010). 그것보다 우리는 아동기의 초기 경험이 학습에 미치는 영향을 보여 주는 사례들에 집중하고자 한다.

　이 분야의 초기 연구에서 제시한 가장 중요하고 오랜 통찰 중 두 가지는 보호자의 역할이 문화에 따라 다르며 이 차이가 학습자에게 영향을 미친다는 사실이다. HPL I이 출판되기 이전의(하지만 HPL I에 언급되지는 않음.) 많은 연구는 사회화 역할—보호자와 아동의 상호작용 방식—은 아이들이 어떻게 배우고, 무엇을 배우며, 얼마나 빨리 학습하는지, 심지어 학습으로 인한 발달의 마지막 지점까지의 방식을(처음 걷기 시작했을 때부터 사회적으로 상호작용하는 방식까지) 규정하고 있다. 최근의 연구는 배워야 하는 것을 어떻게 배우는가에 대한 아이디어도 문화에 따라 다른지 다루었다. 가령, 미국과 바누아투에서 부모의 기대를 비교한 연구에 따르면, 미국의 부모는 창의성을 보여 주기 위해 예시에서 벗어나는 것을 추구하지만 바누아투의 부모는 지능을 정확한 모방과 동일시하는 경향이 있다(Clegg et al., 2017).

　문화와 학습의 상호작용을 이해하는 데 또 다른 주요 공헌은 발달 규범을 확립하려는 노력에서 비롯되었다(아이들이 정상적으로 발달하고 있는지에 대한 벤치마크이다). 아놀드 게셀(Arnold Gesell)은 대규모 어린이 사례를 이용하여 아이들의 운동 능력 발달을 체계적으로 이해한 선구자로 여겨지는데, 그는 많은 연구자에게 다양한 문화권의 아이들이 신체적으로 어떤 순서로, 몇 살에 무엇을 할 수 있는지에 관한 연구를 할 수 있는 영감을 제공했다(Gesell, 1934).

관련 후속 연구들은 국가의 빈곤 상태와 관계없이 문화에 따라 운동 능력 발달에 상당한 차이가 있음을 보여 주었다(Karasik et al., 2010). 예를 들어, 아프리카 국가의 어린이들을 대상으로 한 연구는 이 지역 신생아들이 보통의 유럽계 미국인 아동보다 일찍 목을 가누고 걷기 시작했음을 확인했다. 가장 중요한 사실은 이 연구가 아이의 조숙이 어린 나이에 빠른 발달을 기대하는 부모나 성장을 촉진하기 위한 부모의 양육 방식을—가령 마사지나 목욕 도중 팔다리 스트레칭 등—택하는 문화 집단에서 나타날 수 있다는 것이다(이 연구의 요약은 Karasik et al., 2010 참조).

이와 유사하게, 사회성 및 도덕성 발달에 관한 연구는 문화권마다 '자아'와 '타자'의 관계를 다르게 개념화한다고 보고한다. 이에 대한 문화 공동체의 인식은 생애 초기부터도 아이들이 어떻게 학습을 대하는지, 자신들에 대해 어떻게 생각하는지, 그리고 사회적으로 어떻게 활동하는지에 큰 영향을 미친다(Keller et al., 2009).

문화와 인지와 관련된 많은 연구는 문화권과 사회적 맥락(외진 지역, 도시, 시골)에 따라 아동과 성인이 인지적 과제를 어떻게 수행하는가를 살펴보았다[의미 있는 초기 사례로서 Cole & Scribner(1974) 참조]. 이 연구는 문제 해결 과제에 대한 발달 단계가 보편적인지 문화에 따라 다른지를 확인하고 발달 속도의 차이와 획득한 최고 수준의 발달 단계에서 관찰된 차이를 설명할 수 있는 프로세스를 밝혀내기 위해 설계되었다(Cole, 1995; Rogoff & Chavajay, 1995). 이 연구들은 문화가 기억이나 지각을 통해 학습자의 이해를 돕고, 세상을 이해하는 기본 인지 과정에 있어 중요한 역할을 한다는 것을 시사한다.

문화가 기본적인 발달 과정에 미치는 영향을 보여 주는 대표적인 사례는 세갈과 동료들(Segal et al., 1966)의 착시 감수성 연구(susceptibility study)다. 이 연구는 모든 사람들이 같은 지각 체계를 공유하기 때문에 배경에 관계없이 세상을 동일한 방식으로 바라본다는 가정에 도전했다. 이 연구는 도시적이고 산업화된 환경에 사는 사람들이 직선과 직각이 자주 보이지 않는 물리적 환경에 사는 사람들보다 뮬러-라이어(Muller-Lyer) 착시에 더 민감하다[2]는 것을 보여 주었다. 이러한 문화적 차이에 대한 연구는 사람이 사는 환경이 중요하며 사람들의 인식은 문화적인 것을 포함하여 이전의 학습 경험을 바탕으로 구성된다는 것을 보여 준다. 보다 최근의 연구는 주의력과 다른 인지 과정의 문화적 차이를 탐구했다 (예: Chua et al., 2005).

문화는 학습을 형성하는 인지 과정에도 영향을 미친다(Markus & Kitayama, 1991; Nisbett et al., 2001; Gelfand et al., 2011; Kitayama & Cohen, 2007; Kronenfeld et al., 2011; Medin & Bang, 2014). 연구자들은 한때 보편적이라고 가정했던 '기본적' 인지 과정의 문화적 차이에 대한 많은 사례를 확인했다(Henrich et al., 2010a; Ojalehto & Medin, 2015b). 이 연구는 문화적 과정을 고려함으로써 연구자들이 발달적 변화의 기초가 되는 발달 과정 및 최종 발달 지점에 대한 이해를 키울 수 있다(Henrich et al., 2010b).

사회(적) 활동으로서 학습

심리학 연구의 또 다른 본체는 심리적 과정을 형성하는 문화의 역할을 탐구하는 것으로, 사회 활동의 역동적인 시스템으로서 학습에 초점을 맞추고 있다. 많은 연구자는 발달에 관한 사회문화적·사회사적·문화-역사적 이론의 대표적인 세 명의 선구자 레브 비고츠키(Lev Vygotsky), 알렉산더 루리아(Alexander Luria)의 아이디어를 발전시키고 연구하였는데(Cole, 1998; Wertsch, 1991), 그들은 사회, 문화, 역사적 맥락이 특정한 아동의 경험을 결정한다고 바라보았다 (John-Steiner & Mahn, 1996).

이 연구의 원리에 따르면, 문제를 함께 해결하기 위하여 아동과 아동보다 진보한 동료 또는 성인과의 사회적 상호작용이 이루어지므로 인지적 성장이 일어난다는 것이다. 성인은 아동이 문화의 심리적·사회적 기술(예: 숫자와 쓰기 체

---

2) 옮긴이 주: 동일한 길이의 직선이 안쪽 (<) 또는 바깥쪽 (>)을 가리키는 각이 측면에서 다른 길이라는 것에 대한 인식.

계, 계산기, 컴퓨터)을 활용하는 방법을 학습하도록 돕는다. 이러한 유형의 도구에는 기술과 아이디어가 내장되어 있으며, 이를 사용하는 방법을 배우는 것이 인지 발달의 중요한 측면이다. 각 아동은 이러한 도구를 재창조하지 않으며, 세대를 거쳐 적응한다(Wertsch, 1991).

이 이론을 사용하여 학습의 문화적 본질을 이해하려는 시도는 다른 문화권에서 피아제의 인지 과제를 확인해 보기 위한 비교문화 심리학자들 사이에서 사용되기 시작했다. 학습에 있어 사회문화적–역사적 관점을 가진 연구자들은 일상생활의 문화적 맥락을 얘기한다. 이 연구는 일상에서의 문화적 실천이 아이들이 생각하고 기억하고 해결하는 방식을 어떻게 구성하고 형성하는지를 풍부하고 상세한 사례를 통해 보여 준다(Gauvain & Monroe, 2012 참고; Greenfield, 2004; Rogoff, 2003; Saxe, 2012a, 2012b). 예를 들어, 파푸아 뉴기니(Papua New Guinea)에 있는 오크샤프민(Oksapmin) 사람들을 대상으로 한 샥스(Saxe)의 연구는 공동체 내의 수학적 사고와 문제 해결력을 형성하도록 이끄는 몸을 사용하는 계산법[3]을 문서화하였다. 로고프(Rogoff)의 연구는 예리한 관찰을 통해 가정 생활과 공동체 실천이 마야족 사람들의 학습을 추진하는지 보여 주었다.

이러한 심층적인 연구는 학습에 대한 접근이 지역 사회의 실천에 내재되어 있으며, 이러한 공동체는 시간이 지남에 따라 변화하고 문화적 적응이 일어난다는 것을 보여 준다(Greenfield, 2009). 이러한 적응은 다시 공동체 내 사람들이 학습하고 문제를 해결하는 방법을 변화시킨다(Gauvain & Munroe, 2009; Greenfield, 2009). 많은 민족지학상의 연구들은 미국의 맥락에서 매우 멀리 떨어져 있는 국가 및 문화 환경에서의 학습을 다룬다. 그러나 도시를 포함한 어디서나 문화적 실천과 도구를 적용하는 데 동일한 원칙이 적용될 수 있다. 예를 들어, 계산기, 인터넷과 트위터와 같은 문화적 도구의 출현이 무엇을 학습해야 하는가뿐 아니라 어떻게 학습해야 하는가에 대한 사람들의 기대를 변화시켰는지 생각해 보라(이 문제는 추후에 6장에서 다룰 것이다).

---

3) 옮긴이 주: 오크샤프민 족은 27진법을 사용하는데, 손, 팔, 어깨, 머리 등을 순차적으로 짚으면서 숫자를 세는 독특한 셈법을 가지고 있다.

모든 학습은 문화적 의미 체계에 의해 형성되고 전달되는 사회적 과정이라는 사회문화 이론이 최근 가장 중요한 교육 연구에서의 이론적 변화라는 점은 놀랍지 않다(Nasir & Hand, 2006; National Research Council, 2009; Tomasello, 2016). 이 사실은 가정과 학교를 연결해 준다. 문화적으로 정의된 기대와 지역 사회 내 보호자가 자녀와 함께하는 방식은 학교 학습과 상호작용한다―학교의 구조화된 환경에서 배운 맥락과 내용. 가정이나 문화 공동체에서 배우는 기대와 실천과 학교 문화에 내재된 기대 사이의 조화나 일치에 대한 일부 연구들은 HPL I에 설명되어 있다. 예를 들면, 가정에서 언어가 사용되는 방식과 교실에서 사용되는 방식 간의 차이(Cazden, 1988), 즉 개별화된 언어 교육을 관찰하거나 지시된 언어 교육을 통해 아이가 배워야 하는지에 대한 기대를 포함한 차이(Cajete, 1999; Correa-Chez & Rogoff, 2009), 시간 개념이 아이들이 교실에서 설정한 기대와 속도에 어떻게 다르게 영향을 미치는지(Levine, 1997), 교수 방법이 개별 학습이나 협동 학습을 촉진하는지(Swisher, 1990; Tyler et al., 2006) 또는 아이들이 지적으로 간주되기 위해 시연해야 할 기술(예를 들면: '서적' 지식 또는 사회적으로 책임 있는 행동, Serpell & Boykin, 1994) 등에 관한 내용이다.

학습의 문화적 본질에 대한 이 연구는 주로 민족지학적으로 특정 시점에 특정 사람들의 문화를 체계적으로 기술한 것이다. 그리고 이 연구들은 주로 작은 연구 표본을 바탕으로 실시되었다. 그러나 인지 발달에 관한 초기 비교문화 연구들과 마찬가지로, 이 연구들은 유아기부터 노년기까지의 모든 사람의 학습을 이해하는 데 의미 있는 통찰을 제공한다. 즉, 모든 사람은 공동체 내의 문화적 활동에 참여함으로써 얻은 경험을 학습할 수 있는 기회를 갖게 된다.

2. 문화, 생물, 맥락의 역동적인 상호작용

학습은 개인에 내재하는 여러 시스템 간의 조율을 필요로 하는 역동적인 과정이며, 한 사람의 생애에 걸쳐 변화하는 맥락과 그를 둘러싼 사람들을 포괄하는 역동적인 체계 속에서 이루어진다. 평생의 학습을 형성하는 데 도움을 주는 요소들을 이해하기 위해서는 필수적으로 이 원칙을 이해해야 한다. 활발한 생물적·심리학적 유기체로서 인간은 태어나는 순간부터 살아가는 동안 마주하는 육체적·사회적 환경과 점진적으로 복잡해지는 상호작용을 하면서 발달한다. 이러한 역동적인 상호작용에서 문화는 학습의 생물학적 측면을 포함한 다방면에 영향을 미친다.

1970년대에 유리 브론펜브레너(Urie Bronfenbrenner)는 개인의 발달에 미치는 맥락적 요소의 복잡하고 다양한 영향을 설명하기 위한 연구 모형을 제시했다(Bronfenbrenner, 1977/ 1994; Bubolz & Sontag, 2009). 이 모형은 가족, 학교, 또래집단 및 직장에서 사회적·제도적 환경, 사상, 가치 체계, 법률 및 관습으로 점차 폭이 넓어지는 동심원으로 구성되어 있으며, 각 원은 개인의 발달이 이루어지는 다양한 시스템을 나타낸다. 또한 개인이 일생 중 누적하는 경험이라고 할 수 있는 이 모든 요소가 시간의 흐름에 따라 어떻게 변화하거나 일관성을 가지는지 보여 준다.

마찬가지로, 개인 수준에서의 학습은 뇌의 생물학적 변화를 포함한 내·외부 환경 변화에 대해 여러 시스템이 영속적으로 맞춰 가는 적응 과정이기도 하다. 뇌는 학습을 위한 생리적 기반을 제공하며 개인 외부에 존재하는 사회적·문화적 영향에 의해 형성된다. 예를 들어, 사회적 관계는 뇌의 형성에 결정적인 역할을 하며, 사회적 관계를 통해 배우는 정보가 사실과 절차에 대한 지식뿐 아니라 감정, 동기 및 관심사를 키워 준다는 증거가 있다(Immordino-Yang et al., 2014; Nelson et al., 2007).

문화는 학습과 관련된 생물학적 시스템을 조율하며, 세상에 적응하고 학습하는 경험을 쌓는 광범위한 사회적 맥락이다. 기유 하타노(Giyoo Hatano)를 선두로 한 학습에서의 문화 적응의 역할에 대한 연구는 문화적 영향이 어떻게 학습을 증진하거나 방해할 수 있는지를 보여 주었다. 문화적 맥락은 관찰 또는 설명과 같은 특정 유형의 학습을 촉진할 수 있다는 것이 확인되었으며(Gutirez & Rogoff, 2003), 새로운 것을 탐구하거나 시도하는 행위에 대해 기대하는 정도를 알려 주어 적응과 실험적 시도를 촉진 또는 저해하고 학습자가 새로운 상황에서 배운 것을 어떻게 응용하는지에 영향을 준다는 것이 밝혀졌다(Hatano & Inagaki, 1986; Hatano & Oura, 2003).

다음 두 섹션은 학습에 영향을 미치고 문화에 따라 형성되는 두 가지 환경적 측면에 관해 설명한다. 첫 번째 측면은 개인이 경험하는 사회적 · 정서적 상호 작용이며, 두 번째 측면은 개인의 신체적 건강과 관련된 요소들로 구성된다.

사회적 · 정서적 영향

뇌의 발달과 기능은 뇌가 지원하는 학습과 마찬가지로 사회적 맥락을 반영하게 된다. 다시 말해, 뇌는 학습자가 주관적으로 인지하고 감정적으로 체험하는 경험, 사회적 관계 및 인지적 기회의 맥락에서 발달하고 기능한다. 문화적 규범과 목표는 사람들이 무엇을 어떻게 생각하는지를 결정하는데, 이는 사람이 홀로 또는 독립적으로 일할 때에도 마찬가지이다.

감정적 · 사회적 자극과 경험에 대한 뇌의 처리는 뇌 네트워크의 발달에 상당한 영향을 미친다(Goldin-Meadow, 2000; Hackman & Farah, 2009; Leppen & Nelson, 2009; Nobel et al., 2015). 인간은 높은 사회적 상호 의존도를 가지도록 진화하여, 태어나서부터 노년기에 이르기까지 다른 많은 사람에게 의존하지 않고는 살아가기가 어렵다(Rogoff, 2015; Tomasello, 2001). 뇌의 형성에는 사회적 관계가 핵심적인 역할을 하며, 사회적 관계를 통해 배우는 정보는 사실, 절차, 동기 부여 및 관심사에 대한 자신의 감정과 지식을 뒷받침해 주게 된다(Immordino-Yang et al., 2014; Nelson et al., 2007).

보육원에서 자란 루마니아 아이들에 대한 연구를 통해 사회적 박탈이 두뇌와 인지 기능에 미치는 비극적인 영향을 확인할 수 있다(Nelson et al., 2014). 연구 당시 루마니아 정부에서 운영하는 기관에서 자란 이 아이들은 충분한 식량, 의류, 침구 및 기타 물품을 받으며 자랐지만, 교대로 돌봐 주는 직원들이 있었을 뿐 그들을 사랑하고 그들에게 헌신적인 어른과의 의미 있고 안정적인 관계를 맺을 기회가 거의 없었다. 결과적으로 이 아이들은 사회적 · 감정적 · 인지적으로 충분히 발달하지 못했다. 그뿐만 아니라 생물학적 발달도 더뎠는데 신체적 성장과 뇌 발달이 제대로 이루어지지 않아 두뇌와 신체가 비정상적으로 작았다.

감정은 사람들이 다양한 자극, 상황 및 사건을 주시하고 평가하며 반응하도록 도와 학습을 위한 신경 기전을 발달시키는 데 중요한 역할을 한다. 과거에는 감정이 비판적 사고를 간섭하고 지식과 감정이 분리되어 있다는 가정이 일반적이었다(Gardner, 1985). 그러나 많은 연구를 통해 감정, 학습 및 기억을 뒷받침하는 뇌 네트워크가 복잡하고 근본적으로 서로 얽혀 있음이 분명해졌으며(Panksepp & Biven, 2012), 이는 수학과 같은 기술적 영역의 전문가들조차도 동의하는 사실이다(Zeki et al., 2014). 감정은 사고의 필수적이며 편재된 하나의 차원이며, 정서 처리(emotional processing)는 행동, 사고 및 학습을 조정한다(Damasio, 1994; Immordino-Yang & Damasio, 2007).

말 그대로 건강한 뇌는 중요하지 않은 정보를 처리하는 데에 에너지를 낭비하지 않기 때문에 신경생물학적으로 감정을 불러일으키지 않는 정보에 대해 깊이 생각하거나 기억하지 않는다(Immordino-Yang, 2015). 감정은 학습에 대한 목표를 설정하는 데 도움을 준다. 일을 계속해야 할지 멈춰야 할지, 문제 해결을 향해 올바르게 가고 있는지 아니면 경로를 바꾸어야 하는지, 그리고 기억해야 할 중요한 것인지 아닌지를 알려 준다.

사람은 학습해야 할 내용과 기술에 공감할 때 이를 배우기 위해 더 열심히 노력하며, 배우고 있는 내용과 기술이 유용하고 자신의 동기와 미래의 목표에 연결된다고 생각할 때 더 깊은 감정을 쏟는다. 반대로, 불안과 같은 감정은 학습 자원을 고갈시키고 학문적 사고보다는 두려움과 도피와 관련된 두뇌 영역을 활성화하는 걱정을 유발하여 학습을 저해할 수 있다(Beilock, 2010; Schmader & Johns, 2003).

신체적 영향

발달 중인 두뇌는 영양 섭취, 환경 독소에 대한 노출, 수면 및 운동 등 다른 영역의 건강과 발달에도 영향을 미치는 신체적 요소에 민감하다. 이러한 신체적 요소는 맥락에 따라 크게 다를 수 있으며 종종 문화적 실천에 따라 결정된다.

영양 섭취

태아 시기의 영양 수준에 영향을 받는 유아와 아동 그리고 성인의 건강, 발달 및 학습에는 충분한 양질의 영양이 필요하다. 특히 뇌의 발달과 기능을 위해서는 적절한 단백질, 칼로리 및 기타 영양소가 필요하다. 뇌의 발달 과정은 장기간에 걸쳐 이루어지기 때문에 청소년기 동안의 영양은 특히 중요하다. 단백질, 칼로리 및 기타 필수 영양소의 결핍은 인지 기능(예: 억제 조절 및 집행 기능 등) 및 감정적 기능에 부정적인 영향을 미치는 것으로 알려졌다(Bryan et al., 2004).

일례로, 철분 결핍은 미국에서 비교적 흔해서 1999~2002년 사이 미국의 1~3세 유아 중 9%가 철분 결핍이 있었으며(Baker & Greer, 2010), 성인 남성의 2.3%와 성인 여성의 9.22%도 철분 결핍 상태였다(Gupta et al., 2016). 철분 결핍은 빈혈로 이어질 수 있으며, 학습, 기억 및 인지 능력을 저해한다. 유아기 철분 결핍성 빈혈은 조기교육과정에서의 낮은 시험 점수로 이어지는 것으로 나타났다. 또한 영아기에 심한 철분 결핍성 빈혈이 발생하면 청소년기까지 운동 능력, 글쓰기 표현력, 산술 성취도, 공간기억력, 선택적 기억 회상 능력에 대한 검사 점수가 낮아지는 결과를 가져왔다(National Research Council and Institute of Medicine, 2000). 빈혈로 이어지지 않는 철분 결핍이 유사한 결과를 가져오는지 여부는 불분명하다(Taras, 2005). 철분 보충은 빈혈의 영향을 일부 만회시키는 것으로 나타났으나, 개선 정도는 사회경제적 지위에 따라 다를 수 있다(Lozoff, 2007/2011; Lozoff et al., 2014).

수면

수면 부족과 수면장애의 누적된 장기적 영향은 건강 문제(예: 당뇨병, 비만, 우울증, 심장 마비 및 뇌졸중 위험 증가 등의 건강 문제)뿐만 아니라 직업, 교육 및 기타 분야의 성과 저하와 연관이 있다(Institute of Medicine, 2006). 수면 부족이 누적되면 학습 능력과 관련된 인지 기능(예: 주의력, 조심성, 기억력 및 복잡한 의사 결정 능력 등)이 수면 부족량과 비례하여 실질적으로 저하된다(Jackson et al., 2013). 한 연구에 따르면, 36시간의 수면 부족(밤을 한 번 새었을 때)은 새로운 기억을 형성하는 능력을 40% 감소시켰다(Walker, 2006).

성인의 경우, 교대 근무와 같이 수면을 방해하는 근무 일정은 수면 부족이 기억 형성에 미치는 영향을 악화시킬 수 있다(Mawdsley et al., 2014). 아동에게 수면은 유아기와 유년기의 기억 통합에 중요한 역할을 하며(Henderson et al., 2012; Seehagen et al., 2015), 불충분한 수면은 이전에 습득한 지식에 대한 기억을 극적으로 감소시킨다(Darby & Sloutsky, 2015). 청소년기의 수면 부족은 학교 내외에서의 주의력 문제, 전반적인 인지 기능 저하, 감정 조절 능력 저하, 기분장애(mood disorders), 위험한 행동 및 학업 성과 저하와 관련될 수 있다(Wahlstrom et al., 2014).

생물학적으로 정상이거나 최적이라고 여겨지는 수면의 양은 생애 주기에 따라 달라지는데, 미국수면재단(National Sleep Foundation)은 신생아의 경우 14~17시간, 고령자의 경우 7~8시간의 수면을 권장한다(Blunden & Galland, 2014; Hirshkowitz et al., 2015). 그러나 오늘날 성인은 20세기 중반에 비해 평균 하루 수면 시간이 1~2시간 정도 줄어들었으며, 20세기 중반에는 7시간 미만의 수면 시간을 가지는 성인이 15%였던 반면 현재는 39%로 늘어난 추세이다(Institute of Medicine, 2011; National Sleep Foundation, 2008). 유아, 아동 및 청소년의 평균 수면 시간은 지난 20년 동안 30~60분 감소하였는데, 이는 주로 늦은 취침 시간 때문인 것으로 나타났다(Dollman et al., 2007; Iglowstein et al., 2003). 많은 아동이 낮은 질의 수면을 경험하며, 이 문제는 성인으로 성장한 후에도 극복하지 못하는 경우가 대다수이다(Centers for Disease Control and Prevention, 2009; Kataria et al., 1987; Lauderdale et al., 2006; National Sleep Foundation, 2006; Nevarez et al., 2010; Pollock, 1994; Spilsbury et al., 2004).

운동

운동이 신체 건강과 질병 예방에 미치는 강한 긍정적인 영향은 많은 연구를 통해 확인되었으며(U.S. Department of Health and Human Services and Administration for Children and Families, 2010), 운동은 학습과 인지에도 도움이 될 수 있다고 알려져 있다.

운동의 효과는 그 형식, 기간 및 빈도에 따라 크게 달라지기 때문에 이에 대한 연구는 인지, 감정 및 행동에 대한 단기적 효과와 영구적 효과를 구분하여 초점을 맞춘다. 운동의 단기적 효과는 신체적 활동 직후에 실시하는 시험을 통해 분명히 나타나며, 영구적 효과는 정해진 운동 기간에 나타나는 인지적 변화를 말한다. 이러한 연구는 연령대에 따라 운동이 정신적 발달과 정서적 안녕에 가장 도움이 되는 시기와 방법을 파악하는 데 도움이 된다.

격렬한 운동 후에는 많은 신경화학적 변화가 일어나는데, 이러한 변화들은 운동 직후에 뇌가 기술 습득 및 학습을 더욱 잘 받아들일 수 있게 해 주기도 한다(Meeusen et al., 2001). 운동 직후의 아동 능력 변화에 대한 과거 연구는 운동 직후 수학적 계산 능력(Gabbard & Barton, 1979; McNaughten & Gabbard, 1993), 정신 운동(psychomotor; Raviv & Low, 1990) 및 자극 매칭 수행(stimulus-matching performance; Caterino & Polak, 1999)이 향상됨을 확인하였다. 최근 연구는 운동 직후 아동들의 독해력, 억제력(충동 조절), 주의력을 포함하여 복잡한 과제에 집중하여 완료하는 능력이 향상된다는 것을 발견했다(Hillman et al., 2009).

인지 및 학업 성과, 특히 자기 모니터링과 집행 기능뿐만 아니라 고차원 인지 능력을 포함하는 통합적 작업은 아동기의 일관된 운동 훈련과 관련이 있다(Keeley & Fox, 2009; Tomporowski & Ellis, 1984/1985; Tomporowski et al., 2011). 지각 능력, 구두시험, 수학 시험, 학업 준비 및 성과(4~18세 아동 대상 연구 결과; Sibley & Etinier, 2003) 및 집행 기능 수행에 있어 신체 운동과 인지 간의 긍정적 관계 또한 확인되었다(Davis et al., 2011).

일부 연구는 운동이 고차원 사고 능력에 영향을 미치는 정도가 운동의 성격과 발달 연령에 따라 다를 수 있다고 보았다(Best, 2010). 예를 들어, 청소년기에 더 높은 주의력, 새로운 운동 기술 및 패턴의 학습, 더욱더 세밀한 움직임 및 사회적 상호작용을 해야 하는 복잡한 운동을 할 경우 즉각적이고 강한 인지 능력 향상을 가져올 수 있다(Budde et al., 2008; Pesce et al., 2009; Stroth et al., 2009).

고령자에게 나타나는 운동과 인지 능력 사이의 관계에 대한 연구 결과에 따르면, 인지 능력에 긍정적인 신체 활동의 효과가 정상적인 인지 능력을 가진 성인과 인지장애 초기 증상을 보이는 사람들 모두에서 나타났다(Colcombe & Kramer, 2003; Etnier et al., 2006; Heyn et al., 2004). 비록 모든 영역에서 이러한 효과가 나타났으나, 힐만 등(Hillman et al., 2008)은 특히 계획 수립, 조직화 및 유연한 사고를 위한 인지 능력으로 정의되는 집행 통제(executive control)에 현저하게 긍정적인 효과를 가져온다는 것을 발견했다.

환경 독소

신경계에 영향을 미치는 환경 독소에 대한 노출은, 특히 태아와 유아 발달에 상당한 영향을 끼칠 수 있다. 신경 독소(살충제 및 납 등)에 많이 노출된 임산부가 낳은 아이는 비슷한 생활 수준의 신경 독소에 대한 노출이 상대적으로 적었던 임산부가 낳은 아이와 비교하여 발달이 더딘 것으로 나타났다(Institute of Medicine and National Research Council, 2015). 아동은 두 가지 이유로 환경 독소 노출에 특히 취약한데, 신진대사가 나이가 많은 사람보다 빨라 체중 대비 독소를 더 많이 흡수하며, 뇌가 빠르게 발달하고 있기 때문에 독소에 더 민감하다(National Scientific Council on the Developing Child, 2006; Rauh & Margolis, 2016).

미국 아동의 납 독성 수준은 납이 들어간 페인트(1971)와 납 휘발유(1984)의 사용을 금지하는 법안 도입 이후 감소했으나, 미시간주 플린트(Flint) 시 및 기타 지역의 오염 식수에 대한 뉴스 보도를 통해 납 중독에 대한 우려가 다시금 대중의 주목을 받았다. 납 노출은 혈중 납 농도가 매우 낮은 수준에서도 아동의 읽기, 쓰기 및 IQ 시험 점수를 감소시키는 것으로 나타났다. 실제로 미국 질병통제예방센터(Centers for Disease Control and Prevention)의 현재 지침에 따르면, 그 어떤 수준의 혈중 납 농도도 안전하지 않으며 납에 노출되면 그 결과는 돌이킬 수 없다고 되어 있다.[4] 그러나 납 노출로 인한 인지 능력 감소가 IQ 수준에 미치는 차이(1.4 %)는 보육원 및 유치원과 같은 사회적 요인과 육아 방식 / 과정에서의 요인 및 제도적 자원의 질이 가져오는 차이(40% 이상)에 비해 훨씬 적은 것으로 알려졌다(Koller et al., 2004, p. 987).

3. 결론

학습자가 무엇을 어떻게 학습하게 되는지는 자신만의 생애 동안 겪는 일련의 상황, 영향 및 경험을 통해 결정된다는 점을 이 장에서 강조하였다. 이어지는 장들에서 이 원칙의 구체적인 함의를 살펴보고, 7장에서 교육에 대한 함의를 다시 짚어 보겠다. 그러나 처음부터 주목해야 할 함의는 우리가 한때 일컬었던 '문화적 차이'는 특정 문화 공동체의 공통적인 실천에 대한 개별 학습자의 관여도 차이로 더 잘 표현될 수 있다는 것이다(Gutirez & Rogoff, 2003).

> **결론 2-1**: 각 학습자는 문화적·사회적·인지적 및 생물학적 맥락의 상호작용에 의해 형성되는 삶의 과정에서 자신만의 지식과 인지 자원을 취합하게 된다. 학습자의 발달적·문화적·문맥적·역사적 다양성에 대한 이해는 사람들이 어떻게 배우는지에 대한 이해의 주축이 된다.

---

4) http://www.cdc.gov/nceh/lead/acclpp/blood_lead_levels.htm (2017. 11.) 참조.

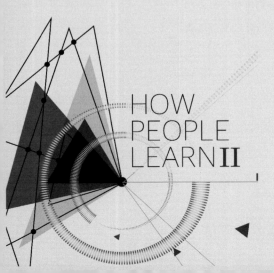

HOW
PEOPLE
LEARN II

HOW
PEOPLE
LEARN II

3장

학습의 유형과 뇌 발달

습은 관련 요인들의 복잡한 상호작용을 수반한다. 2장에서는 학습에 영향을 미치는 문화적 요소들에 초점을 두어야 할 중요성에 대해 논의 하였다. 위원회는 문화가 무엇인지, 그리고 그것이 발달과 학습에 영향을 미치는 복잡한 방법을 이해하는 새로운 방법이 무엇인지 설명했다. 이 장에서는 관련하여 다양하고 복잡한 과정을 이해하기 위해 여러 유형의 학습을 살펴볼 것이다. 그리고 생애에 걸친 뇌 발달, 학습을 지원하여 그 결과로 발생하는 뇌의 변화에 대해 논의할 것이다.

이 논의에서 우리는 교육에 대한 연구 그리고 사회, 문화, 인지신경과학에 대한 연구를 활용할 것이다. 우리는 HPL I[1])에서 논의된 내용들과 뇌가 어떻게 발달하는지에 대한 신경생물학적 설명에 기여해 온 다른 연구들에 바탕을 두고 있다. 이러한 연구들은 경험과 지지적인 환경 모두가 생애 전반에 걸쳐 발달적 궤도—표준적인 것과 부적응적인 것 모두—를 어떻게 근본적으로 변화시킬 것인가를 탐구해 온 것들이다.

---

1) 1장에 언급했듯이 HPL I은 『How People Learn I: Brain, Mind, Experience, and School- Expanded Edition』의 약어로 사용됨(National Research Council, 2000).

1. 학습의 유형

학습의 유형이 많다는 이야기는 당연해 보일 수 있지만, 연구자들은 다양한 시각에서 학습 유형의 다면적인 구조를 탐색해 왔다. 사람들은 여러 다른 종류의 것들을 학습하고, 그렇게 하기 위해서 각기 다른 학습 전략과 뇌 처리 과정을 활용한다. 광범위한 활동과 성취를 강조하여 모두 '학습'이라고 명명할 수 있는 세 가지 시나리오를 생각해 보자.

세 가지 학습 시나리오

시나리오 1은 카일라라는 학생이 기하학 수업에서 피타고라스의 정리를 학습하고 있는 장면이다. 그녀가 당면한 동기는 수학 시험을 잘 보는 것이지만, 부모님, 선생님, 친구들에게 좋은 인상을 주거나 최소한 체면을 차리고 싶다는 다른 동기도 있을 수 있다. 예를 들면, 좋은 대학에 지원하기 위해 필요한 평균 성적을 유지하기, 이 내용이 수학과 과학 과목에서 심화 학습을 위한 필수 조건이라는 가치를 느끼기, 피타고라스의 정리가 컴퓨터 그래픽과 게임 프로그래밍에 대한 그녀의 관심 사항에 적용되는 것을 목격하기, 그리고 피타고라스의 정리의 우아하고 명확한 증명에서 아름다움과 무안함을 확인하기 등이 포함될 것이다.

공부를 하면서 카일라는 여러 가지 유형의 학습과 적용을 할 가능성이 높다. 그녀는 아마도 핵심 용어들과 **규칙**(rule)들 모두를 학습할 것이다. 예를 들면, '빗변'은 직각 삼각형의 가장 긴 면을 가리키는 용어이고, 공식을 사용하여 어떤 빗변의 길이를 알아내는 방법을 학습할 것이다. 그녀는 시험을 대비하여 나중에 규칙을 **회상**(retrieve)할 수 있도록 이 공식을 단어나 그림으로 **부호화**(encode)할 것이다. 그녀는 피타고라스의 정리에 대해 직관적으로 설득력을 가진 정당성을 보여 주는 **공간적인 모형**(spatial model)을 만들고 변형하는 것을 학습할 수도 있다. 그녀는 이 공간적인 모형을 대수적인 표기법과 **연결**(link)시키는 것을 학습할 것이고, 피타고라스의 정리의 형식적인 증명을 위해 **상징적인 표기법을 다루는 절차**(procedures to manipulate this symbolic notation)를 학습하게 될 것이다. 그리고 컴퓨터 화면에서 두 좌표 사이의 거리를 구하는 것과 같이 관련성이 높은 문제들에 피타고라스의 정리를 **적용**(apply)하는 방법을 배울 것이다. 그녀는 보다 큰 개념을 통신 네트워크 분석처럼 다른 맥락으로 **전이**(transfer)하는 방법까지도 학습할 수 있다(Metcalfe, 2013).[2]

시나리오 2에서 마르티나는 기타 연주에 대한 자신의 능력을 개발하고 있다. 그녀의 동기는 카일라의 동기와는 매우 다르다. 그녀는 자신의 노래에 반주를 하려고 악기를 연주하기 시작했지만, 몇 년간의 경험을 통해 새로운 화음을 진행시키기, 자신이 좋아하는 음악가의 연주를 보다 잘 재현하고 자신의 곡을 더욱 잘 만들 수 있는 스타일을 선택하기 등 보다 정교한 기술을 학습하는 데에 흥미를 가지게 되었다. 그녀는 자신의 기타 주법을 향상시키기 위한 **심동적 학습**(motor learning), 녹음된 음악에서 화음 진행을 선택하기 위한 **지각적 학습**(perceptual learning) 그리고 다른 사람들의 실제 연주 장면과 녹화된 연주 장면들을 보면서 **관찰학습**(observational learning)을 하였다. 그녀의 훈련에서는 연습과 조직화(regimentation)가 두드러진다. 그녀의 연주는 개인적인 학습 그리고 실력 향상을 위해 **언어와 예시 중심의 교수**(verbal and example-based instruction)를 모두 사용하려는 노력을 병행함으로써 상당히 향상되었다.

세 번째 시나리오는 컴퓨터 기반 게임인 '폴딧(Foldit)'[3]에 대한 것으로, 사용자는 난이도가 높기로 악명이 높은 단백질 접힘(protein folding)[4] 문제의 해결책을 찾는 법을 학습한다([그림 3-1]은 '폴딧'의 학습자-사용자가 보는 화면이다). '폴딧'은 '기능성 게임(serious game)'[5]의 한 사례로서, 재미뿐만 아니라 사용자

---

2) 메트칼프의 법칙(Metcalfe's law)에 따르면, 통신 네트워크의 유용성은 각 개인이 다른 사용자들과 연결될 수 있기 때문에 연결된 사용자 수의 제곱에 비례하여 증가한다(Metcalfe, 2013).
3) 관련 정보: https://fold.it/portal/ (2016. 11.) 참조.
4) 옮긴이 주: 단백질 분자를 구성하는 펩타이드 사슬이 고유의 2차 구조의 배치 순서로 고차 구조를 형성해 가는 과정.
5) 옮긴이 주: 단순한 재미 요소 이외에, 교육, 학습, 훈련, 치료 등의 특별한 목적을 접목시켜 게임이 가

가 현실의 문제를 해결하도록 교육하거나 훈련시키기 위해 설계된 게임이다 (Mayer, 2014). '폴딧'은 사용자에게 가능한 한 에너지를 적게 소모하면서 단백질을 접도록 요구하는데, 이는 가장 정교한 인공지능 시스템에서도 어려운 문제다 (Cooper et al., 2010). 과학자들은 사용자가 발견한 최고의 해결책이 현실의 단백질을 이해하거나 조작하는 데 적용될 수 있는지 여부를 결정하는 분석을 할 수 있다. 예를 들어, 2011년에는 과학 전공 학생뿐 아니라 13개국 이상의 시민과 은퇴자들이 포함된 폴딧 게임 사용자들이 원숭이에게 에이즈를 유발시키는 바이러스의 결정 구조를 밝혀내서 15년간 전문 과학자들이 성취하지 못한 해결책을 만들어 냈다(Khatib et al., 2011).

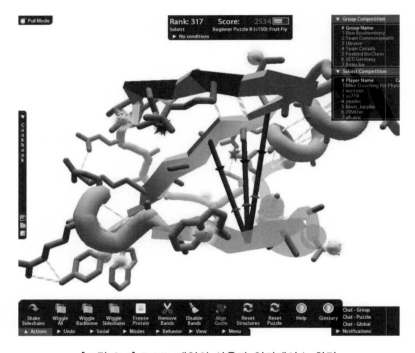

[그림 3-1] Foldit 게임의 사용자 인터페이스 화면

출처: Cooper et al. (2010)에서 재인용.

지는 순기능을 더욱 확장시킨 형태의 게임.

2012년에는 게임 사용자들이 새로운 단백질의 생성을 허용하는 버전의 게임을 이용해서 콜레스테롤 의약품을 포함한 다양한 약물에 사용되면 생합성 반응 속도를 2,000%까지 높일 수 있는 효소를 만들었다(Hersher, 2012). 카티브와 동료들(Khatib et al., 2011)은 57,000명의 '폴딧' 사용자가 이러한 성공을 달성하기 위해 사용한 전략을 연구한 결과, 사용자들이 만든 결과의 핵심은 **새로운 도구를 만든 것**(create new tools), 특히 이 경우에는 '레시피(recipes)'라는 컴퓨터 소프트웨어를 만든 것이라는 사실을 발견했다. 그들은 또한 팀을 구성하고, 구체적인 해결책과 일반적인 소프트웨어 사용법을 공유하고, 팀 구성원들 간에 과제를 유통시키고, 서로의 실패와 성공에 대해 정기적으로 업데이트함으로써 **협력적으로 학습**(learn collaboratively)했다.

이러한 시나리오는 학습과 관련된 기능 및 과정의 범위를 느끼게 만들며, 상당히 간단한 도전 과제라도 해결하기 위한 학습은 복잡성을 가지고 있음을 보여준다. 학습자의 동기 및 접근 방식에 영향을 미치는 다양한 요소들 그리고 학습자가 동원할 수 있는 전략과 과정의 범위가 그러하듯이 맥락은 중요하다. 우리는 이러한 쟁점들을 이 장과 이후 장들에서 살펴볼 것이다.

또한 이 세 가지 시나리오로 돌아가서 연구자들이 탐색해 온 기본적이고 보편적인 학습 유형들에 대해 살펴볼 것이다. 우리는 이런 기능들이 독립적으로 작동하는 것이 아니라 복잡하고 양방향적인 학습 과정의 한 측면임을 강조한다.

기본적인 학습 유형

학습의 유형은 다양하며, 앞서 제시된 시나리오처럼 종종 함께 작동한다. 이 부분에서는 학습 유형의 포괄적인 분류 체계를 소개하기보다는 학습의 범위, 다양성 및 역동적인 속성을 이해하기 위해 몇 가지 중요한 유형을 선택하여 설명한다. 우리는 습관 학습과 패턴 학습처럼 '지식이 거의 없는(knowledge lean)' 것으로 간주되는 학습 형태에서 시작하여, 추론적 학습처럼 보다 복잡하고 '지식이 풍성한(knowledge-rich)' 학습 형태로 나아갈 것이다. 지식이 풍성한 학습 유형은 학습자의 의식 밖에서 발생하며 제한된 언어적 중재를 요구하는 암묵적인 것일 수 있다. 보다 외현적인 학습에는 모델과의 학습, 학습자의 의도로 실행된 학습이 포함될 수 있다.

학습 유형에 대한 연구는 종종 학습 과제를 단순화하고 구체적인 맥락의 미묘한 뉘앙스를 '제거'하는 노력이 이루어지는 실험실 환경에서 수행된다. 대체로 이러한 연구의 참여자들은 서구의, 교육을 받은, 산업화된, 부유한, 민주적인 문화에 속한 이들이며, 연구의 결과를 다른 문화적 맥락에 사는 사람들에게 일반화하기에 제한적일 수 있다(WEIRD[6] 문제에 대해서는 1장과 [부록 B] 참조). 현실 세계에서 학습 상황은 거의 항상 다수의 학습 과정을 수반하고, 늘 맥락과 학습자 자신의 특성 및 선호에 의해 영향을 받는다.

습관 형성과 조건화

습관은 특정한 맥락에 깊이 박혀서 능숙하게 느껴지는 행동이자 사고 패턴이다(Wood et al., 2002). 습관은 긍정적일 수 있고(예: 건강에 좋은 간식 고르기나 수학 숙제를 이중 점검하기) 또는 해로울 수 있다(예: 식사를 거르고 대신 자판기에서 초콜릿 바를 집기 또는 수학 숙제가 어려워 보이면 포기하기). 자신의 습관을 인식할 수 있고 주의를 기울여서 습관을 강화하거나 변화시킬 수 있지만, 습관의 학습과 습관을 버리는 것은 모두 점진적으로, 그리고 대개 무의식적으로 일어난다. 습관은 스스로 강화되는 경향이 있다. 습관은 단기 목표를 성취하고 비교적 자동적으로 작동하므로, 특히 나쁜 습관을 버리는 것은 지독하게 힘들다. 좋은 습관은 일단 형성된다면 학습자의 성공을 돕는 풍성한 행동 패턴으로 발전할 수 있다.

---

6) 옮긴이 주: 'western, educated, industrialized, rich and democratic'의 약자로, 서구의 교육 수준이 높고, 산업이 발달되고, 부유하며, 민주주의를 가져서 국제 사회에서 주류로 여겨지는 이들의 특성을 의미한다.

  습관을 점진적으로 학습하는 것이나 습관을 버리는 것은 모두 **조건화**(conditioning) 원리에 따르며, 특정한 맥락적 단서나 촉발 요인이 제시되었을 때 자동적으로 자신의 의사 결정과 행동을 조정하는 비의식적인 학습 형태이다. 이러한 의사 결정과 행동은 직접 관련된 보상이 주어질 때 강화될 수 있다. 예를 들어, 초콜릿 바의 경우 맛이 있고 에너지를 제공한다거나(비록 에너지를 발산한 후 에너지가 급격히 떨어지더라도) 또는 과제를 점검하는 습관 덕분에 부주의해서 일어난 실수를 확인한다면 그렇다. 보상은 외재적인 것일 수 있으나, 기타를 연습하던 학생 마르티나가 잠들기 전 매일 연습하는 습관을 들여서 자신의 연주 실력이 향상되었음을 깨달았던 것처럼 학습자에 의해 내재적으로 만들어질 수도 있다.

  보상의 개연성과 시간 범위 또한 중요한 문제이다. 예를 들어, 마르티나는 규칙적인 연습을 시작한 직후에 연주에서의 차이를 알아채지 못할 수 있고, 연습에 따른 보상을 경험하기 전에 포기하고 싶은 유혹을 느낄 수도 있다. 또는 자신의 수학 숙제를 성실하게 점검하는 학생에게 과제의 완성도에만 근거한 평가가 이루어져서 부주의로 발생한 실수가 중요하게 다루어지지 않는다면, 자신의 추가적인 노력에 대한 보상을 인식하지 못할 수도 있다. 습관은 그 행동이 언제나 보상받을 때 강화될 것이라 여겨질 수 있으나—마르티나의 실력이 꾸준히 좋아지고 학생이 수학 과목에서 항상 칭찬을 받는 것—예측 가능한 보상은 실질적으로 습관의 지속성을 떨어뜨린다. 즉, 나쁜 습관이 간헐적으로만 보상을 받는다면 소거되는 것이 보다 어렵고, 보상을 당연하게 여기는 상황에서는 좋은 습관의 이점이 불분명하게 여겨질 수 있다. 예를 들어, 짜증 내는 자녀에게 때때로 '굴복하는' 부모로부터 보상을 받게 된다면, 아동의 짜증 부리는 습관은 계속 소거되지 않을 수 있다. 이 아동은 짜증을 부리면 보상을 받을 수 있다는 것을 학습하게 되므로 더욱 이 행동을 지속하게 된다. 마찬가지로, 마르티나가 밤늦게까지 연습을 계속하려고 자신을 다그쳐야 할 수도 있지만, 갑자기 실력이 도약하는 밤에는 투입한 노력으로 인해 보상이 한층 감미롭게 여겨질 것이다.

  흔히 사람들은 의식적으로 의사 결정을 내렸기 때문에 자신의 행동을 이성적으로 통제하고 있으며 통제하는 대로 행동한다고 생각한다. 그러나 습관이 유발하는 행위들이 유행하는 것을 보면, 우리 행동의 상당 부분은 의식적으로 선택된 것이 아니다. 휴대 전화의 메시지를 강박적으로 확인하는 것 같은 부정적인 습관들과 아침에 운동하기처럼 긍정적인 습관들은 모두 이 활동에 참여겠다는 의식적인 결정 없이 쉽게 시작된다. 즉, 습관이 형성되고 있음을 완전히 깨닫기 전에 시작된다. 이는 새롭고 좋은 습관을 형성하려면 처음에는 노력을 투입하고 의지를 반영해야 한다는 사실을 의미한다. 마르티나가 기타 연주를 하면서, 고개를 숙이기보다는 들고 기타를 잡고, 허리를 곧게 펴고 앉으며, 연주가 가능할 정도로만 느슨하게 피크를 집는 좋은 습관을 만들었고, 이 습관은 그녀의 연주 실력을 향상시키는 데에 결정적이었다. 시간이 흐르면서 그녀가 새로운 곡을 익히고 테크닉을 배울 수 있도록 충분한 정신적 자원을 남겨 두기 위해서는 이러한 행동들이 의도적으로 이루어지기보다 자동화되어야 할 필요가 있다.

주의를 기울여 듣기, 글을 작성하기 전에 개요 만들기, 읽고 있는 자료를 주기적으로 요약하기 등 성공적인 학습 습관이 아직 형성되지 않은 학습자들은 조급해하고, 그들이 열심히 학습하려 하지 않는다고 성급하게 결론 내리기 쉽다. 그러나 이러한 학습 습관은 처음에 노력이 요구되며, 시간이 지나야만 탄력을 받는다. 일단 습득되면 이것들은 학습자에게 두 번째 특성이 될 수 있고, 인지적으로 까다로운 과제의 다른 측면들에 주의력에 필요한 자원을 보다 자유롭게 사용할 수 있다.

습관을 형성하는 방법에는 고전적인 조건화 등 여러 가지가 있다.[7] 고전적 조건화에 대한 이반 파블로프(Ivan Pavlov)의 연구는 너무나 잘 알려져서 만화로도 제시된다. 즉, 파블로프는 음식을 내놓으면 개에게서 자동적으로 침이 나온다

---

7) 습관 학습의 특성 중 하나는 점진적이라는 것이다. 그러나 고전적 조건화(classical conditioning)는 항상 점진적으로 일어나지 않는다. 위통을 일으키는 맛에 단 한 번 노출되어도, 이후 이 맛을 회피하는 행동이 나타날 수 있다(Garcia et al., 1955). 그럼에도 불구하고 우리는 고전적 조건화가 습관이 형성되는 주요한 메커니즘 중 하나이기 때문에 습관 형성에 대한 이 세션에 포함하였다.

는 것을 알게 되었다. 그는 교묘하게 개에게 음식을 줄 때마다 종을 치기 시작했다. 곧 그는 음식을 주지 않아도 종소리를 들으면 개가 침을 흘리는 것을 관찰하게 되었다. 이와 같은 고전적 조건화는 타액 분비가 음식의 소화를 돕는다는 점에서 환경에 적응하는 한 형태로 볼 수 있다.

조건화는 적응적인 학습 과정이지만, 익숙했던 맛에 혐오감을 느끼는 경우나 학대받는 아동이 자신을 보호하기 위해 반사회적 전략을 학습하는 아동의 경우처럼 가끔씩은 원치 않는 결과를 초래한다. 예를 들어, 화학 요법 약물로 메스꺼움을 느낀 암 환자들은 이 약물을 생각할 때나 치료 전에 잘 먹었던 음식을 먹을 때도 메스꺼움을 느끼기 시작할 수 있다(Bernstein et al., 1982).

조건화된 학습은 생존과 적응에 매우 기초적이므로 단순한 심적 처리 이상으로 확장되어 신체의 적응적인 처리 패턴도 포함한다. 예를 들어, 면역 체계가 고전적 조건화에 해당된다는 증거가 있다. 연구자들은 미각 자극에 대한 학습된 반응이 나타나는 것처럼 면역 체계의 반응이 억제되거나 강화될 수 있음을 발견하였다(Ader et al., 2001; Schedlowski et al., 2015). 이 연구는 정신신경면역학(psychoneuroimmunology)으로 알려진 새로운 학제 간 분야를 발생시켰는데, 이 분야는 질병과 대항하는 면역 체계를 사용할 수 있는 가능성을 탐구한다. 우리는 학습이 인간과 모든 동물의 근본적인 특성이라는 것을 강조한다. 경험에 의해서 우리의 마인드뿐만 아니라, 우리의 신체도 형성된다.

관찰학습

사람은 또한 다른 사람의 행동, 태도 또는 정서적 표현을 관찰하고 모델링하면서 학습한다. 실제로 그 행동이나 기술을 모방할 수도, 하지 않을 수도 있다. 관찰학습을 하는 인간의 재능은 동물들에게는 드물게 나타나며, 일정한 연관성(예: 어떤 음식의 맛과 이후 발생한 복통의 연관성)을 형성하는 경향이 강한 동물들에게서 관찰되는 '한 번의 시도로 학습하기'보다 학습 속도가 훨씬 빠르기 때문에 '시도하지 않고 학습하기(no-trial learning)'라고 불려 왔다(Bandura, 1965). 관찰에 의한 학습은 시행착오를 통한 학습의 비용을 최소화하면서 학습자가 새로운 행동을 추가할 수 있도록 만들고, 종종 외현적인 피드백 없이 진행될 수 있다.

관찰에 의한 학습은 모방, 해석 및 추론을 위해 심화된 인지 능력을 요구하는 정교한 기술이다(Blackmore, 2000). 이것은 학습자에게 바로 목격할 수 없는 것(태도나 방법 등)을 관찰하고 자신이 관찰한 것을 재현하는 방법을 알아내라고 요구한다. 마르티나는 자신이 학습하고 있는 것의 모든 측면을 자신이나 선생님이 말로 묘사할 수 없더라도, 선생님의 연주를 주의 깊게 관찰하고 들으면서 기타 연주에 대한 자신의 실력을 여러 측면에서 향상시키는 방법을 배울 가능성이 있다.

관찰을 통해 학습하는 인간의 경향성은 학습자의 사회적 환경의 중요성을 강조하는데, 이는 오랫동안 형성되어 온 관계이다. 1960년대에 시작된 반두라(Bandura)와 동료들의 연구는 학습과 동기에서 관찰학습과 사회적 모델링의 역할을 정리했다(Bandura, 1989; Bandura et al., 1961/1963). 연구자들은 모델링이 성공적인 학습 방법이 되기 위해서는 학습자가 모델이 보여 주는 행동의 중요한 요소들에 주의를 기울일 뿐만 아니라 해당 행동이나 기술과 관련 없는 특징을 무시할 수 있어야 하고, 관찰한 것을 기억하고 복제할 수 있어야 한다는 것을 발견했다. 우리의 세 번째 학습 시나리오에서 '폴딧' 사용자들은 동료들이 사용하는 일반적인 전략과 특정한 해결책을 모두 따라 함으로써 관찰학습의 이점을 취했다. 그들은 자신의 관찰학습을 촉진하기 위해 특별히 팀, 온라인 포럼, 방법 레퍼토리들을 조직하였다.

다양한 요소가 관찰학습에 영향을 미칠 수 있다. 예를 들어, 관찰하는 행동에 대한 자신의 잠재적 역할과 목표에 대한 개인의 인식은 학습한 행동을 얼마나 잘 재현하는지에 영향을 미친다(Lozano et al., 2006; Zacks et al., 2001). 반면, 사람들은 어떻게 행동해야 하는지에 대한 단서를 다른 사람들로부터 기꺼이 받아들인다는 사실이 오래전부터 알려진 바 있는데, 특히 교사나 부모처럼 권위 있는 대상은 물론 동료 학습자들로부터도 행동의 단서를 취한다(Schultz et al., 2007). 동료 관찰은 **기술 규범**(descriptive norms)에 대한 정보의 핵심적인 원천이다. 즉, 사회적으로 관련된 사람들 간에 실행되는 기준들로서 동료가 실제로 행동하는 방식을 보고 습득된다. 이와는 대조적으로, **제재 규범**(injunctive norms)은 어떻게 행동해야 하는지 설명하고 전통적으로 보다 권위를 가진 사람들이 제시한다. 기술 규범과 제재 규범은 모두 사회적 맥락에서의 학습에 기여한다.

특히 기술 규범은 학습에 영향을 미친다(Cialdini, 2007). 예를 들어, 사람들은 바닥에 쓰레기를 버리는 것이 공식적인 규칙에 어긋난다는 것을 알고 있지만, 바닥에 널린 쓰레기를 관찰할 때 쓰레기를 버리는 경향이 더 많아진다. "많은 사람이 쓰레기를 버린다. 그들 중 하나가 되지 말라!"와 같은 메시지는 쓰레기 버리기가 일반적으로 용인된다는 기술 규범을 제시하고 있기 때문에 역설적이게도 쓰레기 버리는 행동을 증가시키는 효과를 가질 수 있다(Cialdini et al., 1990). 교사와 학부모들은 학생들이 보다 권위 있는 사람들의 조언보다 동료들이 하는 행동에 더 많은 관심을 기울이는 것 같다고 자주 한탄한다. 그러나 기술 규범을 선호하는 이러한 경향성은 학습자가 서로 상호작용하고 가르치도록 독려하는 '동료 학습(peer learning)' 방식으로 활용되어 왔다(Crouch & Mazur, 2001; Slavin, 2016). 기술 규범에 대한 이해는 양질의 동료 학습, 특히 기술 규범을 통해 운영되는 동료 학습을 독려하는 교실 문화 형성의 필요성을 강조한다(Hurley & Chater, 2005).

또한 경험적 연구는 관찰학습에서 문화적 차이를 보여 준다. 예를 들어, 코레아-차베스와 로고프(Correa-Chavez & Rogoff, 2009)의 연구에 따르면, 5세에서 11세의 미국 아동과 마야족 아동이 한 쌍으로 활동을 하는 동안에 한 아이는 거의 비슷한 활동을 독립적으로 하는 반면, 다른 아이는 새로운 장난감을 어떻게 만드는지 보여 주었다. 이어서 연구자들은 두 번째 아동들에게 구조화된 교수 상황에서 같은 활동을 시도하게 했다. 연구 결과, 처음에 독립적으로 활동했던 아이들은 다른 아이들을 관찰하면서 학습했다는 것을 발견하게 되었다. 그들은 또한 아이들의 관찰학습이 그들의 문화적 공동체뿐만 아니라 (과테말라인들의 경우) 서구적인 학교교육에 노출된 정도에 따라 다르다는 점에 주목했다. 이 연구에서 마야족 아이들은 다른 아이들에게 지시를 받으면서 의도적으로 관찰하는 가능성이 높았고, 반면 미국 아이들과 서구 교육에 보다 노출이 많이 되었던 마야족 아이들은 관찰보다는 자신의 과제에만 오로지 전념할 가능성이 높았다. 대기하는 시간 동안 학습을 가장 많이 한 아이들은 전통적인 마야족 풍습을 가진 가정 출신의 아이들이었다.

암묵적 패턴 학습

관찰학습이 인간이 외재적 피드백이나 보상 없이 학습할 수 있는 유일한 방법은 아니다. **암묵적 패턴 학습**(Implicit pattern learning)은 **통계적 학습**(statistical learning)이라고도 불리는데, 적극적으로 의도하지 않고 특정한 환경에서 규칙적인 패턴을 학습하는 것과 관련이 있다. 이러한 유형의 학습은 의식적으로 주의를 기울이거나 성찰하지 않으면서, 어찌 보면 불규칙한 맥락에서 무의식적으로 규칙성을 인식할 정도로 충분하게 패턴에 노출되어야 한다(Willingham et al., 1989). 통계적 학습은 여러 인종과 연령에서 관찰되며, IQ와는 상대적으로 관련이 없고, 유아도 할 수 있다(Cleeremans, 1996). 1996년 연구에서 연구자들은 8개월 된 유아들이 단조로운 흐름의 언어에 2분 연속 노출되도록 했는데, 이 자극은 3음절로 구성된 무의미한 단어들 몇 개가 반복되는 패턴이었던 점을 제외하고는 무작위로 제시되었다(예: "bi-da-ku"; Saffran et al., 1996). 단어들 사이의 간격이 없었음에도 불구하고 유아들은 이전에 접했던 무의미한 단어들보다 역시 무의미하지만 새로운 단어들에 더 오래 귀를 기울이면서 새로움을 선호하는 모습을 보여 주었다.

사람들은 자신만의 발언을 하기 위해서 의식적인 노력을 하지 않고 언어가 포함하는 규칙성을 사용하므로, 언어 학습은 통계적 학습의 좋은 예가 된다(Bybee & McClelland, 2005). "비난하는 발언으로 누군가를 모욕하려 한다."라는 의미를 가진 새로운 동사 'sniding'을 들었다고 상상해 보자. 과거 시제로 이 동사를 사용하기 위해서 당신은 영어의 과거 시제를 만드는 일반적인 방법으로 '-ed'를 추가하는 방법을 적용하여 "he snided his cousin"이라고 말할 수도 있고, 'hide→hid, slide→slid, bite→bit'처럼 유사한 불규칙 동사의 형식을 참고하여 "he snid his cousin"이라고 말할 수도 있다. 당신은 "he snode his cousin"라고 말할 수도 있겠지만, 영어의 과거 시제를 나타내는 규칙을 학습했기 때문에 아마도 "snood" "snade" "snud"라고 말하지는 않을 것이다.

　피드백 없이 패턴을 학습하는 것은 일반적으로 어떤 환경의 확장된 경험을 필요로 하며, 점진적으로 이루어진다. 이러한 방식으로 학습된 규칙성은 명시적 가설을 설정하고 검증한 결과가 아니기 때문에 쉽게 언어화될 수 없다. [그림 3-2]는 학습자가 피드백을 제공하는 교사나 부모 없이 환경으로부터 어떻게 패턴을 추출할 수 있는가를 보여 준다. 이 환경에는 크기와 색깔이 다양한 원 80개가 각기 구별되는 군집들에 분포하고 있다. 분류되거나 표식을 부여할 수 있는 원이 없더라도, 4개의 덩어리로 구분되는 것을 확인할 수 있다. 현실 세계의 많은 분

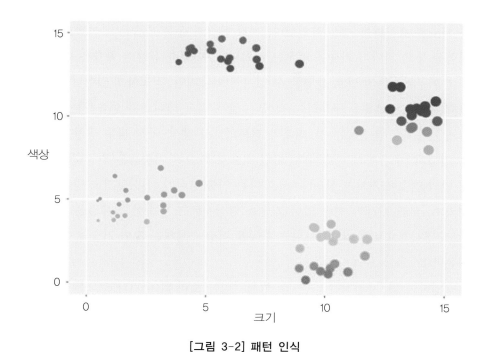

[그림 3-2] 패턴 인식

설명: 크기와 색이 다른 80개의 동그라미로 구성된 세상이 있다고 상상해 보자. 인간은 어떤 피드백 없이도 동그라미들을 집단으로 배정할 수 있다. 예를 들면, 그래프에 있는 위치나 색깔, 크기를 중심으로 군집을 만들 수 있다.

류는 정확히 이런 식으로 뭉쳐지는 모습이다. 예를 들어, 새의 범주는 나무에 둥지를 틀기, 알 낳기, 날기, 울기, 곤충 먹기와 같이 서로 관련성을 가진 몇 개의 특성을 포함한다. 뱀이나 물고기와 같은 다른 범주는 관련된 속성들에 대하여 다른 형태의 분포도를 보여 준다(Rosch & Mervis, 1975). 학습자들은 종종 관찰하는 시간이 경과하면서 어떤 속성이 범주를 간단하게 정의하는지를 인식하게 된다. 예를 들어, 아주 어린 아동들조차도 뱀의 쉿쉿거리는 소리를 내며 비늘을 가지고 있으면서 새의 깃털과 지저귀는 특성을 가진 동물은 이상스럽고 실재하지 않을 것 같다고 알아차린다.

지각 학습과 운동 학습

지금까지 우리는 몇몇 유형의 학습이 무의식적이고 몇몇 유형의 학습은 정교한 의도를 요한다는 것을 확인했다. 지각 학습과 운동 학습은 우선적으로 감각 경험을 통해 개인이 기술을 배우는 방식이다. 이러한 유형의 학습은 학습이 어떻게 이루어지는지 말로 설명할 수 없이 일어나지만, 정교하게 일어날 수 있다. 장3화음과 단3화음을 구분하는 것이나, 골프 혹은 테니스를 연습하는 것, 원활하게 자동차를 운전하는 것, 피부과 전문의로서 양성-악성 피부 생성을 구분하는 것들이 이 유형의 학습이다. 이런 식으로 학습된 기술들은 긴 시간 혹은 몇십 년의 연습에 거쳐 향상된다. 서로 다른 연습 방식이 아마도 기술 연습을 향상시키며, 오랜 시간의 연습 없이 기술을 향상시키는 단순한 지름길은 존재하지 않고, 명시적으로 안내하기보다는 활동을 직접 수행하는 것이 기술의 습득을 가져온다(Ericsson, 1996).

수영하는 법, 자전거를 타는 법, 윙윙거리는 소리 없이 기타 코드를 연주하는 것과 같은 운동 학습은 종종 매우 전문적이다. 즉, 기타를 배운 사람에게 화음을 연주하는 손과 튕기는 손을 바꾸라고 요구하면 그는 초보자 수준으로 회귀한다(Gilbert et al., 2001). 이렇게 높은 전문성은 물체가 보이고 난 뒤에 빠르게 활성화되고 인식을 위해 전문화되어 있는 뇌 영역의 변화와 연관된다. 인식이나 행동이 경험에 의해 변화게 되면 이전의 인식에 더 이상 접근할 수 없기에 우리는 이들이 얼마나 잘 변화될 수 있는지를 잊기 쉽다.

　사람들은 감각을 통해 세상을 학습하지만 이러한 감각은 그러한 학습을 통해 변화될 수 있다. 지각과 운동 학습 둘 다 지각 시스템 안에서 놀랍도록 변화에 굳건하다. 이러한 현상에 대한 명백한 증거는 맥컬로 효과(McCollough effect; McCollough, 1965)로, 짧은 순간 어떤 물체에 노출된 것이 이어지는 다른 물체를 경험하는 데에도 상대적으로 오래 유지되는 영향을 미친다.

　예를 들어, [그림 3-3]에 있는 패턴을 보면 흑백으로 수직과 수평으로 구분된 사분면임을 알 수 있다. 이제 [그림 3-4]에 있는 빨강-초록 선 패턴과 흑백 패턴을 2초에서 3초간 씩 번갈아가며 보기를 3분간 해 보자. 이제 다시 [그림 3-3]

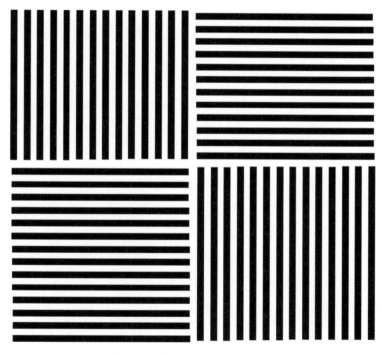

[그림 3-3] 맥컬로 효과 파트 1

설명: [그림 3-4]에 제시된 패턴을 보기 전에 본문에 있는 이러한 패턴을 보는 법에 대한 설명을 읽으시오.

출처: McCollough (1965)에서 재인용.

[그림 3-4] 맥컬로 효과 파트 2

설명: 이 그림을 보기 전에 [그림 3-3]을 먼저 보기 위해 본문에 있는 이러한 패턴을 보는 법에 대한 설명을 읽으시오.

출처: McCollough (1965)에서 재인용.

에 있는 사분면의 패턴으로 돌아와 보자. 수직으로 된 사분면은 빨간색으로, 수평으로 된 사분면은 초록색으로 보일 것이다. 경험적 지지가 계속되는 쎄레스트 맥컬로(Celeste McCollough)의 설명에 의하면, 뇌의 초기 단계 시각 과정에서 적응이 일어나 방향과 색깔 간 결합이 이루어졌다는 것이다. 특정한 방향성을 가진 참조 자극이 뒤이어지는 색깔과 필적하는 이러한 적응은 놀랍도록 굳건하다. 빨간색과 초록색 선에 최소 15분 노출되면 3.5개월 이상 사분면에서 색 차이를 볼 수 있게 한다(Jones & Holding, 1975). 앞서 말한 안내를 따랐다면 3분간의 경험이 당신이 세상을 어떻게 보는가에 대한 지속되고 억제하기 어려운 영향을 가지게 한다.

　[그림 3-5]와 [그림 3-6]은 짧은 경험이 향후 인식을 빠르게 변화시킬 수 있는지에 대한 다른 예시이다. [그림 3-6]을 보기 전에 [그림 3-5]를 먼저 보자. 당신이 만약 다른 사람들과 같다면, [그림 3-5]에 보이는 네 가지 물체를 식별하는 것이 어려울 것이고, 당신은 아마도 당신의 시각 세상을 긴밀하게 해석할 수 없는 현상에 좌절감을 경험할 것이다. 이제 [그림 3-6]을 보자. 이 그림은 [그림

[그림 3-5] 도움을 받지 않은 패턴 해석

설명: 왼쪽 위에 있는 숨은 물체와 세 가지 부분에 있는 동물들 그리고 하얀 물체를 판별할 수 있는가? 몇 분간 시도해 보고 만약 불가능하다면 [그림 3-6]을 보고 힌트를 얻자. 당신이 [그림 3-6]을 보고 다시 그림의 물체를 본다면 당신은 아마도 물체를 못 보는 것이 불가능할 것이고, 힌트를 보기 전 해석이 불가능했던 순간으로 돌아갈 수 없다.

출처: 왼쪽 위에 있는 그림은 알려지지 않음(예를 들면, http://www.slate.com/blogs/bad_astronomy/2016/05/18/sometimes_a_cigar_isn_t_just_a_cigar.html 참고). 최초 출처 중 하나는 아론 베빈(Arron Bevin)의 페이스북: https://www.facebook.com/Bevvoo/posts/487921018070478이며, 남은 세 그림은 저자들이 만듦.

3-5]를 해석할 수 있게 하는 힌트를 제공할 것이다. 이제 당신이 [그림 3-5]로 돌아가 그림을 본다면, 당신은 아마도 이전에 해석하지 못했던 처음의 상태로 돌아갈 수 없을 것이다. [그림 3-5]가 [그림 3-6]을 통해 명백한 경험을 하기 전

[그림 3-6] 이전 그림에 대한 패턴 해석 힌트

설명: 이 그림들에서 당신이 담배, 개구리, 얼룩말, 펭귄을 명확히 본다면, [그림 3-5]에서도 이들을 쉽게 볼 수 있을 것이다. 사실, 이들을 보지 않는 것이 어려울 것이다.

출처: 그림 http://flickr.com/creativecommons(공공 영역에서 크리에이티브 커먼즈 라이센스를 가짐). 사진작가는 가브리엘 곤잘레즈[Gabriel Gonzalez(개구리)], 로라 울프[Laura Wolf(얼룩말)], 찬스[nchans(펭귄)].

과 후에 어떻게 보였는가에 대한 차이는 강력하고, 신기한 광경이며, 종종 점차적으로 축적되며 우리가 보는 방식을 변화시키는 경험의 힘을 보여 준다.

지각-운동 학습은 학습 지식을 발달시키는 데 중요한 역할을 할 수 있다. 문자를 지각하고 판별하는 능력을 지원하는 것뿐만 아니라 지각-운동 학습은 굿윈(Goodwin, 1994)이 말한 '전문적 비전(professional vision)'을 지지한다. 굿윈은 고고학자를 훈련하는 방법은 유적지에서 발견한 토양의 질감이나 색깔처럼 탐구 대상을 어떻게 지각적으로 구성하는지를 변화시키는 것을 포함한다고 설명했다.

　사람들의 지각 학습에 영향을 미치는 능력을 극대화하는 교수 경험을 구성할 수 있다. 켈만과 동료들(Kellman et al., 2010)은 수학에서 지각 학습을 보조할 수 있는 간단한 온라인 모듈을 개발했다. 이 모듈을 사용하는 학생들은 120개의 문제에 대해 빠른 결정을 내려야 한다. 예를 들면, 학생들은 비슷한 숫자를 사용했지만 방정식이 다른(예: 3X+5 대 -3x+5) 세 가지 식이 어떤 주어진 그래프와 맞는지, 세 가지 그래프가 어떤 식과 일치하는지를 결정해야 한다. 응답을 결정한 후, 학생들은 설명 없이 정답을 본다. 목표는 학생들이 설명 없이 구조를 보는 것이다. 비슷한 식과 그래프의 병치는 와인 시음처 중 유사한 대조를 탐구함으로써 구별되는 특성을 인식하는 것을 학습하도록 돕는다. 이 모듈을 완수한 고등학년 학생들은 그들이 이전에 대수학을 모두 학습했다 하더라도 그래프와 식을 변환하는 능력을 거의 세 배로 높였다.

　학술적 주제에 있어 지각 학습의 중요성은 쉽게 간과될 수 있다. 전문가들이 그들의 이해가 지각 학습으로부터 유래되었다는 것을 깨닫지 못하는 데에는 하나의 이유가 있다. 이전에 언급했듯 어떤 사람이 어떤 것을 보는 것을 학습하게 되면, 그가 초보자였을 때 보았던 것을 기억하는 게 어렵다. 전문가들은 그들의 지각에서는 명백하게 보이기 때문에 초보자들이 볼 수 없다는 것을 알아차릴 수 없는 것이다.

사실에 대한 학습

　인간은 주기율표의 원소나 산업 혁명을 이끈 요소들과 같이 사실과 정보에 대해 학습할 여러 이유를 가지고 있으며 이러한 학습은 의도적으로 일어나기도 하고 혹은 의식하지 못한 채 일어난다. 코알라와 인간의 지문이 매우 유사하다는 사실처럼 놀라운 사실들은 언제 어디서 이러한 정보를 배웠는지를 잊더라도 충분히 계속해서 기억하고 인출할 수 있다.

사실에 대해 학습하는 것은 흔하고 학습자의 행동을 변화시키는 데는 역부족이기는 하지만, 이러한 유형의 학습은 다른 동물과 비교할 때 인간이 매우 뛰어나다. 언어의 힘을 통해 교육자는 정보를 효과적으로 학습자에게 전달하게 된다. 어떤 내용을 누군가에게 쉽고 편하게 전달하고 그것이 행동을 변화시키는 힘은 부정할 수 없다. 알광대버섯(Amanita phalloides)을 먹으면 일어나는 일에 대해 도보 여행자에게 말할 수 있는 동식물학자는 도보 여행자가 경험으로부터 배우게 하지 않기 위해 비실제적인 정보를 전달한다.

사실은 한번 노출되거나 들으면 학습되기는 하지만, 이러한 명백한 효율성이나 직접성이 잘못 전달될 수 있음을 주지해야 한다. 사실은 하나의 예시로 거의 학습되지 않고 정확한 일반화도 하나의 예를 통해 학습할 수 있다. 일반적으로 하나의 예시로 학습이 충분하기 위해서는 학습자가 이미 풍부한 배경지식을 가지고 있어야 한다(예: 알광대버섯에 대한 정보의 진가를 알아차리기 위해서는 도보 여행자가 이미 독이나 버섯에 대한 많은 지식을 가지고 있어야 한다). 더욱이, 많은 기억 관련 연구는 반복해서 사실을 인출하는 기회를 가지는 것이 기억을 강화시키고, 특히 이러한 현상은 시간 간격, 장소, 학습 맥락이 다양할 때 더욱 두드러진다고 보고한다(Benjamin & Tullis, 2010).

사실에 대한 학습은 기계적으로 이루어져서는 안 된다. 사실에 대한 학습은 학습자들이 이미 알고 있는 다른 정보와 학습한 정보를 연결하는 정교화 과정을 통해 증진된다(Craik & Tulving, 1975). 어떤 사람은 단순히 크리스토퍼 콜럼버스(Christopher columbus)가 1451년에 태어났음을 암기할 것이나, 어떤 사람은 동로마제국(비잔틴제국)이 콜럼버스가 태어나고 2년 뒤에 (1453년 동로마제국의 수도 콘스탄티노플의 붕괴와 함께) 붕괴한 사실을 연결 지어 두 사실에 의미를 연결할 것이다. 기억해야 하는 정보를 관련 그룹으로 구조화하는 것은 정보의 심적 표상을 강하게 형성하여(Sadoski & Paivio, 2001) 이 정보들을 유지하기 쉽게 만든다(Bower et al., 1969). 택시 운전사들은 도로명이 무작위로 제시되었을 때보다 순차적으로 제시되었을 때 더 좋은 기억을 보인다(Kalakoski & Saariluoma, 2001). 이러한 결과들은 풍부한 구조 속에 배치된 사실들이 고립되거나 연결되지 않은 사실을 보다 쉽게 기억된다는 사실로 통합된다.

추론을 통한 학습

정확하다는 보장이 없더라도 세상을 이해하기 위해 사람들은 종종 추론을 해야 한다. 철학자인 찰스 샌더스 퍼스(Charles Sanders Peirce)는 이러한 종류의 추론을 칭하기 위해 '귀추법(Abductive Reasoning)'이라는 용어를 사용하였다. 그는 귀추법이 일련의 관찰들을 설명하기 위해 형성하는 것이라고 설명했다. 이러한 종류의 추론 예시로 존 카우치 아담스(John Couch Adams)와 위르뱅 르베리에(Urbain Le Verrier)는 천왕성이 궤도에서 벗어난 정도에 대한 관찰을 기반으로 천왕성 너머에 특정 무게의 발견되지 않는 행성이 존재함을 추론한 것이다. 이러한 예측에 따라 요한 고트프리드 갈레(Johann Gottfried Galle)는 1846년에 해왕성을 발견했다.

화학 전공 학생이 물질들을 산 혹은 염기로 구분하고 이들 간 가능한 전자적 상호작용을 가설화하는 것도 귀추의 또 다른 예시이다(Cooper et al., 2016). 그러나 귀추는 과학자들에게서만 활용되는 것이 아니다. 개를 키우는 사람이 식탁보에서 개 발자국을 보고, 와인이 쏟아져 있으며 핫도그의 햄이 사라진 채 빵만 있다면, 그는 최악의 귀추를 해 볼 수 있다. 현대의 기계학습 시스템이 보여 주는 귀추도 효율적인 학습을 가능하게 하는 데 중요하다. 이러한 시스템은 세상의 탐구를 가능하게 하고 시스템이 마주하는 대상으로부터 인간과 유사한 과정으로 추론할 수 있게 된다. 시스템은 귀추법을 사용할 때 적은 데이터로 많은 것을 배울 수 있고 배운 것을 새로운 상황에 더 잘 일반화할 수 있다([그림 3-7] 참고; Lake et al., 2015/2017; Tenenbaum et al., 2011).

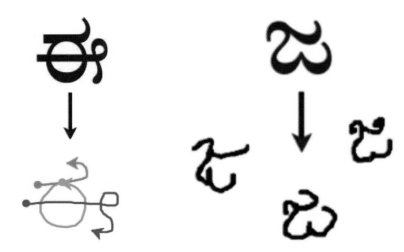

[그림 3-7] 기계학습 시스템에서의 귀추법

설명: 새로운 문자(왼쪽 상단에 있는 잘 그려진 까만 문자)가 기계학습 시스템에 제시되면 시스템은 어떤 그리기 방법이 이 문자를 형성하는 데 포함되었는지를 추론한다(왼쪽의 빨강, 초록, 파랑 선). 이러한 그리기 방법을 추론함으로써 하나의 예시가 제시되고 새로운 문자 예시(오른쪽 하단에 제시된 불완전 예시)를 올바르게 분류했을 때 시스템은 문자의 새로운 예시를 형성할 수 있게 된다(오른쪽 위에 제시).

출처: Lake et al. (2015).

모형을 만드는 것은 사람들이 복잡한 현상을 이해하기 위해 사용하는 중요한 귀추법 사례이다. 교육자와 다른 사람들은 가르치고 설명하기 위해 모형을 사용한다. 삼차원 그림, 도표나 움직이는 지구, 달, 태양은 학생들이 밤, 조류, 계절 변화가 어떻게 생성되는지 이해하는 것을 돕는다. 어른들은 음악 이론의 조성 5도권과 같이 만들어진 모형에 종종 의존하기도 하지만, 사람들도 자기 집의 난방 시스템을 가장 경제적으로 작동하는 법을 이해하는 것과 같이 자신만의 모형을 만든다. 모형은 새로운 상황에서 추론하기 위한 강력한 도구이지만, 거의 대부분의 모형은 맞지 않는 상황에서 부정확한 예측을 하기에 모형이 사용되는 목적을 고려하는 것이 중요하다. 예를 들어, 뉴턴의 물리학 법칙은 태양계의 움직임을 예측하는 데는 적절하지만 블랙홀(뉴턴이 알고 있던 그 어떤 것보다 훨씬 무거움.) 혹은 아원자 결정을 예측하는 데는 정확도가 떨어진다.

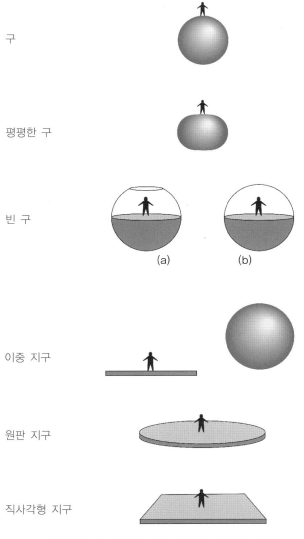

구

평평한 구

빈 구

(a)   (b)

이중 지구

원판 지구

직사각형 지구

[그림 3-8] 지구에 대한 아동의 정신적 모형

설명: 초등학생들은 지구의 모양에 대해 일련의 질문을 한다. 이러한 질문에 대한 그들의 응답은 일관성이 떨어진다. 많은 아동은 지구는 둥글지만 사람들이 떨어질 수 있는 끝이 있는 모서리를 가지고 있다고 말한다. 이러한 응답을 보면 아동들이 지구가 구라는 모형보다는 다른 모형을 사용하고 있는 것 같다. 지구 모형의 다섯 가지 예시는 직사각형 지구, 원판 지구, 이중 지구, 빈 구, 평평한 구로 정의된다.

출처: Vosniadou & Brewer (1992).

모형에 기반한 학습의 가장 우선적인 장점은 적절한 모형을 가진 사람은 원래 경험했던 상황에서 벗어나 새로운 상황에 잘 적용해 좋은 예측을 할 수 있다는 점이다. 예를 들어, 어떤 사람이 물이 분자로 이루어져 있고 이들의 무작위적 움직임이 물의 온도에 따라 증가한다는 모형을 가지고 있다면, 그 사람은 뜨거운 물에 식용 색소를 떨어뜨리면 차가운 물에 떨어뜨리는 것보다 더 잘 퍼진다는 것을 예측할 수 있고, 약간의 실험은 이러한 예측이 옳다는 것을 보여 줄 것이다(Chi et al., 2012).

모형에 기반한 오개념을 극복하는 것은 정규교육의 중요한 목표이다 (Clement, 2000). [그림 3-8]은 팬케이크(혹은 원판)와 같은 평평한 지구에 대한 경험을 어떻게 학생들이(지구는 구형이지만) 교사의 지도와 통합하는지를 보여준다[사람들은 팬케이크의 위쪽 부분에 살고 있기 때문에 둥근(평평한) 지구에서 떨어지지 않는다]. 이러한 종류의 오개념을 다루는 전형적인 전략은 학생이 가진 모형이 무엇인지를 먼저 파악하는 것이다(Osbourne & Freyberg, 1985). 그런 후에 비유나 특별한 사례들을 제시해서 모형에 이의를 제기하고 향상된 모형을 제공한다(Brown & clement, 1989; Chi, 2009).

사람들이 추론하고 행동하는 것을 돕는 모형은 종종 암묵적이기 때문에, 아동과 어른은 그들의 고유한 모형을 거의 비판하지 않는다. 사람들은 상황에 대한 대안적 모형을 직면하는 것이 가능할 때 이를 발견한다. 예를 들면, 집의 난방 제어에 대한 흔하지만 상반된 두 모형은 '밸브 모형'과 '피드백 모형'이다 (Kempton, 1986). 밸브 모형에 따르면, 온도 조절 장치의 정해진 온도는 용광로가 열을 만들기 위해 얼마나 많이 작동해야 하는지를 결정한다. 즉, 높은 온도 설정은 용광로가 더 많이 작동하게 만들고 자동차의 가스 페달을 밟으면 밟을수록 엔진의 회전 수가 더욱 더 높아지게 된다. 피드백 모형에 따르면, 온도 조절 장치에 의해 설정된 임계치 이하에서는 용광로가 켜지지만, 용광로는 일정한 속도로 작동한다.

이렇게 서로 다른 모형을 가지고 있으면, 난방을 위한 행동이 매우 달라진다.

만약 두 사람이 화씨 55도[8]인 집에 도착했고 집안의 온도를 화씨 65도[9]로 높이고 싶다면 밸브 모형을 가진 사람은 집 온도가 빨리 오르기를 바라는 마음으로 온도 조절 장치를 화씨 75도[10]로 맞추는 반면, 피드백 모형을 가지고 있는 사람은 화씨 65로 이상으로 온도를 설정하는 것이 빨리 집안의 온도를 높이는 데 아무런 영향을 주지 못함을 알고 온도를 딱 화씨 65도로 맞출 것이다. 흔하지만 정확하지 않은 밸브 모형을 가진 사람은 에너지와 돈 모두를 낭비한다.

다른 경우, 서로 다른 모형은 일부 사람들이 틀려서가 아니라 문화적 차이 때문에 존재한다. 비즈니스 회의에서 무례한 것으로 여겨지는 행동이나 밀고 당기며 톱질하는 방향, 다양한 모형을 반영하는 시간에 대한 개념은 맞는 것도 틀린 것도 아니다. 이러한 점을 짚은 연구에서는 미국에 거주하는 사람들과 안데스 지역의 아이마라족이 가진 미래에 대한 관점을 확인하였다(Cooperrider, 2013). 이 연구에서는 미국에 거주하는 사람들이 미래를 공간적으로 자신의 바로 앞에 존재한다고 설정하는 반면, 아이마라족 사람들은 미래가 공간적으로 자신의 뒤에 존재한다고 설정하였다(아마도 미래가 보이지 않기 때문일 것이다). 이러한 차이는 어떤 사람이 한 문화권에서 다른 문화권으로 갔을 때 잘못된 오해와 잘못된 의사소통을 유발할 수 있고, 이러한 문제는 낮은 인지 능력 때문이 아니라 모형이 각 문화에서 다르기 때문에 발생한다. 학습자와 교수자는 아마 얼마나 그들의 모형이 공유되지 않는지를 깨닫지 못할 수 있다(Pronin et al., 2002).

오해의 가능성에도 불구하고, 진보된 인간의 창의성이나 학문적 추구에서 모형을 간과하는 것을 상상하기는 어렵다. 예를 들면, 보색이나 근접색, 혈액 내 당-인슐린 조절 의학 모형, 계급 투쟁에 대한 마르크스주의자들의 설명을 역사학자들이 사용하는 것, DNA의 이중나선 구조, 물리학자가 가진 원자와 아원자 입자 모형은 극히 일부의 예이다. 교육에서 모형 기반 학습은 학습자가 그들이 배우는 것을 서술하고, 조직화하고, 설명하고, 예측하고, 다른 사람과 대화하

---

8) 옮긴이 주: 약 섭씨 12도.
9) 옮긴이 주: 약 섭씨 18도.
10) 옮긴이 주: 약 섭씨 24도.

는 것을 쉽게 하기에 차세대 과학 표준과 공통 핵심 수학 표준(Next generation Science Standards and Common Core Mathematics standards)[11]에서 선보여 왔다.

가상적으로 모든 영역의 전문가들은 풍부한 관찰을 조직화하기 위해 가설적 모형의 가치를 보는 반면, 가끔 초기의 학습자들은 모형이 상상같고, 간접적이며 눈에 보이지 않기 때문에 모형의 가치를 알아차리지 못한다. 이러한 학생들의 거부는 공간적 표상이나 도표, 애니메이션, 상호적 컴퓨터 시뮬레이션을 사용함으로써 학습을 촉진시키면서 낮출 수 있다(6장 참고).

스스로 모형을 만드는 것이 단순히 다른 사람에 의해 제안된 모형을 사용하는 것보다 학습자에게 유익한 활동이 될 수 있다(VanLehn et al., 2016). 학습 자료를 이해하고 구조화하기 위해 모형을 만드는 활동의 가치는 발견 학습, 탐구 기반 학습, 문제 기반 학습, 발명을 통한 학습을 포함하는 특정한 학습 접근과 관련이 있다. 이러한 각각의 접근에서 학습자는 스스로 발견하기도 하고, 현상의 기저를 이루는 적용 가능한 법칙이나 패턴, 원칙의 인도하에 탐구한다(Bruner, 1961). '폴딧' 게임을 하는 사람들은 그들이 단백질 구조를 접는 것을 도와주는 새로운 컴퓨터 프로그램(코드)나 프로그램을 어떻게 작동하는지를 배우고, 이러한 과정에서 그들이 게임을 더 잘할 수 있는 모형을 만듦으로써 눈에 띄는 학습을 보여 준다. 유사하게 슈와르츠와 동료들(Schwartz et al., 2005)은 교사가 아동들이 수학을 사용하도록 유도한다면 정도의 균형을 결정하기 위해 거리와 무게 간 복잡한 인과 관계를 모형하기 위해 아동들은 수학적 지식을 사용할 수 있다.

추론 학습은 학습자가 약간의 안내를 받았을 때 가장 효과적인 것 같다. 예를 들어, 처음으로 요거트를 만드는 누군가는 우유의 지방이 어떻게 요거트의 견고함과 산성도, 부드러운 정도에 영향을 주는지 실험적으로 알고 싶을 것이다. 발견 학습의 순수한 사례는 요리가 문제, 실험적 방법, 척도, 분석을 형성하는 것이다. 그러나 적당한 안내 없이는 초기 학습자가 좋은 질문을 하거나 핵심 변인

---

11) http://www.nextgenscience.org/faqs (2016. 12.)과 http://www.corestandards.org (2017. 5.) 참고.

을 파악하기에 충분히 알지 못할 것이고, 그들은 진도가 느려져서 좌절하게 될 것이다(Mayer, 2004; Spencer, 1999). 아무런 안내(도움 없이 발견하기) 없이 학습자들이 스스로 실험하게 하는 것은 학습 결과를 향상시키지 않는다(Alfieri et al., 2011).

적절한 수준의 인내나 도움이 제공된 발견 학습은 학습자에 맞는 난이도를 가진다[이러한 접근은 1930년대 비고츠키에 의해 제안된 '근접 발달 영역(zone of proximal development)' 혹은 '스윗 스팟(sweet spot)' 개념에 근거한 것이다]. 이러한 접근을 하는 방법은 핵심적인 지식에 시의적절하게 접근하기, 예시 활동 문제, 가설 설정에의 도움, 필요한 부분에의 조언을 포함한다. 또는 이는 학습자가 그들의 고유한 지식을 형성한다는 소유권을 가질 수 있게 한다. 증거들은 이러한 종류의 학습 자료들에 참여하는 학습자가 기계적 암기에 의해 학습하는 것에 비해 안내의 초기 맥락을 넘어 정보를 더 잘 유지할 수 있게 함을 보여 주는 것이다(Lee & Anderson, 2013).

학습 유형의 통합

대부분의 학습 경험은 하나가 아닌 다양한 종류의 학습을 포함한다. 예를 들어, 협력 학습과 팀 내 문제 해결은 관찰, 피드백, 사실, 규칙, 모형에 의한 학습뿐만 아니라 아마도 다른 종류의 학습을 유발한다. 동시에 연구는 다른 상황과 교수적 전략이 서로 다른 유형의 학습을 촉진한다는 원리를 지지한다. 교사나 학습자가 이상적인 학습 상황을 고안해야 한다면, 자신이 성취하고자 시도하는 종류의 학습이 무엇인지를 결정해야 한다. 예를 들어, 수십 년의 연구로부터 유래한 한 가지 일반적 결론은 특정 사실에 대한 기억을 촉진시키기 위해서는 다른 학습 경험이 필요하다(Koedinger et al., 2013). 기억 향상을 목적으로 하는 기술은 한 번에 모든 연습을 몰아서 하는 것보다 시간 간격을 두고 연습하는 것, 정보를 단순히 공부하는 것보다 기억한 정보의 인출을 연습하는 것, 서로 다른 상태의 학습 자료를 노출시키는 것을 포함한다. 대조적으로, 새로운 상황에 적용하는 데에 집중하는 기술들은 단순히 반복하는 것이 아닌, 개념의 다양한 예시들을 비교하거나 대조하기, 왜 현상이 발견되거나 발견되지 않았는지를 고찰해 보기, 효과적인 모형을 만들기 위해 시간 보내기이다. 5장에서는 서로 다른 학습을 보조하는 구체적 기술들에 대해 더 논의할 것이다.

2. 학습과 뇌

지난 15년간 학습과학에서의 놀라운 진보 중 하나는 태아부터 성인기까지 지속되는 뇌 발달 과정을 이해하는 것이다. 몇몇 보고들은 뇌 발달 연구와 학습의 시사점을 연구한다. 『뉴런에서부터 이웃까지: 초기 아동 발달의 과학(From Neurons to Neighborhoods: The Science of Early Childhood Development)』(National Research Council and Institute of Medicine, 2000)은 유아가 학습할 수 있고 준비가 된 상태로 태어난다는 증거와 초기 아동기의 경험과 관계는 발달에 핵심적이고 개별 생물학과 사회적 경험은 발달적 결과를 결정하는 데 동등한 영향을 미친다는 증거에 집중했다. 『탄생에서부터 8세까지 아동을 위한 영향력의 변화: 기반의 총정리(Transforming the Workforce for Children Birth Through Age 8: A Unifying Foundation)』(Institute of Medicine and National Research Council, 2015)와 레이즈만과 동료들(Leisman & colleagues, 2015)의 문헌 연구는 평생학습에 영향을 주는 초기 뇌 발달과 관련된 최근 연구에서 중요한 발견을 확인하였다. 몇몇 발견은 다음과 같다.

- 경험과 유전자는 둘 다 관찰 가능한 인간 발달의 차이에 영향을 미친다.
- 인간 뇌는 수정된 이후 20대 초반 이후까지 순차적 진보로 발달한다. 생명 유지에 필수적이고 자동적인 기능들은 먼저 발달하고, 복합적이고 통합적인 처리를 요구하는 인지적 · 심동적 · 감각적 · 지각적 처리 과정과 가치에 근거한 장기적 의사 결정은 마지막에 발달한다.

- 초기의 결핍은 뇌 발달과 다른 핵심적인 기능에 장단기적 영향을 가질 수 있다.

출생 전과 생애 전반의 뇌 발달과 성숙

출생 전 시기는 놀라운 속도로 새로운 신경세포, 시냅스, 미엘린화된 수초[12]들을 형성하고, 그 결과 뇌가 필요로 하는 것보다 이러한 구조적 요소를 더 많이 가지게 된다. 이러한 발달은 출생 후 계속된다. 예를 들면, 출생 때와 비교하여 취학 전까지 뇌 크기가 네 배가 되고, 6살까지 어른 뇌 부피의 약 90%에 도달한다(Lenroot & Giedd, 2006). 초기 아동기에 시작하여 청소년기까지 지속되는 이러한 폭발적 성장은 신경세포들 간 시냅스 형성의 극적 증가(회색질)와 신경섬유의 미엘린화(백질)의 결과이다(Craik & Bialystok, 2006).

급격한 성장이 계속됨에도 불구하고, 시냅스와 신경세포의 가지치기 역시 사춘기 이후까지 계속된다. 이러한 가지치기는 특별한 방식으로 일어난다. 예를 들면, 이 시기 동안 계속해서 사용되는 시냅스는 유지되지만 사용되지 않는 것들은 제거된다[시냅스 가지치기와 관련해서는 Low & Cheng(2006) 참고]. 필요하지 않거나 사용하지 않는 시냅스와 뉴런들의 가지치기는 뇌의 '네트워킹' 용량과 피질 효율성을 증진시킨다(Chechik et al., 1999). 이러한 가지치기는 환경적 요소들에 영향을 받기 때문에 성장하는 아이들의 경험은 어떠한 시냅스가 강화되고 어떠한 것은 강화되지 않을 것인지 결정하며, 이는 미래의 발달과 학습에 중요한 토대가 된다([BOX 3-1] 참고). 식물을 재배할 때 전략적으로 배치하는 것과 가지치기가 건강한 정원을 만드는 것과 꼭 같이 특정 시냅스는 강화하고 특정 시냅스는 가지치기하는 것의 균형은 건강한 뇌 발달을 촉진한다. 즉, 신경세포가 보다 많이 살아남아 있다고 좋은 것은 아니다.

환경적 자극이나 훈련은 전 생애 주기에 걸쳐 뇌 발달에 영향을 줄 수 있다

---

12) 옮긴이 주: 수초의 미엘린화를 통해 신경세포 내 신호 전달의 효율성이 증가됨.

BOX 3-1 발달에서 결정적 시기와 민감기

시각 연구에 한 획을 그은 위젤과 후벨(Wiesel & Hubel, 1965)의 연구는 초기 인지 발달에 있어 결정적 시기와 민감기의 개념을 정의하고 구분하는 것을 도왔다. 이러한 연구들은 발달의 결정적 시기를 뇌가 물리적 발달을 구성하기 위해 필요로 하는 특정한 환경적 자극을 요구하는 시기라고 정의했다. 가장 잘 알려진 결정적 시기의 예시는 시각 발달이다. 유아기의 특정 기간 동안 볼 수 있는 기회가 없으면 뇌는 시각적으로 영원히 망가질 것이다. 민감기는 결정적 시기와 유사하지만 덜 고정되었다. 예를 들어, 초기 유아기에서 아동기까지 양육자와의 애정적 관계와 언어에 빨리 노출되는 것은 건강한 뇌 발달에 핵심적이다. 그러나 발달적으로 언제 애정적 관계와 좋은 언어에 노출되는 것이 필수적인지에 대한 경계는 모호하다. 결핍이 미치는 영향과 이후에 따라잡을 수 있는 가능성은 불명확하다. 청소년기가 질 높은 사회적 관계에 노출되는 두 번째 민감기라는 증거도 많다(Crone & Dahl, 2012).

결정적 시기와 민감기 모두 이후 발달에 영향을 준다. 예를 들면, 이 시기의 결핍(예: 불충분하거나 부적절한 자극)은 향후 삶에 영향을 주는 기능들을 발달시키는 데 어려움(혹은 불가능까지)을 야기한다. 이러한 시기의 중요성은, 특히 위험에 처한 아동들을 위한 양질의 초기 아동교육의 중요성에 대한 또 다른 증거이다(Chaydry et al., 2017).

민감기 또한 부정적 결과와 연관될 수 있다. 예를 들어, 동물(일반적으로 쥐) 연구는 청소년기에 알코올에 노출되는 것이 성인기의 알코올 남용 위험을 매우 높이는데, 이러한 효과는 사회적 고립 상황에서 악화된다. 인간의 조현병과 유사한 정신병적 유전자 경향을 가진 쥐에게 알코올 소비와 사회적 고립은 발병의 위험을 높인다. 윤리적 이유로 인간에게서는 이러한 효과를 인과적 실험으로 탐색할 수 없지만, 인간에게서도 동일하게 청소년기가 민감기라는 증거가 있다. 즉, 청소년기에 알코올을 마시기 시작한 사람은 이후 삶에서 약물을 남용하기 더 쉽고, 정신질환 성향을 가진 사람들 사이에서 청소년기의 사회적 고립과 약물 남용은 정신질환의 발병 계기가 될 수 있다(Silveri, 2012).

(Anderson, 2003; Diamond et al., 1964; Leisman, 2011). 유사한 기능을 담당하는 네트워크인 피질과 피질하 신호 전달 구성 역시 이 시기 동안 일어난다. 다시 말해, 학습자가 새로운 지식을 획득하는 동안 피질 부위에는 기능의 전문화가 이루어진다. 이를 경험 의존적 학습(experience-dependent learning)이라고 한다 (Anderson, 2003; Greenough et al., 1987; Leisman et al., 2014). 이러한 학습과 기억, 자기조절적 통제, 사회적 관계와 같이 복잡한 인지와 사회 정서적 기능들을 위한 하위 신경 시스템 구조들과 관련된 회로들은 2009년 국제 아카데믹 보고서(National Academics report(National Research Council and Institute of Medicine, 2009)에 논의되어 있다.

40대에 접어들면서, 노년기에 종종 관찰되는 인지 저하의 시작으로 보이는 피질 두께와 연결 변화가 일어난다. 피질 두께와 연결 모두의 변화는 노년 어른

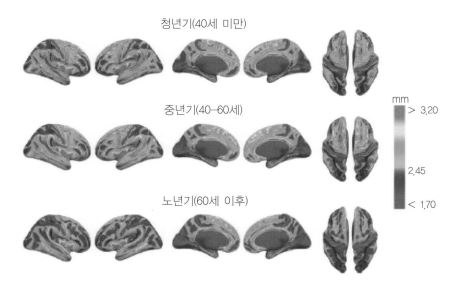

[그림 3-9] 성인기에 걸친 평균 피질 두께

설명: 연령별 세 집단에서 나타나는 좌우뇌 반구의 평균 피질 두께이다(개별 연구 참여자들의 수치를 연령별로 통합하였다).

출처: Fjell et al. (2009).

에서 관찰되는 인지 저하의 시작인 것 같다. 이러한 변화들은 많은 생리학적 특성과 함께 학습이 이루어지는 뇌부위가 안정적으로 된 이후에 일어나는 것 같다. [그림 3-9]에 따뜻한 색들(빨강, 오렌지색, 노랑)은 두꺼운 피질 두께를 나타내면서 이러한 변화를 보여 주고 있다. 그림이 보여 주고 있듯이, 건강한 중년 어른(40~60세)의 뇌는 40세 미만 나이의 건강한 개인의 뇌와 비교해서 피질이 얇지만, 이것이 뇌세포의 감소 때문인지 혹은 예컨대 낮은 수화 작용 때문인지는 명확하지 않다. 이러한 효과들은 몇몇 영역(예: 전전두 피질)은 다른 영역(예: 전측대상회; Fjell et al., 2009 참고)에 비해 더 넓기는 하지만 피질 전반에 걸쳐 발견된다.

학습에 대한 뇌 적응

뇌는 분절된 처리 장치들이 모인 집합체라기보다는 복잡하게 연결된 시스템으로 작용한다(Bassett et al., 2011; Medaglia et al., 2015). 서로 다른 뇌 부위는 독립적으로 작용하지 않고 외부의 복잡한 네트워크들과 정보를 주고받으며 서로 상호작용한다(Sporns, 2011). 학습된 기술이 뇌의 한 부분만 사용하는 경우는 없으며, 뇌의 한 부위가 기능 하나를 담당하지도 않는다. 대신, 학습과 학업적 기술을 지원하는 뇌 시스템은 사회적ㆍ인지적ㆍ정서적ㆍ문화적 기능과 건강, 생리적 생존과 같이 인간성에 핵심적인 뇌 영역과 동일하다(Farah, 2010; Immordino-Yang & Gotlieb, 2017).

더욱이 학습자는 그들의 사회적ㆍ인지적ㆍ생리적 환경에 따라 자신들의 뇌 네트워크를 역동적이고 활동적으로 구성한다. 뇌 발달은 인지 발달과 학습을 항상 유도하는 것으로 여겨지지만, 사실 뇌는 개인이 인지 발달과 사회적 상호작용을 할 수 있는 기회를 포함한 경험을 만들고 경험에 의해 만들어진다. 학습에서 일어나는 역동적으로 변화하는 뇌와 문화적으로 만들어지는 경험 간 상호적 영향은 아직 잘 이해되지 않은 발달적 움직임을 만들어 낸다. 개인의 뇌는 자신의 경험, 해석, 욕구, 문화, 사고의 패턴에 의존하여 다르게 발달할 것이다. 또한 뇌 발달의 특성은 인간이 세상과 관계 맺는 방식을 결정할 것이다.

　뇌는 문화 발달이나 새로운 도전과 같은 새로운 현상에 적응하는 탁월한 능력을 가진다. 연구자들은 이 부분이 새로운 통찰을 계속해서 발전시키고 있으나, 특히 흥미를 당기는 발견은 지금까지 전통적으로 진화와 같은 시간적 틀보다 훨씬 짧게 적응이 일어날 수 있다는 것이다. 문자와 수학 기호는 인류가 집단적으로 오래 경험하지 않은 기술 중 두 가지이다. 많은 고고학자가 메소포타미아 수메르인으로 돌아가서 문자와 수학 기호를 만들어보지만, 이들은 6,000년 이상 존재해 온 것 같지 않다. 이러한 상대적으로 짧은 역사에도 불구하고, 특수한 신경 영역들이 읽기와 수학적 추론에 할당되었다(Amalric & Dehaene, 2016; Dehaene & Cohen, 2011). 이것이 어떻게 가능할까?

신경세포의 공유와 재순환

　첫째, 사람들은 원래는 다른 목적을 위해 진화된 것 같은 뇌 영역과 회로들을 재사용함으로써 새로운 인지 과제를 해결한다(Anderson, 2015; Bates, 1979). 연구자들은 실제 현장에 섞여 있는 다양한 학습 유형과 같이 다른 학습 유형에는 다양한 방식으로 뇌 회로들이 연관되어 있음을 밝혔다. 어떤 이는 서로 다른 학습 유형이 다른 신경 기작에 의존한다고 기대할 수 있으나, 매우 달라 보이는 유형의 학습도 뇌 회로를 공유한다. 예를 들면, 해마(hippocampus)는 사실과 규칙, 공간적 길 찾기에 매우 관여하지만, 이 영역은 통계적 학습에도 핵심적이다(이전에 제시되었던 '암묵적 패턴 학습' 참고, Schapiro & Turk-Browne, 2015). 이러한 발견은 놀라울 수 있지만, 해마가 서로 다른 사건들이나 특징들이 하나의 표상으로 묶이는 학습에 언제든 관여한다는 사실과 일치된다(4장 참고). 이러한 회로의 결합과 재결합은 적응의 핵심이다.

　시각장애인에게 비장애인이 시각 정보 입력을 처리하는 시각 피질이 어떻게 사용되는지에 대한 연구는 이러한 회로 적응의 중요한 정보를 제공한다. 예를 들어, 한 연구에서 연구에 참여한 시각장애인은 그들이 소리를 들은 공간에 대해 보고하는 등의 공간 과제를 수행할 때, 시각 피질의 특정한 일부 영역을 공간적 표상과 청각, 촉각과 관련된 영역으로 활용할 수 있었다(Reiner et al., 2010). 다른 연구는 시각 피질의 공간 추론 영역에서의 활성화 수준과 시각장애인의 청각적 문제 해결 및 촉각적 공간 과제 정확도는 함께 증가한다. 유사하게 비장애인이 점자를 손으로 읽으면, 일반적으로 촉감이 아니라 시각 정보를 처리하는 뇌 영역에서 가장 핵심적인 재구성이 일어난다(Sidakrzywicka et al., 2016). 이러한 연구는 공간적 추론이 시각이든 청각이든 촉각이든 기본적 속성을 공유하고, 따라서 일반적으로 시각 과제를 담당하는 뇌 영역이 시각에 사용되지 않는다면 비시각적 공간 과제에 효과적으로 재사용될 수 있음을 보여 준다. 학습을 통한 뇌 조직은 양상을 넘어 시각이나 촉각과 같이 사고의 특성 혹은 논리 이상의 속성을 가진다(Bates, 1979; Immordino-Yang & Damasio, 2007).

새로운 요구에 대한 '조율'

둘째, 뇌는 개인의 삶에 걸쳐 욕구와 경험에 반응하여 조율되는 충분한 적응성을 가진다. 신경과학자들은 '조율(tuning)'이라는 단어를 마치 현악기에서 선의 팽팽한 정도나 위치, 퉁겨지는 각도에 상응하여 소리가 만들어지는 것처럼, 신경 반응도 자극이 이상적인 수준일 때 반응이 가장 강한 것을 관찰했다. 신경세포는 특정 방식으로 반응하기 위해 제시되는 자극의 종류 그리고 학습자가 경험과 기술을 형성하기 위해 이러한 자극들을 어떻게 수집하는지에 맞추어 시간이 경과함에 따라 조율된다.

경험에 반응하여 일어나는 신경계 조율은 개인 학습자의 뇌가 서로 다르게 구성되는 이유 중 하나라고 할 수 있다. 예를 들어, 사람들이 읽을 줄 아는 경우 읽지 못하는 사람들에 비해 뇌는 더 전문화된 모습을 보인다. 어릴 때 읽기 시작한 경우에 비해 어른이 되어 읽기 시작한 경우 일련의 뇌 영역이 더 넓게 관여한다(Dehaene et al., 2010). 또 다른 놀랄 만한 예시는 엘버트와 동료들(Elbert & colleagues, 1995)이 바이올리니스트의 감각 피질에서 뇌 활성을 측정했을 때 오른손에 비해 왼손을 관장하는 감각 피질에서 더 큰 반응이 일어남을 발견한 것이다. 이러한 현상은 바이올리니스트가 활을 켜는 오른손 각각의 손가락을 조절할 필요가 없는 반면, 왼 손가락은 각각 통제할 필요가 있기 때문에 합리적이다.

적응을 위한 다양한 시간의 틀

뇌가 어떻게 새로운 물리적 요구에 맞추어 효과적으로 가능하는가에 대한 설명은 적응의 세 가지 시간적 척도와 관련되어 있는데, (1) 뇌를 포함하여 생존과 번식의 어려움에 반응하여 나타나는 신체의 더딘 진화, (2) 인간의 진화를 넘어선 석기, 연필, 계산기, 온라인 튜토링 시스템 같은 문명의 산물 창조, (3) 문화 내에서 특정 역할을 하고 문화가 요구하는 것을 맞추기 위해 전 생애에 걸쳐 나타나는 개인 뇌의 적응이 그것이다.

문화의 변화와 비교했을 때 천천히 일어나는 인간 뇌의 진화는 효과적으로 학습할 수 있는 방법에 대한 힌트를 제공한다. 인간은 얼굴이나 목소리 학습과 같은 것이나(Cohen-Kadosh & Jonhson, 2007), 뱀이나 거미와 같이 긴 진화의 역사에서 위험한 존재로 여겨진 문제에 대한 집중과 같은[총이나 전기 콘센트와 같이 문화 특수적 위험을 가진 새로운 대상은 비교 가능한 반응들을 만들어 내지 않는다 (LoBue, 2014; Ohman & Mineka, 2001; Thrasher & LoBue, 2016)] 특정 편향[13]을 가진 채로 태어난다. 이러한 진화적 편향 때문에 음식, 번식, 사회적 상호작용과 같이 우리의 뇌가 집중하도록 진화한 대상이나 상황과 연관 지어진 학습은 학습 성과를 높일 것이다.

인간 능력에 보다 적합한 변화를 지향하는 문화적 혁신 능력은 학습의 또 다른 중요 포인트를 제시한다. 즉, 인간이 자연스럽게 학습하는 방법에 맞는 기술들, 예를 들어 3차원적으로 상호작용하는 세상을 만드는 기술은 자신의 사무실을 찾아가는 1인칭 길 찾기 동안 보이는 사물에 대해 자연스럽게 강한 기억을 만든다(Barab et al., 2005; Dunleavy & Dede, 2013). 유사하게, 인간이 전문가로 보이는 사람에게 원하는 정보를 찾는 경향을 모방하도록 몇몇 컴퓨터 기반의 대

---

13) 학습 맥락에서의 편향은 학습자가 새로운 정보를 처리하는 동안 이미 획득한 정보를 고려하는 능력을 의미한다.

화 튜토링 시스템이 설계되었다(Graesser et al., 2014; Tomasello, 2008).

마지막으로 짚어 볼 변화는 개인이 문화적 맥락에 반응하여 변화하는 능력이다. 이러한 능력은 서로 다른 문화에 걸쳐 학습 궤도에서 눈에 띄는 차이로 발견될 수 있다. 예를 들어, 콩고 민주공화국의 이투리 산림 지대에 사는 11개월 에페족 아동들은 마체테[14)를 안전하게 사용할 수 있는 반면, 미국 중산층의 8살 아동들을 날카로운 칼과 함께 두는 것은 불안하다(Rogoff, 2003). 학습 궤도는 종종 공동체 내에서의 연습이나 기대에 강하게 영향을 받는다. 개인은 무한히 적응할 수 없고, 기회가 제공되고 지지가 뚜렷하게 이루어질 때, 문화적 기대 수준까지만 성장한다.

생애 전반의 학습과 연관되어 나타나는 뇌 변화의 증거

극적인 뇌의 재조직이 어른 아동기에서부터 청소년기까지 걸쳐 일어난다는 사실은 교육에 함의를 가지지만, 발달 신경과학과 인간 행동 연구를 교수적 실천과 교육 정책에 직접적으로 연결 짓는 것은 복잡하다(Leisman et al., 2015). 그럼에도 불구하고 교육자들은 몇몇의 발달과 관련된 신경과학적 발견을 교수적 실천을 향상시키는 데 사용할 수 있을 것이다. 예를 들어, 연구는 중학교 학생들이 청소년기 동안 가장 많은 변화를 겪는 뇌 부위에 의해 조절되는 능력들(멀티태스킹, 계획 설정, 자기인식, 사회 인지 능력과 같은 능력들)을 활용하는 교수법으로부터 혜택을 받을 수 있다(Blackemore, 2010).

아동에게 나타나는 피질 성숙의 순서는 운동과 감각 시스템이 먼저 성숙하는데, 이는 발달의 중요한 단계와 유사하게 나타나는 것 같고 행동에 반영된다(Keunen et al., 2017; Lyall et al., 2016; Stiles & Jernigan, 2010). 사춘기 전 시기와 피질 두께 증가 후에(즉, 신경세포 수의 증가와 회색질 밀도 증가) 사춘기 후 시기의 피질 두께 감소가 일어난다. 일반적으로, 아동과 어른의 상호작용이나 학습

---

14) 옮긴이 주: 날이 넓고 무거운 칼.

의 기회를 포함하는 기회들, 마음의 습관이 직접적으로 뇌의 구조와 연결을 만든다. 현대의 발달 신경과학은 신호를 주고받고 조절하는 네트워크들이 어떻게 만들어지고 유지되는지, 어떻게 네트워크들이 나이와 경험에 따라 미묘하게 변화하는지를 이해하는 데 매우 집중한다. 예를 들어, 인간에게서 특정한 사회적 가치와 상호작용이 일어나는 문화적 경험은 사회적 정서와 사회적 인지 과정에 관여하는 데 중요한 뇌 영역의 네트워크를 형성한다(Kitayama et al., 2017). 사회적 참여와 인지적 활동은 노인도 또한 건강한 뇌와 마음을 유지하도록 돕는다(8장 참고).

뇌가 어떻게 전 생애에 걸쳐 발달하는지에 대한 사실은 중요한 함의들을 가진다. 첫째, 뇌 발달 과정은 3세까지의 초기 발달을 지나서도 유지되며 20대나 그 이후에도 일어난다. 즉, 대부분 미국인의 정식 교육 동안 일어난다. 동시에 많은 연구는 학습과 경험에 맞추어 뇌의 구조가 변화하고(Draganski et al., 2004), 이러한 변화들은 나이가 들어도 계속된다는 것을 밝혔다(Lovden et al., 2010). 이러한 연구는 새로운 경험들에 기반하여 뇌의 연결을 변화하는 뇌의 능력이 생애에 걸쳐 효과적으로 기능하는 학습의 중요한 기작임을 강조한다.

HPL I이 발간된 이후, 과학자들은 뇌 발달이 행동과 학습을 어떻게 제약하고 지지하는지에 대해 많은 것을 학습하게 되었고 학습의 기회가 다시 뇌 발달에 어떻게 영향을 미치는지 알게 되었다. 예를 들어, 자극이 많은 환경은 다 성장한 쥐에게도 영향을 미치며, 다 큰 쥐가 자극이 없는 환경에 돌아가더라도 그 효과가 유지된다는 것을 관찰할 수 있었다(Briones et al., 2004).

학습의 기회가 뇌 구조 변화에 미치는 영향에 대한 연구들은 인간에게 실행되는 것이 매우 어렵기 때문에 대부분 설치류를 통해 이루어진다. 그러나 제한된 인간 대상 연구들은 유사한 효과를 보여 준다. 경험의 부족(즉, 학습 기회의 결핍)이 뇌 발달(결국 학습)에 미치는 영향을 확인하기 위해 연구자들은 기관에 위탁된 아동들의 경험 결핍 효과를 연구한다. 신경영상 연구들은 특정 종류(심리사회적 · 언어적 · 감각적 등)의 학습 기회가 조기에 박탈되는 것은 전체 뇌 부피(회색질과 백질 모두)의 극적인 감소와 전기 활성의 감소를 이끈다는 것을 보여 준다(Nelson et al., 2009). 그러나 연구자들은 결핍된 환경에서 자란 아동들이 질 높은 보육시설에 2세 이전에 배치될 경우, 지능이 유의하게 향상되는 것을 확인하였다(Nelson et al., 2007).

2장에서 강조한 문화와 맥락의 중요성과 일관되게, 연구들은 문화 특수적이고 문화 보편적인 신경학적 구조와 기능을 보여 준다(Ambady & Bharucha, 2009; Kitayama & Uskul, 2011). 반복된 문화적 실천에 참여하는 것은 이러한 과제를 완수하는 데 관여하는 신경 경로를 강화하고 결국 신경 구조와 기능의 변화를 이끈다(Kitayama & Tompson, 2010).

수학 계산을 위해 주판을 사용하는 것과 같은 아시아 문화에서 우선적으로 발견되는 도구 사용 능력은 이러한 점을 보여 준다. HPL I 발간 이전에도 심리학 연구는 주판 전문가들이 문제를 푸는 동안 큰 숫자들을 조작하고 기억하기 위해 주판의 정신적 심상을 사용한다고 제시해 왔다(Hatta & Ikeda, 1988). 하나카와와 동료들(Hanakawa & colleagues, 2003)은 주판 전문가들의 심적 계산 기저와 관련된 신경을 연구했고, 이러한 전문가들이 비전문가에 비해 정신적 활동을 위해 다른 뇌 영역을 활용한다는 사실을 발견했다. 다른 예시는 명상과 같은 문화적으로 녹아 있는 행동적 연습에 오랜 시간 참여하면 오래 지속되는 신경 구조 변화가 일어나고, 아마도 몇몇 조건에서는 나이와 연관된 피질 두께 감소를 상쇄하는 것이다(Braboszcz et al., 2013; Creswell & Lindsay, 2014; Davidson & Lutz, 2008; Lazar et al., 2005).

노인을 위한 차원을 추가로 확보하는 조건을 제시하는 모형들이 개발되고 있다(〈표 3-1〉 참고). 보완적 신경계 모집 패턴들 아래에서 일어나는 신경계 과정이 활동적으로 연구됨에도 불구하고, 이러한 모형들은 모두 노년기가 되더라도 신경계 네트워크가 협력함에 있어 유연할 수 있고 과제의 요구가 네트워크 연결 본연의 특성에 영향을 줄 수 있음을 강조한다. 게다가 이러한 연구는 삶의 초기 경험들이 효과적으로 보완하는 능력을 형성하기 위한 단계를 결정할 수 있음을 강조한다(Cabeza, 2002; Kensinger, 2016; Park & Reuter-Lorenz, 2009; Reuter-Lorenz & Cappell, 2008). 예를 들어, 어렸을 때 이중 언어 사용자가 되는 것은 더 확고한 인지 발달과(Bialystok, 2017) 노년기에 들어섰을 때 향상된 인지 탄력성(Bialystok et al., 2016)과 관련이 있는 것 같다. 일생 동안 두 언어 시스템을 다루는 지속적인 요구는 이러한 사회적 · 언어적 요구를 수용하기 위해 인지적 경계를 더 넓히게 된다(Kroll et al., 2012). 학습에서 연령에 관련된 변화는 7장에서 추가적으로 논의된다.

〈표 3-1〉 학습에 영향을 미치는 연령별 뇌 구조 변화 모형

모형	결과
노년의 반구 간 균형 감소(Cabeza, 2002)	• 청년들이 한쪽(한쪽 반구만)으로 접근하는 조건에서 노인들은, 특히 전전두 피질과 뇌 영역을 양쪽으로(좌측과 우측 둘 다) 접근한다. • 양쪽으로 모집하는 패턴은 더 나은 과제 수행과 연관된다(즉, 모집은 상보적이다).
상보성과 관련된 신경계 회로 가설의 이용(Reuter-Lorenz & Cappell, 2008)	• 전 연령의 성인들은 과제 수행 성취를 위해 추가적으로(종종 양쪽) 영역을 사용할 필요가 있다. 노인들은 청년에 비해 더 낮은 수준의 과제 난이도에서 이들을 사용할 필요가 있다. • 이러한 차이는 젊은이들은 한쪽만 사용하는 반면, 노인들은 양쪽 영역 다 모집하는 많은 과제 조건들을 야기할 수 있다.
노화와 인지의 비계 이론(Park & Reuter-Lorenz, 2009)	• 카베자(Cabeza, 2002)의 반구 간 균형 감소 모형과 류터-로렌즈와 커펠(Reuter-Lorenz & Cappell, 2008)의 신경계 회로 가설의 상보성 관련 이용을 바탕으로 수립되었다. • 삶의 초기 경험(유전적 성향, 교육, 삶의 스트레스 요인 등)은 노년기 보완적 자원의 이용 가능성을 증가하거나 감소시킬 수 있다.

뇌 구조 변화가 생의 전반 학습과 직접적으로 연관된 것은 아니라고 할지라도 이러한 연구는 몇 가지 중요한 점을 알 수 있게 한다. 첫째, 뇌가 생의 전반에 걸쳐 변화하고 적응할 수 있음에도 초기의 환경적 영향은 학습과 발달의 신경적 토대를 이룬다(Amedi et al., 2007; Keuroghlian & Knudsen, 2007). 둘째, 많은(전부는 아니더라도) 연령 관련 뇌 구조 변화는 중년기와 노년기까지 점진적으로 영향

BOX 3-2 **전문가 뇌 발달과 변화 증거**

인간이 지식을 습득할 때, 그들의 뇌 활동, 뇌 구조 혹은 처리 속도는 증가하고 습득한 지식을 사용하는 데 사용되는 노력은 감소하는 상보성의 변화가 있다(5장 참고). 회색질과 백질에서 발견되는 변화들은 지식 습득과 뇌 구조 간 연결과 관련된 한 가지 증거를 제시한다. 예를 들어, 드래간스키와 동료들(Dragamski et al., 2006)은 시험을 위해 많은 공부를 한 의대 학생들의 회색질 증가가 이 정도의 공부 시간을 가지지 않은 연구 참여자에 비해 3개월이 넘는 기간 동안 증가한 것을 확인할 수 있었다. 이와 같은 발견은 학습과 뇌 발달 간 쌍방향적인 관계를 제시한다(학습은 뇌 발달을 증진시키고 뇌 발달은 학습을 증진시킨다).

연구들은 특정 영역에서의 전문가들은 비전문가에 비교했을 때 과제 관련 뇌 부위의 회색질(신경세포 포함)과 백질(신경세포와 다른 신경세포 간 연결을 포함) 밀도가 증가한 것을 발견했다(Chang, 2014). 이러한 변화들은 장시간의 연습과 연관되어 있는 것처럼 보인다(Roberts et al., 2013). 예를 들면, 벵슨과 동료들(Bengtsson et al., 2005)은 콘서트 피아니스트와 비음악가 간의 특정 피질 영역의 백질 구조가 매우 다르다는 것을 발견했다. 스콜츠와 동료들(Scholtz et al., 2009)은 저글링 공연을 연습하는 것은 유사한 결과를 가져온다는 것을 발견했다. 그들은 저글링을 하지 못하는 사람들 중 절반을 6주간 저글링 수업에 참여하게 하고, 다른 절반은 참여하지 않게 한 후 뇌를 비교했다. 두 그룹에서 훈련 전후 차이는 훈련을 받는 사람의 실력 증진이나 수행 정도와 유의한 상관을 보이지 않았고, 이는 특정 훈련 결과의 성취보다는 훈련에 보낸 시간의 양이나 훈련 동안 들인 노력과 연관이 있음을 보여 준다. 전전두엽 회색질의 부피 증가는 뛰어난 유도 선수들이나(Jacini et al., 2009) 실력 있는 골프 선수(Jancke et al., 2009)에게서 발견된다.

이러한 발견들을 통해 알 수 있는 중요한 점은 피질 두께가 전문성, 지식과 기술을 측정하는 좋은 측정치가 될 수 없다는 것이다. 이러한 종류의 신경영상 데이터(각 참여자에서 하나의 영상 이미지를 획득하는 뇌 영상)는 특정 시간에 수집되고, 그렇기에 관찰되는 활성이 안정적인지 아닌지, 실험의 조건이나 유전적·경험적·전략적·동기적 혹은 수화 정도의 차이와 같이 다른 요소에 의해 영향을 받았는지 여부를 결정하기 어렵다(Poldrack, 2000). 피질 두께 하나만 측정하는 것은 이러한 복잡한 과정에 대해 제한된 정보를 제공하고 성취된 기술들과 연관이 없을지도 모른다.

을 미친다. 즉, 일부의 연령 관련 뇌 구조 변화는 연령과 선형적인 영향을 가지고(Raz et al., 2005; 2010), 구조의 변화는 노년기 훨씬 이전부터 시작될 수 있다(Bendlin et al., 2010; de Frias et al., 2007). 우리는 연령과 관련된 뇌 구조 변화가 모든 뇌 영역에 동등하게 영향을 주지 않음을 알 수 있다. 몇몇 뇌 부위와 네트워크는 다른 것들에 비해 연령에 더 강한 영향을 받는다.

마지막으로, 피질 두께, 질량, 연결이 연령에 따라 감소하는 것처럼 보이지만 노인은 다른, 혹은 추가적인 신경계 기작을 사용하는 일부 능력으로 이러한 감소를 보완할 수 있다. 뇌가 환경에 반응하여 전 생애 동안 스스로 물리적·기능적으로 재구성할 수 있는 능력인 신경계 가소성은, 쉽게 말해 '지혜'라고 불리는(Sternberg, 2004) 개인의 행동, 생각, 정서가 어떻게 노인들에게서 보완되는지를 부분적으로 설명하는 것 같다(Reuter-Lorenz & Cappell, 2008). 과제 수행 동안 젊은이와 노인들의 신경계 활성을 비교하는 초기 연구들에서도(Grady et al., 1994), 과제 수행 동안 노인들이 청년들과는 뇌의 다른 영역을 사용한다는 것을 밝혔다. 결국 많은 연구는 노인 뇌의 일부 부위의 신경계 활성이 줄어든 것을 발견했지만 다른 영역의 활성은 증가함을 발견했다.

3. 결론

이 장에서는 인간이 자신이 발달하는 문화적 환경과 복잡한 사회에 반응하여 조화를 이루어야 하는 다양한 유형의 학습 몇 가지를 확인하였다. 우리는 이러한 유형의 학습이 독립적으로 작용하는 분리된 기능들이 아니고 복잡한, 상호 영향을 받는 과정임을 강조한다. 학습자는 자신의 학습을 통합하는 능력들과 결정을 통해 과정들을 형성하지만, 많은 학습의 요소들은 의식하지 못하는 수준에서 일어난다. 서로 다른 상황, 맥락, 교수적 전략들은 서로 다른 학습을 증진한다. 우리는 학습자가 소극적이라기보다는 적극적일 때, 예를 들어 자신만의 모형을 만들거나 정교한 습관을 발달시키거나 관찰된 행동을 모델링할 때, 많은 종류의 학습이 향상됨을 보았다. 우리는 학습이 학습자의 이해나 학습 목표를 적용하는 데 기반함을 보았다.

게다가 전 생애에 걸쳐 학습과 경험에 반응하여 뇌의 구조적 변화뿐만 아니라 생애 단계에 따른 특성도 탐구하였다. 초기 발달에서의 환경적 영향은 후기 학습과 발달의 기초가 된다. 청소년기까지의 시냅스 가지치기나 다른 신경학적 발달들은 학습자의 경험에 의해 형성되고, 뇌가 연령에 따라 몇몇 기능이 저하되는 것은 다른 기작들을 보완함으로써 적응한다.

뇌 발달과 학습 간 상보적 관계를 확인하였으며, 학습은 상호 의존적으로 신경계 네트워크에서 일어남과 동시에, 발달은 자극과 요구에 반응하여 신경 연결의 지속된 형성과 재형성을 포함하여 발달한다. 뇌의 행동과 학습에 영향을 주고, 다시 학습은 뇌 발달로 뇌 건강에 영향을 미친다. 이러한 작업에서 우리는 세 가지 포괄적인 결론을 강조한다.

결론 3-1: 개인 학습자는 자신이 직면하는 도전과 상황에 반응하여 의도적으로, 동시에 무의식적으로 많은 유형의 학습을 통합한다. 학습자가 학습 기능을 통합하는 방법은 자신의 사회적·물리적 환경에 의해 형성될 뿐만 아니라 미래의 학습을 형성한다.

결론 3-2: 뇌는 인간에게서 전반적으로 일관되는 궤도를 따라 생애에 걸쳐 발달하지만 모든 학습자의 환경은 각자의 경험에 따라 개별화된다. 여러 일련의 복잡한 인지 기능들이 가능해지고 신경학적 수준에서의 어려움을 적응할 수 있게 됨으로써 점차적으로 성숙한다.

결론 3-3: 뇌 발달과 학습 간의 관계는 상호 의존적이다. 즉, 학습은 서로 연관된 신경계 네트워크를 통해 일어나고, 동시에 학습과 발달은 자극과 요구에 반응하여 신경계 연결의 계속된 형성과 재형성을 포함한다. 뇌 발달은 행동과 학습에 영향을 미치고, 다시 학습은 뇌 발달과 뇌 건강에 영향을 미친다.

HOW
PEOPLE
LEARN II

4장
학습을 지원하는 과정

학습은 일련의 인지 과정의 지원을 받는데, 성공적인 학습이 일어나기 위해서는 이 과정이 조정되어야 한다. 이 장에서는 학습을 지원하는 주요 과정을 검토한다. 먼저, 주의, 감정 조절, 부정확하거나 부적절한 반응의 억제 등 학습에 필수적인 과정을 학습자가 조율하는 방법을 살펴볼 것이다. 다음으로, 모든 학습은 아니더라도 대부분의 학습에 있어 필수 구성 요소인 기억에 대해 논의할 것이다.

이 장을 집필하기 위해 위원회는 실험 연구와 교실 연구를 함께 조사하였다. 집행 기능과 자기조절 관련 연구는 인지과학과 교육학에서 수행된, 다양한 연령의 학습자가 참여한 현장 연구와 실험 연구를 함께 고려하였다. 역사적으로, 기억에 관한 연구는 어린 연령을 대상으로 이루어진 경우도 있지만, 주로 대학의 성인들을 대상으로 수행된 경우가 많다. 기억 연구가 주로 대학생을 대상으로 수행된 데에는 역사적인 이유가 있다([부록 B] 참고). 심리학과는 심리학 개론 강좌를 수강하는 수천 명의 학생들을 실험 참가자로 모집하고, 기억은 그러한 실험의 인기 있는 주제가 되어 왔다(Benassi et al., 2014; Pashler et al., 2007). 이 장에서 논의되는 많은 기억 연구도 대학생들을 대상으로 이루어졌지만, 위원회는 보다 다양한 대상과 학습 환경을 아우르는 다른 연구들도 조사하였다.

1. 학습 조율하기

2장과 3장에서는 학습자가 사용하는 여러 자원에 대해 논의하였고, 학습자가 학습상의 어려움을 이겨 내는 데 필요한 다양한 능력을 의식적으로나 무의식적으로 조율할 수 있다고 제안했다. 사람들은 어떻게 학습을 조율하는가? 세 가지 핵심 방법은 메타인지, 집행 기능, 자기조절을 통한 방법이다.

메타인지(metacognition)는 자신의 인지 과정을 감시하고 조절하며, 정의적 행동을 포함한 행동을 의식적으로 조절하는 능력이다. 인지 이론에서 나온 이 용어는 개인이 자신의 정신 과정(인지적·정의적)에 대한 의식과 그 결과로 바라는 목적을 달성하기 위해 자신의 생각을 감시하고 조절하며 지시하는 능력을 포괄한다. 이러한 능력은 1980년대 초반부터 연구되었는데, 『How People Learn: Mind Brain, Experience, and School-Expanded Edition』[1]은 학습자들에게 자신의 학습에 대한 인식과 학습을 주도하는 능력을 향상시키는 전략을 가르치는 것이 얼마나 중요한지에 주목하였다.

집행 기능(executive function) 또한 중요하다. 심리학자들과 신경과학자들에 의해 자주 연구되는 집행 기능은 전반적인 사고와 행동의 조절 그리고 사람들이 어떤 목표를 향해 행동을 계획하고, 순서를 정하고, 시작하며, 지속하고 또한 피드백을 받고 수정할 수 있게끔 하는 고차원적인 과정을 수반하는 인지 및 신경 과정이다.

자기조절(self-regulation)은 메타인지, 전략적 행동, 학습동기에 의하여 초점이 맞춰지는 학습을 말한다. 자기조절은 개인이 바라는 결과를 얻기 위해 행동과

---

1) 1장에 언급했듯이 HPL I은 『How People Learn I: Brain, Mind, Experience, and School- Expanded Edition』의 약어로 사용됨(National Research Council, 2000).

목표를 조정하는 인지적 · 정의적 · 동기적 · 행동적 요소의 관리를 수반하는 것으로 보인다.

학습자가 복잡한 인지 및 사회적 환경 맥락 내에서 자신의 학습을 어떻게 조율하는지를 이해하기 위해서는 이렇게 다양한 수준의 처리 과정의 통합과 상호 작용을 이해하는 것이 중요하다. 이러한 처리 차원들의 통합과 상호 관계는 또한 더 심층적이거나 고차원적인 학습 그리고 추론, 문제 해결, 비판적 사고와 같은 복잡한 기술과 지식의 개발에도 중요하다.

집행 기능

집행 기능에 수반되는 과정은 목표를 달성하기 위해 정보를 마음속에 유지시키고, 부정확하거나 성급한 반응을 억제하며, 주의를 유지하거나 전환하는 능력을 포함한다. 이러한 과정은 상호 관련성이 매우 높다. 집행 기능을 성공적으로 수행하기 위해서는 처리 과정들이 서로 조화롭게 작용해야 한다. 많은 동일한 처리 과정이 사회 정서적 발달에 관여하면서 아동이 수업에서 성공하는 데 기여한다(Institute of Medicine and National Research Council, 2015). 3장에서 논의한 가상의 기하학 수업 학생 카일라처럼 모든 학습자는 경쟁하는 관심사들 가운데서 선택을 하고, 선택한 것에 진전을 보일 만큼 주의를 유지해야 하며, 다수의 정보를 마음속에 유지하고(예: 카일라가 적용한 방정식과 적용 대상이었던 기호 표기), 생산적으로 조작하며, 진행 상황을 감시해야 한다.

집행 기능의 기초가 되는 신경적 기반은 비교적 잘 알려져 있다. 초기의 연구들은 전두엽이 이 능력을 담당하는 곳이라고 제안했으나(Chung et al., 2014; Damasio, 1994), 보다 최근의 신경영상 연구에 따르면, 집행 기능의 다양한 요소들이 뇌 전체의 많은 영역과 네트워크를 사용한다(Collette et al., 2006; Jurado & Rosseelli, 2007; Marvel & Desmond, 2010). 3장에서 기술된 전전두엽 피질의 두께와 다른 신경 구조와의 연결성에 있어 나타나는 긍정적이거나 부정적인 변화처럼, 집행 기능의 구성 요소 처리는 취학 전 시기 동안 급속히 발달하고, 청소년기와 그 이후까지 계속해서 발달하다가, 성인기 내내 특징적인 변화를 겪는다.

집행 기능은 교육적 개입의 대상이자 집중적인 관심의 대상이다([BOX 4-1] 참고). 집행 기능의 손상은 학습장애(읽기장애와 수학장애 포함), 주의력 결핍 과잉행동장애(ADHD), 자폐증 등 학습에 부정적인 영향을 미칠 수 있는 여러 가지 조건의 특징이기 때문이다. 반대로 잘 발달된 인지 통제는 수많은 긍정적인 발달 결과와 상관관계를 보이는데, 이러한 결과에는 신체 건강과 사회경제적 지위, 심지어 32세까지 범죄 경력이 없는 것도 포함된다(Moffitt et al., 2011). 게다가 최근의 연구는 집행 기능(예를 들어, 주의를 기울이고 규율을 따르는 것 등의 행동으로 나타나는)이 일반 지능보다 학교 준비도와 학업 성취를 더 잘 예측할 수 있음을 시사한다(Blair & Razza, 2007; Eigsti et al., 2006; McClelland et al., 2007). 사회 정서적 학습을 목표로 하는 개입은 집행 기능을 향상시키므로 어느 정도 도움이 될 수 있다(Riggs et al., 2006).

집행 기능에 대한 다른 연구들은 소위 '내재적인' 집행 통제 또는 자신에게 지시하고 필요할 때 방향을 바꾸고 따라야 할 분명한 규칙이 없을 때 전략을 짜는 능력에 초점을 맞추고 있다. 예를 들어, 한 연구에 따르면 콜로라도주 덴버에서 온 9살짜리 중산층 아동은 성인이 주도하는 활동(피아노 레슨과 지도를 받는 스포츠 팀 경기와 같은)에 더 많은 시간을 보내고, 자기주도적이고 또래 협상적인 활동(다른 아이들과 '픽업' 스포츠 게임²⁾을 하는 것과 같은)에 더 적은 시간을 보냈는데, 이들은 내재적 집행 기능이 더 떨어졌다(Barker et al., 2014). 연구자들은 이 아이들이 구조화된 학습 활동에 보낸 시간 때문에 실제 세계에서 효과적인 학습에 중요한 자연스럽고 비공식적인 학습 환경에서 자신을 관리하는 법을 배울 기회가 부족했다고 결론지었다. 집행 기능 요소들은 선형적이거나 이진법(전부 혹은 전무)의 방식으로 발전하거나 감소하지 않는다. 연령과 관련된 긍정적이거나 부정적인 신경 인지적 변화는 구체적인 집행 과정에 의존한다(Spreng et al., 2010; Turner & Spreng, 2012). 많은 영역에서 나이 든 성인들은 다른 처리 과정들

---

2) 옮긴이 주: 선수들끼리 자유롭게 팀을 짜서 하는 경기.

BOX 4-1 교과과정 중심(curriculum-based) 집행 기능 개입

'생각의 도구(Tools of the Mind)'는 어린 아동의 집행 기능을 향상시키기 위해 특별히 고안된 수학과 언어(읽기와 쓰기) 프로그램이다(Bodrova & Leong, 2007). 이 프로그램의 교육과정은 교사와 또래와 함께 하는 활동에서 일어나는 사회적 상호작용을 강조한다. 교사들은 언어, 수 체계, 도표 그리기나 매핑(Mapping)과 같은 학습 도구를 사용하는 것을 모델링하고 발판을 제공한다. 아동은 상징적 놀이를 하고 학습 계획과 목표를 함께 세우는 과정을 통해 상호작용을 하고 자기조절을 연습한다. 예를 들어, 숫자 게임(Numerals Game)은 인지적 갖춤새 전환(set-shifting)을 촉진한다. 이 수학 활동에서 아동은 '행하는 자(doers)'와 '검토자(checker)' 역할을 번갈아 맡는다. 활동에서 행하는 자는 플라스틱 곰 인형 수를 세어 같은 수의 숫자카드를 찾는다. 검토자는 숫자와 그 수만큼의 점이 표시된 검토 용지 위에 곰 인형을 둔다. 만약 곰 인형이 점들을 덮어 채우고 남아 있는 곰 인형이 없으면, 아동은 그 숫자가 정확하다는 것을 알게 된다. 연구에 따르면, 이 교육과정은 문제 행동을 감소시키고 집행 기능 과제 점수를 향상시키는 것과 관련이 있다(Barnett et al., 2008; Diamond et al., 2007).

을 끌어와 종종 젊은 성인들보다도 수행 결과가 더 뛰어나다.

자기조절학습

자신의 학습을 이해하고 주도하는 능력은 학교뿐만 아니라 인생 전반에 걸쳐 중요하다. 학습자가 자기조절을 할 때, 그들은 학습을 위해 사용하는 전략과 행동에 대해 더 높은 통제력을 갖게 된다. 자기조절은 학습자로 하여금 학습 목표를 자발적으로 설정하고, 목표 달성을 위한 방법을 확인하여 적극적으로 그 방법을 사용하며, 목표를 향한 진행 상황을 추적함으로써 그들의 인지 활동을 효과적으로 주도하게 한다. 학습을 조절하기 위해서는 개인의 활동, 사고, 감정을

추적 관찰하고, 목표 달성을 위해 그것들을 수정하는 과정이 요구된다. 교육자가 학습자의 관심사와 발달상 적합한 학습을 기대에 반영하여 학습자가 자신의 목표에 대해 책임을 지고 자신의 학습 방식에 대한 중요한 결정을 내릴 권한을 가지고 있다고 인식할 때 자기조절학습은 촉진된다(Patall, 2013).

자기조절은 자신의 인지 과정을 성찰하고 감시하는 능력인 메타인지라는 넓은 개념의 핵심 요소이다. 인지를 감시(모니터링)하고 조절하는 것은 상호 연관된 일련의 과정이다. 모니터링 과정은 학습과 기억을 포함한 자신의 인지 활동을 평가하는 데 수반되는 과정이다. 조절 과정은 개인으로 하여금 자신의 모니터링에 의해 지시되는 방식으로, 의사 결정 과정과 행동을 제어하게 한다(Bjork et al., 2013; Dunlosky & Metcalfe, 2009).

증가하고 있는 이 분야의 연구들은 사람들이 공식적인 교육 장면에서 자신의 학습을 조절하는 것이 얼마나 어려운지와, 그러한 능력을 향상시키기 위한 훈련의 가치를 강조해 왔다. 이와 관련된 복잡한 과정은 지난 10년간 여러 이론 연구와 실험 연구의 주제였다[Vohs & Bauminster(2017)는 최근 연구를 종합하는 핸드북이다]. 자기조절 과정을 특징짓는 여러 모형이 제안되었으며, 이 모형들은 학습자의 학습 주도 능력을 향상시키기 위한 개입 방향을 제시하였다(Panadero, 2017). 예를 들어, 해티와 도노휴(Hattie & Donoghue, 2016)는 학습 전략에 관한 기존 연구들에서 밝혀진 400개 이상의 전략을 확인하였다. 이 연구들은 기본적인 조절 과정과 감정, 욕망, 습관의 영향, 성격 특질(trait)의 역할, 자기조절에 수반되는 생리적 과정과 발달, 그 외 많은 문제를 탐색해 왔다. (교육자가 학생의 자기조절력을 길러 주는 방법은 7장에서 논의된다.)

개인의 학습조절 능력에 기여하는 다양한 변인들이 밝혀짐에 따라 자기조절에 포함되는 요소들을 정의하기는 더 어려워졌다. 그럼에도 불구하고 이 개념은 일반적으로 개인의 특성과 학습 맥락, 동기 및 조절 과정을 포괄하는 것으로 이해되며, 이러한 모든 요인이 학습 결과에 영향을 미친다. 자기조절은 학습자가 자신의 기술을 신장시키기 위해 활동을 조직하는 자기주도적 과정이자 일련의 사고 패턴이다. 성공적인 자기조절학습자는 효과적인 학습 전략과 노력, 끈기를 보여 주며 효과적인 학습자가 되기 위한 기술과 습관을 발전시킨다.

한 공식에서, 자기조절은 학습, 호기심, 모르는 것을 탐구하려는 의향에 시간과 노력을 쏟고자 하는 의지와 내용을 보다 깊게 이해하기 위한 기술의 상호작용으로 기술된다(Hattie & Donoghue, 2016). 다시 말하면, "(학습자의) 목적이 무엇이든 간에, (학습자가) 목적을 이루기 위해 계획한 바를 실현해 나가는 과정에서 필요에 따라 일어나는 자기수정적인 조정(self-corrective adjustments)"이다(Carver & Scheier, 2017, p. 3). 이 능력은 내적인 목표와 경험에 대한 반응에 의해 내면으로부터 움직인다. 수면, 성격 특성, 사회문화적 영향, 그 외의 많은 요인이 자기조절에 영향을 미친다. 이 분야의 연구가 진행되면서 자기조절학습의 중요성과 복잡성이 계속해서 확장되고 있다.

2. 기억

HPL I은 기억 처리 과정에 대한 신경과학자들과 인지과학자들의 연구를 요약하였다(National Research Council, 2000). 이러한 연구들은 기억이 뇌의 어느 한 부분에서 일어나는 단일 구인(construct)이 아니라는 것을 보여 주었다. 대신 그것은 다른 기억 기능들과 관련된 여러 종류의 처리 과정들로 구성된다. 기억의 처리 과정은 그 자체로 복잡할 뿐만 아니라 일반화하는 능력(예: 구별, 범주화)과 추론(예: 이해, 인과 추론)과 같은 다른 학습 과정들과도 상호작용한다.

사람들이 부호화와 인출에 대해 생각할 때 흔히 사용하는 비유는 공간적 저장과 검색이다(Roediger, 1980). 이 비유에서 마음은 물리적인 공간으로 여겨지고, 지식(기억)은 그 공간에 저장되는 물건으로 여겨진다. 예를 들어, 지식은 도서관 선반에 저장된 책들, 캐비닛에 저장된 파일들, 컴퓨터 하드드라이브에 저장된 디지털 파일의 모음으로 묘사될 수 있다. 따라서 학습은 다양한 종류의 지식을 포함하는 새 파일들을 만들어 내고 저장하는 과정으로 볼 수 있으며, 이러한 파일들은 필요할 때 발견될 수 있다.

마음과 기억에 관한 이러한 정신적 파일 캐비닛 관점은 설득력이 있지만, 연구자들은 지식(기억)이 개인의 마음속에 저장된 경험의 복사본들로 구성되어 있다는 생각을 거부해 왔다. 대신에, 학습과 기억 체계는 사람들에게 지식의 복사본을 저장하지 않고도 지식을 생산해 내는 능력을 제공한다. 신체의 여러 다른 체계도 이와 유사한 방식으로 작동한다. 예를 들어, 시각 체계는 우리에게 세상의 대상들을 지각할 수 있는 능력을 주지만, 이러한 대상들의 복사본은 눈에 저장되지 않는다. 감각 체계는 우리에게 다양한 감각을 신체에 저장하지 않고도 경험할 수 있는 능력을 준다. 만약 당신이 팔을 꼬집고 통증을 경험한다면 어떤 일이 생길지 생각해 보라. 팔이 꼬집혔을 때 느껴지는 통증이 당신의 팔에 '저장'되어 있던 어떤 부위로부터 '인출'된 것이라고 말하기는 어렵다. 대신에, 감각 체계는 정보를 두뇌로 전달하는 적절한 구조를 제공하여 감각 자극을 경험으로 구성하게 한다.

기억의 재구성

저장고 비유는 학습이 기억의 복사본을 재생산하기보다 과거의 경험과 현재 환경에서의 단서들을 바탕으로 기억을 **재구성**(reconstructing)하는 기술을 포함한다는 사실을 포착하지 못한다. 재구성은 뇌 전체에 기억이 부호화되고 저장되는 방식에 의해 가능해진다. 각 개인은 주관적인 관점에서 기억을 처리하므로, 똑같은 정보나 일화도 개인에 따라 다르게 기억된다. 중요한 점은 어떤 종류의 지식을 재구성하는 것은 매우 암묵적이고 자동적이어서 재구성되었다고 하기에는 너무 자연스럽게 느껴진다는 것이다. 예를 들어, 숙련된 독자나 작가는 문법에 대한 기억을 계속해서 의식적으로 재구성할 필요가 없다(학습의 유형에 대한 논의는 3장을 참고).

개인이 경험을 구성할 때, 그 경험의 **표상**(representation)은 뇌에 남게 되어 미래에 이용할 수 있게 된다. 그 표상은 세상의 완벽한 복사본이 아니라 개인의 주관적 해석과 인식의 일부가 기록된 것으로, 이는 결국 사전 지식, 경험, 지각 능력과 뇌의 처리 과정에 의해 형성된다. '무슨 일이 일어나는가'를 심적 표상으로 변환하는 데 수반되는 처리 과정을 **부호화**(encoding)라고 한다. 시간이 지나면서 또는 잠을 자는 동안 부호화된 기억은 **응고화**(consolidated)되는데, 이 과정을 통해 관련된 신경 연결이 강화되고 기억이나 경험의 표상이 안정화되거나 저장된다. **인출**(retrieval)이란 과거 경험의 기억을 재구성하는 데 수반되는 과정이다. 인출 과정은 학습자의 환경(예: 프롬프트, 질문, 해결해야 할 문제 등)이나 학습자의 마음(기억과 어느 정도 관련이 있는 다른 생각이나 아이디어들)에 있는 **인출 단서**(retrieval cues)에 의해 촉발되고 유도된다.

예를 들어, 기타를 연습할 때 학생의 눈은 악보 위의 잉크 점들을 지나가고 시각적 입력은 뇌의 뒤쪽에 있는 일차 시각 영역(primary visual area)에 등록되어 음악 패턴의 시각적 부분을 만들어 낸다. 동시에 학생이 기타를 치면서 만들어 내는 소리는 그의 청각 영역에 등록됨으로써 패턴 형성에 기여하는데, 이 중에는 악보의 점들과 일치하는 것들도 있고 그렇지 않은 것들도 있다. 체성감각 영역(somatosensory areas) 또한 학생이 연주할 때 기타의 목 부분(neck)에 올린 손가락의 위치를 등록함으로써 패턴 형성에 기여한다. 각 감각 양식으로부터 입력된 정보는 뇌의 서로 다른 영역에 등록되지만(이들이 함께 정보처리 과정이라고 불림), 이들은 연합 영역(association areas)이라고 불리는 곳에서 함께 협력하여 '음악 연주'라는 통일된 경험을 만들어 낸다. 이와 동시에, 뇌의 연합 영역과 감각 운동 영역에는 예전에 기타를 연주했던 경험과 다른 활동 및 지식으로부터 남아 있는 패턴의 흔적들이 있는데, 이들이 **다시 활성화**(retroactivated)되어 개인의 사전 학습과 기대에 의해 현재의 기타 연주 경험을 풍부하게 만든다. 장기적인 기술 개발이나 학습이 일어나려면 현재 경험(시각, 운동, 청각, 감정 등)을 이루는 분산된 입력 패턴이 응고화(consolidated)되어야 하고, 이전 경험으로부터 저장된 기억의 표상과 통합되어야 한다. 이것이 장기적이고 확고한 학습을 위해 의도적인 연습이 필요한 이유다.

기억은 재구성되므로 시간 속에 멈춰 있지 않다. 기억은 개인이 무언가를 회상할 때마다 새롭게 재구성되며, 이러한 재구성은 현재의 지식과 기대와 맥락을 고려한다. 이러한 이유로 기억은 고정되지 않고 시간이 지남에 따라 변하며, 세부 사항을 빠뜨리거나 일어나지 않은 조작된(fabricated) 세부 사항을 포함할 수 있다. 이것은, 특히 사람들이 동일한 사건을 반복적으로 기억할 때 분명히 드러난다. 기억을 되새기는 과정에서 뇌 속에 물리적으로 각인된 기존의 표상들에 새로운 정보와 연상이 덧입혀지게 된다. 그 결과, 사람들이 보고하는 기억은 시간이 지남에 따라 변한다.

허스트와 동료들(Hirst et al., 2015)의 연구 결과가 보여 주듯이, 2001년 발생한 9 · 11 테러와 같이 매우 감정적이고 특별한 사건을 기억할 때도 재구성은 일어난다. 이 연구는 사람들에게 9 · 11에 대한 그들의 기억, 즉 이 사건에 대해 알게 되었던 상황과 테러 공격에 대한 세부 사항 등을 보고하도록 했다. 연구 참여자들은 사건이 일어난 약 1주일 후부터 약 10년 후까지 네 번의 간격을 두고 자신의 기억에 대한 설문 조사에 참여하였다. 연구 결과, 참가자들은 첫 해에 기억했던 여러 세부 내용을 잊어버렸으며, 시간이 지남에 따라 기억하는 내용이 달라졌는데, 심지어 감정이 북받치고 독특한 '섬광기억(flashbulb memories)'까지 변화했다.

그러나 기억의 처리 과정을 통해 재구성되는 것은 복잡한 지식과 사건만이 아니다. 짧은 단어 목록을 단시간 동안 기억하는 것과 같이 단순한 과제를 수행할 때도 적극적인 재구성이 일어난다. 예를 들어, 1995년 연구에서 사람들에게 '침대' '휴식' '피곤한' '깨어 있는' '꿈' '눈을 붙임' 등과 같은 짧은 관련 단어 목록을 듣고 이후에 가능한 한 많은 단어를 회상하도록 했을 때, 참가자들은 '수면'과 같이 목록에 없던 관련 단어를 회상할 가능성이 매우 높았다(Roediger & McDermott, 1995). 이 연구는 참가자들이 단어의 부호화된 복사본을 단순히 재생산하는 것이 아니라, 짧은 단어 목록을 학습하는 단순한 사건조차도 적극적으로 재구성하려고 했음을 보여 주었다.

지식의 재구성에 수반되는 과정이 단서에 의해 추진된다는 것은 기억 연구에서 잘 확립된 사실이다. 1923년에 수행된 한 연구는 사람들에게 미국의 48개

주(당시 기준)를 기억하는 검사를 30분 간격으로 두 번 실시했을 때 회상 능력에 차이가 나는 것을 보여 주었는데, 두 검사의 유일한 차이점은 인출 맥락이었다 (Brown, 1923). 학습자의 환경에서 이용 가능한 인출 단서들은 무엇을 기억해 낼 수 있는지를 중요하게 결정하며, 인출 맥락이나 단서를 변화시키면 학습자가 그 순간 표현하는 내용도 달라지게 된다(Tulving & Thomson, 1973). 그러므로 특정 시기에 어떤 사실이나 기술을 기억하지 못한다고 해서 반드시 필요한 지식을 갖고 있지 못한 것은 아니다.

인출 단서의 중요성은 단순한 학습 시나리오뿐만 아니라 복잡한 학습 시나리오에서도 확인되었다. 앤더슨과 피처트(Anderson & Pichert, 1978)의 연구에서 학생들은 집 안에서 일어나는 일련의 사건에 대한 이야기를 읽은 뒤, 도둑과 집을 구매하는 사람의 두 가지 관점에서 이야기의 세부 내용을 회상해 냈다. 관점을 바꿨을 때 학생들은 처음에 기억하지 못했던 새로운 정보를 회상했다. 변한 것은 인출 조건뿐이었다. 학생들은 동일한 이야기를 부호화하고 저장했지만, 그들이 회상한 내용은 단서의 영향을 받았다. 이와 유사하게 긱과 홀요아크 (Gick & Holyoak, 1980/1983)의 연구는 문제 해결 능력이 인출 환경의 변화에 따라 크게 달라지는 것을 보여 주었는데, 이 연구에서 인출 환경은 문제 해결에 필요한 자료를 사용하는 방법에 대해 참가자들이 받았던 지시 사항이었다.

교육자와 학습을 평가하는 것에 관심이 있는 사람들을 위한 두 가지 연관된 시사점이 있다. 첫째, 학습자의 지식이나 기술에 대한 어떤 단일 평가에도 지나친 비중이 주어져서는 안 된다. 둘째, 기억은 그 기억의 내용에 도움이 되거나 관련이 된다고 느껴지는 상황에서 더 쉽게 재구성된다. 학습자가 특정 지식과 기술을 인출하는 방식은 재구성을 촉발하는 단서에 따라 달라진다. 단서는 그 순간 학습자의 감정적·사회적·인지적 상태에 따라 영향을 받는다. 예를 들어, 야구 기술에 자부심을 갖고 있는 학생은 경기 중 통계 지식을 인출하는 데에 어려움이 없겠지만, 고부담(high-stakes) 수학 시험에서는 문제를 못 풀 수도 있다. 이러한 문제를 피하기 위해, 몇몇 연구자들은 학습자에게 다중 평가 (multiple assessments)를 실시하고, 중간중간 지시나 피드백을 줄 수 있는 역동적 평가를 사용할 것을 제안했다(Koedinger et al., 2012). 또 다른 전략은 학습자가 다른 맥락에서 자신의 장점을 인식하고 활용하도록 돕는 것이다. 예를 들어, 교사는 야구 선수가 수학 시험 중 통계에 관해 자신이 아는 것을 기억해 내지 못할 때 야구 경기 상황을 떠올리도록 도울 수 있다. 또한 집에서 요리를 돕는 어린 아동이 수학 수업에서 비례에 대해 배울 때, 요리 재료의 비율에 대한 이해와 수업 내용을 연관시키도록 도울 수 있다.

작업기억과 장기기억

정보는 특정한 활동에 사용되기 위해 짧은 시간 동안만 마음속에서 시연될 수도 있고, 먼 미래에 다른 경험들과 함께 인출될 수 있도록 장기간 보존될 수도 있다. 장기기억은 학습에 분명 중요하지만, 단기 또는 작업 기억도 암산(예: 팁 계산하기)이나 독서(Moscovitch, 1992)와 같은 복잡한 인지 과제와 일상 활동에서 중요한 역할을 담당한다.

작업기억

작업기억은 수학과 읽기 능력을 포함한 학업 성취와 실제로 관련이 있다(Bull & Scerif, 2001; Nevo & Breznitz, 2011). 정보를 마음속에 일시적으로 유지하고 조작하는 것은 긴 지시 사항을 기억하거나 문제를 해결해 나가는 것과 같은 핵심적인 학습 과제에 필요하다. 작업기억 용량이 낮은 아동들은 학습이 잘 진전되지 않을 수 있다(Alloway & Gathercole, 2006; Alloway et al., 2009). 이 외에도 작업기억 용량이 낮은 것은 학습장애(Gathercole et al., 2006; Geary et al., 2012; Smith-Spark & Fisk, 2007; Wang & Gathercole, 2013)와 주의력 결핍 과잉행동장애(ADHD; Willcutt et al., 2005), 단순언어장애(SLI; Briscoe & Rankin, 2009), 자폐증(Williams et al., 2006)과 같은 발달장애와도 연관되어 있다.

작업기억은 중년에 접어들면서 수행이 저하된다(Bopp & Verhaeghen, 2005; Park et al., 2002; Verhaeghen & Salthouse, 1997). 이러한 감퇴의 주요 원인은 나

이와 관련된 주의력 조절의 어려움으로 보인다(Fabiani et al., 2006; Hasher et al., 2008). 작업기억 용량의 개인차는 시간이 지나도 큰 변화가 없는 편이지만, 최근의 연구는 아동기의 개입을 통해 특정 작업기억의 수행이 향상될 수 있음을 시사한다(Holmes et al., 2009; Thorell et al., 2009).

장기기억

장기기억에는 절차기억, 일화기억, 의미기억의 세 가지 유형이 있다. 절차기억 또는 암묵적 기억은 무의식적인 기억이지만, 나머지 두 유형은 의식적인 자각을 포함한다. 즉, 과거의 사건을 개인사에서 일화(에피소드)로 의식하는 것(예: 어떤 친구를 처음으로 만난 것에 대한 일화기억) 또는 개인의 경험에 근거하지 않은 사실과 개념을 의식하는 것(예: 주도(state capitals)에 대한 의미기억)을 포함한다. 예를 들어, 기타 연주를 배우는 것과 같은 복잡한 조작은 여러 가지 유형의 기억을 필요로 한다. 특정한 코드 진행을 연주하는 것과 같이 수업에서 배운 구체적인 기술을 습득하고 반복하는 것과 관련된 일화기억, 조표(key signatures)와 같은 정보에 대한 의미기억, 아름다운 음악을 성공적으로 연주하는 것에 대한 정서기억뿐만 아니라, 손가락을 사용하는 주법을 향상시키기 위한 운동 학습(moter learning)의 점진적인 과정(암묵적 기억 사용)을 필요로 한다.

어떤 기억은 평생 유지될 수도 있지만, 모든 기억은 시간이 지남에 따라 다시 만들어지고, 대부분은 방해나 간섭으로 인해 빠르게 잊혀진다. 만약 기타를 배운 학생이 나중에 적절한 단서로 인해 어떤 연습 일화(에피소드)를 떠올리고 회상하려고 한다면, 그는 일화 전체의 기억을 되살리거나 예전과 동일하게 연주하지는 못할 것이다. 전체 기억을 되살리는 데 필요한 표상이나 움직임의 순서(motor sequence)에 대한 기억이 분명 약해지거나 소실되기 때문이다. 더구나 그 학생은 이후에도 음악이나 기타 연주와 관련된 다른 유사한 일화를 경험할 것이므로, 연습 일화에 관한 그의 기억은 실제로 그 일화에 관한 것은 아니지만 그와 일관된 다른 정보를 포함할지도 모른다.

새로운 학습이 신경의 활성화가 분산되는 패턴을 형성함으로써 시작되고, 장기기억으로 보존되도록 안정화되어 기존의 지식 저장고와 통합되어야 한다는 사실은 어린 학습자들에게 도전이 된다. 한 가지 이유는, 어린 학습자의 경우 경험을 기록하여 안정화하고 통합하며 이후 저장된 기억을 인출하는 데 이용하는 신경 기제가 상대적으로 미성숙하기 때문에 효율적으로 기능하지 않는다는 것이다. 어린 학습자들(그리고 특정 영역에서의 초보자들)은 또한 유사한 상황에서 불러오거나 활성화할 이전 경험 기억을 더 적게 보유하고 있다. 비유를 든다면, 이들의 학습 경험 자체는 풍부한 질감을 가질 수 있지만, 잘 발달되지 않은 인지, 문화, 사회 정서적인 기대 및 도식(schema)을 포함한 미숙한 신경 구조로 경험이 처리될 때 그 속성과 특징의 많은 부분이 소실될 수 있어 경험의 표상(기억)이 약해진다. 성인의 신경 구조와 네트워크는 보다 성숙하여 원래의 경험의 더 많은 특징을 보유할 수 있다. 이러한 이유로, 여러 영역에서의 정규 학습에 있어, 일반적으로 어린 학습자들은 나이 든 학습자들보다 더 많은 지원을 필요로 한다. 동시에, 어린 학습자들은 자신의 행동에 대한 부모의 정서적 반응으로부터 학습한 것과 같은 특정 유형의 학습에 매우 민감할 수 있다.

여러 연구에서 장기기억 능력의 문화적 차이가 관찰되었는데, 이들 연구에서는 유럽계 미국인, 아시아인, 아시아계 미국인을 대상으로 하여 특정 사건에 대한 구체적인 회상 능력을 비교하였다(Han et al., 1998; Mullen, 1994; Wang, 2004; Wang & Conway, 2004; 리뷰를 위해 Wang & Ross, 2007 참고. 그러나 학업 상황에서의 반대 패턴에 대해서는 Ji et al., 2009 또한 참고). 이들 연구자들은 미취학 아동에서 성인에 이르기까지 회상의 차이를 확인했으며, 그 차이를 설명하기 위해 여러 가설을 제안했다. 이러한 가설 중에는 문화적 전통이나 성인이 어린 아동에게 경험 이야기를 들려주는 방식 등의 차이가 학습자로 하여금 경험하는 사건의 다른 측면에 주의를 기울이게 하거나(Leichtman et al., 2000; Wang, 2009), 학습자가 의사 결정을 내리거나 도덕적인 교훈과 규범을 학습할 때 개인의 기억을 다르게 사용하도록 이끈다는 것 등이 있다(Alea & Wang, 2015; Alea et al., 2015; Basso, 1996; Kulkofsky et al., 2009; Maki et al., 2015; Nile & Van Bergen, 2015; Wang & Conway, 2004). 이 연구는 문화적 차이의 존재나 근거를 명확하게 규명하지 못했으며, 집단 간 차이를 지나치게 일반화해서는 안 될 것이다. 하지만 이러한 연구들은 일화기억의 본질이나 형태가 문화의 영향을 받을 수 있음을 시사한다.

학습의 일화기억

새로운 학습에 대한 일화기억은 매우 중요한데, 그것이 새로운 정보를 빠르게, 심지어 단 한 번의 시도로도 학습하고 유지할 수 있게 하기 때문이다(Bauer & Varga, 2015). 그것은 발달이 이루어지는 동안과 전 생애에 걸쳐 인지적 성장을 위한 구성단위 중 하나이다. 학습자들이 생애 초반 20년 동안 경험하는 가장 중요한 변화는 기억하는 정보의 양이 늘어나는 것이다. 어린 학습자들이 발달함에 따라 그들의 기억 또한 보다 의도적이고 전략적이 되며, 학습하는 자료를 더 조직화하게 된다(Bjorklund et al., 2009). 자료를 개념화하고 다른 특징과 처리 과정에 집중하기 위해 사용하는 조직화(organization)는 학습자의 발달과 환경에 의존하기 때문에, 문화와 상황의 영향을 받는다. 아동은 발달함에 따라 자신과 다른 사람들의 기억 처리 과정에 대해 더 많이 알게 되며(즉, 메타기억이 향상되며), 이는 증가된 기억 처리 요구를 지원하기 위한 정보 처리 자원을 모으게 해 준다([BOX 4-2] 참고).

뚜렷한 학습 일화에 대한 많은 기억은 노년까지 지속되지만, 사람들은 나이가 들어감에 따라 새로운 일화에 대한 기억을 형성하는 데 어려움을 겪는 경향이 있다. 정상적인 노화는 일화기억의 점진적인 감퇴를 동반하는데, 20대 초반에 시작되어 60세 이후 급격하게 가속화된다(Salthouse, 2009). 이러한 기억의 감퇴는 일화기억의 주요 측면인, 사건을 개인의 과거와 어떤 장소에 고정시키거나 묶어 두는 능력이 저하(degradation)되는 것과 관련이 있다(Fandakova et al., 2014; Wheeler et al., 1997). 이러한 결손은 여러 가지 방식으로 나타날 수 있다. 노인들은 젊은 성인들에 비해 사건이 언제 어디서 일어났는지 더 잘 잊어버리고, 다른 사건의 요소들을 잘못 결합하는 경우가 더 많다(Spencer & Raz, 1995).

BOX 4-2 아동의 기억 기술 개발 돕기

정보를 보다 깊게 처리하는 인지 활동을 촉진함으로써 어린 아동들의 기억을 지원하는 기법이 연구되어 왔다(Coffman et al., 2008). 이러한 기법에는 전략 제안하기, 메타인지 질문하기, 정교화와 사전 지식과의 연결을 돕는 방식으로 수업 활동 구조화하기 등이 포함된다(Coffman et al., 2008). 코프만(Coffman)과 동료들은 초등학교 1학년 학급에서 이러한 기법을 사용하는 것에 대해 연구하여 그 효과가 다음 학년까지도 지속되는 것을 확인하였는데, 이는 초기 경험이 아동의 기억 구조에 오래 지속되는 변화를 가져올 수 있음을 시사한다(Ornstein et al., 2010). 초등학교 2학년 학생들을 대상으로 한 또 다른 연구도 유사한 결과를 보여 주었다(Grammer et al., 2013). 다음 표와 같이, 어떤 교사들은 학습자의 기억을 돕기 위한 기능이 풍부한 교육용 스크립트를 사용하였으며, 다른 교사들은 기억 전략을 돕는 것과 관련이 없는 교육용 스크립트을 사용하였다. 첫 번째 유형의 교육을 경험한 아동들은 문제 해결 능력이 상당히 향상되었는데, 이 효과는 개입 후 1개월 후까지도 지속되었다.

기억 관련 교수 기법

	정의	예
교수 기법		
전략 제안	아동이 정보를 기억하거나 처리하기 위한 방법 혹은 절차를 채택하도록 추천하기	"바퀴와 축을 연결하는 방법을 생각해 내기 어려우면, 도표를 보는 게 도움이 될 수 있어요."
메타인지적 질문	아동으로 하여금 잠재적 전략, 활용된 전략 또는 사용했다고 보여 준 전략에 대한 근거를 제시하도록 요청하기	"튼튼한 구조를 만들기 위해 어떤 조각이 필요한지 어떻게 알아냈나요? 그 방법이 잘 들어맞을지 어떻게 알았지요?"
의도적인 기억 요구를 포함하는 교수 기법		
교수 활동	기억으로부터의 정보 요청과 교사에 의한 교수 정보 제시	"오늘 우리는 우리만의 자동차를 만들 거예요. 새로운 구조를 만들 때 제일 처음으로 무엇을 해야 하는지 아는 학생 있나요?"

| 인지적 구조화 활동 | 기억으로부터의 정보 요청과 주의 집중, 자료 조직화 등 정보의 부호화와 인출에 영향을 미칠 수 있는 교사의 교육 | "이 모든 교통수단에는 바퀴가 있지요. 여러분이 동네에서 본 바퀴가 달린 또 다른 탈것에는 무엇이 있나요?" |
| 메타인지 | 기억으로부터의 정보 요청과 메타인지 정보의 제공 또는 요청 | "이것은 어떤 종류의 기어인가요? 그것을 알아내기 위해 무슨 단서를 사용했나요?" |

출처: Grammer et al. (2013).

또한 노인들은 젊은 성인에 비해 관련 없는 세부 사항들을 묶을 가능성도 더 높다(Campbell et al., 2010).

　나이가 들어감에 따라, 기억 응고화(consolidation)와 인출 과정에서의 변화도 학습에 영향을 미칠 수 있다. 노화는 기억이 응고화될 때 정보를 함께 통합하는 능력에 영향을 미친다. 이러한 결손은 정보가 작업기억 내에 여전히 유지되고 있는 동안에도 일어날 수 있는데, 이는 그 결손이 경험의 특징을 통합된 표상으로 유지하고 부호화하는 능력이 저조한 것을 일부 반영함을 시사한다(Mitchell et al., 2000; Peich et al., 2013; van Geldorp et al., 2015). 노인들에게 기억 응고화를 향상시키는 전략을 제시하였을 때 그 결손이 줄어들었다는 연구 결과는 이러한 설명을 뒷받침한다(Craik & Rose, 2012; Naveh-Benjamin & Kilb, 2012; Naveh-Benjamin et al., 2007; Old & Naveh-Benjamin, 2012). 또 다른 가능한 설명은 노인들이 패턴 완성(pattern completion)을 하는 경향이 있다는 것인데, 패턴 완성이란 부분적인 혹은 성능이 저하된 기억 단서가 개인으로 하여금 완전한 기억 표상을 복원하기 위해 다른 사전 지식과 경험을 사용하도록 촉진하는 과정이다(Stark et al., 2010).

　묶기(binding)와 패턴 완성은 노인들이 젊은 성인들에 비해 사건의 '요지'는 잘 기억하지만 구체적인 세부 내용은 잘 기억하지 못하는 이유를 어느 정도 설명할 수 있다. 예를 들어, 연관된 단어 목록을 읽고 난 뒤 노인들은 젊은 성인에 비해 목록에 제시된 각 개별 단어는 덜 기억하지만, 목록의 주제를 기억하거나 그 주제와 연관된 제시되지 않은 단어를 잘못 기억할 가능성은 젊은 성인만큼 있다 (Schacter et al., 1997에 의해 리뷰됨). 마찬가지로, 노인들은 이야기의 자세한 내용보다는 교훈을 기억할 가능성이 높고(Adams et al., 1990), 과거의 자전적 사건에 대한 구체적인 세부 사항보다는 일반적인 내용을 보고할 가능성이 높다 (Schacter et al., 2013). 연구에 따르면 기억의 구체성이 감소하는 것은 중년에 시작될 가능성이 높으며, 50대에 이르면 핵심 내용에 기반한 거짓기억이 증가하는 경향이 뚜렷하게 나타난다(Alexander et al., 2015).

이러한 연령에 따른 차이는 종종 결손으로 간주되지만, 언제나 감퇴를 가져오는 것은 아니며 실제로 유용할 수 있다. 나이가 들어감에 따라 요점을 기반으로 한 기억은 노인들로 하여금 젊은 성인에 비해 '큰 그림'이나 중요한 시사점을 더 잘 기억하게 할 수 있다(McGinnis et al., 2008). 또한 패턴 완성으로의 변화는 노인들로 하여금 사건 간의 연관성에 주목하고 경험들을 통합하게 하는데, 이러한 능력은 나이가 들어 감에 따라 습득하게 되는 지혜의 일부로 여겨진다(Baltes & Staudinger, 2000).

3. 결론

집행 기능과 자기조절은 학습을 지원하는 중요한 과정이다. 이들 모두 학교에서의 성공과 관련된 일련의 과정을 포함한다. 자기조절은 여러 복잡한 요소들을 포함하는데, 이러한 요소들이 어떻게 상호작용하며 이들이 발전하도록 어떻게 지원해야 하는지를 이해하기 위한 연구가 활발하게 이루어지고 있다.

기억은 대부분의 학습에 중요한 기반이 된다. 학습과 기억 체계는 과거의 경험을 이용하여 현재의 문제에 적응하고 해결하는 능력을 제공해 준다. 이렇게 필요할 때에 기억을 인출함으로써 과거를 이용하는 능력은 본질적으로 재구성된다. 그것은 정보와 경험의 정신적 표상을 그대로 저장한 복사본을 검색하는 과정이 아니라, 학습자가 그 경험을 재구성하고 새로운 연결을 만들어 내는 학습자 환경의 단서에 의해 촉발되는 일련의 과정이다. 학습자 환경에서 이용 가능한 인출 단서들은 그가 무엇을 기억해 낼 수 있는지를 결정하는 데에 매우 중요하며, 학습자가 새로운 정보를 지식으로 통합하는 방식에 있어서도 역할을 담당한다.

결론 4-1: 성공적인 학습을 위해서는 뇌 속의 서로 다른 네트워크를 수반하는 다수의 인지 처리 과정을 조정해야 한다. 이러한 과정을 조정하기 위해 개인은 자신의 학습을 감시하고 조절할 수 있어야 한다. 학습을 감시하고 조절하는 능력은 일생에 걸쳐 변화하며 개입을 통해 향상될 수 있다.

결론 4-2: 기억은 대부분의 학습에 중요한 기반이 된다. 기억은 부호화된 심적 표상의 정확한 복사본을 인출하는 것이라기보다는 재구성을 수반한다. 학습자의 환경에서 이용 가능한 단서들은 무엇을 기억해 낼 수 있는지를 결정하는 데에 매우 중요하다. 또한 그것들은 학습자가 새로운 정보를 지식으로 통합하는 방식에 있어서도 역할을 담당한다.

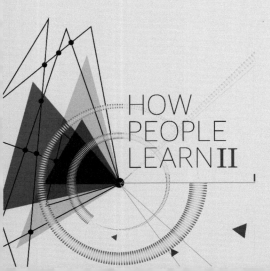

HOW
PEOPLE
LEARN II

5장

지식과 추론

이 장에서는 학습의 주요 결과로서 지식이 어떻게 발달하는지, 그리고 학습이 지식과 전문성의 축적에 어떻게 영향을 받는지를 살펴본다. HPL I[1]에서도 이 주제를 탐구하였으나, 출간 이후 진행된 연구에서 다양한 학습 영역과 관련하여 이 주제에 대한 이해가 다듬어지고 확장되었다. 이 장의 첫 절은 학습과학의 관점에서 지식 통합의 문제를 설명하고 사람들이 지식을 각 발달 단계와 여러 학습 상황에서 어떻게 통합하는지에 대한 연구 결과를 살펴본다. 그런 다음, 두 번째 절에서는 지식과 전문성의 누적이 학습에 미치는 영향에 대해 알려진 바를 제시하고 학습을 지원하는 전략에 관해 설명한다. 이 장의 내용은 다양한 실험실 및 교실 기반 연구를 바탕으로 작성되었다.

HPL I은 인간의 사고가 새로운 지각과 경험을 구조화함으로써 적극적으로 정보를 저장하고 기억한다는 점을 언급하고(National Research Council, 2000), 전문가가 어떻게 한 영역에 대한 그들의 지식을 구조화하여 새로운 정보를 쉽게 분류하고 이미 알고 있는 지식과의 관련성을 판단하는지를 설명하는 데 중점을 두

---

1) 1장에 언급했듯이 HPL I은 『How People Learn I: Brain, Mind, Experience, and School- Expanded Edition』의 약어로 사용됨(National Research Council, 2000).

었다. 초보자는 전문가가 가지고 있는 구조적 틀(framework)이 부족하기 때문에 새로운 정보를 흡수(assimilate)하거나 나중에 다시 회상하는 작업에 어려움을 겪는다. 이 장에서는 HPL I에서 다룬 이 주제에 대한 후속 연구를 인용하여 주제에 대한 이해를 확장하고자 한다.

1. 지식 기반 구축하기

지식 통합은 학습자가 여러 정보와 경험을 결합하고 관계성을 파악 및 확립하며 연결하기 위한 구조적 틀을 확장하는 과정이다. 학습자는 개별적인 경험으로부터 지식을 축적해야 할 뿐만 아니라 시간, 위치, 상황 및 지식의 형식에 따라 습득한 지식을 통합해야 한다(Esposito & Bauer, 2017). 지난 수십 년간 개별적인 에피소드에서 얻어진 지식이 어떻게 통합되는지에 대해 많은 논의가 있었다(Karmiloff-Smith, 1986/1990; Mandler, 1988; Nelson, 1974). 일부 학자들은 사람이 경험적 학습과 추론에 필요한 요소에 대한 기초 지식을 가지고 태어나거나(Spelke, 2004; Spelke & Kinzler, 2007) 선천적으로 기본적인 반사 신경을 통해 세상과 적극적으로 교감하며 서서히 기술과 지식을 축적한다고 주장하였다(Fischer & Bidell, 2006). 어떤 학자들은 모든 지식은 개개인이 세상을 통해 얻는 직접적인 경험에서 생성된다고 주장하였다(Greeno et al., 1996; Packer, 1985).

최근에 진행된 연구에서는 지식의 통합이 일화기억의 형성과 응고화 과정에서 자연스럽게 생기는 부차적 결과물임을 시사했다(Bauer, 2009; Bauer et al., 2012). 4장에서 설명했듯이, 기억이 응고화되면서 학습자는 경험을 대표하는 요소들(광경, 소리, 촉감 등)에 연관성을 부여하여 기억을 안정화하는 데 이용한다. 이와 동시에 이러한 요소들을 장기기억에 이미 저장되어 있는 과거 경험에 대한 오래된 기억과 연결하기도 한다(Zola & Squire, 2000). 옛 기억과 새로운 기억의 흔적(traces)들이 통합될 수 있다는 사실은 이러한 흔적들이 고정되어 있지 않음을 방증한다. 새로 저장된 기억 흔적들의 공통 요소들이 옛 기억을 다시 활성화하고, 새로운 기억이 응고화되면서 옛 기억이 재구성되고 다시 통합되기도 하는 것이다(Nader, 2003). 이 두 가지 기억과 관련된 학습 에피소드 중 한쪽에서 얻은 정보를 나중에 인출하게 되면, 양쪽 에피소드의 기억 흔적 요소들이 재활성화됨과 동시에 재통합되게 된다. 공통 요소를 가진 기억 흔적들이 동시에 활성화되고 연결됨에 따라 지식이 확장되고 기억이 반복적으로 재작업되는 것이다. [그림 5-1]은 이 과정을 보여 준다.

[그림 5-1] 기억 통합에 대한 설명

설명: 공원을 걷는 동안 개를 산책시키는 한 여성과 마주친다고 상상해 보자(초기 경험). 이 경험은 동시에 활성화되는 뉴런 집단과 연결되어 있다(이러한 신경적 표상은 〈원반 1〉로 표현되었다). 이후, 당신은 시내를 걷다가 같은 개를 만나지만 이번에는 남자가 개와 함께 걷고 있다(지각적으로 겹치는 사건). 개(공통 요소)는 공원에서의 초기 경험이 재생되도록 자극한다. 이 재활성화로 개, 여자, 남자에 관한 신경적 표상의 연결이 가능해진다. 이로써 이런 사건들은 시간에 따라 연결된다. 지식의 통합은 새로운 지식의 창조를 이끈다. 즉, 남자와 여자가 함께 있는 것을 보지 못했음에도 불구하고 남자와 여자 사이에는 관계가 있다는 것을 알게 되는 것이다.

출처: Schlichting & Preston (2015).

이렇게 연결된 기억 흔적들은 학습자가 나중에 습득하는 추가적인 정보와 통합되고, 이 과정을 통해 새로운 기억 흔적이 응고화된다. 흥미롭게도 바로 이렇

BOX 5-1 지식 습득 과정에서의 발달적 차이에 대한 예시

4살부터 아이들은 개별적이지만 연관된 새로운 학습 에피소드들을 통합하여 새로운 사실 지식을 생성할 수 있으며, 이 능력은 아이가 성장하면서 측정 가능한 발전을 보인다(Bauer & San Souci, 2010; Brown et al., 1986; Holyoak et al., 1984).

바우어와 산소우치(Bauer & San Souci, 2010)는 서로 다른 에피소드에서 학습한 정보가 4살과 6살인 아동들의 기억에 연결되는지와 지식 축적 과정이 나이 차이에 따라 달라지는지 여부를 조사하였다. 이 연구에서는 아동들에게 통합되면 또 하나의 (세 번째) 새로운 정보를 도출할 수 있는, 두 개의 새로운 정보를 담은 한 쌍의 연관된 구절을 들려주었다. 한 구절은 세계에서 가장 큰 화산이 하와이에 있다는 정보를 포함하였고, 다른 구절은 마우나로아(Mauna Loa)가 세계에서 가장 큰 화산이라는 사실을 언급했다. 이 두 정보를 통합하면 아이들은 마우나로아가 어디에 있는지를 말할 수 있다고 가정하였다. 지식 통합을 자극할 수 있는 열린 질문("마우나로아는 어디에 있나요?")이 제시되었을 때 6세 아동 중 3분의 2는 질문에 올바른 대답을 하였고, 4세 아동 중 13%는 선택형 답안에서 정답을 골라내었고, 62%는 정답을 알아보았다. 두 구절 중 한 구절만 제시된 통제 조건에서 아동들은 통합 사실을 도출하지 못하였고, 이는 통합과 자가 생성이 새로운 지식의 원천임을 방증하였다. 또한 통합된 사실을 도출한 아이들은 제시된 정보들을 모두 상기할 가능성이 높았다.

6살이 되면 아이들은 서로 다른 학습 에피소드를 통해 습득한 정보를 통합하고, 회상할 때 반복과 외부 지원에 덜 의존하게 된다. 나이가 들면서 아이들이 정보를 통합하고 회상하기 쉬워지는 이유로 더 빨라진 처리 속도(Kail & Miller, 2006), 정보 간의 연결을 더욱 분명히 보여 주는 지식 기반의 구축(Chi et al., 1989a), 사전 지식과 새로운 정보의 의식적인 활용(Bjorklund et al., 2009) 등이 언급되었다.

비슷한 연구에 따르면, 어린 아동도 시간이 지나면 스스로 새롭게 생성한 정보에 대한 기억을 유지할 수 있게 된다(Bauer & Larkina, 2016; Varga & Bauer, 2013). 색상의 명칭과 같은 기본적인 정보에 대한 지식 유지력을 증명한 이 연구들은 통합을 통해 스스로 생성한 정보에 대한 높은 수준의 유지력이 어린 나이에도 의미 지식(semantic knowledge)을 빠르게 축적할 수 있는 기제일 가능성을 제시한다(Bauer & Varga, 2015; Varga et al., 2016).

대학생 연령의 집단을 대상으로 한 유사한 연구에서는 개별적, 혹은 연관된 에피소드의 통합을 통한 새로운 사실적 정보의 자가 생성을 살펴보았다(Bauer & Jackson, 2015). 이 연구는 학생들이 사전에 가지고 있지 않은 방대한 분량의 사실에 대한 정보를 읽게 하고 제시된 정보로부터 지식을 통합하는 능력을 시험하였다. 제시된 정보의 통합을 통해 올바른 응답을 도출할 수 있는 실험에서는 학생들의 56%가 정확한 응답을 선택했으나, 이와 대조적으로 정보를 통합할 수 없게 설정한 실험(새로운 어휘에 대한 시험)에서는 27%의 수준(대략적인 확률)으로 정확한 응답을 선택했다.

연구자들은 또한 별도의 대학생 집단을 대상으로 지식 통합 과정을 살펴보기 위해 자극에 대한 반응으로 신경세포의 발화와 관련된 뇌의 변화를 두피 전극을 통해 측정하였다(Bauer & Jackson, 2015). 위 실험과 동일하게 학생들이 사실적 정보를 읽게 하고 그들의 지식 통합 능력에 대해 시험을 진행한 결과 학생들이 빠른 속도로 새롭게 자가 생성한 정보를 이미 잘 아는 지식의 상태로 바꾸는 것을 확인했다([그림 5-2] 참조). 다시 말해, 새로 통합된 정보가 학생들의 지식 기반에 통합된 것이다.

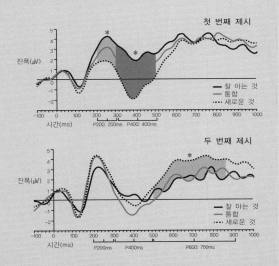

[그림 5-2] 잘 알려진 사실, 새로운 사실, 통합한 사실을 첫 번째와 두 번째로 제시한 경우 중앙 두정엽에서 발생하는 신경 반응의 평균 진폭

출처: Bauer & Jackson (2015).

게 여러 에피소드로부터 얻은 정보가 통합되는 과정이야말로 사람들이 특정 지식을 언제 어디서 어떻게 얻었는지 설명할 수 없는 이유가 되기도 한다. 기억 통합에 의해 생성된 정보가 하나의 경험에서 얻은 것이 아니기 때문에 출처가 머릿속에 함께 입력되지 않은 것이다(Bauer & Jackson, 2015).

[BOX 5-1]이 제시하는 어린이와 대학생의 지식 습득에 관한 연구는 아주 어린 나이부터 서로 연결되지 않은 정보를 통합하고 지식을 유지할 수 있는 능력에 대해 보여 준다. 이 연구는 학습자의 적극적인 역할을 강조하는데, 말하자면 어린아이들조차도 단순히 직접 경험을 통해 지식을 얻는 것이 아니라 그들이 스스로 알아낸 다양한 것들을 통해 지식을 쌓으며, 시간이 지남에 따라 이렇게 지식을 쌓는 데 필요한 반복과 외부 지원이 줄어든다는 것이다.

2장에서 논의한 바와 같이, 적절한 수면은 지식 통합과 학습에 중요한 역할을 한다. 우리의 뇌는 잠자는 내내 부호화 및 통합 작업을 하여 학습 에피소드 전반에 걸친 일반화를 촉진한다(Coutanche et al., 2013; Van Kesteren et al., 2010). 구체적으로, 수면 중에 기억 통합에서 핵심적인 역할을 하는 해마(hippocampus)가 활성화되며 피질을 가로지른 기억 흔적 간의 연결을 도와준다는 것이다. 이 과정은 새로운 정보를 기존의 기억 흔적과 통합하고 에피소드 간의 추상화를 가능하게 하며(Lewis & Durant, 2011), 창의적이고 통찰력이 뛰어나거나 때론 기괴하기도 한 참신한 연결 고리를 구축할 가능성을 열어 준다(Diekelmann & Born, 2010).

2. 지식과 전문성

비슷한 상황이나 주제에 반복적으로 관여하게 되면, 사람들은 별개의 사실과 행동들을 연결하는 심적 표상을 만들어 실제로 행동하는 데 있어 더욱 효과적인 사고 구조를 구축한다. 예를 들어, 새로운 동네로 이사한 직후에 사람들은 집과 학교, 집과 식료품점처럼 자주 오가는 곳들 사이를 이동하는 경로들을 터득하는 데, 시간이 지남에 따라 자연스럽게 이 각각의 경로들을 연결하는 공간적 관계에 대한 심적 표상 또는 생각 지도(mental map)를 개발하게 되어 단 한 번도 학교에서 식료품점으로 이동한 적이 없더라도 이 생각 지도를 참조하여 가장 효율적인 경로를 찾아낼 수 있게 되는 것이다(Thorndyke & Hayes-Roth, 1982). HPL I의 핵심 주제는 한 분야의 전문가들이 해당 분야에서의 오랜 경험을 통해 정보와 이해의 틀을 개발한다는 것이었다. 이 절에서는 전문 지식의 이점 몇 가지를 간략하게 설명한 후(전문 지식의 이점에 대한 더 자세한 내용은 HPL I을 참조할 것), 전문성을 동반하는 지식에 관련된 편향에 대해 논의한다.

전문성의 이점

지식 습득의 이점으로 가장 많이 거론되는 것은 사람들이 반복되는 과업을 완수함으로써 속도와 정확성이 향상된다는 것이다. 해결책을 기억하는 것이 문제의 해결책을 찾는 것보다 빠르기 때문이다. 또 다른 이점은 전문성을 가지게 되면 점점 더 복잡한 문제를 다룰 수 있게 된다는 것이다. 이러한 이점을 얻게 되는 경로 중 하나는 지식 습득을 통해 하위 단계를 완벽히 숙지하게 되어, 이 하위 단계를 더는 주의할 필요가 없는 지식 덩어리로 만드는 것이다(Gobet et al., 2001). 또한 특정 작업을 더욱 쉽게 완료할 수 있게 해 주는 심적 표상을 개발하여 복잡한 문제들을 처리하는 방법을 배우게 되기도 한다. 하타노와 오사와(Hatano & Osawa, 1983)는 주판 전문가들에 대한 연구를 통해 이들이 주판이 앞에 없더라도 숫자에 대한 엄청난 기억을 가지고 있으며, 주판에 대한 심적 표상을 이용하여 큰 단위의 숫자들을 상상하여 계산한다는 사실을 발견했다. 그러나 이들 주판 전문가들은 가상의 주판으로 처리할 수 없는 것들, 예를 들어 글자나 과일에 대해서는 특별한 기억력이나 추적 능력을 보여 주지 못했다.

세 번째 이점은 환경에서 필요한 정보를 추출할 수 있는 능력이 향상된다는 것이다. 전문가는 초보 학습자보다 잘 발달한 지식 표상을 가지고 있을 뿐만 아니라 그 표상과 연관된 정보를 더 많이 인식할 수 있다. 예를 들어, 방사선과 의

사는 초보자에게는 단지 그림자로밖에 보이지 않는 엑스레이상의 패턴을 판별할 수 있다(Myles-Worsley et al., 1988). 보다 정확한 정보를 식별할 수 있는 능력은 현상에 보다 차별화된 심적 표상을 보완한다. 이러한 능력은 학생들이 정(+)의 곡선과 음(−)의 곡선의 차이를 배우듯이 개념을 구별하는 데 도움이 되는 정보를 주변 환경에서 판별하는 방법을 배워야 함을 의미한다(Kellman et al., 2010).

전문 지식 습득의 네 번째 이점은 주변 환경을 자원으로 활용할 수 있게 된다는 것이다. 분산인지(distributed cognition)를 사용하여 자신이 해야 하는 작업이 필요로 하는 인지적 부담 중 일부를 주변 환경이나 다른 사람들에게 분산시킬 수 있게 되는 것이다(Hollan et al., 2000). 학습의 주목적은 필요한 자원과 도움을 어디에서 얻을 수 있는지에 대한 지식을 개발하는 것이고, 이는 오늘날 디지털 시대에서도 여전히 중요하다. 전문가들은 보통 어떤 도구를 사용할 수 있는지와 자신의 인적 네트워크에서 누가 자신이 필요로 하는 전문 지식을 갖추고 있는지 파악하고 있다.

마지막으로, 지식을 습득하게 되면 새로운 연관 정보를 배우기 쉬워진다. 비록 새로운 정보를 학습하는 인지 능력의 일부는 평균적으로 연령이 높을수록 축소되나, 일생에 걸쳐 축적하는 지식의 증가가 이를 상쇄하여 새로운 학습에 대한 역량을 강화한다. 한 연구에서는 청소년과 70대 고령자에게 야구 중계방송을 듣게 하였는데, 청소년이 더 우수한 집행 기능(executive functioning)을 가지고 있음에도 불구하고 야구에 대해 잘 아는 고령자들이 야구에 대한 지식이 부족한 청소년보다 중계 내용을 더 많이 기억하는 것을 확인했다(Hambrick & Engle, 2002).

지식의 자연적인 부작용인 편향

우리는 지식을 습득하면서 사고가 편향된다. 편향은 학습에 유용하기도 하고 해로울 수도 있다. '편향(또는 편견)'이라는 단어는 종종 부정적인 의미로 사용되지만, 심리학자의 관점에서는 지식 습득 시 자연적으로 나타나는 부차적인 결과일 뿐이다. 학습 편향(learning bias)은 보통 은연중에 생기기 때문에 이를 가지고 있는 사람은 그 존재를 알지 못한다. 편향은 지식 습득 과정에서 상대적으로 이른 시점인 세상이 어떻게 돌아가고 그 안에서 자신의 위치가 어떻게 되는지에 대한 스키마(schema, 개념적 틀)을 구축하기 시작할 때부터 생기기 시작한다. 스키마는 개인이 어떤 상황(예를 들어, 병원 진료실 대 친구가 주최한 파티)에서 무엇을 기대하고 해야 할지를 파악하고 '그 맥락에서' 일이 어떻게 돌아가는지를 아는 '문화적 유창성(cultural fluency)'을 키우는 데 도움을 준다(Mourey et al., 2015).

심리학자는 편향을 두 가지 유형으로 구분한다. 하나는 학습에 내재적이며 일차적으로 학습자에게 유용하고 역량을 강화해 준다. 두 번째 유형은 이전의 경험이나 신념이 새로운 지식과 기술의 습득을 저해할 때 발생한다.

의료 진단의 맥락에서 사용되는 "발굽 소리가 들리면 얼룩말이 아닌 말을 연상하라."라는 격언은 이 두 가지 유형의 편향을 잘 나타낸다. 미국에서는 말이 얼룩말보다 훨씬 더 흔하기 때문에 희귀한 '얼룩말'보다 흔한 '말'을 마주칠 가능성이 훨씬 더 높다. 물론 추가적인 증거에 비추어 이 가정을 수정해야 할 수도 있다. 발굽 소리를 들려주는 큰 포유동물이 검은색과 흰색 줄무늬를 가지고 있다면, 말보다 얼룩말일 가능성이 높다는 식으로 말이다. 동물원에서 줄무늬가 있는 동물을 보았지만 얼룩말이 아니라 말이라고 주장한다면, 이러한 눈에 보이는 새로운 정보에 대한 저항이 바로 학습을 강력히 제한해 버린 편향으로 인해 나타난 결과이다. 동물원에서 말을 보게 될 것이라는 생각이 너무 강해서 말과 비슷한 동물만 눈에 들어와 아예 얼룩말을 볼 수조차 없기도 한다.

다른 수준의 전문성을 지니고 있거나 다른 신념을 가진 두 사람이 있으면 상황은 더 복잡해진다. 이 두 사람은 각자 합당한 근거를 바탕으로 같은 정보를 다르게 해석할 수 있다. 그러나 충분한 추가적인 정보, 특히 더 높은 수준의 전문지식이 제시되어 특정한 해석을 요구하게 되면, 두 사람의 의견은 동일한 해석으로 수렴이 되어야 한다.

새로운 증거를 보지 못하게 하는 편향의 좋은 예가 바로 인위적 기후 변화에 대한 개개인의 신념이다. 전 지구적 기후 변화가 일어나고 있고 이러한 변화가 인간의 행동에 의해 유발되고 있다는 사실이 기후학자들 사이에서는 거의 보편적으로 받아들여지고 있음에도 불구하고, 미국 성인의 상당수가 이에 근거한 해석을 받아들이지 않는다. 과학 교양교육의 수준이 높을수록 과학적으로 합의된 사안에 대해 동의하리라 생각하기 쉽지만, 카한과 동료들(Kahan et al., 2012)이 밝힌 바에 따르면 과학에 대한 교양이 가장 높은 수준의 집단에서 가장 확연한 양극화가 존재한다. 자신이 가지고 있는 신념에 부합하는 정보만을 찾아내고 배우는 사람들은 학습을 더욱 편향시키는 '메아리 방(echo-chamber)'을 생성하게 되고, 이러한 메아리 방 효과로 사람들은 특정 주제에 대해 자신과 유사한 신념을 가진 사람들과 논의하는 것을 더 선호하기 때문에 사회적으로 강화된다.

고정관념은 학습된 편향을 통해 영속되지만 모든 학습 편향이 부정적인 결과를 낳는 것은 아니라는 주장도 있다. 예를 들어, 어떤 긍정적인 편향은 웰빙과 정신 건강을 증진하며(Taylor & Brown, 1988), 타인에 대해 더욱 정확한 인식을 가질 수 있게 해 주고(Funder, 1995), 큰 비용을 낳는 오류를 초래하는 상황에서의 선택적 주의와 행동처럼 적응적인 행동이기도 하다(Haselton & Buss, 2000; Haselton & Funder, 2006). 한과 해리스(Hahn & Harris, 2014)는 인간의 인지 편향에 관한 연구에서 유용하게 참고할 수 있는 역사적 개관을 제공한다. 어떤 편향은 지각을 정교화하여 중요할지 모르는 교차 범주의 미묘한 차이를 부각하고, 큰 의미가 없는 동일 범주 내에서의 구별은 뭉뚱그리기도 한다. 아주 어린 유아들은 모국어에서 음운론적으로 유의미한 차이(영어권 환경의 유아에게 있어서 'r'과 'l')와 무의미한 차이(일어권 환경의 유아에게 있어서 'r'과 'l')에 똑같이 반응하지만 성장하면서 이러한 구별 능력을 상실하는데, 이는 아기가 자신의 언어적 환경에 맞춰 언어를 처리하는 효율성을 높일 수 있게 해 주는 학습의 결과이다(Kuhl et al., 1992). 또 다른 예로, 피부과 전문의는 경험과 훈련을 통해 훈련되지 않은 사람의 눈에는 보이지 않는 사마귀와 악성 종양의 미묘한 특징적 차이를 구별할 수 있게 된다.

편향은 학습의 비인지적 측면에도 영향을 미친다. 끊임없이 변화하는 세상에서는 업무 환경이 안정적일 것이라는 보장이 없기 때문에, 고효율을 목표로 하는 훈련은 새로운 학습을 어렵게 만드는 사고방식을 만들어 지속적인 성장과 발전에 대한 동기와 흥미를 저해할 수 있다. 일례로, 어떤 한 가지 도구를 사용하여 자신의 일정을 정리하는 데 익숙해지면 장기적으로 더 효율적인 새로운 도구가 있더라도 이를 익숙하게 사용하기까지 너무 많은 시간이 걸릴 것이라는 인식 때문에 배우기를 꺼릴 수 있다. 새로운 도구를 배울 능력이 없는 것이 아니라, 새로운 것을 배우는 데 필요한 노력의 양에 대한 편견이 학습에 대한 동기와 관심에 영향을 미치는 것이다. 이러한 종류의 자기귀인(self-attribution) 또는 자신에 대한 사전 지식은 사람들이 미래의 학습 기회를 어떻게 접근하는지에 큰 영향을 미쳐, 그들이 무엇을 학습하게 되는지에 영향을 주게 된다(Blackwell et al., 2007).

3. 지식 통합과 추론

위에서 설명한 바와 같이, 지식 기반을 구축하는 데에도 세 가지가 필요하다. 즉, 어떤 상황에서 무엇이 중요한지를 알아차려 관심을 가질 가치가 있는지에 대한 판단 등을 통해 정보를 축적하고, 해당 정보가 관련성이 있는지를 판단하고, 그 정보를 여러 개별 에피소드를 포함하여 통합해야 한다. 이 세 가지는 상대적으로 신속하고 자동으로 이루어지거나 의식적인 사고를 통해 천천히 이루어질 수 있다. 그러나 이러한 과정이 지식을 통합하고 확장하는 데 충분한 것은 아니다. 학습자는 연령을 불문하고 명시적으로 배우거나 직접 경험하지 못한 많은 것을 알고 있는데, 이는 사람들이 일상적으로 자신들이 축적한 정보를 통해 자신만의 이해 방식을 구축하고 지식을 생산적으로 확장한다는 것을 보여준다.

추론

추론은 이해를 위해 정보 조각들을 논리적으로 연결하여 지식을 체계화하고 연역법, 귀납법 및 귀추법을 통해 결론을 이끌어 내는 행위를 말한다(Seel, 2012). 추론은 일반화, 분류 및 이해 등의 사고를 위해 필요하다. 글을 읽는 행위가 좋은 예가 될 수 있다. 글을 이해하려면 독자는 문자 속에 내포된 정보에 관해 추론해야 한다(Cain & Oakhill, 1999; Graesser et al., 1994; Paris & Upton, 1976 참고). 독자는 추론을 통해 앞서 나온 내용을 참조해야 하는 조응적 참조(anaphoric references)와 같이 어떤 글이 제시하는 다양한 정보를 통합하여 글의 의미를 파악하거나, 글이 내포하는 정보를 이해하기 위해 글 외적인 정보(즉, 배경지식)를 이용하여 행간의 의미를 채운다. 이러한 추론 방법들은 이해력 향상에 필수적이나, 이해에 필요한 정도의 시간 동안만 작업기억에서 역할을 수행하는 것으로 알려져 있다(McKoon & Ratcliff, 1992).

작업기억의 범위를 넘어서 생존하고 지식 기반의 일부가 되는 추론 방법도 있다. 예를 들어, 액체가 열을 가하면 팽창한다는 것과 온도계에 액체가 들어 있다는 두 가지 사실을 알고 있는 사람은 이 두 가지 정보를 통합하여 열이 높아지면 액체가 팽창하는 원리로 온도계가 작동한다고 추론할 수 있다. 이런 식으로 학습자는 과거의 학습 에피소드를 생산적으로 확장해 이해를 증진한다.

어떤 문제를 효과적으로 해결하기 위해서는 보통 기억 속에 저장된 지식을 불러내어 새로운 상황에 적합하게 적용하고 변형을 해야 한다. 그러므로 기억을 불러낼 때, 즉 기억 인출 시에는 다른 인지 과정과의 조율이 필요하다. 사람들이 이전에 배운 것과 현재 마주한 과제가 서로 연관되어 있다는 것을 깨우치게 하는 방법으로 그 관련성에 대해 명시적인 단서를 줄 수 있는데(Gick & Holyoak, 1980), 교육자가 제공하는 읽기 자료에 포함하거나 가상 학습 플랫폼에 통합 시키는 등의 방식으로 단서를 제공할 수 있다. 이미 유용한 지식을 가지고 있다는 것을 깨닫게 하는 또 하나의 전략으로, 서로 연관된 문제들을 비교하면서 그 문제들의 공통 요소를 정확하게 파악하도록 하여 이미 습득한 지식 중 유사한 속성의 지식을 인출할 가능성을 높이는 방법이 있다(Alfieri et al., 2013; Gentner et al., 2009).

코로드너와 동료들(Kolodner et al., 2003)은 자연조명을 활용하는 아트리움[2] 이 있는 사무실 건물을 짓고자 하는 건축가를 사례로 든다. 건축가는 자신이 잘 아는 도서관의 유리 외벽 디자인을 이 사무실 건물의 디자인으로 재사용할 수 있다는 것을 깨닫고, 도서관에 사용된 투명한 유리창 대신 반투명 유리 벽돌을 쓰는 것이 사무실 건물의 용도에 더 잘 맞을 것으로 판단한다. 이러한 종류의 디자인 기반 추론은 문제 기반 학습(Hmelo-Silver, 2004) 활동에 통합된다. 문제 기반 학습은 사람의 기억이 단순히 미래에 회상하기 위한 목적으로 저장되는 것이 아니라 광범위한 추론 상황을 해결하기 위해 사용 및 재편성되고 유연하게 적용할 수 있도록 형성된다는 점을 강조한다. 문제 기반 학습은 지식을 유연하게 활용하고 효과적인 문제 해결 기술을 익히며 자기주도적 학습, 협업 및 내재적 동기를 부여하는 것을 목표로 한다. 이 목표들은 다른 맥락에서 삶과 일에서의 성공에 중요하게 여겨지는 목표들과 같은 선상에 있다(National Research Council, 2012b).

연령별 지식의 추론과 변화

수십 년에 걸쳐 세상에 대한 지식이 축적됨으로써 학습으로부터 얻는 이점도 꾸준히 증가한다(예: Craik & Salthouse, 2008; Hedden & Gabrieli, 2004). 지식의 축적은 고령자들이 어휘와 상식을 기억에서 인출하기 쉽게 해 줄 뿐 아니라 (Cavanagh & Blanchard-Fields, 2002) 자신의 전문 영역에서 새로운 정보를 습득하기 용이하게 한다. 예를 들어, 의사는 기존에 습득한 의학 전문 지식을 바탕으로 초보 학습자보다 의학 관련 문서에서 더 많은 정보를 이해하고 기억할 수 있다(Patel et al., 1986). 또한 고령자는 세상에 대한 폭넓은 지식을 사용하여 다른

---

2) 옮긴이 주: 고대 로마 건축의 중앙정원으로, 최근에는 대형 건물의 실내 공간을 유리 지붕으로 씌우는 것을 일컫는다.

능력의 감소를 보완하는 것으로 알려져 있다. 그 예로, 의학 전문가들은 그들이 가진 전문 지식을 활용하여 장기기억에 저장된 지식 중 당장 필요한 지식만을 재구성하기 때문에 작업기억에 덜 의존한다(Patel & Groen, 1991).

학습자가 평생에 걸쳐 축적하는 지식은 직접 경험에서 얻은 새로운 정보를 학습하고 추론과 상상에 기반하여 새로운 정보를 생성하는 과정을 통해 계속 늘어나는 생산물이다(Salthouse, 2010). 이 두 가지 인지적 자산, 즉 축적된 지식과 추론 능력은 건강한 노화와 특히 관련이 있다. 추론 능력과 지적 능력은 보통 상관관계를 가지며, 상대적으로 높은 추론 능력을 갖춘 사람들이 그들의 동료들보다 일생 동안 더 다양한 지식을 습득하는 경향이 있다(Ackerman & Beier, 2006; Beier & Ackerman, 2005). 추론 능력은 생애 전반에 걸친 학습의 수준을 결정하는 주요 요인이며, 특히 관심사를 추구하는 부분에 있어 사람들은 추론 능력을 사용하여 일생 동안 지식을 쌓는다(Ackerman, 1996; Cattell, 1987).

그러나 평균적으로 추론과 지식 습득의 궤도는 평생에 걸쳐 변화한다. 횡단 및 종단 연구를 포함한 다수의 연구에서 다양한 측정 및 연구 모형을 사용하여 연령에 따른 일반적인 능력 변화 궤도를 조사했는데, 연령이 높아지면서 추론 능력(추론을 위해 여러 가지 사실적 정보를 신속하고 정확하게 조작할 수 있는 능력)은 감소하나 지식은 지속해서 발달하는 추세가 비교적 일정하게 확인되었다(Salthouse, 2010). 그러나 건강 등 개개인의 특성뿐만 아니라 교육·경험의 기회와 심지어 사회적 참여 정도 등에 따라 궤도에 상당한 개인차가 나타난다. 그럼에도 불구하고, 평균적으로는 성년 이후부터 추론 능력이 감소하더라도 추론 능력의 일상적 표현인 '좋은 결정을 내리는 능력'에는 이러한 감소에 상응하는 하향적 변화가 일어나지 않는다. 다시 말해, 기존 연구는 복잡하거나 감정적인 현실 상황에서 무엇을 해야 하는지에 대해 보통의 14세 청소년이 보통의 50세 성인보다 추론을 잘한다고 주장하는 것이 아니라, 14세 청소년이 논리적·조합적 추론을 위해 다수의 개별적인 사실들을 더 신속하게 조작할 수 있는 능력을 갖추고 있다고 설명한다.

능력의 성장 또는 감소는 개인차만이 아니라 시간 경과에 따라 동일 인물 내에서도 나타난다(Hertzog et al., 2008). 50세 성인 두 명을 놓고 보았을 때 둘은 서로 매우 다른 인지적 프로필(cognitive profiles)을 가지고 있을 수 있는데, 말하자면 한 명은 평균 30세 수준의 능력을, 다른 한 명은 평균 70세 수준에 더 가까운 능력을 갖출 수 있다. 한 사람이 가진 능력은 그가 어느 영역에서 특정 기술을 계속해서 사용하거나 지적 발달을 도모했는지에 따라 다양한 속도로 감소하거나 성장하게 되며, 사용하지 않는 기술은 손실과 쇠퇴가 일어나게 된다. (인지 노화에 영향을 미치는 요인에 대해서는 9장에서 논의된다.) 언급한 바와 같이, 새로운 학습은 추론 능력과 지식 습득에 의해 결정된다(Ackerman & Beier, 2006; Beier & Ackerman, 2005). 추론 능력은 나이가 들면서 감소하지만, 새로 학습되는 정보가 기존의 지식 영역과 일치하는 한 살아가면서 축적된 지식은 새로운 것을 쉽게 배울 수 있게 도와준다. 나이를 먹으면서 이미 확립된 지식과 기술을 충분히 활용할 수 있는 교육, 직업 및 취미 환경을 선택하게 되면, 자신이 가지고 있는 지식과 전문성을 바탕으로 새로운 정보를 습득할 수 있다(Baltes & Baltes, 1990).

　인지 능력은 생애 전반에 걸쳐 다양한 방식으로 변화하며 새로운 것에 대한 학습 능력에 영향을 미친다[이에 대한 논의는 Hartshorne과 Germine(2015)의 연구를 참고할 것]. 예를 들어, 나이가 듦에 따라 학습에 있어 지식에 더 의존하고 추론과 사실적 정보의 빠른 조작에는 덜 의존하게 될 수 있다. 그러나 공공교육 대상 연령 이후가 되면 사람들의 인지 능력과 학습에 대해 연구하기가 점점 복잡해진다. 그 이유 중 하나는 표준화된 교육과정을 벗어나면서 사람들의 학습 방식이 개별적 특성을 보이게 되어, 학습 과정을 이해하기 위해서는 여러 사람이 성인 이후 생애 동안 축적한 다양한 경험을 바탕으로 얻은 지식을 평가해야 하기 때문이다(Lubinski, 2000). 성인 학습과 발달이 가지는 독특한 복잡성은 8장에서 논의된다.

문화가 추론에 미치는 영향

2장에서 설명하였듯이 개인이 속한 문화에서의 경험들이 학습, 지각 및 인지 능력을 구축하는 생물학적 과정에 영향을 준다는 점을 고려하면, 학습은 본질적으로 문화적이라고 볼 수 있다. 학자들은 추론의 영역에서 학습되지 않은 눈으로 보는 물리적 사건, 생물학적 사건, 사회적·심리적 사건의 세 가지 기본 생활 영역에 대해 사람들이 행하는 추론의 근본적인 차이점을 살펴보았다(Carey, 1985/2009; Goswami, 2002; Hirschfeld & Gelman, 1994; Spelke & Kinzler, 2007; Ojalehto & Medin, 2015c). 이러한 영역 구분은 각각 다른 직관적인 원리와 추론 방법을 반영한다는 점에서 설득력이 있다. 다시 말해, 각 영역은 동일한 종류의 인과적 특성을 가진 존재(실체)로 정의된다. 움직임을 예로 들면, 물리적 존재는 외부에서 가하는 힘으로 움직이는 반면, 생물학적 존재는 스스로를 움직일 수 있다. 물리적 인과 관계에 대한 인식은 보편적이지만 생물학적·심리적 영역에서의 인과적 추론은 문화에 따라 달라질 수 있다는 연구 결과를 고려할 때, 이러한 영역 구분은 인지 능력을 이해하는 데 중요하다.

이 문제를 조사하는 방법을 보여 주는 두 가지 연구를 살펴보도록 하자. 모리스와 펭(Morris & Peng, 1994)은 미국인과 중국인 참가자들에게 두 가지 유형의 애니메이션 전시를 보여 주었다. 한 전시는 기하학적 도형들이 물리적으로 상호작용하는 모습이 담겨 있고, 다른 하나는 물고기들의 사회적 상호작용을 묘사했다. 무엇을 보았는지 질문했을 때 참가자들의 응답은 국적과 상관없이 내·외적 인과 관계에 대한 관심의 차이에 따라 달라졌으나, 영역(사회적 또는 물리적)에 따라서도 다르다는 것이 확인되었다. 연구자들은 사회적 영역에서의 인과 관계는 문화적 영향을 받기 쉽지만, 물리적 영역에서의 인과 관계는 그렇지 않다는 결론을 내렸다.

벨러 등(Beller et al., 2009)은 독일인, 중국인 그리고 통가인 참가자들에게 "나무가 물에 뜨는 이유는…" 등의 문장들과 인과적으로 가장 관련이 있다고 여겨지는 대상을 선택하도록 하는 실험을 통해 문항들의 평점이 응답자의 문화적 배경과 제시된 현상에 따라 다름을 발견했다. 일반적으로 독일인과 중국인 참가자들은 제시된 물체가 목재와 같은 고체일 때만 부력을 고려했으나, 통가 참가자들은 기름과 같은 액체일 경우에도 부력을 가지는 것으로 생각했다(Beller et al., 2009; Bender et al., 2017). 이 분야는 아직 거의 연구가 되지 않았으나, 현재까지의 연구 결과는 물리적 인과 관계에 대한 인식이 실제로는 보편적이지 않으며 문화를 통해 학습될 가능성을 시사하고 있다.

4. 학습 지원 전략

우리는 지식을 습득하고 유지하는 능력을 강화하고 학습 성과를 향상하는 방법에 대해 자연스럽게 관심을 가지게 된다. 학습과 기억력 향상을 지원하기 위한 전략에 대한 다양한 연구가 진행된 결과, 새로운 정보에 대한 이해력과 기억력을 강화하고 새로운 지식을 생성하는 데 도움이 되는 학습의 구조와 학습 내용 전달 방식에 대한 몇 가지 원칙을 알 수 있게 되었다.

구체적인 학습 지원 전략들의 효과에 대한 세 가지 연구(Benassi et al., 2014; Dunlosky et al., 2013; Pashler et al., 2007)에서, (1) 여러 교실 기반 연구에서 실제 교육 자료를 사용하여 적용된 바가 있고, (2) 학습자의 특성과 학습 자료의 유형에 상관없이 일반화할 수 있는 효과를 보여 주었으며, (3) 오래 지속·유지되는 학습을 촉진하고, (4) 사실적 정보에 대한 기억력 외에도 이해, 지식 응용력 및 문제 해결 능력을 강화하는 전략들을 검토한 결과, 다음의 다섯 가지 학습 전략이 도움이 될 수 있음을 확인했다.

1. 인출하기
2. 시간 간격 두기
3. 교차하기와 다양한 변화 주기
4. 요약하기와 그림 그리기

5. 설명하기: 정교한 질문하기, 스스로 설명하기, 가르치기

지식 유지 전략

위의 전략 중 처음 세 가지는, 특히 지식을 유지하는 데 유용한 연습을 구성하는 방법들이다.

인출하기

기억을 인출하는 행위 자체가 학습을 향상하며, 학습자가 초기 학습 활동의 일부로 인출하기를 연습하면 미래에 지식을 다시 인출하고 사용하는 능력이 향상된다는 증거가 제시된 바 있다(Karpicke, 2016; Roediger & Karpicke, 2006b). 인출 연습의 이점은 대체로 학습자 간의 개인차, 학습 자료의 다양한 유형 그리고 다양한 학습 평가를 걸쳐 일반화되는 것으로 나타났다. 또한 아동기의 학습자 특성과 상관없이 효과가 있음이 확인되었고(Lipko-Speed et al., 2014; Marsh et al., 2012), 고령자의 경우 인출 연습이 기억 치료 방법으로 유용할 수 있음이 밝혀졌다(Balota et al., 2006; Meyer & Logan, 2013; 효과적인 학습 기법에 대한 개요는 Dunlosky et al., 2013 참조). 그러나 이러한 연구의 대부분은 깊은 이해보다는 어휘와 같은 비교적 단순한 정보에 대한 인출을 대상으로 하였다.

텍스트와 학교 교과목과 관련된 정보의 회상에 대한 인출하기의 효과를 입증한 연구도 있다. 로디거와 카르피케(Roediger & Karpicke, 2006a)는 학생들에게 간단한 교육용 텍스트를 읽은 후 이를 다시 생각해 내는 연습을 하도록 하면서, 첫 번째 집단은 텍스트를 네 번 읽게 하고, 두 번째 집단은 텍스트를 세 번 읽은 후 기억하는 것을 써 보는 방식으로 기억을 인출하게 하였으며, 세 번째 집단은 자료를 한 번 읽은 후 세 번의 인출 연습 시간 중에 기억해 내도록 하였다. 처음 학습 세션을 마치고 일주일 후 최종 시험을 치른 결과, 인출 연습을 한 번 해 본 학생들이 단순히 텍스트를 읽기만 한 학생들보다 더 많은 내용을 기억하고 있었으며, 지식을 여러 번 인출하였던 학생들이 가장 높은 점수를 받았다. 이 결과는

자료를 학습한 직후 적극적으로 지식을 인출하는 것이 동일한 시간 동안 반복적으로 읽는 것보다 생산성이 높음을 시사한다.

인출하기를 시도하고 실패하더라도 학습을 촉진하는 것으로 나타났다. 인출에 실패했을 때 학습자는 그 정보를 잘 알지 못한다는 신호를 받아 다음 학습에서 해당 정보를 부호화하는 방법을 조정해야 함을 알게 되었다(Pyc & Rawson, 2010). 그 결과, 인출에 실패하게 되면 이후의 부호화 작업이 향상되었다(Kornell, 2014).

이러한 연구는 자기점검 테스트가 학생들이 인출의 효과성을 높이는 방법이 될 수 있음을 보여 준다. 그러나 학생을 대상으로 한 학습 전략 관련 설문 조사와 자기점검 테스트의 시기와 빈도를 스스로 정하는 실험 연구 결과는 학생들이 자주 또는 충분히 효과적으로 자기점검 테스트를 진행하지 못한다는 것을 확인하였다(Karpicke et al., 2009; Kornell & Son, 2009). 많은 학생이 자기점검 테스트를 전혀 수행하지 않으며, 자기점검 테스트를 하더라도 종종 학습한 것을 기억할 수 있는지를 확인하기 위한 '지식 테스트'를 한다. 지식 테스트도 자기점검 테스트의 중요한 용도 중 하나지만, 인출하기를 학습 과정의 일부로 보고 자기점검 테스트를 수행하는 경우는 거의 없다. 대신, 어떤 지식을 한번 인출하고 나면 그것이 오래도록 남을 것이라 믿고 그 항목을 추가 연습에서 제외하는 경우가 많다.

시간 간격 두기

시차를 둔 연습과 집중적인 연습에 관한 비교 연구에서 학습자가 연습을 계획하는 방식이 학습에 영향을 미친다는 것이 확인되었다(Carpenter et al., 2012; Kang, 2016). 집중적인 연습은 짧은 시간 안에 모든 연습 세션을 집중하는 반면(예: 시험을 위한 벼락치기), 시차를 둔 연습은 학습 행위를 더 긴 시간에 걸쳐 분산시킨다. 연구 결과에 따르면, 다양한 학습 자료(예: 어휘, 문법, 역사, 그림, 운동; Carpenter et al., 2012; Dempster, 1996), 자극 방식(예: 시청각 자료, 텍스트; Janiszewski et al., 2003) 그리고 의도적·부수적 학습(Challis, 1993; Toppino et al., 2002)과 상관없이 집중적인 연습보다 시차를 둔 연습이 효과적인 것으로 나타났다. 4세에서 76세까지의 다양한 나이의 학습자들이 시차를 둔 연습을 통해 효과를 얻은 것을 확인했다(Balota et al., 1989; Rea & Modigliani, 1987; Simone et al., 2012; Toppino, 1991). 세페다 등(Cepeda et al., 2006)은 연습과 회상 시점의 시간 간격에 상관없이 시차를 둔 연습이 집중적인 연습보다 더 많은 회상을 이끌어 낸다는 것을 발견했다.

　시차를 둔 연습이 집중적인 연습보다 효과적인 이유에는 다양한 설명이 있을 수 있다. 어떤 항목, 개념 또는 절차를 간격을 두고 반복하면, 그간에 잊힌 내용이 있기 때문에 처음 학습할 때 수행한 정신적 활동에 다시금 완전히 참여해야 한다. 그러나 이러한 반복이 즉각적이고 집중적으로 이루어지면 완전한 참여가 이루어지지 않게 된다. 자기주도형 독서에 대한 던로스키와 로손의 연구(Dunlosky & Rawson, 2005)에서 볼 수 있듯이, 책을 읽을 때 사람들은 읽었던 것을 즉시 반복해 읽게 되면 두 번째 차례에서는 내용 중 가장 많은 정보가 담겨 있고 의미 있는 부분은 건너뛰곤 하는데, 이것이 바로 집중적으로 다시 읽는 행위가 학습을 촉진하지 못하는 이유 중 하나일 수 있다.

　일부 연구자들은 어느 정도의 시차를 두는 것이 가장 많이 기억할 수 있게 해 주는지, 배운 내용에 대한 재학습을 할때 어느 정도 시간 간격 두기가 이득이 되는 '가장 좋은 구간'인지를 연구했다(Cepeda et al., 2008; Pavlik & Anderson, 2008). 초등학교 5학년생들의 어휘 학습에 관한 한 연구에서는 2주의 시간 간격을 두는 것이 가장 좋은 결과를 가져온다고 하였다(Sobel et al., 2011). 시간 간격 두기에 대한 또 다른 교실 기반 연구는 초등학교 1학년 어린이들이 음운 수업에서 배우는 문자와 소리를 연관 짓는 학습에 초점을 두었다(Seabrook et al., 2005). 연구 결과, 2주에 걸친 기간 동안 시차를 둔 연습을 한 아이들이 매일 한 번의 집중적인 연습을 한 아이들보다 유의하게 뛰어난 성과를 보였다.

　일반적으로 시간 간격 두기에 대한 연구는 학습을 단일 세션으로 집중하는 것보다는 학습 에피소드 간에 최소 하루 이상 간격을 두는 것이 장기적인 지식 유지를 극대화한다고 한다. 그러나 더 긴 시간 간격을 두는 것이 항상 더 나은

것은 아니라는 점에 유의해야 한다. 학습 세션의 최적 분포는 학습 내용이 기억
으로 유지되어야 하는 시간(즉, 그 내용을 다시 회수해야 하거나 시험을 보는 시점)
에 일정 부분 영향을 받는다. 예를 들어, 학습자가 마지막 학습 세션에서 최소
한 달 또는 그 이상이 지난 후에 그 내용에 대한 시험을 볼 예정이라면 몇 주 또
는 몇 개월에 걸쳐 학습이 분산되어야 한다.

교차하기와 다양한 변화 주기

정보가 제시되는 방식은 무엇이 학습되는지(Schyns et al., 1998)와 그것이 얼
마나 잘 학습되었는지(Goldstone, 1996)에 상당한 영향을 줄 수 있다. 다양한 변
화 주기는 보통 여러 가지 방법으로 기술을 연습하는 것을 말하며, 교차하기는
다양한 학습 활동을 혼합하는 것을 의미한다. 학습하는 동안 줄곧 하나의 기술,
활동 또는 문제에 초점을 맞추는 것(구간 학습)과 달리, 여러 다른 기술, 활동 또
는 문제를 다양하게 이용하거나 교차하면 학습을 촉진할 수 있다. 이 두 가지 전
략 모두 시간 간격 두기를 포함할 수 있으며, 두 가지 다 학습자에게 도움이 되
는 다양한 도전 과제 또는 '바람직한 어려움(desirable difficulties)'을 제시할 수 있
다. 다양한 변화 주기와 교차하기의 잠재적 이점에 대한 많은 연구와 더불어 구
간 학습의 이점에 대한 연구도 존재한다.

일부 연구에 따르면, 구간 학습이 적어도 범주 학습에 있어 이점이 있다
(Carvalho et al., 2014; Tauber et al., 2013). 또한 선택이 가능할 경우 대다수의 학
습자가 구간 학습을 선호하는 것으로 나타났다(Carvalho et al., 2014; Tauber et
al., 2013). 교차 연습은 범주의 구조에 대한 학습, 즉 어떤 대상이나 아이디어
가 같은 범주에 속하는지에 대한 학습을 향상할 수 있다(Birnbaum et al., 2013;
Carvalho & Goldstone, 2014a, 2014b; Kornell & Bjork; 2008). 또 다른 연구들은 수
학 문제 해결에 있어 교차 연습의 효과를 살펴보았다(Rohrer, 2012; Rohrer et al.,
2015).

카르발호와 골드스톤(Carvalho & Goldstone, 2014a)은 정보를 제시하는 형식
(교차 또는 구획)이 학습에 미치는 효과가 참가자가 학습에 능동적 또는 수동적

으로 참여했는지에 따라 달라진다는 사실을 발견했다. 또한 개념에 대한 교차 연습은 학생들이 서로 다른 범주를 구별할 수 있는 능력을 높여 주며, 구간 학습은 각 범주 내에서 유사성을 강조한다는 점을 확인했다. 이 연구 결과는 교차 학습이 범주 간의 비교를 도와주어 서로 비슷한 범주들의 학습을 향상하는 반면, 구획 학습은 범주 내에서의 비교를 도와주어 유사성이 낮은 범주들의 학습을 강화한다는 점을 시사한다.

교차 학습은 당연히 학습 구획 간의 시차를 포함하기 때문에 잠재적으로 앞서 설명한 장기기억 향상에 도움이 되는 시간 간격 두기를 가능하게 한다. 그러나 교차 학습의 이점은 학습 구획 간에 시차를 두어서가 아니라, 학습자가 서로 다른 범주 간의 비교를 할 수 있도록 해 주는 데서 비롯된다(Carvalho & Goldstone, 2014b). 교차 연습이나 구획 연습의 효과(예: 주의 과정에 대한 효과)를 가져오는 기제에 대한 연구는 아직 진행 중이다. 다른 전략과 마찬가지로, 교차 · 구획 등 학습 내용을 제시하는 최적의 방법과 이에 깊이 관련된 메커니즘은 학습 과제의 성격에 따라 달라질 것이다.

지식의 이해와 통합 전략

나머지 두 가지 전략인 요약하기와 그림 그리기, 그리고 설명하기의 효과에 대해서는 많은 연구 결과가 이미 존재하며, 이 전략들은 학습 내용을 정리하고 통합하는 데 효과적인 것으로 확인된 추론 방법을 활용한다.

요약하기와 그림 그리기

요약하기와 그림 그리기는 배운 것을 설명할 때 흔히 사용되는 전략들이다. 요약하기는 학습 자료에서 가장 중요한 정보를 응축하여 구두로 설명하는 행위이며, 이와 마찬가지로 그림 그리기는 시각적인 방법을 사용하여 중요한 개념과 관계를 묘사한다. 이 두 전략 모두 학습자가 배운 내용을 다른 형태로 변환하도록 유도한다. 두 전략에 서로 다른 점은 있으나, 중요한 용어와 개념을 식별하고, 정보를 구성하며, 사전 지식을 바탕으로 구두로 또는 그림으로 표현하도록 하는 활동과 관련된다.

요약하기와 그림 그리기는 모두 학령기 아동의 학습에 도움이 되는 것으로 나타났다(Gobert & Clement, 1999; Van Meter, 2001; Van Meter & Garner, 2005). 던로스키 등(Dunlosky et al., 2013), 피오렐라와 마이어(Fiorella & Mayer, 2015a/2015b)는 문헌 검토를 통해 요약하기와 그림 그리기의 효과에 기여하는 것으로 보이는 요인들을 정리했다.

몇몇 연구는 학생들의 요약하기와 그림 그리기의 질이 학습 활동을 통해 얼마나 많이 배우게 되는지와 직접적으로 관련이 있으며, 학습자가 훈련과 지도를 받으면 학습 활동을 보다 효과적으로 수행한다고 주장한다(Bednall & Kehoe, 2011; Brown et al., 1983; Schmeck et al., 2014). 예를 들어, 학습자가 자신의 그림을 저자들이 만든 그림과 비교할 기회가 있으면 그리기 연습의 효과가 향상된다(Van Meter et al., 2006). 이와 유사하게, 그림과 협력 그림(partial drawings)에 포함해야 하는 요소들에 대한 목록을 학습자에게 제공하면 학습자가 더욱 완전한 그림을 그리고 학습을 보강하는 데 도움이 된다(Schwamborn et al., 2010).

한 연구 팀은 요약하기와 그림 그리기를 비교한 후 이 연습의 효과가 학습 자료의 성격에 따라 달라진다고 주장했다. 레오폴드와 로이트너(Leopold & Leutner, 2012)는 고등학생들에게 여러 공간적 관계에 대한 설명이 포함된 물 분자에 대한 과학 읽기 자료를 공부하고, 이에 대한 다이어그램을 그리거나(조건 1), 요약문을 작성하거나(조건 2), 다시 읽도록 하였다(비교 조건). 연구 결과, 그림을 그린 학생들이 읽기 자료를 다시 읽는 학생들보다 이해력 시험에서 더 높은 점수를 받았다. 그러나 요약문을 작성한 학생들은 읽기 자료를 다시 읽는 학생들보다 점수가 높지 않았으며, 이에 따라 연구자들은 공간적 관계에 대한 학습이기 때문에 그림 그리기가 더 효과적이었다고 결론지었다.

노트 필기는 수기로 작성하거나 컴퓨터에 타자를 치며 요약하는 행위이며, 노트 필기의 효과 또한 연구되었다. 뮐러와 오펜하이머(Mueller & Oppenheimer, 2014)는 노트를 수기로 작성한 학생들이 컴퓨터를 사용하여 작성한 학생들보다 더 많이 배운다는 것을 알아냈다. 이들은 학생들에게 이 두 가지 방법으로 필기하도록 한 후, 학생들이 배운 세부 정보에 대한 기억력, 개념에 대한 이해력, 정보를 종합하고 일반화하는 능력을 확인했다. 이 연구를 통해 컴퓨터를 이용하여 필기한 학생들은 수기로 필기한 학생들보다 더 많은 양의 정보를 기록했으나, 수기로 필기한 학생들이 학습 자료에 나온 개념들을 더 잘 이해하고 학습 내용을 더 성공적으로 적용하고 통합한다는 것을 알 수 있었다. 수기로 하는 필기는 느리기 때문에 들리는 내용을 말 그대로 받아 적을 수 없고, 그렇기에 학생들은 내용을 듣고, 소화하고, 핵심을 파악하여 요약하게 해야 한다. 이에 반해 컴퓨터로 필기를 한 학생들은 빠르게 내용을 받아 적을 수 있으나, 그 과정에서 내용을 이해하는 단계를 거치지 않는다.

뮐러와 오펜하이머(Mueller & Oppenheimer, 2014)는 또한 이 두 가지 방법으로 다양한 전공의 대학생들이 쓴 노트의 내용을 조사했는데, 타자로 쳐서 작성한 노트는 말 그대로 필사한 것에 가까우며 강의 내용에 대한 낮은 유지력과 연관이 있다는 사실을 밝혀냈다. 컴퓨터를 사용하도록 한 학생들은 정보에 대해 생각하고 자신의 말로 바꾸어 필기하라는 지시를 받았음에도 이러한 지시를 받지 않은 학생보다 학습 내용을 종합하는 능력이 나아지지 않았다. 결과적으로 이들은 컴퓨터를 사용하는 필기는 정보의 이해나 적용을 촉진하지 않는다고 결론지었으며, 학생들이 자신의 말로 바꾸어 수기로 필기를 하는 것이 (예: 사고 과정이나 결론 등의) 맥락과 원 강의의 내용을 재구성할 수 있어 더욱 효과적인 기억 촉구 자극이 되어 줄 수 있다고 주장했다.

설명하기

학습자가 배운 내용에 관해 설명하도록 유도하는 것은 학습의 이해를 돕는 좋은 방법이다. 설명을 유도하는 기법 중 정교한 질문하기, 스스로 설명하기, 가르치기의 세 가지 기법이 연구되었다.

정교한 질문하기는 학습자에게 ('누가' '무엇을' '언제' '어디서'와 같은 얕은 수준의 질문이 아닌) '왜' '어떻게' '만약 이렇다면' 그리고 '만약 이렇지 않다면'과 같은 심층적인 추론을 필요로 하는 질문을 던지거나 스스로 질문하도록 하는 전략이다 (Gholson et al., 2009). 지적이고 정교한 질문을 하는 호기심 많은 학생은 어려 운 학습 내용을 이해하고 문제를 해결하는 과정에서 심층적인 추론을 유도하는 질문을 던진다. 그러나 정교한 질문하기는 대부분의 어린이와 성인에게 저절로 생기는 능력이 아니다. 이 기술, 특히 심층적인 질문을 하도록 하는 훈련은 이 해력, 학습 능력 및 기억력에 긍정적 영향을 미치는 것으로 나타났다(Gholson et al., 2009; Graesser & Lehman, 2012; Graesser & Olde, 2003; Rosenshine et al., 1996). 예를 들어, 초창기 한 연구는 사람들에게 서로 연관되지 않은 문장들에 대해 '왜'라는 질문을 하도록 하거나 그 문장들을 읽고 공부하도록 한 후 두 집 단이 그 문장들에 대해 얼마나 기억하는지 시험하였는데, '왜' 질문을 한 집단이 단순히 문장만을 공부한 집단보다 더 높은 점수를 받았다(Pressley et al., 1987). 아동을 대상으로 한 연구에서도 정교한 질문하기의 이점을 알아낼 수 있었으며 (Woloshyn et al., 1994), 비록 정교한 질문하기가 장기적 지식 유지에 미치는 영 향에 대한 연구는 많지 않으나 그 이점은 시간이 지나도(예: 학습 후 1~2주) 지속 되는 것으로 확인되었다.

　실험심리학 연구들은 대부분 정교화의 효과에 대한 연구에서 개별적 사실을 자료로 사용하여 연구 대상자가 글자 그대로의 내용을 얼마나 기억하는지를 측 정하지만, 교육심리학에서는 보다 복잡한 읽기 자료의 내용을 사용하고 추론에 대한 평가도 수행한다(Dornisch & Sperling, 2006; Ozgungor & Guthrie, 2004). 예 를 들어, 맥다니엘과 도넬리(McDaniel & Donnelly, 1996)는 대학생들에게 각운 동량 보존의 법칙(angular momentum)과 같은 물리적 개념에 대한 간단한 설명 을 공부하게 한 다음, 해당 개념과 관련하여 '이유'를 묻는 질문에 대답하도록 하 였다(예: "왜 물체가 각운동량 보존의 법칙에 따라 반경이 작아지면 더 빨라지나요?"). 최종 평가는 사실적 정보에 대한 질문과 더욱 심층적인 이해력을 필요로 하는 추론이 필요한 질문으로 구성되었다. 연구자들은 복잡한 자료와 평가에 대한 정교한 질문하기의 이점을 확인했으며, 정교한 질문하기를 수행한 사람들이 읽 기 자료에 나온 개념들을 표기한 다이어그램을 그린 사람들보다 더 좋은 성적을 거두었다고 보고했다.

스스로 설명하기는 학습자가 학습 내용을 읽은 후, 질문에 답하고 문제를 해결하는 도중에 학습 자료나 자신의 사고 과정에 관해 설명하도록 하는 전략이다. 가장 일반적으로는 학습자가 어떤 문제를 해결할 때 각 단계에 관해 설명하도록 하거나(Chi et al., 1989b; McNamara, 2004) 텍스트를 읽으면서 각 문장을 설명하도록 하는 방식을 취한다(Chi et al., 1994). 스스로 설명하기는 정교한 질문하기에 사용되는 '구체적인 이유'를 묻는 질문보다 제약 없이 촉구 자극을 생성하지만, 두 전략 모두 학습자가 설명을 생성하여 학습 내용을 자세히 서술하도록 유도한다. 이러한 활동의 다른 예시로 물리학에서의 스스로 설명하기가 있다.

치 등(Chi et al., 1994)은 스스로 설명하기에 대한 초기 연구로 중학교 2학년 생들에게 순환기 계통에 관해 설명하는 글을 공부하도록 하여, 한 집단은 단순히 글을 읽고, 다른 집단은 글의 각 문장에 대해 설명을 하도록 하였다. 연구 결과, 스스로 설명하기를 수행한 집단의 학생들이 글에 나온 개념을 더 잘 이해하였음을 보여 주었으며, 후속 연구에서도 비슷한 결과가 나타났다(Wylie & Chi, 2014). 스스로 설명하기는 현재 다양한 맥락에서 연구가 되고 있으며, 이는 교실 환경에서의 과학 텍스트의 이해(McNamara, 2004), 체스 게임의 수에 대한 학습(de Bruin et al., 2007), 수학 개념에 대한 학습(Rittle-Johnson, 2006), 적용 예제를 통한 추론학습(Nokes-Malach et al., 2013) 등을 포함한다. 스스로 설명하기를 통해 생성된 촉구 자극은 지능형 학습 체제(intelligent tutoring systems; Aleven & Koedinger, 2002)와 게임 구성 요소가 포함된 시스템(Jackson & McNamara, 2013; Mayer & Johnson, 2010)에도 적용된 바가 있다. 그러나 장기적 지식 유지에 대한 스스로 설명하기의 효과 또는 확실한 결과를 내기 위해 필요한 스스로 설명하기 연습의 빈도나 정도에 대한 연구는 거의 없는 실정이다(Jackson & McNamara, 2013).

어떤 연구는 스스로 설명하기와 사전 지식 간의 관계를 탐구했다(Williams & Lombrozo, 2013). 요나스 등(Ionas et al., 2012)은 대학생들에게 화학 문제를 푸는 과정에서 스스로 설명하기에 도움이 되는지에 대한 연구를 통해 사전 지식이 스스로 설명하기의 효과를 조절하며, 학생들이 가지고 있는 화학에 대한 지식이 많을수록 스스로 설명하기가 도움이 된다는 사실을 알아냈다. 또한 사전 지식이 부족한 학생의 경우, 스스로 설명하기는 학습을 지원하기보다 방해한다고 밝혔다. 이들은 학습자가 새로운 학습 내용을 이해하기 위해 사전 지식으로 개념이나 처리 과정을 공부할 것을 제안하며, 사전 지식이 약하면 학습 과정이 전체적으로 실패할 수 있음을 시사했다. 또한 교육자들이 학습자가 지닌 사전 지식을 철저히 평가하고 학습 과정의 초기 단계에서 학습자들이 지식 기반을 강화하는 과정에서 인지 능력 향상을 돕는 다른 도구나 방법을 사용해야 한다고 결론 지었다.

마지막으로, 다른 사람 **가르치기**는 효과적인 학습 경험이 될 수 있다. 학습자가 남을 가르칠 준비를 하기 위해서는 정교한 질문하기와 스스로 설명하기에서처럼 설명거리를 생성해야 한다. 그러나 정교한 질문하기와 스스로 설명하기가 비교적 구체적인 촉구 자극을 필요로 하지만, 상대적으로 가르치기 위한 준비는 제약이 없다. 타인을 가르치는 것은 종종 자신의 지식을 연마할 수 있는 훌륭한 기회가 되며(Biswas et al., 2005; Palincsar & Brown, 1984), 이러한 상호작용을 경험하는 학습자는 지식의 수동적 수용자 입장일 때와는 다르게 힘을 얻고 책임감을 느끼게 된다(Scardamalia & Bereiter, 1993). 특히 또래의 학습자들은 적절하고 즉각적이며 유익한 방법으로 서로에게 자신을 표현할 수 있다. 동료학습(peer learning)과 가르치기는 보통 매우 효과적이나, 일반적으로 교사와 강사가 명령적 규범에 더 가까우며 학습자가 관찰하기에 더 나은 모형을 제공한다.

학습 효과에 대한 바흐와 슐(Bargh & Schul, 1980)의 기초 연구는 후속 연구의 모형으로 사용되어 왔는데, 이들은 연구 대상자에게 곧 있을 시험을 치르기 위해 동료에게 일련의 자료에 대해 가르칠 준비를 하거나 단순히 공부하도록 한 후, 두 집단 모두 학습 내용을 남에게 가르치지 않고 시험을 보게 하였다. 다시 말해, 남에게 학습한 내용을 가르쳐야 한다는 기대만을 조작하였다. 이 연구는 남을 가르칠 준비를 한 학생들이 단순히 자료를 읽고 공부한 학생들보다 좋은 성적을 거두었다고 보고하였다. 바흐와 슐의 기초 연구를 시작으로, 가르치기 위한 준비의 효과에 대한 후속 연구가 다수 이루어졌다(예: Fiorella & Mayer, 2014).

타인을 가르치는 행위의 이점은 다른 맥락에서도 분명히 나타난다. 예를 들어, 과외 수업에 대한 한 연구에 따르면 과외를 받는 학생이 학습 내용을 배우기도 하지만 과외 교사 역시 그 경험을 통해 배운다는 것이 확인되었다(Roscoe & Chi, 2007 참조). 상보적 교수(reciprocal teaching)는 학생의 독해력 향상에 주로 사용되는 또 다른 전략으로(Palincsar, 2013; Palincsar & Brown, 1984), 학생들이 교재를 서로 가르치면서 배운다. 이때 지도자의 지시에 따라 이해 실패의 징후들을 판별하고 대응하는 네 가지 전략(질문하기, 명확히 설명하기, 요약하기, 예측하기)에 대해 훈련을 하게 된다(Palincsar, 2013).

기존 연구는 가르치기가 학습자에게 도움이 되는 몇 가지 이유를 제시한다. 가르치기 위한 준비는 학습자에게 지식을 생성, 구성 및 통합하는 정교한 사고를 필요로 하며, 앞서 언급한 바와 같이 학습자가 생성하는 설명은 정교한 질문하기와 스스로 설명하기가 학습을 촉진하는 것과 같은 방식으로 도움이 된다. 남에게 학습 내용을 설명하는 과정은 능동적이고 생성적이며, 학습자가 더욱 심층적인 질문과 이해에 중점을 두도록 유도한다. 가르치는 입장에서는 설명하는 행동을 위해서도 인출 연습을 해야 하는데, 이는 가르치는 사람이 학습 내용을 설명하고 질문에 답하기 위해서 지식을 적극적으로 인출해야 하기 때문이다. 설명하기의 이점은 많은 연구를 통해 확인하였으나, 유의해야 할 사항도 몇 가지 존재한다. 예를 들어, 일부 연구자들은 설명을 생성할 때 학습자가 중요하고 구체적인 내용보다 광범위한 일반화를 택하는 경향이 있다고 지적한다 (Lombrozo, 2012; Williams & Lombrozo, 2010; Williams et al., 2013). 두 개의 다른 현상(예: 돌면서 빛을 내는 장난감)에 대해 각각의 독립적인 원인이 있다 하더라도 아이들은 한 가지로 설명하는 것을 선호하는 경향이 있다(Bonawitz & Lombrozo, 2012). 마찬가지로, 관찰되는 증상을 바탕으로 질병을 진단할 때, 두 가지 증상이 서로 다른 질병의 증상일 가능성이 더 높아도 성인들은 단일 질병으로 해석하려는 경향을 보인다(Lombrozo, 2007; Pacer & Lombrozo, 2017). 복잡한 설명보다 간단하고 광범위한 설명을 선호하는 경향은 무엇을 학습하고 추론하는지에 영향을 미칠 수 있다. 설명 전략의 각 유형에 대해 연구자들은 교육자가 언제, 그리고 어떻게 가장 효과적으로 사용할 수 있을지를 신중하게 계획해야 하는 이유를 제시했다.

5. 결론

학습자는 정보 조각 간의 관계를 파악하고 확립하며 배운 것을 사용하고 범주화하기 위해 점점 더 복잡한 사고 체계를 구축한다. 지식을 축적하고 구조화하며 자신이 가지고 있는 지식에 대한 추론 능력을 개발하는 행위는 평생에 걸쳐 만들어 가는 핵심적인 인지 자산이라고 할 수 있다.

학습 지원 전략에는 지식의 유지와 인출은 물론, 학습된 내용에 대한 보다 깊고 정교한 이해를 개발하도록 지원하는 전략이 포함된다. 학습 강화에 효과적인 것으로 확인된 전략은 학습자가 추론하고 새로운 문제를 해결할 때 자신이 보유한 지식을 유연하게 적용할 수 있도록, 지식 유지를 위한 정신적 모형을 개발하도록 도와준다.

결론 5-1: 사전 지식은 잘 학습된 활동에 대한 참여와 관련된 집중력 부담을 감소시키고 새로운 학습을 촉진한다. 그러나 사전 지식은 사람들이 새로운 정보에 관심을 가지지 않고 새로운 문제를 해결하기 위해 기존 스키마에 의존하게 하는 편향을 가져올 수 있다. 이러한 편향은 의식적 노력을 통해서만 극복될 수 있다.

결론 5-2: 학습자는 자신이 축적한 정보에 대해 자신만의 독창적인 해석을 일상적으로 생성하고 정보 조각 간의 논리적 연결을 만들어 지식을 생산적으로 확장한다. 독창적인 해석을 생성하는 능력은 학습자가 지식을 일반화하고 범주화하여 문제를 해결할 수 있게 한다.

결론 5-3: 효과적인 것으로 알려진 학습 전략에는 학생들이 정보를 인출하고 학습한 내용을 요약하며 설명하도록 격려하는 방법뿐만 아니라 학습 내용을 제시하는 시간적 간격과 구조를 조정하는 방법이 포함된다. 체계적이고 분명한 지식 구조를 효과적으로 만드는 전략은 학습자가 정교화를 통해 명시된 내용을 뛰어넘고 지식을 인출하여 다양한 맥락에 적용함으로써 학습 내용의 심적 표상을 풍성하게 하도록 유도한다.

결론 5-4: 학습 전략의 효과는 학습자가 가지고 있는 기술 및 사전 지식, 학습 내용의 성격 및 학습 목표와 같은 상황적 요소들의 영향을 받는다. 따라서 이러한 접근법을 효과적으로 적용하려면 학습자, 환경 및 학습 목표에 유익할 수 있는 구체적인 메커니즘이 무엇인지에 대해 신중히 고려되어야 한다.

6장
학습동기

동기는 목표 달성을 향해 행동을 시작하고 유지시키는 상태를 의미한다. 동기는 인간이 일생에 걸쳐 공식적·비공식적 학습 환경 속에서 학습을 하고 성취를 이루는 데 중요하다. 예를 들어, 동기를 가진 아이들은 그렇지 않은 아이들에 비해 몰입하며, 더 오래 학습을 지속하고, 더 나은 학습 결과를 얻으며, 표준화된 성취도 평가에서 뛰어난 결과를 보여 준다(Pintrich, 2003). 동기는 일반적인 인지 기능과 구별되며, 지능검사 점수와는 별개로 아동의 성취 정도를 설명하는 데 도움을 준다(Murayama et al., 2013). 또한 동기는 참여, 흥미, 목표 지향성, 그릿(grit) 및 끈기와 같은 상태(states)와도 구별될 수 있다. 이들은 각각 다른 원인 요인들과 학습 및 성취에 대해 다른 의미를 가진다(Järvelä & Renninger, 2014).

HPL I[1]에서는 학습동기에 대한 수십 년간의 연구에서 얻은 몇 가지 주요 사실들을 강조한다.

---

1) 1장에 언급했듯이 HPL I은 『How People Learn I: Brain, Mind, Experience, and School-Expanded Edition』의 약어로 사용됨(National Research Council, 2000).

- 사람들은 보상과 처벌을 통해 능력을 개발하고 문제를 해결하도록 동기를 부여받지만, 때로는 학습에 대한 내재적 이유가 더 강한 힘을 발휘하기도 한다.
- 학습자는 스스로 관리 가능한(너무 쉽지도 너무 어렵지도 않은) 도전에 직면했을 때 학습을 지속하며 또한 자신들이 학습하고 있는 것에 대한 가치와 유용성을 확인할 때 학습을 지속하는 경향이 있다.
- 성과 자체(인정을 받거나 부정적인 판단을 피하는 것과 같은)에 중점을 두는 아동과 성인들은 학습 자체에 집중하는 사람들보다 도전을 추구하고 학습을 지속할 가능성이 적다.
- 성과보다는 학습에 초점을 맞추는 학습자 또는 학습에 대한 내재동기가 있는 학습자는 스스로 목표를 세우며 자신의 능력 향상이 목표가 되기도 한다.
- 교사가 학생들의 학습 지향성을 개발하는 것을 돕는 것은 그들이 성과 대신 학습에 집중할 수 있게 하는 데 효과적일 수 있다.

이 장에서는 이 분야의 최신 연구 동향과 부가적 설명을 제공한다. 여기에서 우리는 연구들의 기초가 된 주요 이론적 관점을 설명하면서 시작하지만, 이 장의 초점은 인간의 학습동기에 대한 네 가지 주요 영향력에 있다. 우리는 인간 고유의 신념과 가치, 내재적 동기, 학습 목표의 역할 그리고 학습동기에 영향을 미치는 사회적·문화적 요인에 대한 연구를 살펴보았다. 이어서 학습동기에 영향을 줄 수 있는 교수 설계와 관련한 개입이나 접근 방식에 관한 연구들을 살펴보았으며, 마지막으로 이들 연구들이 주는 함의점에 대한 우리의 생각을 제시하였다.

우리가 살펴본 연구들에는 발달심리학, 사회심리학, 교육 및 인지 심리 등 여러 학문 분야의 실험 연구와 현장 연구 모두가 포함된다.

1. 이론적 관점

동기 연구는 중첩되거나 유사한 개념을 다루는 이론들에 의해 주도되었다. 이들 문헌에 대한 종합적인 고찰은 이 책에서 다루지 않지만, 몇 가지 핵심 사항은 다음과 같다. 습관, 추동, 보상 및 강화 계획의 관점에서 동기를 개념화한 **행동 기반 학습 이론**은 20세기 중반까지 주목받았다. 이러한 접근법에서 학습자는 학습 과정에서 수동적인 존재로 가정되었으며, 관련 연구는 주로 사람들 간의 개인차(예: 인지 능력, 성취를 위한 추동)에 관심을 가져왔다. 개인차는 고정되어 있으며, 이러한 차이가 학습 환경 특성(교수법, 보상 등에 관한 방법)에 대한 학습자의 반응과 동기 및 수행을 결정하는 것으로 여겨졌다.

현재 연구자들은 이러한 특성들의 많은 부분이 여전히 중요하다고 생각하지만, 능동적인 참여자로서의 학습자에게 초점을 맞추며 학습자가 학습 환경을 어떻게 이해하고 참여하도록 선택하는지에 더 많이 주목한다. 예를 들어, 인지 이론에서는 학습자가 학습과 성취를 위해 어떻게 목표를 설정하는지, 그리고 목표를 향해 어떻게 유지하고 점검하는지에 관해 관심을 가진다. 또한 교실 구조(Ames, 1986)와 사회적 상호작용(Gehlbach et al., 2016)과 같은 학습 환경의 물리적 측면이 어떻게 학생들의 목표, 신념, 영향 및 행동에 영향을 주어 학습에 영향을 미치는지 고민한다.

또한 동기를 학습 및 여러 상황에 대한 경험의 결과로 시간이 지남에 따라 발전하고 변화할 수 있는 특성, 즉 **창발적 현상**(emergent phenomenon)으로 인식하는 경향이 증가하고 있다. 예를 들어, 관련 연구들은 학습 환경의 여러 측면은 학습자의 동기나 학습을 지원하는 방향으로 그들의 호기심이나 관심을 촉발시키고 유지할 수 있다고 말한다(Hidi & Renninger, 2006).

동기의 핵심 요소에는 개인의 **마인드셋**(mindeset), 즉 자기환경에 대한 인식, 해석 및 행동에 영향을 미치는 자신과 세계에 대한 일련의 가정, 가치 및 신념이 있다(Dweck, 1999). 예를 들어, 지능을 고정적으로 보는지 가변적인 것으로 보는지에 대한 시각은 자기 자신의 능력에 대한 변화 가능성을 바라보는 견해와 연결될 가능성이 있다(Hong & Lin-Siegler, 2012). 앞서 살펴본 것과 같이, 지능에 대한 고정적 시각을 가진 학습자는 유능감을 증명하는 것을 학습 목표로 설정하는 경향이 있는 반면, 지능에 대한 가변적 시각을 가진 학습자는 숙달 목표를 설정하고 노력에 더 큰 가치를 부여하는 경향이 있다. 마인드셋은 학습 경험과 문화적 영향에 따라 시간이 지남에 따라 발전한다. 마인드셋과 관련된 연구들은 학습자가 어떻게 목표를 설정하고 주의력과 노력의 방향을 선택하는지에 관한 경향에 주목한다. 일부 연구 결과는 학생들이 성장 마인드셋을 채택하는 쪽으로 자기귀인(self attributions)을 변화시켜 결과적으로 학업 성취도를 향상시킬 수 있음을 보여 준다(Blackwell et al., 2007).

연구자들은 또한 학습의 복잡한 측면을 설명하기 위해 도입된 많은 개념을 통합하는 시도를 통해 동기 유발 과정과 학습 효과에 대하여 보다 통합적인 이해를 제공하고자 하였다. 예를 들어, 동기를 심리학적 관점에서 바라본 학자들은 **동기의 체계적 접근법**(motivational systems perspective)을 채택하였는데, 이는 동기를 목표 설정, 학습 참여 및 자기조절 전략 사용과 관련된 일련의 심리학적 기제나 과정으로 이해한다(Kanfer, 2015; Linnenbrink-Garcia & Patall, 2016; Yeager & Walton, 2011).

2. 학습자의 신념과 가치

학습자들이 가진 스스로의 능력에 대한 믿음, 가치 및 특정 학습 상황에 가져오는 기존의 흥미는 모두 동기에 영향을 준다.

자기효능감

학습자가 성공을 기대할 때 그들은 성취에 필요한 노력과 끈기를 보일 가능성이 크다. **자기효능감 이론**(Bandura, 1977)은 동기와 학습에 관한 여러 모형에 포함되어 학습자가 가진 자신의 역량이나 가능성에 관한 인식이 과제 성취나 목표 달성에 있어 중요하다는 점을 설명한다(Bandura, 1977). 자기효능감 이론에 따르면 학습은 여러 가지 원천을 통해 발전하는데, 여기에는 과거 성취에 대한 인식, 대리 경험, 수행 결과에 대한 피드백, 정서적·생리학적 상태 및 사회적 영향 등이 포함된다. 자기효능감을 향상시키는 방법에 대한 연구들은 학생들의 유능감 향상을 위한 전략들의 효과에 대해 소개한다. 예를 들어, 적절한 목표를 세우게 하거나, 어려운 목표를 하위 목표들로 세분화하거나(Bandura & Schunk, 1981) 또는 성공을 자신의 노력으로 돌릴 수 있도록 학생들의 향상 정도에 대한 정보를 제공하는 것을 포함한다(Schunk & Cox, 1986). 유능성에 대한 인식은, 특히 학생들이 학습 활동에 대해 선택할 수 있는 기회를 가질 때 흥미와 동기를 유발할 수 있다(Patall et al., 2014).

자기귀인의 또 다른 중요한 측면은 개인이 특정 학습 상황에 속해 있는지 여부에 대한 믿음에 관한 것이다. 대학에 진학하는 것이 일반적이지 않은 환경 출신인 학생들은 입학을 하더라도 자신이 대학에 속해 있는지에 대해 의문을 가질 수 있다. 단기적 실패는 모든 대학생에게 일반적인 것이지만, 이 학생들은 자신들이 소속되지 않았기에 이러한 실패가 나타나는 것으로 오인할 수 있다. 이들은 일종의 고정관념 위협의 한 형태를 경험하게 되는데, 세상에서 자신의 위치에 대한 문화적 고정관념은 스스로를 의심하게 만들며 더욱 부정적으로 행동하게 만들 수 있다(Steele & Aronson, 1995).

최근 한 연구는 미국 대학의 아프리카계 신입생들의 소속감을 높이기 위해 고안된 개입 방법들을 알아보았다(Walton & Cohen, 2011). 연구자들은 표면상 고학년 학생들로부터 수집되었다는 설문 결과를 일부 학생들에게는 보여 주었고 나머지 학생들에게는 그러지 않았다. 설문 결과의 내용은 대부분의 고학년 학생들도 1학년 때에는 자신의 소속감에 대해 걱정을 했지만 시간이 지날수록 소속감에 대한 확신을 갖게 되었다는 것이다. 설문 결과를 접했던 신입생들의 경우 상당한 학업 성취도를 보였는데, 이에 대해 연구자들은 간단한 개입조차도 기존 지식에 도전하고 새로운 관점을 지지함으로써 사람들이 사전 지식의 편견을 극복할 수 있게 한다고 결론지었다.

사전 지식의 편견을 극복하기 위한 또 다른 접근은 부정적 시각들을 유지함으로써 나타날 수 있는 바람직하지 못한 결과를 방지할 수 있는 여러 전략을 사용하는 것이다. 이들 전략 중 하나는 학습자가 최종 아이디어에 착수하기 전에 여러 아이디어를 시도하는 것을 지원하는 것이다. 예를 들어, 한 연구에서 연구자들은 대학생들에게 온라인 저널을 위한 웹페이지 광고를 만들도록 하면서 디자인을 하나 구성한 다음 여러 번에 걸쳐 다듬든지 혹은 처음부터 별도로 여러 개의 디자인들을 구성할지 결정하도록 하였다(Dow et al., 2010). 작업을 마친 후, 연구자들은 광고를 게시하고 각각 얼마나 많은 클릭이 발생했는지 계산하였으며, 웹 그래픽의 전문가에게 그 효과성을 평가하였다. 연구 결과, 별도로 각각 개발된 디자인이 더 효과적이었다. 이로써, 학생들이 초기 디자인을 다듬었을 때는 초기 결정에 갇힐 수 있다는 결론을 얻었다. 별도의 광고를 개발한 학생들은 여러 가능성을 보다 철저히 탐색했으며, 여기에서 선택할 수 있는 다양한 아이디어들을 얻었다.

가치

학습자가 학습 활동과 목표에 가치를 두지 않는 한 과제에 참여하거나 충분한 시간 동안 학습을 지속할 수 없다. **기대 가치 이론**(Expectancy-value theories)은 과제를 성취할 수 있는 능력에 대한 믿음과 과제의 가치에 대한 신념을 어떻게 가지는지에 따라 학습자가 목표를 선택하는 방법에 관심을 가졌다. 가치라는 개념에는, (1) 주제나 과제가 학습이나 삶의 목표를 달성하는 데 유용한지에 대한 여부, (2) 학습자의 정체성이나 자기인식을 위한 과제나 주제의 중요성, (3) 과제가 즐겁거나 흥미로운 정도, (4) 과제가 추구할 만큼의 가치가 있는지에 대한 정보를 학습자가 판단하는 정도를 포함한다(Eccles et al., 1983; Wigfield & Eccles, 2000).

우리는 다양한 연령대를 대상으로 한 연구들을 통해 학습자가 성공에 대한 믿음이 있으면 더 많은 노력을 기울이고 결과적으로 더 높은 수준의 성과를 얻게 된다는 것을 확인할 수 있다(Eccles & Wigfield, 2002). 그러나 일부 연구들에서는 과제 가치에 대한 평가야말로 주제 선택과 참여 결정과 같이 동기와 관련된 행동에서 가장 강력한 예측 요소라고 지적한다(Linnenbrink-Garcia et al., 2008). 이러한 일련의 연구들에서는 기대-가치 이론의 중요한 측면인 기대와 가치가 함께 작동한다는 점을 보여 준다. 예를 들어, 기술적으로 덜 숙련된 독자라고 할지라도 만약 읽기 과제가 자신의 정체성에 대한 중요성이나 유용함이나 흥미를 제공한다면, 과제를 지속할 만한 강한 동기로 작용하여 어려운 읽기 과제도 시도하게 된다(National Research Council, 2012c). 학습자가 읽기나 수학과 같은 학습 영역 또는 특정 과제에서 성공을 경험할수록 학습자가 이러한 활동에 부과하는 가치는 시간이 지남에 따라 증가할 수 있다(Eccles & Wigfield, 2002).

흥미

학습자의 흥미는 교육자에게 중요한 고려 사항인데, 이들이 교육과정을 설계하고 학습 자원을 선택할 때 해당 관심사를 수용할 수 있기 때문이다. 흥미는 또한 성인 학습에서도 중요한데, 학생들이나 연수생들이 주제에 관심이 없는 경우 결석 비율도 높고 낮은 성취도를 보인다(Ackerman et al., 2001).

학습자의 흥미는 두 가지 형태로 구분된다. 개별 혹은 **개인적 흥미**는 상대적으로 개인의 안정된 속성으로 간주된다. 개인적 흥미는 학습자가 특정 영역에 지속적으로 연결되어 있고, 시간이 지나도 해당 영역에 다시 참여하려는 의지로 특징지어진다(Schiefele, 2009). 반면, **상황적 흥미**는 과제 또는 학습 환경의 특정한 특징에 대한 반응으로서의 자연스럽게 발생하는 심리적 상태를 의미한다(Hidi & Renninger, 2006). 상황적 흥미는 유연하고 학생의 참여와 학습에 영향을 줄 수 있으며 교육자가 사용하거나 권장하는 과제나 자료에 의해 영향을 받는다(Hunsu et al., 2017). 학생들을 참여시키고 태도에 영향을 주는 교육적 방법들은 점차적으로 개인적 흥미나 내적 동기를 증가시킬 수 있다(Guthrie et al., 2006).

어떤 경우, 동기 부여의 시발점은 과제나 다른 학습 기회들을 학생들의 흥미에 맞게 의미 있게 조정하는 것으로 시작된다. 다른 경우에는 학습 환경의 특징들 자체가 학습자들에게 더 알고 싶어 하는 상태를 만들고, 이는 동기 과정을 활성화하기도 한다. 두 경우 모두에서 향상된 학습 결과를 설명하는 것은 흥미에 의한 마인드셋과 목표 구조의 변화이다(Barron, 2006; Bricker & Bell, 2014; Goldman & Booker, 2009). 예를 들어, 학습자의 흥미가 낮은 경우에는 이들의 참여가 줄어들며 최소한의 집중이나 노력만이 필요한 목표를 추구하기 쉽다.

흥미가 학습에 미치는 영향을 다루는 많은 연구에서는 읽기 이해력과 텍스트 회상 정도를 측정한다. 이러한 접근은 학습자가 독서에 소비하는 시간과 독서를 통해 학습한 정도를 측정함으로써, 학습자가 텍스트와 상호작용하는 방식에 영향을 주는 주제에 대한 흥미와 특정 텍스트에 대한 흥미의 개별적 효과를 확인할 수 있게 해 준다. 이 연구들에서는 교육자가 학생의 흥미를 향상시키기 위해서 흥미 유발을 할 수 있는 자료를 선택하거나 관심을 유지시킬 수 있는 피드백을 제공하거나(Renninger & Hidi, 2002), 주제에 대한 개인적 관심을 표시하거나 학습 상황에 대한 긍정적 정서를 유발할 수 있다(Hidi & Renninger, 2006의 리뷰 참조)고 제안한다.

이러한 일련의 연구들은 학습자의 흥미와 관련된 텍스트의 특성들도 제안한다. 예를 들어, 대학생을 대상으로 한 연구에서는 흥미와 보다 우수한 회상력과 관련되는 텍스트 정보의 다섯 가지 특성에 대해서 다음과 같이 제시하였다. (1) 정보는 중요하거나 새롭거나 가치 있는 것이어야 하고, (2) 정보는 예측이 불가능해야 하며, (3) 텍스트는 독자들로 하여금 사전 지식이나 경험과 연결 지을 수 있게 해야 하고, (4) 텍스트에는 상상적 언어나 묘사적 언어를 포함하고 있어야 하며, (5) 저자는 비교와 유추 등을 사용하여 독자의 배경지식에 해당 정보를 연결하려고 시도해야 한다(Wade et al., 1999). 예를 들어, 학생들이 흥미를 덜 느끼는 텍스트는 불완전하거나 얕은 설명을 제공하거나 어려운 어휘를 포함하거나 일관성이 부족하다는 점에서 이해를 방해하는 특징을 가진다.

학생들의 에세이 쓰기에 관한 연구(Flowerday et al., 2004)나 다른 연구들(Alexander & Jetton, 1996; Schraw & Lehman, 2001)을 포함하는 다수의 연구에서는 상황적 흥미가 참여, 긍정적 태도 및 성취의 강력한 예측 인자가 될 수 있다고 제안한다. 이들 연구에서는 학생들을 학습에 참여시키는 데에 있어 상황적 흥미의 힘을 소개하는데, 이는 프로젝트 기반 또는 문제 기반 학습의 설계에 함의점을 제공한다. 예를 들어, 호프만과 허슬러(Hoffman & Haussler, 1998)는 여고생들이 심장 수술에 펌프가 사용되는 것처럼 실제 상황에서의 펌프 작동 원리와 관련된 물리학에 보다 많은 관심을 보인다는 것을 발견하였다.

여름학교 과학 수업에 등록한 청소년을 대상으로 교실 실습의 효과를 조사한 연구에서 제안한 바와 같이(Linnenbrink-Garcia et al., 2013), 선택권에 관한 인식도 상황적 흥미와 참여에 영향을 준다. 흥미와 관련하여 학습자가 경험하는 긍정적인 효과는 학습자의 끈기와 궁극적으로 성취에도 영향을 미친다(Ainley et al., 2002).

내재적 동기

자기결정성 이론은 행동이 세 가지 보편적, 타고난, 심리적 욕구들—자율성(스스로의 삶을 제어하고자 하는 욕구), 유능성(숙달을 경험하고자 하는 욕구), 심리적 관계성(타인과 상호작용하고 연결되며 타인을 돌보고자 하는 욕구)—에 영향을 받는다고 한다. 연구자들은 이 이론을 학습에 대한 인간의 내재적 동기와 연결시켰다(Deci & Ryan, 1985/2000; Ryan & Deci, 2000). 내재적 동기는 활동 그 자체를 위해 참여하고자 하는 경험을 말한다. 이는 활동이 흥미롭고 즐겁거나 혹은 자신이 선택한 목표를 달성하는 데 도움이 되기 때문이다. 자기결정성 이론에 따르면(Deci & Ryan, 1985/2000; Ryan & Deci, 2000), 학습자는 외재적으로 통제되어질 때보다 그들이 높은 수준의 자율성과 스스로의 의지로 활동에 참여한다고 인식했을 때 내재적으로 학습에 동기화된다. 내재적으로 동기화된 학습자는 문제 또는 과제의 도전이 자신의 능력 범위 내에 있다고 인식한다.

외적 보상

내재적 동기에 대한 외적 보상의 효과는 여전히 논쟁이 많은 주제이다. 외적 보상은 학습 행동을 동기화하는 데 중요한 도구일 수 있지만, 일부 학자들은 그러한 보상이 내재적 동기에 해를 끼쳐 끈기와 성취에도 영향을 미친다고 주장한다.

예를 들어, 일부 연구에서는 과제를 지속하게 하는 내재적 동기가 만약 학습자가 실적에 따라 부수적으로 외적 보상을 받는 경우 감소할 수 있다고 제안한다. 외적 보상이 내재적 동기에 악영향을 미친다는 주장은 128개의 실험 연구에 대한 메타분석 결과를 통해서 지지되었다(Deci et al., 1999/2001). 이러한 결과에 대한 한 가지 해석은 학습자의 과제에 대한 초기 흥미와 성공에 대한 열망이 외적 보상 추구라는 열망으로 대체되기 때문이라는 것이다(Deci & Ryan, 1985). 외적 보상은 또한 자율성과 통제력에 대한 학습자의 믿음을 훼손시킬 수 있다.

다른 연구에서는 외적 보상이 가진 잠재적인 이익을 지적한다. 예를 들어, 최근의 현장 연구에서는 인센티브가 부여된 다음 항상 학습자의 참여 감소가 나타나는 것은 아니라고 제안한다(Goswami & Urminsky, 2017). 게다가 경우에 따라 칭찬이나 상품과 같은 외적 보상은 참여와 지속성을 장려하는 데 도움이 될 수 있으며, 외적 보상이 개인의 자율성과 행동에 대한 통제력을 훼손하지 않는다면 장기적으로 내재적 동기를 해치지 않는다고 말한다(National Research Council, 2012c, pp. 143-145; Cerasoli et al., 2016; Vansteenkiste et al., 2009). 따라서 규제를 위해서가 아니라 주제에 대한 흥미를 유발할 수 있는 보상을 사용하는 교수법, 학생들에게 질책 대신 독려를 제공하는 교수법 그리고 학생들의 향상을 그저 지켜보는 것이 아니라 이끌어 낸다고 느끼게 만드는 교수법은 자율성, 유능감과 학업적 성취를 향상시킬 수 있다(Vansteenkist et al., 2004). 칭찬은 중요하지만 어떻게 하느냐에 따라 차이를 만든다([BOX 6-1] 참조).

다른 연구(Cameron et al., 2005)에서는 보상이 성취 자체에 내재되어 있을 때, 즉 과제의 성공적인 완성을 위한 보상이 실제적 특권, 자부심 또는 존중을 포함할 때 내재적 동기를 유발할 수 있다고 제안한다. 이러한 주장은, 예를 들어 비디오 게임을 할 때 개인은 높은 단계로 이동하기 위해 게임을 잘하고 싶다고 내재적으로 동기화되는 경우에서 볼 수 있다. 또한 다음의 예처럼, 교사가 어려운 수학 숙제 문제를 잘 풀어 온 학생에게 수업 시간에 풀이법을 설명해 보라고 시켰을 때와 같이 학습자가 자신의 전문성을 보여 줄 가치를 인정받고 존경받는다고 느끼는 경우에서도 확인할 수 있다. 외적 보상은 학습에 필요한 참여를 이끌어 내기도 하는데, 한 연구 결과에서 볼 수 있는 것처럼 보상은 기억력 향상과 관계되어 있기도 하나, 오직 학습자가 해당 자료를 지루하다고 인식했을 때만 해당된다(Murayama & Kuhbandner, 2011). 교실에서 다양한 성과 중심 인센티브(예: 성적, 상)가 많이 이용된다는 점을 감안할 때, 외적 보상이 학습자의 실제

BOX 6-1 무엇을 칭찬하느냐가 차이를 만든다

성공 후 받는 칭찬은 이후 학생들의 성취동기에 영향을 미치지만, 항상 의도대로 작동되지는 않는다. 뮬러와 드웩(Mueller & Dweck, 1998)의 두 연구에서 학생들은 추론 테스트에서 자신의 수행에 대한 칭찬을 받았다. 일부 학생들은 자신의 능력에 대해 칭찬을 받았고("똑똑하기 때문에 잘했구나!") 다른 학생들은 자신의 노력에 대해 칭찬을 받았다("열심히 해서 잘했구나!"). 능력에 대한 칭찬을 받은 학생들은 다음 시험에서 수행 목표를, 노력에 대한 칭찬을 받은 학생들은 숙달 목표를 채택하는 경향을 보였다. 게다가 선택권이 주어졌을 때, 능력에 대한 칭찬을 받은 사람들은 유사한 시험 문제를 해결하기 위해 새롭고 흥미로운 전략 정보가 담긴 폴더가 아니라 다른 응시자의 평균 점수 정보가 포함된 폴더를 선택한 비율이 더 높았다(86%). 대조적으로, 노력에 대한 칭찬을 받은 사람들 중 24%만이 점수 정보를 선택했다. 능력에 대한 칭찬을 받은 학생들은 자존심을 높일 수 있는 행동에는 참여하였지만, 공부를 더 하거나 미래의 시험 준비를 하는 데에는 참여하려고 하지 않았다.

삶 속에서 성취와 수행에 대해 동기에 어떻게 해를 끼치고 혹은 어떻게 도움을 주는지에 대한 보다 통합적인 이해가 필요할 것이다.

선택의 효과

학습자는 자신이 학습 환경을 통제할 수 있다고 생각할수록 도전을 감수하고 어려운 과제들을 끝까지 해낼 가능성이 높다(National Research Council, 2012c). 수업 동안 의미 있는 선택을 할 수 있는 기회를 제공한다면, 비록 그것이 작은 것이라 하더라도 자율성, 동기 부여 그리고 궁극적으로 학습과 성취를 높일 수 있다(Moller et al., 2006; Patall et al., 2008/ 2010).[2]

선택은 한 영역에 대한 초기 관심이 높은 개인에게 특히 효과적일 수 있으며, 더 큰 흥미를 불러일으킬 수도 있다(Patall, 2013). 선택권을 행사하는 것이 동기 부여를 증가시키는 이유 중 하나는, 선택을 하는 행위는 인지 부조화, 즉 자신의 결정에 대해 불편함을 느끼고 확신할 수 없는 느낌을 유발한다는 것이다. 이러한 느낌을 줄이기 위해 개인은 개인적 선호를 자신이 선택한 것에 두고 가치를 부여하거나 관심을 갖게 된다(Izuma et al., 2010). 선택을 했다는 것을 안다는 것은('선택의 소유') 학습 과정 속에서 경험하는 부정적인 피드백의 좌절 효과로부터 자신을 보호할 수 있으며, 이는 신경생리학적 수준에서 관찰된 효과이다(Murayama et al., 2015). 선택에 대한 인식은 또한 상황적 흥미와 참여를 촉진함으로써 학습에 영향을 줄 수 있다(Linnenbrink-Garcia et al., 2013).

---

2) 2008년 연구는 메타분석 연구였으므로 연구 집단은 설명되지 않았다. 2010년 연구에는 9학년에서 12학년까지 총 207명의 고등학생(54% 여성)이 포함되었고, 백인(55.5%), 흑인(28%), 아시아계(7%), 히스패닉(3%), 아메리카 원주민(1.5%), 기타 민족(5%)으로 구성되어 있었다.

3. 목표의 중요성

학습자가 원하는 결과를 의미하는 목표는 학습에 중요하다. 목표는 학습자가 노력을 기울일지 말지, 어떤 방향으로 집중할지에 대한 결정을 이끌며, 계획을 촉진하고, 실패에 대한 반응에 영향을 미치며, 학습을 위한 다른 중요한 행동을 촉진하기 때문이다(Albaili, 1998; Dweck & Elliot, 1983; Hastings & West, 2011).

학습자가 항상 자신의 목표 또는 자신의 목표와 관련된 동기 과정을 의식하고 있는 것은 아니다. 예를 들어, 학습자가 즐겁거나 재미있다고 느끼는 활동은 학습자의 의식적인 인식 없이도 참여를 촉진할 수 있다. 유사하게, 학습자가 자신의 유능감이나 자존감을 위협한다고 인식하는 활동(예를 들어, 아래에 설명할 고정관념 위협[3]을 유발하는 조건)은 학습자의 동기를 저해하고, 잘하려고 노력할 때조차 학습자의 수행을 저하시킬 수 있다.

HPL I에서는 어렵지만 자신이 관리 가능한 분명하고 구체적인 목표를 가지는 것은 수행에 긍정적인 영향을 미친다는 점을 지적했으며, 연구자는 여러 설명을 제시하였다. 일부 연구자들은 동기나 학습에 대한 이유로서의 목표에 집중한다(Ames & Ames, 1984; Dweck & Elliott, 1983; Locke et al.,, 1981; Maehr, 1984; Nicholls, 1984). 다른 연구자들은 숙달 목표와 수행 목표와 같은 여러 유형의 목표가 학습 결과뿐만 아니라 학습의 기초가 되는 인지적·정서적·행동적 과정에 다른 영향을 미친다는 점을 지적한다(Ames & Archer, 1988; Covington, 2000; Dweck, 1986). 또한 일부 연구들은 학습 및 성취에 관한 학습자의 신념이나 마인드셋이 특정 학습 목표 유형 추구와 연결된다는 점에 관심을 가졌다(Maehr & Zusho, 2009). 다음 절에서는 목표의 유형과 그 영향에 대한 연구를 검토하기로 한다.

---

3) 개인이 인지 과제를 수행하는 조건에서 자신이 속한 사회적 정체성 그룹에 대한 부정적인 고정관념을 경험한다면, 그 일을 잘 수행하지 못할 수 있다. 이러한 결과는 고정관념 위협에서 기인한 것이다(Steele, 1997).

목표의 유형

연구자들은 보통 목표를 두 가지 주요 유형으로 구분한다. 학습자가 유능감이나 이해력을 높이는 데 집중하는 숙달 목표와 학습자가 유능한 것처럼 보이거나 다른 사람보다 뛰어나다는 욕구에 의해 움직이는 수행 목표가 그것이다(〈표 6-1〉 참조). 나아가 이는 수행접근 목표와 수행회피 목표로도 구분된다(Senko et al., 2011). 수행회피 목표를 가진 학습자는 무능하게 보이거나 부끄러워지거나 실패로 판단되는 것을 피하고자 하는 반면, 수행접근 목표를 채택한 사람들은 남들보다 유능하고 사회적으로 유리한 방향으로 판단되고자 한다. 연구자들은 수행접근 목표의 범주를 자기표현적 목표("내가 똑똑하다고 다른 사람이 믿기를 원해서")와 규범적 목표("다른 사람보다 잘하고 싶어서")로 구분하였다(Hulleman et al., 2010).

〈표 6-1〉 마인드셋, 목표 그리고 학습에 대한 함의점

마인드셋	
고정 마인드셋: 당신은 특정한 정도의 정해진 지능을 가지고 태어난다.	성장 마인드셋: 지능은 열심히 노력하여 획득할 수 있다.
목표	
수행 목표: 다른 사람과의 비교에서 더 나아 보이기 위해서 행동한다.	숙달 목표: 어떤 과제나 기술을 배우거나 숙달하기 위해서 행동한다.
학습행동	
도전을 거부함: 높은 유능감에 우선순위를 둔다.	도전을 시도함: 새로운 지식 획득을 우선순위에 둔다.
실패 상황에서 멈춤: 최소한의 노력만 한다.	실패 시 더욱 시도함: 더 많은 노력을 한다.
자존심을 강화할 수 있는 기회를 추구함: 사회적 비교를 추구한다.	더 많이 배울 기회를 추구함: 더 많은 문제해결 전략을 추구한다.

학습자는 동시에 여러 목표를 추구할 수 있고(Harackiewicz et al., 2002;

Hulleman et al., 2008), 과목이나 영역에 따라 다른 성취 목표를 채택할 수도 있다(Anderman & Midgley, 1997). 학생들의 성취 목표는 학교생활 동안 비교적 안정적이지만, 교실이 바뀌거나 전학 등 학습 환경의 변화에 민감하다(Friedel et al., 2007). 학습 환경은 학습 기대치, 규칙 및 적용되는 구조가 다르므로, 결과적으로 학생들은 새로운 환경에서 성공하기 위해 목표 지향성을 바꾸기도 한다(Anderman & Midgley, 1997).

드웩(Dweck, 1986)은 성취 목표가 지능 또는 능력의 본질에 대한 이론, 즉 지능이나 능력이 고정되어 있는지(태어났을 때부터 가지고 있는 것) 또는 변화하고 있는지에 관한 이론을 반영하고 있다고 주장한다. 드웩은 지능이 변화할 수 있다고 믿는 학습자는 숙달 목표를 채택하는 경향을 보이는 반면, 지능이 고정되어 있다고 믿는 학습자는 유능감을 표현하기 위한 수행 목표를 채택하는 경향을 보인다고 말한다(Burns & Isbell, 2007; Dweck, 1986; Dweck & Master, 2009; Mangels et al., 2006). 〈표 6-1〉은 학습자의 마인드셋이 학습 목표 및 행동과 어떻게 관련되는지 보여 준다.

관련 연구 결과들이 보여 주는 바와 같이, 숙달 목표를 강력히 지향하는 학습자는 새롭고 도전적인 과제를 즐기고(Pintrich, 2000; Shim et al., 2008; Witkow & Fuligni, 2007; Wolters, 2004), 노력을 기울이려는 강력한 의지를 보이며, 학습 과정에서 고차원적 인지 기술을 사용하려는 경향을 보인다(Ames, 1992; Dweck & Leggett, 1988; Kahraman & Sungur, 2011; Middleton & Midgley, 1997). 숙달 목표 지향 학생은 실패 상황이라 할지라도 끈기를 보이며, 실패를 피드백을 받을 수 있는 기회로 활용하여 이후 향상된 수행력을 보인다(Dweck & Leggett, 1988).

학습자의 숙달과 수행 목표는 인지에 간접적인 영향을 줌으로써 학습과 성취에 영향을 줄 수 있다. 특히 숙달 목표를 가진 학습자는 배우는 동안 새로운 지식을 기존 지식과 연결시키는 데 집중하여 정보에 대한 심층 학습과 장기기억을 돕는다. 대조적으로, 수행 목표를 가진 학습자는 정보의 조각조각을 개별적으로 학습하는 데 집중한다. 이는 학습과 즉각적 회상의 속도를 높일 수는 있지만 개념 학습과 장기적 회상은 낮출 수 있다. 이와 같이 수행 목표는 정보의 즉각적 인출을 지원하는 반면, 숙달 목표는 보다 나은 장기적 파지를 지원하는 경향이 있다(Crouzevialle & Butera, 2013). 수행 목표는 사실상 개념 학습과 장기기억을 약화시킬 수 있다. 숙달 목표를 가진 학습자는 이전에 습득한 정보를 기억하고자 할 때 배웠던 다른 관련된 정보에 대한 기억을 활성화하고 강화한다. 반면, 수행 목표를 가진 학습자가 배운 것을 기억하려고 할 때에는 이렇게 다른 정보를 위해 인출 및 유도된 강화된 기억의 이점을 얻지 못한다(Ikeda et al., 2015).

학부생들을 대상으로 한 두 연구 결과가 이를 뒷받침하는데, 수행 목표를 채택한 연구 참여자는 유능감을 전달하고 능력을 보이는 것에 우선순위를 두고 내가 다른 사람들보다 부족하다고 인식될 수 있는 영역을 피하는 것에 관심을 보였다(Darnon et al., 2007; Elliot & Murayama, 2008). 이 학생들은 실패를 자신의 무능력을 반영하는 것으로 인식하고 실패 시 좌절감, 수치심, 불안감을 보였다. 이러한 종류의 수행회피 목표는 6학년 학생을 대상으로 과제회피(Middleton & Midgley, 1997), 노력 감소(Elliot, 1999), 자기구실 만들기(Covington, 2000; Midgley et al., 1996) 등의 부적응적 학습 행동과 관련된다.

숙달 목표 지향성을 채택하는 것은 학습에 도움이 되며, 수행 목표를 추구하는 것은 보통 낮은 성취 결과와 연결된다. 그러나 학업 성취에 대한 수행 목표의 영향을 다룬 연구들은 혼재된 연구 결과를 보인다(Elliot & McGregor, 2001; Midgley et al., 2001). 일부 연구자는 학습자가 규범적 목표(수행 목표의 한 종류)를 승인했을 때 긍정적인 결과를 가져왔음을 밝혔다(Covington, 2000; Linnenbrink, 2005). 다른 연구자들은 수행 목표가 학업 성취에 직접적인 영향을 미치지 않는 대신, 앞서 살펴본 것처럼 학습 행동이나 자기효능감을 통해 작동한다는 것을 발견했다(Hulleman et al., 2010).

학습자의 목표에 미치는 교사의 영향

교실에서는 특정 목표가 좀 더 강하거나 혹은 약하게 나타날 수 있으며 이는 학습자의 목표 지향성을 변화시키거나 강화시킬 수 있다(Maehr & Midgley, 1996).

학습자의 목표는 교실의 목표 구조나 교사의 교수법(예: 어떻게 좌석 배치를 할 것인지 혹은 협동 학습 집단을 사용할지의 여부)을 통해 전달하고자 하는 가치를 반영한다(Kaplan & Midgley, 1999; Urdan et al., 1998). 학습자가 숙달 목표가 교실에서 가치 있게 인식된다고 여기는 경우, 그들은 정보 처리 전략, 자체 계획 및 자체 모니터링 전략을 더 많이 사용하는 경향을 보인다(Ame & Archer, 1988; Schraw et al., 1995). 교실 내 숙달 지향적인 구조는 학생들의 높은 유능감과는 정적 관계를 보이는 반면, 학업 방해 행동과는 부적 관계를 보인다. 게다가 학습자들의 자기 자신과 학교의 숙달 지향성에 대한 인식이 일치를 보이는 경우, 이는 긍정적인 학습 성취와 학교에 대한 심리적 안녕감과 관련을 보인다(Kaplan & Maehr, 1999).

교사들 또한 학습자들이 채택하는 목표에 영향을 미칠 수 있으며, 학습자의 교실 목표 구조에 대한 인식은 부모의 목표에 대한 인식에 비해 학습자의 목표 지향성을 더 잘 예측한다. 또한 지각된 교실 목표는 중학교로의 진학 과정에서 학습자의 학업적 효능감과 강력한 관계를 보인다. 따라서 교실 목표 구조는, 특히 교육적 개입의 중요한 대상이 되어 왔다(Friedel et al., 2007; Kim et al., 2010). 〈표 6-2〉는 교실 목표 구조가(숙달 목표를 지향하는지 아니면 수행 목표를 지향하는지에 따른) 학습 상황에서의 교실 분위기에 어떻게 영향을 주는지에 대한 중요한 관점에 대

〈표 6-2〉 성취 목표와 교실 분위기

분위기 차원	숙달 목표	수행 목표
성공의 정의	향상, 진보	높은 성적, 상대적으로 높은 수행 정도
가치의 순위	노력 / 학습	상대적인 높은 능력
만족의 이유	열심히 했고 도전했음	남들보다 더 잘함
교사의 지향 방향	어떻게 학생들을 학습시킬 것인가	어떻게 학생들을 잘하도록 만들 것인가?
실수를 바라보는 관점	학습의 일부	불안감을 유발함
관심의 초점	학습 과정	남들과 비교한 나의 성취 정도
노력의 이유	새로운 것을 학습하기 위함	높은 성적이나 남들보다 잘하기 위함
평가 기준	절대적, 향상 정도	상대적

해 소개한다. 그러나 각 마인드셋에 영향을 주도록 설계된 개입이 학습자에게 도움이 되는지에 대한 확신을 위해서는 보다 많은 실험 연구가 필요할 것이다.

학습 목표와 다른 목표들

학습 목표는 현재의 학습 환경뿐만 아니라 학습자의 목표나 도전 과제들에 의해 영향을 받으며, 이러한 목표는 일생에 거쳐 발전하고 변화한다. 개인의 학습과 성취를 향상시키기 위해서는 개인이 무엇을 달성해야 하는지, 즉 성취하고 싶어 하는 목표가 무엇이고 왜 그런지에 대한 이해가 요구된다. 그러나 개인이 어떤 목표를 달성하고 싶은가를 결정하는 것이 항상 쉬운 것은 아니다. 왜냐하면 학습자는 다중의 목표를 가지고 있고, 이러한 목표들은 사건과 경험에 따라 변화하기 때문이다. 예를 들어, 아이들은 학습 목표를 학부모를 기쁘게 하기 위한 수단으로 채택하기도 하며 혹은 어떤 주제에 대해 배우는 즐거움을 누리기 위해 택하거나 혹은 둘 다의 이유로 채택한다. 교사는 평생교육으로서 직업적 필수 요구 사항을 충족시키기 위해 온라인 통계 수업에 참여하기도 하며 혹은 이러한 지식을 통달하는 것이 교사로서의 정체성과 관련 있다고 생각해서 참여하기도 하며 혹은 둘 다의 이유로 참여한다.

주어진 시간에 개인은 성취, 소속감, 정체성, 자율성, 유능감과 관련된 여러 목표를 가지고 있으며, 이는 매우 개인적이며 문화적이고 주관적이다. 어떠한 시기에 이 목표들 중 어떤 목표가 개인의 행동을 이끄는 데 두드러지게 나타나는지는 개인이 상황을 해석하는 방식에 달려 있다. 예를 들어, 청소년기에는 사회적 소속감 목표가 학업적 성취 목표보다 우위에 있기도 한다. 청소년은 성취를 서로 지지하는 인간관계가 강조된 맥락 속에서 더 큰 동기를 가지며 향상된 학습을 경험한다. 일생에 걸쳐 학업적 성취 목표는 직업 목표와 연결되며, 시간이 흐름에 따라 이들은 변화를 필요로 하기도 한다. 예를 들어, 의사가 되고 싶어 하지만 과학 기초 수업에서 계속 낙제하는 청소년의 경우에는 과학 학습을 위한 새로운 전략을 수립하거나 혹은 직업 목표를 수정함으로써 자신의 유능감

BOX 6-2 학습 환경에 대한 학습자의 인식은 의도적이지 않게 동기를 훼손할 수 있다

한 초등학생이 쓴 다음 편지를 한번 살펴보자.

매일 새로운 하루가 시작되지만, 교실에 들어서서 매번 나쁜 행동 기록표를 볼 수밖에 없다. 이것은 항상 나를 괴롭히며 내 스스로에 대한 기대치가 낮은 것처럼 느껴지게 만든다. 사실, 나는 선생님이 나에게 뭔가 나쁜 것을 이야기하고 행동하라고 말하는 것처럼 느껴지기도 한다. 아니면 선생님이 자신의 한계를 나에게 시험해 볼 것을 원하는 것처럼 느껴지기도 한다. 이것은 나를 너무 불편하게 만든다. 특히 나에 대한 기대치가 낮다고 느낄 때 더 그렇다.

교사가 학생들의 행동을 모니터하고, 보상하고, 바로잡는 데에 도움이 되는 표준화된 기록표가 이 학생의 학교에 대한 열정을 약화시키는 것처럼 보이는 이유는 무엇인가? 이때의 기록표는 다음과 같은 세 가지 색으로 구분된 체계를 가진다: 녹색(잘함), 노란색(경고), 빨간색(부모 호출). 교사는 3월부터 9월까지 이 학생이 열심히 공부하고 다른 사람들과 적절하게 상호작용했다고 판단했기 때문에 일관적으로 녹색(잘함)을 부여하였다. 그렇다면, 문제는 무엇일까?

이 편지는 학생이 재미있는 아이디어에 참여하고 새로운 학업 기술을 배우기 위한 마음가짐으로 학교에 왔음에도 불구하고, 수업을 관리하는 교사의 이와 같은 전략이 이 학생에게 교사의 중요 목표는 결국 나의 행동을 제어하는 것이라고 생각하게끔 만들게 되는 경우를 보여 준다. 이 예시는 교사가 학습을 돕기 위해 활용하는 자료와 전략이 때로는 일부 학생들에게 반대의 효과를 줄 수 있음을 보여 준다.

을 보호해야 할 필요가 있다.

장애물과 좌절에도 불구하고 학습을 지속하려는 동기는 학습 및 성취 목표가 명확하고, 목표와 학습자가 바라는 결과 및 동기와 일치하며, 학습자에 의해 학습 환경으로부터 지원받는다고 판단될 때 촉진된다. 관련된 예는 [BOX 6-2]에서 확인할 수 있다.

미래 정체성과 장기적 지속력

장기적 학습과 성취는 학습자의 흥미뿐 아니라 장기간의 동기와 지속성을 요구하는 경향이 있다. 무엇인가를 지속하려는 동기는 학생들이 현재의 행동 선택(현재의 자기)과 미래의 자신 혹은 발현 가능한 미래 정체성 사이에 연결성이 있다고 인식할 때 강화된다(Gollwitzer et al., 2011; Oyserman et al., 2015). 예전에 성공을 거둔 학생의 이름과 성과 업적을 보여 주는 방법은 교육자가 현재 학생에게 이러한 미래와의 연결성을 확인할 수 있게 돕는 한 가지 방법이다.

연구자들은 이러한 경험들이 학습에 영향을 미치는 메커니즘을 연구해 왔다. 예를 들어, 일부 신경생물학적 증거들은 감정을 유발하는 설득력 있는 이야기(예: 자신의 공동체를 위해 시민 지도자가 되는 청년에 대한 훌륭한 이야기로 감탄을 불러일으킴)가 '실현 가능한 미래' 또는 가치에 초점을 둔 사고방식을 활성화할 수 있다는 것을 보여 준다(Immordino-Yang et al., 2009). 유사한 연구로, 연구자들은 두 개의 마인드셋, 즉 (학습 중에 과제를 실행하기 위한 선택과 행동과 관련된) '현재의 행동(action now)' 마인드셋과 (어려운 과제들이 '나와 같은 사람들'이 해야 하는 일인지 여부와 관련된) '가능한 미래/가치 지향적(possible future/values oriented)' 마인드셋을 설명하는 두 가지 별개의 신경망이 있고 이 사이에서 명백한 전환이 일어난다고 말한다(Immordino-Yang et al., 2012). 이 두 마인드셋 사이에서 전환을 하는 학생들은 미래의 목표를 달성하기 위해 자신을 자극하고, 어려운 작업을 계속 수행하며, 잘 수행할 수 있는 반성적 입장을 취할 수 있다(Immordino-Yang & Sylvan, 2010).

외국어 어휘를 학습하는 아동들의 시도에 관한 한 연구(Gollwitzer et al., 2011)에서 제시된 바와 같이, 학습자에게 필요한 동기 수준과 원하는 미래 결과를 달성하기 위해 극복해야 할 장애물을 인식하는 데 도움이 되는 활동들은 목표 달성을 도울 수 있다. 그러나 학습자의 미래 정체성이나 지속성을 만들기 위해 고안된 활동들의 효과성을 보다 잘 확립하기 위해서는 관련 연구들이 필요할 것이다.

4. 동기에 영향을 미치는 사회적 · 문화적 요인

모든 학습자의 목표는 특정한 문화적 맥락에서 나타난다. 2장에서 논의한 바와 같이 개인이 세상과 그 안에서 자신의 역할을 인식하고 해석하는 방식 그리고 사람들이 사회적으로 기능하는 방법에 대한 기대는 자신이 경험한 독특한 영향력을 반영한다. 사람들이 과제를 완성하고 문제를 해결하기 위해 사용하는 절차뿐만 아니라, 사람들이 그러한 과제에 대해 느끼는 사회적 · 감정적 성향도 맥락과 경험에 의해 유사하게 형성된다(Eliott et al., 2001; Oysman, 2011). 본 절에서는 문화적으로 매개적 관점으로서의 자아와 사회적 정체성이 학습자의 학습 환경, 목표, 수행에 대한 인식에 미치는 중요성에 대한 세 가지 구체적 연구의 흐름에 대해 논의하도록 한다.

학습자의 자기해석에서의 문화적 차이

지난 수십 년 동안 연구자들은 자기해석(self-construal), 즉 다른 사람들과 관계 속에서 자기에 대한 개념에 대한 문화의 영향력을 확인하고자 노력하였다. 잘 알려져 있는 마커스와 키타야마(Markus & Kitayama, 1991)는 독립적 자기해석과 상호 의존적 자기해석을 구분하고, 이는 개인주의 또는 집단주의적 목표와 연관될 수 있다고 주장하였다. 예를 들어, 동아시아권 문화는 집단주의적 목표를 강조하는 경향이 있다. 이는 상대적으로 상호 의존적인 자기해석을 촉진하는데, 자아가 사회적으로 내재되어 있고 한 사람의 업적은 공동체에 묶여 있다는 것이다. 이와는 대조적으로 북미권의 지배적인 문화는 개인주의적 목표와 개인주의적 자기해석을 강조하는 경향이 있는데, 이는 공동체보다는 자기 자신에 연관된 독특한 특질, 능력과 성취에 우선순위를 둔다.

비록 문화적 집단을 집단주의적 혹은 개인주의적 범주 중 하나에 할당하는 것은 복잡한 현상을 지나치게 단순화하는 것일 수도 있지만, 몇몇 대규모 표본 조사 연구 결과에 따르면 이러한 두 범주에 속하는 학습자들은 목표에 대한 평가, 중요하거나 관련 있다고 보는 목표들, 이러한 목표와 학업 성취와 같은 여러 현상 간의 관계에서 차이를 보인다(King & McInerney, 2016). 예를 들어, 학업적 목표에 관한 비교문화 연구에서 데커와 피셔(Dekker & Fischer, 2008)는 성취 맥락에서 사회적 승인을 얻는 것이 집단주의적 관점을 가진 학생들에게 특히 중요하다는 것을 발견했다. 이러한 문화적 가치는 학생들이 무능하게 보이거나 부정적으로 판단되는 것을 피하도록 도울 수 있는 목표(즉, 수행회피 목표)를 채택하도록 유도할 수 있다(Elliot, 1997/1999; Kitayama, Matsumoto, & Norasakkunkit, 1997).

보다 최근의 연구에서도 그러한 차이점과 문화적 맥락 사이의 관계를 살펴보고 있다. 예를 들어, 몇몇 연구들에서는 학생들의 수행회피 목표에 대한 지지 의사를 비교했는데 아시아 학생들이 수행회피 목표를 유럽계 미국 학생들보다 더 선호한다는 것을 발견했다(Elliot et al., 2001; Zusho & Njoku, 2007; Zusho et al., 2005). 이러한 일련의 연구들은 개인주의가 우선시되는 사회와 집단주의가 우선시되는 사회에서 수행회피가 다른 결과를 가져올 수 있음을 제안하였다. 이들 연구자들은 수행회피 목표가 적응적이고 더 높은 수준의 참여, 더 깊은 인지처리 그리고 더 높은 성취와 같은 긍정적인 학문적 결과와 연관될 수 있다는 것을 발견하였다[홍콩 학생들에 대한 Chan과 Lai(2006)의 연구. Hulleman 외(2010)의 연구; 그리고 필리핀 학생에 대한 King(2015)의 연구 참조].

각 문화는 그 문화에서 개인주의 성향과 집단주의 성향을 각각 얼마나 강조하느냐에 따라서 평균적 차이가 있지만, 일반적인 학습자들은 각 문화가 개인주의 혹은 집단주의 중 하나에 속해져야 한다고 생각하는 경향이 있다(Oysman et al., 2009). 예를 들어, 참가자들에게 비교문화적 경험에 대한 개인적인 기억을 불러오도록 하는 것과 같은 프라이밍(priming) 개입법은(Tadmor et al., 2013) 학생들이 하나의 문화적 관점을 채택하는 경향성을 변화시키는 데 성공적으로 사용되었다. 이러한 개입법들은 기본적으로 하나의 문화적 관점이 본질적으로 다른 관점보다 나은 것이 아니라는 가정에 기초하며, 가장 효과적인 접근법이야말로 그 사람이 현재 달성하려고 하는 것과 그가 놓여 있는 상황에 따라 달라진다고 본다. 문제 해결은 현재에 두드러진 사고방식이 당면한 과제와 잘 일치할 때 촉진되며, 문화적 사고방식의 유연성이 유연한 인지 기능과 상황에 대한 적응성을 촉진할 수 있음을 시사한다(Vezzali et al., 2016).

이러한 관점은 또한 학습자들이 다른 문화적 관점에서 문제와 목표에 대해 생각하도록 장려함으로써 얻을 수 있는 잠재적 이점을 제공한다. 일부 연구 결과는 이러한, 혹은 다른 방식의 다문화적 프라이밍 개입법들이 창조성과 지속성을 향상시킨다고 제안한다. 왜냐하면 이러한 방법들은 개인들로 하여금 문제들이 여러 가지 가능한 해결책을 가지고 있다고 생각하도록 유도하기 때문이다. 예를 들어, 다문화적 사고방식을 채택하도록 권장하는 것은 성취, 가족, 정체성 및 우정과 관련된 여러 가능한 목표와 이러한 목표를 달성하기 위한 보다 유연한 행동 계획에 관해 보다 발산적인 사고를 가능하도록 도울 수 있다. 교사들은 학생들을 보다 효과적으로 참여시키기 위해 문화적 자기해석에 관련된 다양한 관점을 통합해 보는 학습 기회를 제공할 수 있을 것이다(Morris et al., 2015).

그러나 관련 연구와 실천 모두 앞으로 나아가기 위해서는 지금까지 당연하게 자아에 대한 문화적 모형이 훨씬 다양한 변용성을 가지고 있음을 고려해야 한다. 자기해석에 관한 7가지 차원에 대해 여러 국가의 학생들을 대상으로 한 대규모 연구(Vignoles et al., 2016)에서 연구자들은 서구와 비서구 사이에서 일관성 있게 발견되는 차이점이나 집단주의와 개인주의 문화 사이의 일관적 차이점도 발견하지 못했다. 문화적 다양성을 더 잘 설명하기 위해서 해당 연구자들은 인종적 · 민족적 정체성을 고려한 생태학적 관점을 제안하였다.

사회적 정체성과 동기의 과정

정체성은 자신이 누구인지에 대한 지각을 의미한다. 이는 개인이 사회 속에서 자기 스스로의 경험과 위치에 대해 만들어 낸 지각을 통해 투영된다. 정체성은 개인의 목표와 동기 형성에 중요한 역할을 하는 개인적 · 사회적 차원을 모두 가지고 있다. 정체성의 개인적 차원은 기질(예: 활동적임 또는 영리함)과 가치 (예: 종교적 또는 정치적 신념에 강하게 헌신함)이다. 정체성의 사회적 차원은 여성 또는 기독교인과 같이 한 집단의 일원으로 인식할 수 있게 만드는 사회적 역할이나 특성과 연결되어 있다(Tajfel & Turner, 1979). 이들 특성은 각각 작동하거나(예: 아프리카계 미국인) 함께 작동하기도 한다(예: 아프리카계 미국 남학생; Oyserman, 2009).

개인은 자신의 사회적 정체성과 연결될 수 있는 활동에 참여하려는 경향이 있다. 이러한 활동들을 함으로써 소속감과 존중감을 경험할 수 있으며 사회 집단에 자신을 통합할 수 있기 때문이다. 이러한 통합은 종종 해당 집단이 가치를 부여하는 특정 지식, 목표 및 관행을 취하는 것을 의미한다(Nasir, 2002). 정체성의 차원은 역동적이고 변화 가능하며 상황에 매우 민감하다(Oyserman, 2009; Steele, 1997). 즉, 어떤 순간에 사람이 취하는 정체성은 상황에 따라 다르다는 것을 의미한다.

여러 연구에 따르면, 인종적 또는 민족적 정체성에 관한 긍정적인 인식은 학업에 대한 관심, 참여 및 성공뿐만 아니라 학교 소속감을 높인다. 예를 들어, 자신의 인종/민족 집단에 대해 긍정적인 태도를 가진 아프리카계 미국인 청소년은 더 높은 효능감을 보이며 학교에서 더 높은 흥미와 참여 수준을 보인다 (Chavous et al., 2003). 문화적으로 연결된 인종/민족 정체성의 가치는 멕시코와 중국 청소년에게도 분명히 나타난다(Fuligni et al., 2005). 중학교에서 이러한 문화적 정체성은 높은 시험 점수와 관련이 있는 양상을 보이는데, 이는 아프리카계 미국인(Altschul et al., 2006; Eccles et al., 2006), 라틴계 학생(Oyserman, 2009), 북미 원주민 학생들(Fryberg et al., 2013)에게서 나타난다. [Box 6-3]에 제시된 연구들은 학습자의 과제 참여에 대한 사회적 정체성이 가진 잠재적이고 강력한 영향력을 보여 준다.

BOX 6-3 농구, 수학 그리고 정체성

나사르와 맥킨니 드 로이스톤(Nasir & McKinney de Royston, 2013)의 연구에서 학생에게는 평균 및 백분율 계산 문제가 농구와 관련된 맥락 속에서 제시된 경우 또는 학교 수학 문제 맥락 속에서 제시된 경우 중 하나가 주어졌다. 농구 맥락 속에서 제시된 문제를 푸는 농구 선수들의 경우 마치 전문가처럼 말했다. 그들은 "자신감이 넘쳤고, 똑바로 앉아서 편안하고 차분한 목소리로 대답하였다." 매우 대조적으로, 수학 용어로 이루어진 문제를 해결하도록 요청받았을 때에 선수들은 "눈에 띄게 스트레스를 받는 모습을 보였다. 그들은 자리에 앉아 의지가 없는 채로 연구자들에게 자신이 얼마나 수학을 못하는지 말했다"(Nasir and McKinney de Royston, 2013, 275쪽). 이러한 결과에 대한 한 가지 설명은 유능감이라는 인식이 정체성으로부터 나온다는 것이다. 선수로서의 학생들은 스스로 평균 및 백분율을 계산할 수 있을 것이라는 자신감을 느꼈지만, 수학 용어로 이루어진 같은 문제 상황 속에서는 잘할 수 없다고 느꼈다. 왜냐하면 이들은 자신이 수학을 할 수 있는 학생이라는 정체성을 가지고 있지 않기 때문이었다.

고정관념 위협

학업 환경에서 평가를 받는다는 경험은 자기인식을 높일 수 있다. 여기에는 자신이 속한 사회 집단과 연결된 고정관념도 포함되며, 이는 자신의 능력과도 관련되어 있다(Steele, 1997). 동기와 수행에 대한 사회적 정체성의 효과는 이전 절에서 설명한 바와 같이 긍정적일 수 있지만, 부정적인 고정관념은 인지 과제에서 저조한 성취 결과를 만들 수 있다(Steele et al., 2002; Walton & Spencer, 2009). 이러한 현상을 **고정관념 위협**이라고 한다. 이는 사회 집단에 대한 고정관념이 자신에게 적용될 수 있다는, 혹은 개인이 고정관념을 확인하기 위해 무언가를 해야 할 것 같다는 무의식적인 걱정을 의미한다(Steele, 1997). 스틸(Steele)은 개인이 특별히 동기화되는 영역에서 고정관념 위협이 강하게 나타날 수 있다는 점을 지적하였다.

고정관념 위협을 확인하기 위한 한 실험에서 특정 영역에 대한 자신의 능력에 관한 부정적인 고정관념을 가진 그룹에게 어려운 성취도 검사를 제공하였다. 예를 들어, 여성들에게 수학 시험을 치르게 하였다. 한쪽에는 이 시험이 성 중립적이라고(남여 모두 잘할 수 있다.) 안내하였고, 다른 쪽에는 위협적 상황, 즉 여성들이 잘하지 못하는 것이라고 소개하였다. 위협적 상황에서 고정관념을 가진 집단은 성 중립적 집단에 비해 낮은 수행 정도를 보였다. 예를 들어, 여성에게 수학 시험을 치르게 한 조건에서 여성들은 실제 능력을 감안하여 예상했던 점수보다 더 낮은 성적을 보이는 양상을 보였다(Steele & Aronson, 1995). 다른 연구들도 비슷한 결과를 도출하였고(Beilock et al., 2008; Dar-Nimrod & Heine, 2006; Good et al., 2008; Spencer et al., 1999), 이러한 결과는 특히 SAT(Danaher & Crandall, 2008)나 GRE와 같은 중요한 테스트에서도 분명하게 나타났다.

아프리카계 미국인과 라틴계 학생에 대한 부정적인 고정관념의 영향에 관해서도 많은 연구가 진행되었다. 이는 이러한 고정관념이 미국에서 지속적으로 나타나기 때문이다(Oyserman et al., 1995). 학습과 관련된 고정관념에 대한 민감도는 2학년 무렵 비교적 일찍 나타나며(Cvencek et al., 2011), 아동들이 청소년기로 들어서면서 강해진다(McKown & Strambler, 2009). 대학생 연령대의 아프리카계 미국인의 경우 그들이 학업적으로 평가를 받고 있다고 믿는 상황에서는 낮은 성취 수준을 보였다(Steele & Aronson, 1995). 아프리카계 미국 학령기 어린이들은 사회 집단과 관련된 고정관념을 상기할 때 시험에서 더 나쁜 성과를 보였다(Schmader et al., 2008; Wasserberg, 2014). 부정적인 고정관념 위협의 유사한 영향력은 라틴계 청소년들에게도 나타난다(Aronson & Salinas, 1997; Gonzales et al., 2002; Schmader & Johns, 2003).

고정관념 위협은 집행 기능을 저하시키며, 만약 실패했을 때 다른 사람들이 어떻게 생각할지에 대한 불안과 걱정을 증가시켜 여기에 작업기억의 용량을 활용하게 함으로써 다른 자원을 활용할 수 없게 하여 수행 수준을 낮춘다고 알려져 있다. 따라서 고정관념 위협의 부정적인 효과는 쉬운 일에는 잘 나타나지 않지만, 정신적 노력이 필요한 어렵고 도전적인 과업의 맥락에서 발생한다 (Beilock et al., 2007).

고정관념 위협에 관련한 메커니즘에 대한 이러한 설명은 여러 신경생리학적 증거들을 통해서 확인할 수 있다. 위협적 조건하에서 개인은 뇌의 전두엽 피질에서 낮은 수준의 활성화를 보이며, 이는 손상된 집행 기능과 작업기억과 관련되며(Beilock et al., 2007; Cadinu et al., 2005; Johns et al., 2008; Lyons & Beilock, 2012; Schmader & Jones, 2003), 편도체를 포함한 공포 회로(fear circuits)의 높은 활성화 정도를 보여 준다(Spencer et al., 1999; Steele & Aronson, 1995).

단기적으로, 고정관념 위협은 당황, 혼란, 불안 및 학습과 수행을 방해하는 다른 조건들을 유발할 수 있다(Pennington et al., 2016). 또한 고정관념 위협은 장기적으로 해로운 영향을 가져올 수도 있는데, 이는 고정관념 위협이 사람들로 하여금 자신이 성공할 가능성이 없다고 결론 내리도록 이끌 수 있기 때문이다(Aronson, 2004; Steele, 1997). 고정관념 위협의 장기적인 효과는 장기간의 성취 격차를 만드는 한 가지 원인일 수 있다고 설명되기도 한다(Walton & Spencer, 2009). 예를 들어, 수학 관련 고정관념(여성은 수학을 잘 못할 것이다.)의 대상인 여성들은 수학에 대한 부정적인 입장을 보인다(Cadinu et al., 2005). 이러한 위협은 미묘하게 유발될 수도 있다. 한 교실 연구에서, 교실 안에 있는 성별화된 사물들(gendered objects)은 여고생들에게서 컴퓨터 과학 수업에 흥미가 없다는 의견을 이끌어 내는 데 자극제가 될 수 있다는 점을 발견하였다(Master et al., 2015).

학생들은 지지를 받는 상황에서는 부정적인 고정관념에도 불구하고 긍정적인 학문적 자아개념을 유지할 수 있다(Anderman & Maehr, 1994; Graham, 1994; Yeager & Walton, 2011). 예를 들어, 월튼과 스펜서(Walton & Spencer, 2009)의 연구에 따르면 심리적 위협이 줄어든 조건에서는 자신의 사회적 집단에 대한 고정관념을 가진 학생들의 경우 이전 수행에서 비슷한 성취 수준을 보인 고정관념을 가지지 않은 학생들에 비해 수행 수준이 더 높아진 것으로 나타났다([그림 6-1] 참조).

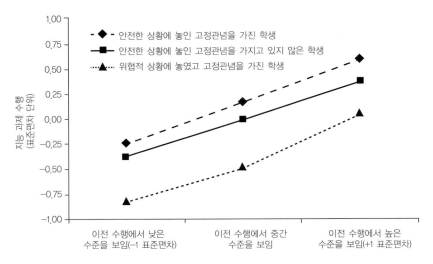

범례:
◆ 안전한 상황에 놓인 고정관념을 가진 학생
■ 안전한 상황에 놓인 고정관념을 가지고 있지 않은 학생
▲ 위협적 상황에 놓였고 고정관념을 가진 학생

[그림 6-1] 고정관념 위협을 줄이기 위한 지지적이고 안전한 조건의 효과

출처: Walton & Spence (2009).

이러한 결과는 고정관념 위협의 중요한 특징을 강조한다. 그것은 고정관념 위협이 오직 사람이나 맥락의 특성 그 자체가 아니라 둘 사이의 상호작용으로 인한 어떤 상태라는 점이다. 따라서 고정관념 위협에 의해 부정적으로 영향을 받기 위해서는 한 개인이 환경 속의 잠재적인 단서에 노출되고 알아차려야 하며, 그것이 나와 동일시되는 사회 집단에 대한 고정관념임을 인식해야 한다(Aronson et al., 1999). 예를 들어, 도시 초등학교에서 아프리카계 미국인 아동을 대상으로 한 연구에서, 지능에 대한 지표로서 독서 검사를 소개했을 때 지능에 대한 인종적 고정관념에 대해 인식하고 있는 학생들의 경우에만 성취 수준을 낮추는 것으로 나타났다(Walton & Spencer, 2009).

또한 학습자는 자신의 정체성을 평가받는 기술의 영역과 결합시키고자 한다. 예를 들어, 강한 학문적 정체성과 학업 성취에 가치를 두는 학생의 경우 다른 학생들보다 학문적 고정관념 위협에 더 취약하게 된다(Aronson et al., 1999; Keller, 2007; Lawrence et al., 2010; Leyens et al., 2000; Steele, 1997).

연구자들은 교육자들이 고정관념 위협을 관리하는 데 도움이 될 수 있는 몇 가지 행동 조치를 제안한다. 하나는 평가적 요소로서 작동하는 사회적 정체성 특성(예: 인종 또는 성별)을 제거하여 고정관념을 확정할 가능성을 줄이는 것으로(Steele, 1997), 이는 사회적 정체성의 차원을 보강하거나 재배치할 것을 요구한다. 이런 유형의 중재는 고정관념 위협을 줄이거나 제거하기 때문이 아니라 위협 상황에 대한 학생의 반응을 변화시키기 때문에 효과가 나타난다(Aronson et al., 2001; Good et al., 2003). 예를 들어, 학습자는 지식이나 전문 지식 전달자로 재배치될 수 있는데, 이는 학습자들이 학습 관련 기회에 개방적일 수 있도록 정체성 이동을 용이하게 할 수 있다(Lee, 2012). 한 연구에서 여성들은 수학 성취에 대해 부정적인 성별 고정관념을 직면했지만, 자신의 정체성의 다른 측면을 생각하도록 하면 여성은 남성과 동등하게 수행했으며 성에 기초한 고정관념의 해로운 영향도 완충된 것으로 나타났다. 이러한 조치를 받지 못한 여성은 남성들에 비해 낮은 수행 정도를 보였다(Gresky et al., 2005). 연구 결과는 자신의 정체성을 구성하는 모든 차원을 상기하는 기회를 갖는 것은 고정관념 위협에 대한 탄력성을 향상시킬 수 있음을 시사한다. 고정관념 위협에 대한 개입은 자아존중감보다는 정체성을 중점적으로 지원하는 경향이 두드러진다. 그러나 높은 기대치를 설정하고 학생들이 그러한 기대에 도달할 수 있음을 확신시키는 명확한 피드백도 중요하다(Cohen & Steele, 2002; Cohen et al., 1999).

가치-확인 중재(values-affirmation interventions)는 자기손상화 행동을 줄이고 수행동기를 높이기 위해 고안되었다. 고정관념 위협을 경험한 개인을 자기확인을 통해 다른 분야에서 자신의 재능을 확인하도록 하는 것은 학생들의 자아에 대한 인식을 강화시킨다(Mcqueen & Klein, 2006). 가치-확인 활동에서는 학생들이 자신의 개인적 가치(예: 미술, 스포츠, 음악)에 관해 글을 쓰는 행위를 통해 개인적 정체성을 향상하고, 위협을 감소하고, 향상된 학업 성취를 이끌어 내었다(Cohen et al., 2006/2009; Martens et al., 2006). 무선 설계된(randomized) 현장 실험 연구에서, 자기-확인 과제는 중학생(Cohen et al., 2006/2009)[4]과 대학생

---

4) 2006년 연구에서는 아프리카계 미국인 119명과 유럽계 미국인 119명이 포함되었으며, 2009년 연구는 같은 대상자를 활용한 2년차 후속 연구였다.

(Miyake et al., 2010)에게 있어 더 높은 성적과 관련이 있는 것으로 나타났다. 하지만 다른 연구에서는 유사한 결과가 도출되지는 않았다(Dee, 2015; Hanselman et al., 2017). 따라서 누구에게 어떤 조건하에서 가치-확인 접근이 효과적일지에 대한 연구가 필요하다.

비록 여러 연구에서 고정관념을 없애기 위해 교육자가 취할 수 있는 조치를 제시하였지만, 이 연구의 대부분은 고도로 통제된 환경에서 이루어졌다. 실제 현실에서 작동하고 상호작용할 수 있는 모든 범위의 요소들에 대해서는 아직 연구가 부족함이 틀림없다. 그러나 교육자들은 지금까지의 연구에서 확인한 학생들의 동기, 학습 및 성과에 대한 고정관념 위협의 영향을 잠재적으로 유발하거나 악화시키거나 개선시킬 수 있는 영향 요소에 대해 고려할 수 있을 것이다.

동기 향상을 위한 개입

많은 학생들은 저학년부터 고등학교에 이르면서 동기 수준의 감소를 보인다(Gallup, Inc., 2014; Jacobs et al., 2002; Lepper et al., 2005). 연구자들은 학생들의 동기와 학습을 향상시키기 위해 동기 이론에 근거한 개입을 개발하기 시작했다.

몇몇의 개입은 학생의 학습 환경 및 해당 환경에 적응하기 위해 개발한 목표의 구성에 영향을 주는 심리적 메커니즘에 초점을 둔다. 예를 들어, 간단한 개입 중 하나는 학습자가 사회적 소속감과 자아 인식에 대한 고정관념의 위협이 지닌 부정적인 영향을 극복할 수 있도록 도와줌으로써 학습자의 동기를 향상시켜 줄 수 있도록 설계되었다(Yeager et al., 2016). 한 무선 설계된 통제 연구에서 아프리카계 미국인 및 유럽계 미국인 대학생들에게 개인적이나 자신이 속한 인종에 관한 것이 아니라 대학 적응 과정에서 누구에게나 흔히 나타나는 역경에 대한 이야기를 작성해 보도록 하였다. 3년 후, 개입에 참여한 아프리카계 미국인 학생들은 유럽계 미국인 학생과 비교하여 소속에 대한 불확실성을 적게 보고하였으며 평균 학점이 크게 향상되는 모습을 보였다.

　낮은 수행 수준을 해결하기 위한 한 가지 개입 방안으로는 학생들이 가진 지능을 바라보는 고정적 관념을 성장적 관점으로 전환시키는 데 도움이 될 만한 활동들에 주목하는 것이다. 예를 들어, 1년간 진행된 한 연구에서 중학생들은 8회기의 워크숍에 참석하여 학습 기술만 단독으로 배우거나(통제 조건), 학습 기술뿐만 아니라 뇌가 도전적 과제를 만났을 때 어떻게 향상되고 성장하는지 학습하도록 하였다(성장 마인드셋 조건). 그 결과, 성장 마인드셋 조건에 있었던 학생들은 학습 기술만 배운 학생들과 비교하여 학년 말 수학 성적이 유의하게 향상되었다. 그러나 연구 결과의 효과 크기는 작았으며, 저성취 학생들 일부에게서만 제한적으로 나타났다(Blackwell et al., 2007).

　학습자의 경험이 주관적이고 개인적인 속성을 지니고 있으며 학습 환경이 역동적이라는 점은 동기 부여 개입이 개인 및 학습 환경의 변화를 고려할 만큼 충분히 유연해야 한다는 점을 요구한다. 지난 10년 동안, 장·단기적 동기와 성취를 간단한 활동을 통해 향상시키는 개입이 효과적일 수 있다는 것을 보여 주는 많은 연구가 있다(Yeager & Walton, 2011). 동기와 학습의 측면에 지속적인 영향을 미치는 개입은 학생들이 자신의 경험, 특히 학교 및 학습에서의 과제를 어떻게 해석하는지를 대상으로 하는 상대적으로 간단한 활동과 연습에 기반을 둔다.

　간단한 개입의 효과는 상황에 대한 개인의 해석이나 동기 부여 과정에 영향을 미쳐 장기적으로 성취를 이끌게 된다. 동기와 성취를 향상시키기 위한 간단한 개입은 몇 가지 중요한 특징을 공유한다. 첫째, 개입은 학문적 내용보다는 학생의 동기에 영향을 미치는 심리적 메커니즘에 초점을 맞춘다. 둘째, 개입은 학교 안팎에서 학생들이 접하는 주관적 경험을 설명하기 위해 학생 중심의 관점을 택한다. 셋째, 간단한 개입은 학생들에게 생각하는 방식을 바꾸라고 설득하여, 마치 통제로 느껴질 수 있게 하는 방식보다는 경험을 통해 학교나 학교생활에 대한 자신의 생각에 간접적으로 영향을 미칠 수 있도록 설계되어야 한다. 넷째, 이러한 간단한 개입은 학생들의 동기 감소를 이끄는 장애물을 줄이는 방향보다는 학생들의 동기를 직접적으로 향상시키는 것에 초점을 맞추어야 한다. 이러한 개입은, 특히 학습과 능력에 대한 부정적인 고정관념의 대상이 되어 온 아프리카계 미국인이나 다른 문화권 집단들에게 효과적으로 나타났다. 하지만 에거와 와튼(Yeager & Walton, 2011)이 지적했듯이, 개입의 효과는 맥락과 실행 정도에 따라 달라진다.

이와 같은 개입 연구는 학습자의 인식, 영향 또는 행동과 관련된 다양한 동기 이론에 근거하며, 동기의 다양한 측면에 영향을 미치기 위한 의도를 가지고 있다. 라조스키와 휼만(Lazowski & Hulleman, 2016)은 교육 환경에서 이러한 개입들이 어떠한 영향력을 보이는지에 대한 메타분석을 실시하였다. 이들 연구에서는 다양한 방식의 교육적 결과(예: 표준화된 시험 점수, 과제의 지속성, 수업 선택 또는 참여)를 포함하고 있는데, 개입 유형 전반에서 일관적이지만 작은 효과 크기가 나타났다.

그러나 이러한 메타분석 결과는 매우 제한적이다. 오직 출판되거나 출판되지 않은 논문 74편만을 포함하고 있으며, 이들은 매우 광범위한 범위의 이론적 관점, 학습자 집단, 개입 유형 및 교육적 결과를 포함하고 있기 때문이다. 따라서 이러한 결과는 개입 효과에 대한 결론을 내리기에 충분하지 않다. 추가 연구를 통해 어떤 개입이 누구에게 어떤 조건 내에서 가장 잘 작동하는지, 그리고 실행에 영향을 미치는 요소(예: 실행 정도, 빈도 및 타이밍)를 파악할 수 있어야 한다. 동기 부여 구조를 명확하게 정의하고 구별하며 측정할 수 있는 능력이 향상되면 개입 연구의 타당성과 유용성이 향상 될 수 있을 것이다.

5. 결론

학습자는 성공하기를 원하고 기대할 때 학습에 가치를 두며 도전 과제를 지속하고 높은 수행 수준을 보일 수 있다. 다양한 요인과 상황은 단시간 혹은 장시간에 걸쳐 학습에 대한 의지나 노력을 촉발하거나 저해할 수 있다. 이러한 요소에는 학습자의 신념과 가치, 개인 목표 및 사회적 문화적 맥락이 포함된다. HPL

I의 출판 이후 이루어진 연구 결과들은 학습동기에서 개인 목표의 중요성뿐만 아니라 학습 상황과 경험들을 어떻게 인식하느냐에 기반한 목표 설정에서 적극적인 학습자 역할의 중요성에 관한 명확한 근거들을 제공한다. 또한 참여와 내재적 동기가 오로지 개인이나 환경적 결과물이 아니라 발전하고 변화하는 속성을 가진 것이라는 관점을 지지하는 강력한 증거들도 존재한다.

학습동기 분야의 경험적이고 이론적인 연구는 계속 발전하고 있으며, 최근의 연구는 다음과 같은 결론을 강력하게 뒷받침한다.

결론 6-1: 학습동기는 개인이 자신의 삶과 학교 경험 및 학습이 이루어지는 사회문화적 맥락에 영향을 받아 스스로 구성하는 여러 가지 목표에 의해 영향을 받는다. 학습동기는 모든 연령층의 학습자가 학교나 학습 환경에 그들이 '소속되어 있다'고 느낄 때나 이러한 환경이 자신의 주체성(agency)이나 목적성(purpose)을 증진시킨다고 느낄 때 촉진된다.

어떠한 교수법이나 공식적 교육 구조가 동기 부여 과정에 영향을 줄 수 있을까에 대한 더 많은 연구가 필요하다. 선행 연구들은 교육자들에게 다음과 같은 지침을 제공한다.

결론 6-2: 교육자는 학습자들의 참여, 지속성 및 성취에 다음과 같은 방법으로 개입함으로써 그들의 동기 부여를 지원할 수 있다.

- 학습자들이 원하는 학습 목표나 적절히 도전적인 수준의 목표를 설정할 수 있도록 돕는다.
- 학습자들이 가치 있어 할 만한 학습 경험들을 설정한다.
- 학습자들의 자기통제력이나 자율성을 지원한다.
- 학습자들의 학습 과정에 대한 확인, 모니터링 및 전략 수립을 지원함으로써 유능감을 개발시킨다.
- 학습자가 안전하고 가치 있다고 느낄 수 있는 정서적으로 지지적이고 위협적이지 않은 학습 환경을 조성한다.

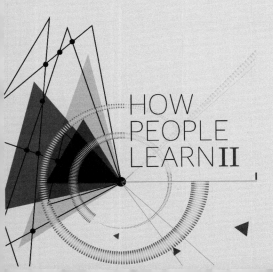

HOW
PEOPLE
LEARN II

HOW PEOPLE LEARN II

7장

학교에서의 학습을 위한 제언

우리가 이제까지 다룬 논의에서 학교에서의 학습이란 무엇을 의미하는 것일까? 우리의 도전 과제는 인간이 태어나서 성인이 되기까지의 학습에 대한 연구들을 통합하여 공식적 · 비공식적 장면 모두에서 HPL I[1]을 근거로 논의하는 것이다. 나아가 이 작업의 본질은 학교의 교육자들, 특히 유치원에서 초중등 수준까지 학생을 가르치는 이들에게 시사점을 제공하는 것이다.

이전 장에서 우리는 학습의 문화적 특성 그리고 문화가 학습의 모든 국면을 기본적으로 조성한다는 인식이 증가하고 있음을 공유했다. 논의의 범위는 뇌에 대한 지식에서 공동체와 사회가 학습의 기회를 구성하는 방법까지를 아울렀다. 매우 다양한 유형의 학습이 있으며, 이것들이 학습자가 정보를 조정하고 조직하는 과정을 통해 구현된다는 사실도 확인하였다. 또한 전문가의 지식이 이득은 물론 편향을 유발하며, 단순히 지식을 축적하는 것으로는 정교한 학습 과제를 해결하고 새로운 문제들에 접근하기 불충분하다는 사실에 대한 연구들을 탐색하였다. 결국, 학습에 있어 개인의 신념, 가치, 흥미, 정체성이 어떻게 통합적으

---

1) 1장에 언급했듯이 HPL I은 『How People Learn I: Brain, Mind, Experience, and School- Expanded Edition』의 약어로 사용됨(National Research Council, 2000).

로 역할을 수행하며, 가정이나 공동체에서 학습자의 경험을 통해 조성되는 것이라는 설명을 한 것이다.

이 모든 통찰은 학교와 교실을 구성하는 시사점과 연결된다. 이 장에서는 초중등 교육을 위한 4가지 시사점을 중심으로 이전의 논의들을 다시 살펴볼 것이다. 첫째, 학습의 문화적 속성에 대한 관심이 모든 학습자가 경험하는 교육의 질에 왜 결정적인지 확인하고, 구체적인 지침을 제시하는 연구들을 알아볼 것이다. 둘째, 다른 교과 영역의 학습이 학습에 관한 일반적인 발견과 주체별 차별성을 모두 고려하는 접근을 어떻게 요구하는지에 대한 최근의 관점들을 간략하게 설명할 것이다. 셋째, 학습자가 참여하고 학습자에게 힘을 실어 주는 교수적 접근에 대하여 논의할 것이다. 마지막으로, 학습 과정의 이해가 어떻게 교육 평가를 설계하는 데에 영향을 주었는지 확인할 것이다.

l. 학교의 문화와 학습

HPL I에서의 시사점은 오늘날에도 유효하다. 그러나 2장에서 논의한 바와 같이, 여러 영역의 연구들은 학습의 문화적 속성에 대한 보다 미묘한 이해에 기여해 왔다. HPL I의 저자들은 문화가 어떻게 지식의 전이에 영향을 미치는지 고려하는 것이 중요하다는 것을 인식하였다. 예를 들어, "학교에서의 실패는 학생들이 가정의 문화에서 학습한 것과 학교가 그들에게 요구하는 것들 사이의 불일치로 일정 부분 설명될 수 있다."라고 언급하였다(National Research Council, 2000, p. 72). 인류학, 문화심리학, 인지과학, 신경심리학 등을 포함한 영역에서 수행된 연구를 통합하며 드러난 것은 모든 학습자와 전 생애를 위한 학습과 발달이 가지는 문화적 속성에 대한 인식이다. 교육자의 입장에서 환경과 문화의 영향은 작게는 분자 수준에서, 가장 넓게는 사회적·역사적 트렌드까지를 포괄하여 모든 교실과 학생에게 발생하는 것들에 영향을 미치기 때문에 중요하다. 학습 환경, 교육자, 학생의 특성 자체는 그들의 문화적 맥락에 의해 결정된다.

2장에서 우리는 학습에 대한 사회문화적 관점을 취하는 것이 학습이 발생하는 사회적·정서적·동기적·인지적·발달적·생물학적이며 일시적인 맥락을 고려하는 것을 의미한다고 설명한 바 있다. 요컨대, 학습에 대한 연구는 학습자와 그들의 환경 사이의 관계에 대한 연구이다. 심각하게 접근한다면, 이런 아이디어는 매우 구체적인 방식으로 교육적 실천에 영향을 줄 수 있다. 이상적으로 교육자들은 학생들에게 적용 가능한 학습 경험의 본질을 결정하는 데 핵심 역할을 하고, 자신의 학습 환경을 활용할 수 있도록 학생들의 성향과 능력을 형성할 수도 있다.

교육에서 문화의 역할에 대한 이론과 연구 문헌을 전반적으로 검토하려면 적어도 또 다른 책 한 권 분량의 보고서가 필요할 것이다. 우리는 여기서 일부 학생들에게 학교의 문화와 실천 경험은 그들이 학교 밖에서 경험하는 것들과 특별히 다르지 않지만, 다른 학생들에게는 학교에 가는 것이 도전감을 유발할 수 있는 비교문화적(cross-cultural) 경험이라는 사실에 주목한다. 따라서 우리는 모든 학생에게 학습의 공평한 기회를 부여하고 기회의 격차를 바로잡음에 있어서 문화에 대한 관심의 근본적인 중요성을 보여 주는 학교와 교실 맥락의 몇 가지 사항들을 강조하고자 한다(Ladson-Billings, 2006).

학습자들은 새로운 과제에 직면할 때, 이전의 많은 지식과 개인적인 경험을 학습 맥락에 가져온다. 학생들은 종종 이미 자신들이 알고 있는 것과 연계하고 기존의 강점들을(예: 지식과 경험) 활용하고자 시도함으로써 새로운 자료에 진입할 수 있는 지점을 탐색한다. 학습자들은 경험, 지식, 목표를 공유하지만, 동시에 자신만의 고유한 관점, 경험, 강점, 기술을 가지고 있으므로 학습자들이 새로운 과제에 몰입하고 자신의 학습을 증명하는 방법에는 차이가 있을 것이다([BOX 7-1] 참고). 학습은 사람들이 일상의 삶에(집, 학교, 이웃을 포함하여) 들락날락할 때 발생하고, 사람들은 새로운 상황과 문제를 탐색하면서 온갖 종류의 학습을 적용한다.

　　개인차를 고려하는 일부 방식들에 경험적 근거는 없다. 예를 들어, 학습 양식 (learning style)이라는 개념은 학습자에게 가장 효과적인 자료 제시 방식이 무엇인지 확인할 수 있다면(예: 새로운 자료의 방식이 시각적인가 혹은 언어적인가), 교수자가 이에 따라서 제시 방식을 개별화할 수 있다는 신념을 반영한 것이다(Pashler et al., 2008). 대중적 관심을 받아 온 이러한 접근법에 의하면, 맞춤형 수업으로 모든 학생이 학습에 성공할 수 있다는 전제가 가능하다. 그러나 실험 연구에 따르면, 개념적 근거를 바탕으로 제시된 학습 양식은 존재하지 않는다는 사실이 일관되게 확인되어 왔다. 따라서 이런 양식에 따라 아이들을 분류하고 가르치는 것은 문제가 있다(Dembo & Howard, 2007; Pashler et al., 2008).

　　최적의 학습 환경은 학습자가 자신의 개별적인 장점, 경험 및 목표를 폭넓게 활용하는 방식으로 과제와 평가를 해석할 가능성을 제공함으로써, 학습자 간 생산성에서의 차이를 부분적으로 지원한다. 이러한 아이디어의 이론적 틀은 1995년의 획기적인 논문에 제시되었다(Ladson-Billings, 1995). 그 이후로 교육자와 연구자들은 모든 학생의 언어, 문해력, 문화적 실천과 관련되며 이에 부응하는 교수-학습이 무엇을 의미하는지 탐구해 왔다[예: 프랑스 파리에서 이루어진 문화적으로 지속되는 교육학에 대한 토론(2012) 참고].

학교와 교실의 맥락

　　문화는 그 환경 내에서 모든 학습 환경과 각 학습자의 경험을 형성한다. 즉, 교실 환경이 낯설고 혼란스러우며 반갑지 않거나 지지적이지 않다는 것을 발견한 학습자들은 불리한 입장에 놓일 것이다. 아동 및 청소년의 학습 기회에 대한 관심이—그들의 교육 환경에 의해 대부분 결정된다—인구 하위 집단 사이의 불균형을 해결하는 데에 중요하다는 사실은 잘 확립되어 왔다(Boykin & Noguera,

2011; Duncan & Murnane, 2011; Reardon, 2011; Tate, 2001). 학습 기회는 학생들에게 제공되는 학습 내용뿐만 아니라 교사들이 교실에서 하는 일, 학생들이 참여하는 활동 그리고 수업 지원을 위해 사용되는 교재와 기타 자원들을 포괄하는 다차원적 구조를 가진다. 학습 환경의 이러한 특징은 교육자들이 대응하며 정책적 의사 결정이 이루어지는 광범위한 문화에 의해 형성되고, 나아가 이러한 요소들은 보다 광범위한 문화적 영향에 의해 형성된다.

학습 환경

학습 환경은 구체적인 학습 활동의 집합에 참여하는 특정한 방법을 촉진하기 위해 구성되며, 학습 환경의 모든 특성은 그것이 존재하는 문화적 맥락을 반영한다. 예를 들어, 교실의 문화는 교실의 물리적 속성을 반영하는데, 의자와 책상 또는 탁자의 배치, 벽에 붙인 자료들 그리고 활용하고 참고할 수 있는 자원들은 모두 무엇을 기대하는지 알려 주는 신호들을 보낸다. 학습 활동은 구체적인 지식 영역에서 특정한 방식으로 학습을 촉진하기 위해 구성된다. 교실에 제시된 인공물(人工物)들은 교육적 가치를 강화한다. 연구자들은 문화적 인공물들이 성인과 아동 모두에게 강력한 누적 효과를 가질 수 있다고 제안한다(Azevedo & Aleven, 2013; Bell et al., 2012; Delpit, 1995).

이에 대한 한 가지 사례는 유치원과 초등학교 교실에 흔히 걸려 있는 알파벳 학습 자료인데, 이 자료는 땅돼지(aardvark)부터 얼룩말(Zebra)까지의 단어가 동물 삽화로 그려진 것이다. 이런 교육용 자료에서 동물들은 자연 속 서식지에 있는 모습보다는 양식화되어 표현되거나 사람처럼 캐릭터화될 가능성이 있는데, 특정한 문화적 성향을 반영한 것이다. 만일 동물들이 전형적인 서식지를 배경으로 야생의 행동을 보여 준다면, 이런 종류의 제시 방법은 아동들에게 '생태학적으로' 사고하도록 독려할 것이다. 이러한 미묘한 요소들은 아이들이 동물에 대한 지식을 어떻게 조직하는지에 영향을 미칠 수 있다(Medin & Bang, 2013; Winkler-Rhoades et al., 2010).

또 다른 예로, 방과 동료들(Bang et al., in press)은 북미 원주민이 작성하고 그

린 것과 그렇지 않은 어린이 책의 삽화에서 문화적 차이를 조사하였다. 그들은
삽화의 몇 가지 특징을 분석했다. 예를 들면, 삽화의 틀에 의해 결정된 독자로
부터 삽화 대상까지의 주관적 거리(표준적인 관찰자 vs. 위-아래 또는 파노라마 시
점), 시각적 각도(정면 시점 vs. 위나 아래서 바라본 시점) 그리고 자기-타인의 관
점 차이에 대한 포착을 강조하기 위해 '어깨 넘어' 바라보기와 같은 장치를 사용
했는지 등을 중심으로 살펴보았다(이런 장치의 효과성에 대한 증거 확인은 Libby et
al., 2009 참고). 원주민이 구성한 삽화들은 더 넓은 범위의 각도와 거리를 포함
하여 근거리에서 클로즈업한 시점일 가능성이 높았고, 조망 수용(perspective-
taking)[2]을 독려하는 경향(종종 동물이 주인공이 된 시점으로 바라보기)이 높았다.
원주민이 그리지 않은 삽화들은 독자를 이 장면의 외부에서 바라보도록 위치시
키는 방식으로 관찰자의 시점을 취했다.

이러한 삽화와 유사한 문화적 차이는 자연의 경험이 전면에 드러나는 것인지
(예: 숲 속에서의 산책) 또는 배경으로 설정되는지(예: 야외에서 야구하기)에 따라
서 북미 원주민과 유럽계 미국인 사이에서도 관찰되었다(Bang et al., 2007). 이
것들은 또한 생물학적 세계에 대하여 아이들에게 부여된 전형적인 목표와 관련
하여 두 문화 사이에서 관찰되는 차이점들과 유사하다. 유럽계 미국인들의 목
표가 "나는 아이들이 자연을 존중해야 한다고 이해하고 자연을 돌봐야 한다는
책임감을 가지길 원한다."인 반면, 원주민의 목표는 "나는 아이들이 자연의 일
부라는 것을 깨닫길 바란다."일 수 있다. 이러한 문화적 차이는 유럽계 미국인
의 배경이 없으면서 유럽계 미국인의 관점을 암묵적으로 지지하는 교실과 마주
한 학생들에게 어떤 영향을 미칠 수 있다.

또한 교실에는 준수해야 할 명시적이고 암묵적인 규칙이 있다. 이 규칙들은
누가 발언할 수 있는지, 언제 발언할 수 있는지, 그리고 어떤 이야기가 받아들여
질 수 있고 가치 있는 형태의 발표인지에 대한 학생들의 감각뿐만 아니라, 무엇
을 말하는 것이 적절한지를 알려 준다(Lee, 2001). 동시에 학생들과 교사들은 문

---

2) 옮긴이 주: 자신과 타인의 관점을 구분하고 타인의 생각, 감정 등을 이해하는 능력.

화적으로 정의된 교실에 집, 이웃, 지역 사회에서 이루어진 학교 밖의 경험들로부터 유래한 자신들의 문화적 의미 체계를 유입한다. 교실 문화에 내재한 규칙들에 익숙하지 못한 학생들은 이미 익숙한 학생들에 비해 뚜렷하게 불리한 위치에 놓인다(Rogoff, 2003; Serpell & Boykin, 1994; Tyler et al., 2006).

일부 연구들은 학교교육의 보다 큰 맥락과 교실-학교 환경을 특징짓는 구조와 실천의 특성을 탐색하였다. 예를 들어, 연구자들은 규칙의 구조, 수업 배정, 중등학교의 성적 등급이 행동에 대한 책임감을 형성하고 발휘하며, 자기조절을 연습할 수 있는 기회를 더 많이 필요로 하는 청소년들의 요구와 잘 맞지 않는다고 제안한다(Eccles & Midgley, 1989; Eccles et al., 1991/1993a/1993b; MacIver & Epstein, 1993). 더 넓은 연령을 포괄하는 연구에서는 능력별 집단 구분과 기타 관련된 실천들이 회복탄력성(resilience)과 자기조절에 부정적 효과를 가질 수 있음을 시사한다(Blumenfeld et al., 1987; Guthrie et al., 1996; Urdan et al., 1998; Wilkinson & Fung, 2002)..

게다가 동기 부여가 되지 않은 것처럼 보이는 학생들은 다양한 이유로 자신이 지역 사회에서 소외되었다고 느낄 수 있다(MacLeod, 1987/1995; Willis, 1977). 보다 최근의 연구는 초등, 중등, 고등학교 수준에서 청소년 비행과 관련된 학교 문제 세 가지(학업 실패, 정학, 중퇴)를 조사하였다(Christle et al., 2005). 연구자들은 지지적인 리더십, 헌신적이고 협력적인 교직원, 학교 전반에서의 행동 관리, 효과적인 학업 지도 같은 학교의 특성이 비행의 위험을 최소화하는 데에 도움이 된다는 사실을 발견하였다. 더욱이 학교에 대한 소속감과 관계성을 보고한 학생들은 낙제, 정학, 퇴학의 가능성이 낮았다.

편향의 부정적 결과

문화적 차이에 대하여 의식하지 못한 가정들이 학습에 영향을 미치는 미묘한 방식들에 대하여 지난 20년간 많은 저술들이 이루어졌다(Banks & McGee, 2010; Erickson, 2010). 문화적 차이에 대한 이런 효과는 극도로 부정적일 수 있다. 예를 들어, 유치원에서의 정학, 제명처럼 심각한 징계 조치의 적용에서의 불공평함에 대한 연구가 시사하듯이(Gilliam et al., 2016), 성별과 인종에 대해 검증되지 않은 교사의 편향은 아주 어린 아동의 행동에 대한 교사의 기대와 해석에도 영향을 미칠 수 있다. 인종 집단 전반에 걸쳐 존재하는 이러한 징계 조치에서의 심각한 차이는 보다 연령이 높은 학생과 관련해서 문서화가 잘 되어 있으며 교사의 사고방식과 연관되어 왔다(Okonofua et al., 2016). 에릭슨(Erickson, 2010, p. 34)이 지적한 바와 같이, 교사들이 "선택하는 방식에 의해 유발된 문화적 차이는 학생들에게 교육적으로 무엇을 요구하는지를 이해시키는 것과 학습동기 형성에 깊은 영향을 미친다."

　문화에 근거한 기대감이 가지는 효과는 훨씬 미묘하고 잠재적으로 해로울 수 있다. 우리는 2장과 3장에서 주의와 기억과 같은 많은 인지적 과정과 기능에서의 차이를 관찰한 증거가 문화적 편향을 가지고 있음을 논의하였다. 최근 하이디 켈러(Heidi Keller, 2017)의 연구는 학습자의 발전에 대한 기대감이 서구 중산층 내에서의 전형적인 발달 경로가 정상적이고 건강한 것이라는 검증되지 않은 가정을 얼마나 반영하는지 강조하였는데, 이는 다른 문화권 출신의 아동들이 평가받게 되는 기준이 된다. 이 연구는 "다른 원리와 기준에 근거하여 하나의 경로에서의 발전 수준을 평가하는 것은 비과학적이고 비윤리적이다."라는 점을 제안한다(Keller, 2017, p. 833).

　이러한 기대감의 효과는 어머니의 언어적 풍부함과 자녀의 어휘 발달 그리고 성적 등의 학업 성취 간의 관계, 즉 단어 격차(word gap)라고 알려진 관계에 대한 논란으로 설명된다(Huttenlocher et al., 2002). 부모들이 자녀에게 보다 많이 이야기하도록 독려하는 노력은[예: 3천만 단어 계획(the Thirty Million Words Initiative)][3] 이러한 발견에 근거해 왔다. 그러나 자녀에게 지속적으로 이야기하는 것은—미국 중산층 부모에게 전형적인 모습이다—학습을 촉진하는 많은 방법 중 단지 하나일 뿐이라고 인식하는 것이 중요하다(Avineri et al., 2015). 아이들은 스스로 창의적인 놀이에 참여하고, 다른 사람들과 상호작용하며, 문화적

---

3) http://thirtymillionwords.org (2017. 11.) 참고.

규범들을 준수하면서도 학습한다(Lareau, 2011; Rogoff, 2003).

'결손' 모형에서 '자산' 모형으로의 전환

학교에서의 학습은 학생들의 학교 밖 문화적 실천을 자원, 도구 또는 자산으로 여길 때 촉진될 수 있다. 한 맥락에서 인정받고 수용되는 문화적 실천이 다른 맥락에서 인정받는다면, 이러한 일치성은 학생들의 참여와 학습을 촉진할 것이다. 이러한 아이디어는 때때로 문화적 차이에 대한 '결손' 모형과 관련되어 왔는데, 이 모형에서 학생들 사이의 문화적 차이에 대한 고려는 일부 집단이 공유할 수 있는 학문적 불이익을 보상하는 방법으로 간주된다. 우리는 이 모형에서 벗어나, 각 학생이 고유한 자산들의 조합을 교실에 가지고 온다는 관점 그리고 이러한 자산들을 고려하는 환경에서 모든 학생의 학습이 촉진된다는 관점으로의 전환이 중요함을 강조하고자 한다.

공평한 교실을 만드는 핵심 요소는 모든 학생들의 생각을 가치 있게 여기는 교실 환경을 수립하는 것이다. 이러한 교실에서 교사들은 학생들이 자신의 아이디어를 설명하고 자신의 생각을 공개하며 집단에 접근이 쉽도록 만들고, 근거를 사용하고 주장하는 바와 근거를 조율하고 서로의 아이디어를 구성하고 비판하도록 학생들을 지원한다(Michaels & O'Connor, 2012). 참여, 타인에 대한 존중, 자신의 아이디어를 수정하려는 의향 및 공평이라는 집단 규범은 모두 이런 유형의 교실 환경이 지니는 중요한 요소들이다(Calabrese Barton & Tan, 2009; Duschl & Osborne, 2002; Osborne et al., 2004; Radinsky et al., 2010; Sandoval & Reiser, 2004).

자원으로서 문화를 통합하는 하나의 방법은 교실 수업에 대한 **문화적 모델링 접근**(cultural modeling approach)이다(Lee et al., 2003). 이 모형은 학생들이 그들 자신의 문화적 경험과 규율에 대한 아이디어 사이의 연관성 그리고 교육받고 있는 사고방식을 확인하도록 지도함으로써 비주류(nondominant) 배경을 가진 학생들을 참여시키도록 설계되었다.

문화적 모델링(cultural modeling)에 대한 한 연구에서, 리(Lee, 2006)는 아프리카계 미국 학생들이 자신에게 친숙한 일상적인 이야기에 대한 이해(예: 랩 가사)를 수업에서 가르치는 읽기 자료에 적용하도록 독려할 수 있는 방법을 탐색했다. 이러한 연관성을 분명하게 만들 수 있었던 교사들은 학생들에게 독자가 글의 의미가 무엇인지 알아채는 방법에 집중하도록 지도했다. 일상생활에서 접하는 글의 의미에 대한 학생들의 지식은 그들이 글의 해석에 일가견이 있는 주체로서 행동하고, 이 경험을 다른 자료의 접근에 적용하도록 만들었다. 이러한 접근 방식은 친숙한 가정 중심의 또는 지역 사회 중심의 실천이 가시화되도록 만듦으로써, 학생들이 학습 목표를 편안하게 느끼고 접근이 가능한 것으로 바라보도록 돕는다.

또한 문화적 실천이 교실에서 자산으로 간주될 때, 학생들의 동기 부여와 성취도가 높아질 수 있다는 증거도 있다(Boykin & Noguera, 2011). 예를 들면, 연구자들은 다수의 아프리카계 미국인 학생이 공동 학습 맥락을 선호하고(Dill & Boykin, 2000; Hurley et al., 2005), 학교 수업에서 학생들에게 함께 공부할 기회가 포함될 때 학습에 현저한 증진을 보일 수 있음을 발견했다(Boykin et al., 2004; Hurley et al., 2005/2009; Serpell et al., 2006).

1990년대에 처음 개발된, **지식의 기금**(Funds of Knowledge)이라는 구조는 학생들이 자신의 독특한 경험을 수업과 연결시키기 위해 익숙한 기술과 지식에 대한 상세한 분석을 사용하는 하나의 영향력 있는 사례였다(Moll et al., 1992). 이 프레임워크는 교사-연구자와 미국-멕시코 국경에 사는 학생들의 가족 간 협력으로부터 출발하였다. 몰과 동료들(Moll et al., 1993)이 설명한 것처럼, 지식의 기금은 학생들이 자신의 정체성 일부로서 유지하는 가치로운 이해, 기술, 도구들이다. 가족들은 자동차를 수리하고, 직장에서 일하며, 집을 짓는 등 일상적 삶의 차원에서 지식의 기금을 가지고 있다. 교사나 학교 공동체에 의해 자주 간과되지만, 교사가 이것들을 교실에 도입하고 통합한다면, 학생들이 보유한 지식의 기금은 교실에서 귀중한 자원으로 사용될 수 있다. 이러한 아이디어를 기반으로 최근에는 이러한 실천이 어떻게 학생들의 상상력을 포착하고, 영역 지식에 대한 더 깊은 이해를 도모할 수 있는지(Lee, 2001; Rogoff, 2003), 그리고 학생들이 학교 밖에서 발전시킨 기술, 능력, 아이디어들이 어떻게 다양한 학교 맥락의 범위에서 적용될 수 있는지를 탐구하는 연구들이 이루어졌다.

　문화 생활과 교실 사이의 연결을 활용하는 또 다른 방법은 **제3의 공간**(third spaces), 즉 교사와 학생 간의 진심 어린 대화를 통해 드러나는 사회적 환경을 만드는 것이다. 이러한 환경은 교사와 학생들이 공동으로 구축하며, 학생들이 자신의 개인적인 이야기와 경험을 더 큰 교실 공간에서 상세히 설명하고 이 공간에 통합할 수 있는 자리를 제공한다(Gutierrez, 2008; Gutierrez et al., 1995). 이런 유형의 공유된 공간은 학생들이 학교 밖에서 경험하는 지식과 담화(지식의 기금)의 유형 그리고 학교에서 가치가 있는 전통적인 지식과 담화들 사이의 연관성을 형성할 수 있다(Moje et al., 2004). 중학교 과학 교실에서 학생들을 대상으로 한 민족지학적 연구(ethnographic study)는 학생들이 보유한 지식의 기금이 학교의 교과서를 이해하는 데 귀중한 자원이 될 수 있을 뿐만 아니라, 학생들이 이러한 기금을 교실 맥락에 끌어들이도록 얼마나 자주 유도하고 장려해야 하는지를 보여 주었다(Moje et al., 2004). 아프리카계 미국인 남자 고등학생들의 비판적 문해력에 대한 또 다른 민족지학적 연구도 이러한 내용을 보고한다(Kirland, 2008). 이 연구에서는 서사시 『일리아드(Iliad)』의 장면과 『배트맨(Batman)』이나 『엑스맨(X-Men)』 같은 연재만화를 친숙하게 읽어서 복수, 인종차별, 외국인 혐오, 차이와 편협성이 사회적 결과라는 주제를 탐구한 학생들이 풍부하고 정교한 이해를 보여 주었다.

　학교 밖 맥락에 대한 연구는 학생들의 지식과 기술의 레퍼토리에 대한 교육자들의 이해를 확대할 수 있는 잠재력을 가진다. 예를 들어, 모렐(Morrell, 2008)은 자원이 부족한 지역 사회의 청소년들이 교육적 평등과 청소년의 권한과 관련된 연구 프로젝트를 통해 어떻게 학업적인 기술 및 기타 기술들을 습득했는가를 보고한다. 구티에레스(Gutierrez, 2008)는 이주민 농장 노동자 출신의 청소년들과 진행한 장기 프로젝트를 소개하는데, 이 프로젝트는 청소년들의 학업적·개인적 목표 수립을 위해 설계되었다. 핑커드와 동료들(Pinkard et al., 2017)은 가상 공동체와 현실의 공동체를 통해 과학, 기술, 공학, 수학 활동에 대한 여중생들의 흥미를 지원하는 학교 밖 프로그램인 '디지털 청소년 디바(Digital Youth Divas)'[4]라는 연구에서 유사한 긍정적 효과를 확인하였다.

2. 교과 영역별 학습 특성

사고방식과 지적 도전 등의 특성과 연관된 학문 분야와 고등학교 및 고등학교 이후 교육의 중요한 목표는 학생들이 그들이 공부하는 각 영역에서의 사고방식과 관련된 역량을 개발하는 것이다. 각 영역 내와 영역 보편적으로 사용되는 학술 용어에 친숙해지지 않으면 학생들은 단순한 사실의 암기를 뛰어넘어 깊은 수준의 학습에 쉽게 관여하지 못하게 된다(Gee, 2004). 예를 들어, 학자들은 '과학을 말하기'(Lemke, 1990)나 '수학 담론'(Cobb & Bauersfeld, 1995; National Research Council, 2004/2007)의 의미를 규명하고 있다.

골드만과 동료들(Goldman et al., 2016)은 문학, 과학, 역사 영역과 관련된 독해, 추론, 탐구 실행 등을 통한 '개념적 메타분석'을 시행했다. 이들은 다양한 영역에 걸쳐 지식을 특성화하도록 다음과 같이 5가지 핵심 개념들을 사용했다.

1. 인식론, 즉 지식의 본질과 아는 것의 본질에 대한 믿음
2. 탐구 연습과 추론 전략
3. 중요한 개념, 주제, 구조
4. 다양한 텍스트의 유형을 포함한 정보 표상의 형태
5. 정보를 전달하는 데 쓰이는 구어(oral language) 및 문어(written language)를 포함한 담화 연습

---

4) http://digitalyouthnetwork.org/project/digital-divas (2017. 11.) 참고.

이러한 5가지 구조는 모든 영역을 걸쳐서 발견되지만 한 영역에서만 전형적으로 쓰이는 특수한 형태의 구성 개념, 즉 그 영역의 패러다임은 각 영역마다 달라진다. 따라서 교과목을 구성하고 정보를 전달하는 데 있어서 어떤 구성 요인의 형태가 중요한지 아는 것은 교수자들에게 교과 특수적인 방식으로 가르치는데 도움이 된다.

예를 들어 설명하자면, 역사를 영역 특수적인 방식으로 배울 때 학생들은 탐구의 과정으로서 역사를 경험할 수 있도록 지원받는다. 학생들은 역사적 사건을 읽으면서 저자의 관점, 텍스트가 생성된 맥락, 텍스트가 입증되거나 입증되지 않는 방식 등에 주목하면서 해석을 구축하게 된다(Bain, 2006 참고). 유사하게 과학을 영역 특수적인 방식으로 배우게 될 때, 학생들은 데이터를 수집하고 분석하고 해석하는 탐구 과정을 통해 과학적 현상에 대한 해석을 산출하고 검증하게 된다(Chin & Osborne, 2012). 문학적 추론에서 독자들은 신념의 목록들과 경험, 수사적 지식 그리고 문학적 지식들을 끄집어내어 이것들을 활용하여 텍스트의 의미에 관한 논쟁에 참여하게 된다(Lee et al., 2016).

이전 장에서 보편적인 학습의 원리에 대해 언급했듯이, 이러한 각 교과 영역 간의 지식 구조와 인식론, 영역별 실행 등에서 나타나는 변이들은 학습자의 효과적인 학습 경험을 디자인하는 데 있어서 중요하다. 실제로, 특정 교과에서의 학습과 관련되어 점차 증가하고 있는 증거들은 초중등교육을 향상시키기 위한 현재의 노력들을 지지하고 있다. 이러한 교과별 학습에 대한 설명들은 학습과학이 단순히 그 영역에서 지식을 획득하는 것이 아니라, 그 교과에 능숙해지는 것을 의미함을 알게 한다. 오히려 내용 학습은 학습자로 하여금 교과 특수적인 행위와 과제 수행의 맥락에서 지식을 사용하는 교과별 실행에 참여하는 과정과 관련된다.

각 교과 내용의 유망한 접근법의 요약은 이 장의 범위를 넘어서는 것이다. 국립학술원 연구위원회(National Academies study committee)의 다양한 보고들은 각 영역과 관련된 중요한 연구 결과들을 요약한다. 이 내용들은 HPL I의 후속으로 역사, 수학, 과학 학습을 탐구하는 「학생들이 어떻게 학습하는가(How

Students Learn)」(National Research Council, 2005),「미국의 연구실 보고: 고등학교 과학의 탐구(American Lab Report: Investigations in high school science)」(National Research Council, 2006),「과학을 학교로: 중학교 2학년 과학의 학습과 교수 방법 (Taking Science to School: Learning and Teaching Science in Grades K-8)」(National Research Council, 2007),「더하기: 아이들의 수학 학습 돕기(Adding It Up: Helping Children Learn Mathematics)」(National Research Council, 2001b),「유아기 수학 학습: 수월성과 형평성으로 가는 길(Mathematics Learning in Early Childhood: Paths Toward Excellence and Equity)」(National Research Councilb) 등의 제목으로 명명된 장으로 구성되었다. 이제 수학, 과학 그리고 역사 영역의 학습에 관한 개괄적인 개요를 살펴보도록 하겠다.

수학

수학에서 숙련도를 구성하는 요인은 국립학술원의 보고서「더하기(Adding It Up)」(2001b, p. 107)에 구체적으로 기술되어 있다. 수학 숙련도의 5가지 기준은 다음과 같다.

1. 개념적 이해, 즉 학생들이 이해하는 수학의 개념, 활용과 관계
2. 절차적 유창성 혹은 학생들이 수학적 절차를 수행하는 데 있어서의 유연성, 정확성, 효율성과 적절성
3. 전략적 유능성, 학생들이 내용을 공식화하고 표현하며 문제를 해결하는 능력
4. 적응적 추론, 논리적 사고와 반영 능력, 수학적 논쟁의 증명
5. 생산적 성향, 즉 수학을 분별력 있게, 유용하게, 배울 만한 가치가 있게, 수학의 행위자로서 성실함과 효능감의 가치에 대한 믿음과 결합시키는 학생들의 습관적 성향

이러한 다섯 가지 기준은 수학에서 숙련성을 발달시키기 위한 과정에서 서로

얽혀 있고 상호 의존적이다. 이것은 수학에서의 교수 방법이 5가지 기준을 만족시켜야 함을 의미한다. 그러나 전통적 교수 방법에서는 전형적으로 절차적 유창성에 초점을 뒀다(National Research Council, 2001b). 앞에서 언급한 것처럼 수학에서의 숙련성을 발달시키기 위해서는 교수 방법에서 개념과 전략을 발전시키고, 토론에 참여하고, 피드백과 더불어 연습하는 데 중요한 시간이 투자될 필요가 있다(National Research Council, 2001b). 학급에서의 토론은 학생들의 사고에 기반해야 하며, 문제와 해답, 수학적 논쟁과 타당화의 본질의 관계 등에 주목해야 한다(National Research Council, 2001b).

과학

유사하게, 유치원부터 중학교 2학년까지 배우는 과학에 대한 국립연구위원회(National Research Council, 2007)의 보고서에서는 과학의 숙련성에 대한 4가지 기준을 다음과 같이 설명한다.

1. 자연계에서 과학적 설명을 알고, 활용하고 해석하기
2. 과학적 증거와 설명을 만들어 내고 평가하기
3. 과학적 지식의 특성과 발달을 이해하기
4. 과학적 실습과 담화에 생산적으로 참여하기

학습의 과정에서 이 4가지는 서로 상호작용하게 되는데, 한 가지의 개선은 다른 한가지의 개선을 이끈다. 이 기준들은 과학의 실습이나 과학적 교수학습에서 독립되거나 분리되어 있지 않다(National Research Council, 2007).

이러한 기준과 대조적으로 과학 학습의 전통적인 관점은 개인 학습자가 사실적 지식을 숙달하는 데에 초점을 둔다. 그 결과, 이미 확립된 결과들을 확인하기 위한 강의, 독해, 사전에 계획된 실험을 수행하는 것들은 흔한 교수 전략들이다(National Research Council, 2007/2012a). 최근의 과학 학습과 교수 방법은 이

전의 방법 대신, 질문하기, 모형을 발전시키고 탐구하며 데이터를 분석하고 해석하며 해석을 구축하고 토론에 참여하는 등의 틀로 이루어지는 것을 강조한다(National Research Council, 2012a).

이러한 종류의 접근은 초등 저학년 학생들이 과학 탐구와 과학적 활용에 참여하는 '다중 문해 능력을 지지하는 안내된 탐구(Guided Inquiry Supporting Multiple Literacies)' 모형에 반영되어 있다(Hapgood et al., 2004). 교실 기반 연구에서 연구자들은 아동들에게 소개할 과학자의 노트(과학자들이 실제 현상에 대한 질문에 대답할 수 있는 연구 활동을 구조화하고, 현상에 대한 모형을 수립하고, 체계적으로 데이터를 수집하며 해석하고, 그 아이디어를 동료들과 검증하며, 동료들로부터의 새로운 도전과 데이터로부터의 요구에 기반하여 수정되는 과정을 보여 주는 노트)를 설계한다(Magnusson & Palinscar, 2005; Palinscar & Magnusson, 2001). 그들은 이러한 접근으로 가르친 초등학교 2학년 학생들이 데이터를 증거로 활용하고 다양한 표상을 해석하며 과학적 현상들을 모델링하는 능력이 향상됨을 발견했다(예: 질량과 운동량의 관계 연구).

역사

HPL I에서 언급했듯이, 역사를 배운다는 것은 학생들로 하여금 역사가들이 역사적 사건들을 연결하여 이야기로 만들 때의 가정으로서의 가정(assumption)을 배우도록 연구한다. 학생들은 왜 특정 사건이 모든 가능한 사건들 중에서 중요한 것으로 선택되었는지를 결정해야 한다. 이를 통해 학생들은 역사의 해석적 성질뿐만 아니라, 역사가 지식의 증거 형태라는 것을 이해한다.

파즈와 동료들(Paz et al,, 2017)은 역사적 글쓰기에서 중학교 2학년 학생들을 지원하기 위한 도제 모형(apprenticeship model)의 활용에 대해서 탐구했다. 이 도제 모형은 다른 장소와 시간에 대한 논쟁을 만드는 증거에 기반한 해석으로 정의된다(p. 2). 그들은 대도시 지역의 교사들에게 실험 집단에 참여하도록 요청했고 다른 교사들에게 비교 집단에 참여하도록 요청했다. 개입은 교사 모델링과 역사학자들이 역사적 사고와 쓰기에 참여하는 방식대로 크게 소리 내어 말하기를 통해 시작되었다. 이어서 학생들은 일차 자료에 대해 확인하고 맥락화하기, 증거를 토의하고 평가하기, 역사적 요구와 논의를 규명하고 발전시키기, 자신들의 작업들에 대해 서사적으로 설명하기와 같은 교과 훈련에 참여했다. 학생들의 글쓰기 결과는 전반적인 글쓰기 수준과 역사적 글쓰기로의 특수한 특성들을 기준으로 평가받았다. 모든 글쓰기 평가에 대해 실험 집단은 통제 집단에 비해 더 높은 수행을 보여 주었는데, 이러한 결과는 높은 숙련도를 가진 학생들과 학문적으로 어려움을 겪는 학생들 모두에게서 나타났다.

스톨과 동료들(Stoel et al., 2015)은 학생들이 역사적 인과성을 추론하는 능력을 양성하기 위한 교육학적 틀을 발전시켰다. 이 틀은 5가지 교육학적 전략을 포함하는데, 5가지 전략은 (1) 과제에 대한 질문, (2) 사회적 상호작용, (3) 상황적 흥미, (4) 역사의 영역 특수적 전략을 가르치기, (5) 역사적 지식과 추론에 대한 인식론적 반영이다. 유사 실험 연구에서 학생들은 전략 설명, 개념 설명, 역사의 인식론적 기반에 대한 소개 등을 통해 명시적인 영역별 실천을 배우게 된다. 통제 집단의 학생들에게는 역사적 사고에 대한 명시적인 주의가 없었다.

모든 집단의 학생들은 세계 대전의 발발을 알아보는 탐구 과제를 협동적으로 수행했다. 연구자들은 교육적 틀을 사용하도록 가르친 두 실험 집단의 학생들과 통제 집단의 학생들 모두 배우고 있는 사건과 과거에 대해 구체적이고 추상적인 지식으로 정의되는 일차 수준의 지식을 배우게 됨을 발견했다(VanSledright & Limon, 2006). 그러나 영역별 전략을 배운 학생들만 역사학자들이 서사를 구성하고 과거에 대한 논쟁을 할 때 사용하는 개념에 해당하는 이차 수준의 지식을 습득했다.

레이먼(Reisman, 2012)은 중학교 1학년과 2학년을 대상으로 한 역사적 내용의 독해, 내용 지식과 추론 등을 다룬 교육과정의 효과를 측정하기 위한 유사 실험 연구를 고안했다. 5개 도시 지역 고등학교 학생들은 역사적 문제에 대한 문서 기반 수업을 통해 탐구학습의 기초를 쌓는 '역사학자처럼 책 읽기'라는 교육과정으로 학습했다. 각 장은 주제에 대한 배경지식을 개발하고 작은 소그룹별로 역사적 자료에 대한 독해와 분석을 시행하며, 자료와 자료의 이해에 관한 학급 전체의 토론을 연속적으로 포함하는 방식으로 구성되었다. 다른 역사 특수적 개입에서 교사들은 명시적으로 확증, 맥락화, 자료 수집 등을 가르쳤다. 실험 집단의 학생들은 역사적 자료 읽기에서 이러한 전략들을 반복해서 활용하였다. 이들은 포괄적 추론, 독해 이해, 역사적 독해 등을 포함한 다양한 성취 측정에서 통제 집단보다 우수한 수행을 보였다(Reisman, 2012).

녹과 동료들(Noke et al., 2007)은 학생들의 역사적 내용 학습과 역사 독해의 4가지 개입[① 전통적 교과서와 내용 교수법, ② 역사적 자료 독해를 위한 (전략을 가르치는) 발견법(heuristic)과 전통적 교과서, ③ 다양한 텍스트와 내용 교수법, ④ 발견법(교수법)을 통한 다양한 텍스트]이 영역별 접근에 미치는 효과를 검증했다. 개입에서 발견법을 사용한 ②번과 ④번은 명시적으로 학생들이 자료를 사용하고 확증하며 맥락화하도록 이끌었다. 2개 고등학교의 8개 반에서 참여한 200명이 넘는 학생들은 4가지 조건의 실험 집단에 배정되었다. 3주 후, 학생들의 역사 독해에서의 내용 지식과 영역 특수적 접근 능력을 측정하였다.

연구자들은 다양한 자료를 사용한 집단의 학생들(③, ④번 개입)이 독해 중 내용 지식과 발견법을 사용하는 지식에서 가장 큰 이득을 본 것을 발견했다. 다양한 텍스트로부터 배우고 상호작용했던 학생들은 많은 것을 배웠으며, 다른 두 집단들보다 높은 수준의 읽기 이해력을 가지고 증명을 더 잘하는 모습이 나타났다. 연구자들은 내용 지식을 심화시킬 수 있는 다양한 텍스트 읽기의 중요성과 역사학자들이 흔히 사용하는 발견법의 사용을 촉진시키는 것이 중요함을 강조한다(Nokes et al., 2007, p. 11).

이 장에서 살펴본 것처럼, 다양한 학문 영역은 인식론, 담화, 표상과 실행 등에서의 학문적 차이를 반영하는 지적 도전과 사고방식에서 특징적 방식을 가진다. 이러한 구분을 인정하는 것은 영역 특수적 교수법에서 중요한 의미를 지닌다.

3. 학습자의 참여와 권한 부여

교육자들이 학급 환경의 문화와 학생들이 그들의 학습에 대해 가지는 문화적 관점에 주목하여 알게 된 부분은 학습자들이 스스로 학습하도록 책임을 부여하는 것이 가장 효과적으로 학습자들을 지지하는 것이라는 점이다. HPL I의 연구자들은 학습자들에게 권한 부여하기의 중요성을 발견했다. 예를 들어, 이들은 학습자들을 돕기 위해 스스로 학습하도록 통제권을 주는 메타인지적 접근을 추천한다. 이들은 학교와 교실을 교육자들이 학습자들의 학습에 대한 태도와 기대에 주목하는 "학습자 중심"의 공간으로 만들어야 한다고 주장한다(National Research Council, 2000, p. 24). 우리가 이 보고서에서 논의해 온 많은 주제는 이러한 생각에 근거한 것이다. 특정한 유형과 기능을 가진 학습을 위해 논의한 전략들은 학습자들이 스스로 진도를 나가고 적극적으로 향상하기 위해 노력하는 근원적인 방법들이다.

학습 유형과 뇌 발달(3장), 학습을 지지하는 과정(4장), 지식과 추론(5장), 학습 동기(6장)에 대한 논의에서, 우리는 학습자들에게 의미 있는 함의점들을 구체적으로 확인했다. 이러한 발견들의 초점은 학습자들이 자신의 학습을 깨닫고 주도하며 도전할 만한 수준의 학습 활동에 참여할 때 학습이 더 잘 일어난다는 것이다.

- 3장과 4장에서 우리는 학습자들에게 보상을 제공하고 학습자가 도달한 구체적인 단계에 대해 효과적인 피드백을 제공하고, 학습자가 곧바로 적용할 수 있는 가이드를 제공하며, 이들이 기존에 가지고 있는 지식과 새로운 학습 내용을 연결시킬 수 있도록 도움으로써 교사는 학습자들의 건강한 학업 습관을 발달시킬 수 있음에 주목했다. 우리는 학습자가 그들이 배우는 것을 이해하고 조직화하는 데 도움을 주는 개념적 모형을 스스로 구조화하도록 지도되는 점에 주목했다.

- 5장에서 우리는 요약하기와 그리기, 자신만의 설명을 발전시키기, 다른 사람을 가르치기 등 학습자가 자신이 학습자 정보를 기억하는 데 도움이 되는 전략들을 살펴보았다. 이 장에서 우리는 효과적인 기억 전략이라는 것은 교사들이 학습자로 하여금 명시적 자료를 뛰어넘어 그들의 정보 표상을 풍부하게 하고 조직화되고 명확한 지식의 구조를 창조하도록 격려하는 것이라고 결론지었다.
- 6장에서 우리는 학생들에게 학습 중 의미 있는 선택을 할 수 있는 기회를 제공하고 좀더 보편적으로 그들의 통제감과 자율성의 느낌을 지지할 수 있는 기회를 제공함으로써 학생들의 자율성, 유능감, 학업 성취를 촉진시킬 수 있는 방법들을 기술했다.

이러한 점들은 교육자들이 학습자들을 성공적이 되도록 할 뿐만 아니라, 크든 작든 그들의 학습에 책임을 지도록 돕는 전략을 통해 다양한 상황에서의 다양한 학습을 도울 수 있다는 보편적인 발견을 지지한다. 교수자들은 적절한 지원을 함으로써 학습자들을 성공적이게 하며, 또한 이들이 작든 크든 그들의 학습에 책임을 지도록 격려하는 전략을 통해 다양한 유형의 학습과 상황에서 학습을 촉진할 수 있다. 이 절에서, 우리는 어떻게 학습자들이 참여를 하게 되고 자율성을 가지게 되는지에 대한 다양한 사고방식들에 대해 탐구할 것이다. 먼저, 우리는 학습자가 스스로 학습을 조절하는 도전에 대해 간략하게 살펴볼 것이고, 다음으로 학습자들을 참여하도록 이끌고 지도하는 교수적 전략에 대한 연구 결과들을 살펴볼 것이다.

자기조절학습

HPL I은 메타인지처럼 다른 관점의 논의를 시작하듯 자기조절 능력이 매우 어린 아동들에게 나타나며, 아동들의 지식과 경험이 성장해 감에 따라 점점 발전됨에 주목했다. 보고서의 '전략적 유능감'의 발달에서, 어린이들은 '학습 계획, 모니터링, 수정 및 반영 방법'에 대해 이해하기 시작한다(National Research Council, 2000, p. 12). 그러나 이 분야의 연구가 성장함에 따라 사람들은 자신의 학습을 규제하는 것이 얼마나 어려운지 알게 되고, 이러한 능력을 향상시키기 위한 교육의 가치를 강조한다.

자신의 학습을 정확하게 모니터링하거나 통제하는 것은 그 자체로 명백한 도전이다. 학습자는 이러한 자기조절 능력을 성취하기 위해 효과적인 전략을 필요로 하며, 메타인지적인 모니터링이 부정확하다면 학습자가 내리는 결정이나 선택은 적절하지 못할 것이다. HPL I이 출판되기 전에도 연구자들은 학생들이 학습 목표를 추구하는 데 도움이 되는 전략을 확인했다. 이 전략들은 학습자가 학습할 내용을 처리하는 방법과 학습 방법과 관련된 기술들이다. 이러한 전략들을 가르치는 방법은 학습하는 방법을 배우는 접근으로 특징지을 수 있다.

최근의 메타분석 결과는 자기조절 관련 전략과 그 외 전략들을 포함하여 학습 전략에 관한 연구의 개요를 제공한다. 하티와 도너휴(Hattie & Donoghue, 2016)는 228개 문헌들의 메타분석 결과를 요약했다. 이들은 400개 이상의 학습 전략을 확인했는데, 이 전략들 중 302개의 전략은 이들의 사용 여부와 학업 성취 결과 간의 관계에 대해 증명될 수 있었다. 연구자들이 밝힌 효과적인 전략 사용에서의 핵심적인 요소는, (1) 학습에 매진하고자 하는 의지, (2) 자신이 알지 못하는 것에 대해 가지는 호기심과 기꺼이 탐구하고자 하는 자발성, (3) 내용에 대한 깊은 이해와 관련된 기술들이다. 우리는 이 연구자들이 참여 구조(예: 또래 교습과 협력/협동 학습)뿐 아니라, 매우 광범위한 정의의 '전략'을 사용했다는 점, 환경을 관리하는 방법(예: 시간 관리에서 학생들에게 학습과 수업 내용에 대한 통제권을 제공하는 것)들을 포함했다는 점에 주목했다.

이 작업은 학습자가 그들의 자기조절학습의 역량을 개선하기 위해 특별히 무엇을 훈련해야 되는지에 대한 답을 제공하지는 않는다. 자기조절 훈련의 접근 방식을 탐색하는 연구들의 최근 논의는 자기조절의 일차적인 추동에 대한 세 가지의 다른 이론적 모형을 기반으로 한다(Berkman, 2016). 세 모형은, (1) 강도(자기조절은 어느 영역에도 적용할 수 있는 힘 또는 능력), (2) 동기(핵심은 동기를 향상시키거나 자기를 조절하고자 하는 의지), (3) 인지적 과정(핵심은 인지적 기능을 활성화하는 것으로, 예를 들어 습관을 개발하거나 자기효능감에 대한 신념을 변화시키는 것)에 초점을 둔다. 이 연구들은 이 세 가지 모형 각각에 기반을 둔 개입이 이익을 가지지만, 전반적으로 자기조절을 개선하는 측면에서는 제한적인 특성이 있음을 발견했다.

자기조절을 가르치는 아이디어는 부모와 교수자들에게 호소력이 있으며, 수많은 자료는 자기조절을 실행하는 데 실질적인 팁을 제공한다. 자기조절을 가르치는 교사의 역할에 대한 연구에서, 학습에 적극적으로 참여하는 것이 긍정적인 학업 결과와 관련되며, 교사들은 학생들을 의미 있는 목표와 전략으로 인도하고, 동기를 모니터링하며 유용한 피드백을 제공하는 등의 조치로 학생들의 적극적인 참여를 촉진시킬 수 있다고 결론지었다(Moos & Ringdal, 2012). 이 저자들은 활발한 연구 영역의 복잡성을 반영하여 자기조절 모형을 약간 다른 구조로 설명했지만, 그들 역시 전 사고(forethought), 수행 통제, 자기성찰, 인지, 동기와 같은 중요한 개념들을 강조했다. 이 모형과 상관없이, 무스와 링달(Moos & Ringdal, 2012)은 교사들이 학생들의 자기조절을 충분히 촉진할 수 있으나 훈련이 필요하다고 주장했다.

연구 문헌들은 직접 훈련된 기술 이상으로 학습자의 자기조절 역량을 개발하는 훈련 방법에 대해서는 아직 명확하게 밝혀내지 못했다. 카메룬과 독일의 유치원생들이 가진 자기개념과 사회화 전략에 관한 최근 연구들과 같은 연구에서 자기조절 과정에서 문화의 역할에 대해서는 철저히 다뤄지지 않았다(Lamm et al., 2017). 그러나 훈련에 대한 연구를 개발한 연구자들은 "자기조절이 훈련을 통해 향상될 수 있다는 증거들에 대해 이질적이지만, 관심을 끌 만한 증거들이 있다."라고 말한다(Berkman, 2016, p. 454). 우리는 이 주제에 대해 9장에서 다룰 것이다.

학습자의 참여를 위한 교수적 접근

이전 장에서 살폈듯이, 인간의 이해에 대한 추동은 강력하다. 사람들은 그들의 경험에서 의미를 부여하고자 하는 타고난 역량을 가진다. 이러한 경향이 적절한 과제와 행동에 적용된다면, 학습에 있어서 강력한 엔진이 되는 잠재력을 가진다. 다른 한편으로, 학생들에게 인위적이고 탈맥락화된 과제를 수행하게 한다면 이들은 그러한 상황에 맞는 대처 전략을 개발하게 될 것이지만, 그러한 전략들은 단순히 학생들이 학교에 출석만 하게 만들 수 있다. 이번 절에서 위원회는 학교 활동을 '사고 활동으로의 초대'로 만드는 방법을 간략하게 살펴볼 것이다. 우리가 논의한 방식, 즉 문제 및 프로젝트 기반 학습과 협동 학습에 참여하고 도전하게 하는 두 가지 교육 접근법은 연구자들로부터 상당한 관심을 받고 있다.

문제 및 프로젝트 기반 학습

문제 및 프로젝트 기반 학습은 장기적 목표에 초점을 둠으로써 학습자의 학습 참여를 촉진하는 전략이다(Shah & Kruglanski, 2000). 문제 기반 학습은 의대생들이 광범위한 내용의 지식과 임상 실습을 습득할 수 있도록 돕기 위한 의학교육에서 시작되었다. 이 용어는 학습 결과보다 질문이나 문제를 구성하는 학습의 과정에 초점을 두는 일련의 교수적 접근을 의미한다. 도전 과제는 성인들이 학교 밖에서 직면할 만한 프로젝트와 유사하게 학생들이 주요한 개념과 학문의 원리를 고심하게 하고, 건설적 탐구를 개발하도록 유도해야 한다(Condliffe et al., 2016).

이러한 접근법의 이점을 보여 주는 연구들은 주로 사회과학이나 과학 수업이지만, 초등학생이나 중학생 수준의 다양한 맥락을 포함한다(Ferretti et al., 2001; Halvorsen et al., 2012; Kaldi et al., 2011; Parsons et al., 2011; Rivet & Krajcik, 2004). 일반적으로, 이 연구자들은 학생들이 도전에 참여하기 위한 프로젝트 기반의 단위를 고안했는데, 예를 들어 기계가 어떻게 큰 물건을 쉽게 만들거나 거대한 수족관 모형을 쉽게 짓는지를 파악하는 것과 같은 도전에 참여하게 한다. 연구자들은 학습 결과를 평가하고, 긍정적인 결과를 문서화하고, 특징을 파악하는 효과적인 다양한 방법을 사용했다. 그러나 콘드리페와 동료들(Condliffe et al., 2016)은 연구 문헌이 증가하고 있지만 프로젝트 기반 학습과 학생의 결과 간의 관계를 탐구하는 대부분의 연구는 인과적 추론을 지원하는 방식으로 설계되지 않았다고 지적했다. 그들은 이 접근법의 효능을 주장하는 데 주의를 촉구했다. 우리는 또한 문제 기반 학습을 위한 이론적 틀이 상당히 추상적이며, 문제 기반 교수 방법을 어떻게 고안하고 실행할 것인지에 대한 확고한 결론을 내기는 쉽지 않음을 강조한다.

연구자들은 또한 이 접근법의 실행과 관련된 질문들을 연구했다. 예를 들어, 학생들에게 얼마나 독립성을 보장하는 것이 적절한지, 교수자가 얼마나 많은 지도와 교육을 제공해야 하는지, 그리고 외부에서 설계되고 교사에게 제공되는 문제 기반 교육과정이 교사가 고안한 것과 동일한 혜택을 얻을 수 있는지에 대한 질문들이 존재한다(Barron & Daling-Hammond, 2008; Halvorsen et al., 2012; Thomas, 2000). 이러한 논쟁은 이 접근법을 통해 학업 목표를 달성하는 데 필요한 문제에 대한 도전을 강조할 뿐 아니라, 이러한 종류의 교수법을 고안하고 실행하는 데 필요한 시간과 노력의 중요성을 강조한다(Herzog, 2007).

협력 학습[5]

학습이 개별 학습자의 마음에서 발생하는 고립된 과정이 아니라는 인식은 학습 공동체로서의 교실 환경에 대한 많은 연구자들의 관심 그리고 학생들 스스로의 상호작용 및 학생과 교사의 상호작용이 어떻게 학습에 영향을 미치는지에 초점을 두게 한다(Brown & Campione, 1995; McCaslin & Burross, 2011). 이 연구의 한 가지 초점은 협력 학습에 있는데, 여기서 집단의 구성원들은 복잡한 과제를 수행하면서 그들 각자의 생각에 기여를 하고(예: 과학 모형을 수정하고 정제하기),

---

5) 옮긴이 주: collaborate은 '협력', cooperative은 '협동'으로 번역하였음.

역할을 분장할 권력이 주어지며, 권력과 권위의 관계가 발전하고, 그렇지 않으면 과제 요구를 탐색한다(Roschelle, 1992). 협력 학습을 기반으로 한 교육과 관련된 많은 특징은 이전 장에서 우리가 강조한 결과와 일치한다. 예를 들어, 학생들은 학습에 대한 책임을 지고 교사가 촉진한 자신의 사고 과정과 판단의 견제를 반영하도록 격려된다(Kirschner & Paas, 2001).

여러 메타분석 결과들은 다양한 영역에 걸쳐서 집단 학습의 이점을 조사했다(읽기 관련 연구 Slavin et al., 2008; 수학 관련 연구 Slavin & Lake, 2008; Johnson et al., 2000 참조). 경쟁적 학습 혹은 개인주의적 경험과 대비했을 때 협동 학습이 가지는 이점은 집단 구성원 간의 긍정적인 사회적 수용, 더 강한 과업 지향성, 높은 심리적 건강, 높은 자존감, 증가된 조망 수용 능력 등을 들 수 있다. 이 연구들은 이러한 이점들이 집단 구성원들이 공동의 학습 목표를 가지고 각 구성원들의 학습에 대해 서로 책임감을 느낄 때 발생함을 보여 준다(Johnson et al., 2000).

협동 학습의 한 가지 특별한 형태인 복잡한 교수법은 형평성을 증진시키도록 고안되었다(Cohen & Lotan, 1997; Cohen et al., 1999). 이 접근법에서, 집단의 구성원들은 참가자들이 과제를 수행하는 데 있어서 상호 의존적이 되도록 구조화된 개방형 과제에 참여해야 한다. 과제 구조는 학생들이 서로에게 학업적·언어적인 자원이 되도록 배정한다. 이러한 과제의 예시는 중남미의 다양한 이민자 집단의 경험을 연구함으로써 "왜 사람들이 이동합니까?"라는 질문을 탐색하는 것이다. 이 질문은 복잡하며, 적절하게 해결하려면 경제적 어려움으로부터의 구제, 정치 망명 추구, 자신과 가족을 위한 더 나은 삶에 대한 열망 등 광범위하고 잠재적인 설명 요소들을 평가해야 한다.

여러 자원(예: 일기, 사진, 저널, 뉴스 기사, 텍스트)을 바탕으로 학생들은 이민자의 선택에 영향을 미치는 다양한 요인에 대한 이해를 구축한다. 과제는 본질적으로 불확실하고 개방형이므로 정답은 없으며, 학생들은 자신의 응답을 생성하기 위해 사용하는 질문과 과정에 대해 고려해야 한다. 교사들은 학생들의 불평등한 참여에 특히 주의를 기울이도록 안내받는다. 예를 들어, 교사는 집단이 고려하고 있는 이슈가 해석에 있어서 개방적이며, 정답은 없고, 집단이 그들의 결과에 대해서 합의를 해야 함을 강조할 수 있다. 더 나아가, 활동들은 다양한 능력들을 요구하므로 모든 학생들은 그들 각각의 장점을 가지고 기여할 수 있다(예: 쓰기, 사진 찍기 혹은 정보 수집). 교사들은 또한 학생들이 대안적인 해결을 탐색하게 하고 다양한 관점에서 문제를 검토하도록 격려한다.

　테크놀로지, 특히 인터넷 기반 자원들은 협력 학습을 위한 새로운 길을 열었으며, 컴퓨터가 지원하는 협력 학습에 연구 초점을 둔 새로운 지평을 열었다(Goodyear et al., 2014; Graesser, 2013). 인터넷 네트워크를 통해 이뤄지는 협력 학습에 대한 연구는 학습 경험의 설계의 중요성을 지적하고, 성공적인 과제는 (1) 학습자가 수업의 요소를 통제할 수 있게 해 주는 과제, (2) 복잡한 아이디어를 이해하고 연결하기 위한 지원 및 여러 가지 자원을 제공하고, (3) 학습자에게 그들의 학습에 다양한 표상들을 제시하는 방법들을 제공하는 과제들임을 시사한다(Scardamalia와 Bereiter, 2006).

4. 학습 평가

　평가는 가능한 개선점들과 향상의 징후들을 확인하는 피드백을 제공함으로써 학습의 과정과 동기를 긍정적인 방향으로 이끌 수 있다. 평가의 설계는 사람들이 어떻게 배우는지에 대한 이해를 반영할 때 가장 효과적이다.

　유치원에서 고등학교까지의 평가는 넓은 범위의 대상을 목표로 한다. 학생들은 의도된 내용과 기술을 그들이 배우고 있는지에 대한 정보가 필요하다. 교사들은 개별 학생들이 수업 내용을 배우고 수업이 진행되는 데 자신의 교육적 접근 방식이 도움이 되는지 알고 싶어한다. 부모들은 자녀들이 중요한 내용을 학습하고 있는지 알고 싶어한다. 학교, 교육구, 주 공무원에서부터 고등교육, 비즈니스 및 연방 정부의 지도자들에 이르는 이해 관계자들은 성공, 개선 그리고 필요한 행동에 대한 정책 결정을 내리기 위해 이러한 평가 정보가 필요하다. 평가는 학습과 학교교육의 개선을 위한 필수적인 피드백을 제공한다. 펠레그리노(Pellegrino, 2014)는 초중등교육 환경에서의 평가가 다음 목적으로 사용됨을 발견했다.

- 교실 학습을 지원하기 위해 사용된다(형성 평가로 알려진 기능). 이러한 평가는 개별 학생이 배운 자료에 대해 무엇을 배웠는지 또는 배우지 않았는지에 대한 구체적인 정보를 제공한다. 이 정보는 학생들에게 얼마나 향상되었는지에 대한 피드백을 제공하고, 교사가 개별 학생들의 요구를 충족시키기 위해 교수 전략을 형성하도록 돕는다.
- 일정 기간, 예를 들어 학년이나 수업의 끝과 같이 학교에서의 교육이 완료된 후 개인적 성취 수준 혹은 유능성의 수준을 평가하기 위한 것으로 흔히 총괄 평가라고 한다.
- 프로그램 및 기관을 평가하고 학교, 지역, 주 또는 국가 수준에서 학습을 모니터링하기 위한 것으로, 이러한 평가는 대개 교실에서 보다 더 적게 사용된다. 이 평가는 특정 교실에서 다루는 자료가 아니라 시도교육청의 표준 내용을 반영할 수 있다.

모든 관객의 목표에 부합하는 시험이나 평가는 없다. 서로 다른 목적으로 사용되는 시험은 상당히 다르게 보일 수 있지만, 학습을 지원하려면 서로 조율되어야 한다. 평가 시스템은 이러한 다양한 목적에 맞게 광범위한 평가 전략을 사용하여 신중하게 설계해야 한다(National Research Council, 2001a/2006/2014).

학습자에게 피드백 제공하기

교실에서 시행되는 형성 평가는 학습과 교수의 다음 단계에 대한 선택을 이끄는 의미 있는 피드백을 제공한다(Bennett, 2011; Black & Wiliam, 2009; Valle, 2015). 잘 정의된 학습 모형에 기반해 볼 때, 평가 정보는 학생의 현재 수준과 원하는 수준의 성과 간 격차를 확인하고 격차를 줄이는 데 사용할 수 있다. 평가는 학생들이 잘못 이해하고 있는 것에 대한 진단적 정보를 제공하고, 이를 통해 교사가 교수 방법을 어떻게 수정할지와 학생들이 자신의 과업을 어떻게 수정하고 학습 과정을 조정할지에 대한 결정을 지도하게 된다.

초기 영향력 있는 연구 리뷰(Bangert-Drowns et al., 1991; Black & Wiliam, 1998)와 보다 최근의 메타분석 연구(Graham et al., 2015; Kingston & Nash, 2011)에서는 형성 평가와 학생들의 학습 간에 정적 관련성이 발견되고 있다. 이러한 긍정적 효과는 다양한 연령대, 핵심 교과목, 국가에 걸쳐서 동일하게 나타난다(Chen, 2015).

그러나 모든 종류의 피드백이 동등하게 효과적인 것은 아니다(Ruiz-Primo & Li, 2013; Shute, 2008; Van der Kleij et al., 2015; Wiliam, 2010/2013). 효과적인 형성 평가는 학습 목표를 분명히 하고, 교사와 학생들에게 목표와 관련되어 어느 위치에 있는지에 대한 피드백을 제공하며, 교사로 하여금 학습 과정에 대한 변화와 학생들의 작업 수정뿐 아니라 교수 방법의 조정을 촉진한다(Andrade, 2016). 연구에 따르면 효과적인 피드백은 다음과 같다.

- 과제와 학습 목표에 초점을 두고 있다. 즉, 평가나 등급이 아니라 보다 상세하고 서술적으로 구성되어 있다.
- 더욱 지지적이며 학습자의 진도와 일치하는 방식으로 전달된다.
- 학습자가 이를 통해 이익을 얻을 수 있는 시점에 제공된다.
- 반응하는 데 필요한 자기효능감을 가진 수용적 학습자에게 제공된다.

최근의 연구는 효과적인 피드백의 특징에 대해 보다 섬세한 이해를 제공한다. 피드백은 과제를 이해하고 수행하는 방법을 다룰 수 있는데, 과제를 성취하기 위해 필요한 자기감시, 조절, 과제를 수행하는 데 필요한 행동을 유도하거나 학습자에 대한 개인적 평가를 제공하는 것들이다(Hattie & Timperley, 2007). 학습자의 학습에 대한 판단과 자신의 학습을 관리하는 능력은 종종 불완전하기 때문에, 연구자들은 학습을 돕기 위해 정확한 피드백을 사용하는 방법을 탐구했다(Andraade, 2016; Zimmerman, 2002). 예를 들면, 수학과 지리학의 맥락에서 학생들의 자기평가 기술을 개발하는 전략(Ross & Starling, 2008; Ross et al., 2002)과 또래평가 및 자기평가를 함께 사용하도록 학생들을 안내하는 전략이 있다(Andrade, 2016; Topping, 2013).

학생 학습 방법에 대한 증거와 평가의 연결

국립연구위원회(National Research Council)의 보고서 「학생들이 무엇을 아는지 알기(Knowing What Students Knows)」는 유효한 평가 시스템의 세 가지 필수 구성 요소를 설명하는데, "특정 영역에서 학생들의 인지와 학습에 대한 모형, 학생들의 역량에 대한 증거를 제공할 관찰의 종류에 대한 일련의 믿음 그리고 증거를 이해하기 위한 해석 과정"(National Research Council, 2001, p. 44)이 그것이다. 학생 학습의 모형은 학습자가 지식을 표현하고 전문 지식을 개발하는 방법에 대한 연구와 일치해야 하는데, 이것은 평가 설계를 위한 통합된 기초로 작용한다. 이 관찰은 확인된 평가 과제 혹은 학생들이 학습에 대한 증거를 제공할 수 있는 상황들로 구성된다. 해석 방법은 이 관찰을 이해할 수 있는 방법을 제공하며, 통계 모형에서 직관적이거나 질적인 판단에 이르기까지 다양할 수 있다. "인지, 관찰, 해석의 이 세 가지 요소는 분명히 연결되고 조정된 전체로서 설계되어야 한다"(National Research Council, 2001, p. 2).

10년 후, 브라운(Brown)과 윌슨(Wilson)은 대부분의 평가에서 여전히 인지에 대한 외재적 모형, 즉 학생들이 어떻게 지식을 표현하고 교과 영역에서 능력을 개발하는지에 대한 이론이 결여되어 있다고 지적했다. 그들은 인지 모형이 없다면, 교실의 교사를 포함한 평가 설계자가 의미 있는 평가를 만드는 방법에 대한 명확한 지침이 없어서 이해가 어떻게 발전되는지에 대한 암묵적 지식의 대부분은 결함이 생긴다고 주장한다. 그러나 최근의 우세한 발달은 학생들의 학습 방법에 대한 증거들과 일치하도록 고안한 효과적인 평가 방법들을 제안한다.

학습 진도에 기반한 평가

학습 궤적, 구성 지도 또는 구성 모형으로도 알려진 학습 진도는 초보자에서 전문가에 이르기까지 전형적으로 아동들이 학습하는 주제를 다루는 연속적인 모형으로 정교한 사고방식에 대한 모형이다(National Research Council, 2007). 연구와 개념 분석을 바탕으로 학습 진도도 오랜 기간 동안의 발달을 설명한다 (Heritage, 2009). 예를 들어, 학습 목표가 지구의 일부가 태양으로부터 멀어지기 때문에 밤에 더 추워진다는 것을 이해하는 것이라면, 학생들은 먼저 지구가 태양 주위의 궤도를 돌고 자체 축으로 회전한다는 것을 이해해야 한다. [BOX 7-2]는 학습자를 1수준에서 4수준까지 배정하는 이 핵심 개념에 대한 학습 진도를 보여 준다.

학습 진도 상황은 주로 주 및 정부의 표준을 염두에 두고 작성되었지만, 준거 달성에 이르는 중급 및 중급 단계를 포함하지 않는 대부분의 준거보다 더 자세하다(Heritage, 2011). 전형적 학습에 대한 상세한 설명은 평가 결과의 설계와 해석뿐만 아니라 교수 활동을 가능하게 하는 인지 모형을 나타내는 역할을 한다. [BOX 7-3]에서 볼 수 있듯이, 학습 진도는 학생들이 주제에 대해 가지고 있는 일반적인 오해를 나타낼 수 있다.

학습 진도는 학습 평가 및 평가를 위한 청사진을 제공한다. 이는 학생들이 총괄 평가를 위한 목표를 제시하고, 학습을 위한 일련의 활동을 나타내며, 학생들의 이해 지표를 제공하는 형성 평가 과정의 설계를 안내할 수 있기 때문이다 (Corcoran et al., 2009; Songer et al., 2009). 교사와 교육청은 선행 학습할 내용에 대한 형성 평가뿐 아니라 학습 진도를 염두에 둔 총괄 평가를 설계할 수 있다 (Furtak & Heredia, 2014). 일반적인 오개념에 대한 질문은 사전에 설계하여 전달하거나, 서면으로 전달하거나, 개인이나 집단에 전달할 수 있다. 예를 들어, 지구와 태양계라는 단위의 특정 지점에서 교사는 "지구가 태양 주위를 도는 데 얼마나 오래 걸리고, 어떻게 알 수 있는가?"와 같이 특정한 학습 목표와 관련된 학생들의 생각이 드러나도록 고안된 질문을 할 수 있다. 질문에 대한 학생들의 반응은 자신의 학습에 대한 통찰을 제공하고, 교사의 다음 교육적 단계를 안내할 수 있다.

BOX 7-2 **태양계에서의 지구를 이해하는 학생의 구조 지도에 대한 평가 채점도**

44. 학생은 하늘에서 대상물의 겉보기와 실제 움직임을 조정할 수 있다. 학생들은 다음과 같은 것들을 안다.
    - 지구는 태양 주위를 공전하고 있고 축을 중심으로 회전하고 있다.
    - 지구는 일 년에 한 번 태양을 공전한다.
    - 지구는 하루에 한 번 낮과 밤의 주기와 태양이 하늘을 가로질러 움직이는 모습으로 축을 중심으로 회전하며,
    - 달은 28일에 한 번씩 지구의 궤도를 돌면서, 달의 위상 변화 주기 단계를 생성한다.

    공통 오류: 계절은 지구와 태양 사이의 거리 변화로 인해 발생한다.

    공통 오류: 위상 변화 주기는 행성, 태양 또는 달에 드리워지는 지구의 그림자에 의해 발생한다.

33. 학생들은 다음과 같은 것들을 안다.
    - 지구는 태양을 공전한다.
    - 달은 지구를 공전한다.
    - 지구는 축을 중심으로 회전한다.

    그러나 학생들은 이 지식을 움직임에 대한 명백한 이해와 함께 설명하지 못하고 지구가 회전하는 동시에 궤도를 돌고 있음을 인식하지 못할 수도 있다.

    공통 오류: 지구는 하루에 한 번 태양 주위를 돌기 때문에 밤에는 어두워진다.

22. 학생은 다음과 같이 인식한다.
    - 태양은 매일 하늘을 가로질러 움직이는 것처럼 보인다.
    - 관측 가능한 달의 모양은 28일마다 변한다.

- 학생들은 태양이 지구 주위를 돈다고 믿을지도 모른다.

  공통 오류: 하늘의 모든 움직임은 지구가 자전하기 때문이다.

  공통 오류: 태양은 지구 주위를 돈다.

  공통 오류: 태양이 하루에 한 번 지구를 돌기 때문에 밤에는 어두워진다.

  공통 오류: 지구는 우주의 중심이다.

11. 학생들은 하늘에 있는 물체의 외관이 지닌 체계적인 성격을 인식하지 못한다. 학생들은 지구가 구형이라는 것을 인식하지 못할 수도 있다.

  공통 오류: 어떤 것(예: 구름, 대기, '어두움')이 태양을 덮기 때문에 밤이 되면 어 두워진다.

  공통 오류: 달의 위상은 달을 덮고 있는 구름에 의해 야기된다.

  공통 오류: 태양은 밤에 지구 밑으로 내려간다.

출처: Briggs et al. (2006).

BOX 7-3 **태양계에서의 지구 이해를 위한 구조 지도에 기초한 진단 항목**

밤에 어두워지는 이유에 대한 가장 좋은 설명은 무엇일까?

A. 달은 밤에 태양을 차단한다. [1수준 응답]

B. 지구는 하루에 한 번 축을 중심으로 회전한다. [4수준 응답]

C. 태양은 하루에 한 번 지구를 돈다. [2수준 응답]

D. 지구는 하루에 한 번 태양 주위를 움직인다. [3수준 응답]

E. 태양과 달은 밤을 만들기 위해 위치를 바꾼다. [2수준 응답]

출처: Briggs et al. (2006).

또한 진단 질문은 객관식 항목의 형태로도 구현될 수 있다(Wylie et al., 2010). 브릭과 동료들(Briggs et al., 2006)은 잘 설계된 객관식 항목이 학생 이해에 대한 진단 정보를 교사에게 제공할 수 있음을 입증했다. [BOX 7-3]의 예와 같이 항목 하나에서 선택 가능한 답이 학생이 이해하는 발달 수준과 연관되어 있을 때, 학생 반응의 항목 수준에 대한 분석은 개별 학생과 학급 전체가 무엇을 이해하는지 보여 줄 수 있다. 예를 들어, 만약 한 반 학생의 4분의 1이 지구가 하루에 한 번 태양 주위를 움직여서 어둠이 생긴다고 믿는다고 제안하는 보기 D를 선택한다면, 교사는 주간-야간 주기를 이해하거나 이해하지 못하는 학생들 사이에 구조화된 소규모의 집단 토론 기회를 제공하기로 결정할 수도 있다. A, C 또는 E를 선택하여 2 단계 이하의 점수를 얻은 학생들에게는 보다 집중적인 개입을 할 수 있다.

펠레그리노(Pellegrino, 2014, p. 70)에 따르면 "인지와 학습에 대한 연구는, 특히 독서, 수학, 과학이라는 특정 분야에 대한 평가 설계를 안내하는 영역별 학습과 성과에 대하여 풍성하게 설명해 왔다 … 즉, 교육과 평가의 설계를 효과적으로 이끌 수 있는 방법으로 교과 과정의 여러 영역에 대한 학습 진행 상황을 지도화하는 데 있어 할 일이 많이 남아 있다."라고 한다.

증거 기반 설계를 통한 평가

널리 존중되는 또 다른 현대적 평가 모형은 증거 기반 설계(Evidencecentered Design; Mislevy et al., 2003/2006)이며, 이는 인지와 학습의 경험적 증거에 대한 평가를 기반으로 한다. 이 모형에서 평가는 학생의 학습을 평가하기 위한 증거의 추론 과정으로 간주된다. 설계 과정은 주어진 주제 영역에서 전문가 사고와 초보자 학습에 대한 연구 증거를 조사하는 것으로 시작된다. 주제 학습과 관련된 모든 요소를 분석하고 문서화한 다음, 설계 과정에서 시험을 개선하는 데 사용한다. 평가 전문가들은 "학습과학 연구를 기반으로 한 시험은 학생들이 그러한 학습 과정에 성공적으로 참여할 때, 그리고 역효과 연습에 참여할 때 더 좋은 결과를 나타낼 수 있다."라고 믿는다(Yarnall & Haertel, 2016, p. 3).

이 설계 과정의 두 번째는 '관찰'인데, 항목 또는 과제를 선택하여 원하는 지식과 기술의 증거를 도출한다. (이러한 과제들에 대한 학생 응답에 기반한) 관찰은 개발자가 학생 성과에 대해 추론하는 데 필요한 데이터를 제공한다. 기존의 시험 개발 방법과는 달리 증거 기반 설계는 해당 영역에서 학습이 어떻게 일어나는지에 대한 증거에서 시작하여 이를 근거로 시험을 만든다. [그림 7-1]은 전체 설계 과정의 필수 구성 요소 세 가지를 보여 준다. 첫 번째 단계는 '학생의 지식과 학생들이 내용 영역의 특정 측면에 대해 알고 이해해야 하는 방법을 가능한 한 정확하게 정의하는 것'이다(National Research Council, 2012a, pp. 52-53). (학습 진행률 및 증거 기반 설계, 평가의 신뢰성 및 유효성을 보장하는 방법에 대한 자세한 내용은 National Research Council, 2005/2012a/2014; Pellegrino, 2014 참조).

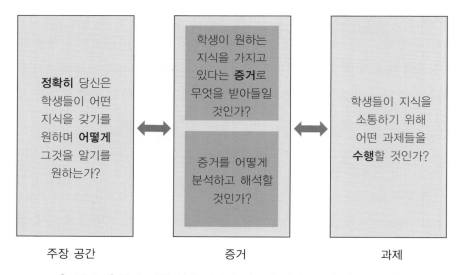

[그림 7-1] 증거 기반 설계 과정과 이들의 관계 중 세 가지 중요한 구성 요소를 단순하게 재구성한 것

출처: National Research Council (2014).

5. 결론

우리가 종합한 학습에 대한 연구는 학교 학습을 위한 5가지 결론을 지지한다.

결론 7-1: 효과적인 교육은 학습자의 사전 지식, 경험, 동기 부여, 관심사 및 언어와 인지 기술 간, 교육자 자신의 경험과 문화적 영향 그리고 학습 환경의 문화적 · 사회적 · 인지적 · 정서적 특성의 복잡한 상호작용을 이해하는 데 달려 있다.

결론 7-2: 여러 다른 연구들이 의미하는 본질은 학습자의 메타인지 기술을 개발하는 데 정확한 피드백과 지지를 제공하고, 학습자의 현재 역량에 맞는 도전 그리고 의미 있는 목표를 설정하고 추구하는 데 있어서 지원을 제공하는 것과 같이, 학습자를 자신의 학습을 지도하는 데 참여시키는 것이 중요하다는 것이다.

결론 7-3: 점점 더 많은 연구가 교육과정과 교수 기법을 통해 학습자들이 배우는 내용과 그들이 학교 밖에서 배우는 것을 연결할 수 있도록 하며, 다양한 맥락의 학습 경험과 기회를 각 학습자에게 활용하는 교육 자산 모형을 채택하고 있다.

결론 7-4: 과학, 역사, 수학 같은 특정 분야에 특화된 언어와 수행을 의도적으로 가르치는 것은 학생들이 이러한 과목에 대한 깊은 이해를 발전시키는 데 매우 중요하다.

결론 7-5: 평가는 학교에서 학생들의 학습을 발전시키고 모니터링하는 데 중요한 도구이다. 잘 정의된 학습 모형에 기반을 두면 평가 정보를 사용하여 현재와 기대하는 수준의 학생 학습 및 수행 간의 격차를 확인하고 이를 좁힐 수 있다.

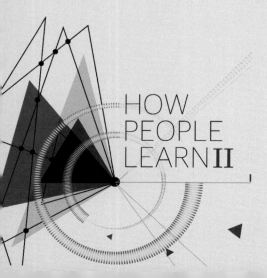

HOW
PEOPLE
LEARN II

8장

디지털 테크놀로지

교육적 지원을 위한 디지털 테크놀로지의 진보는 HPL I[1] 출판 이후 일어난 가장 큰 변화 중 하나이다. 디지털 테크놀로지는 학습자가 다양한 상황에서 여러 종류의 목표를 성취하는 데 도움을 줄 수 있다. 예를 들면,

1. 초등학교 1학년 교사는 학생들이 디지털 워크북을 사용해 수학 문제를 풀고 연습하는 것에 흥미가 없는 것을 알게 되었다. 또한 학생들은 관련된 숙제를 거의 하지 않는 것으로 확인되었다. 교사는 게임의 맥락에서 동일한 작업을 목표로 하는 프로그램을 사용하였다. 학생들은 게임을 하는 것이 신이 났을 뿐만 아니라 직접 게임을 하고자 선택했으며, 학생들의 수학적 기술도 향상되었다.

2. 항공기 수리소의 관리자가 직원들의 실수에 대한 보고서를 받았다. 직원교육에 사용되는 소프트웨어는 직원들이 맡은 부분과 관련된 고장을 수리, 교환, 복구하는 과정에 필요한 절차를 읽고 외우는 과정을 포함한다. 관

---

1) 1장에 언급했듯이 HPL I은 『How People Learn I: Brain, Mind, Experience, and School- Expanded Edition』의 약어로 사용됨(National Research Council, 2000).

리자는 직원들이 기계의 구조에 대해 더 깊은 이해(정신적 모형)가 필요하다고 생각하고 개별적 지도와 가상 현실 기법이 가능한 지능적 교수 체제(intelligent tutoring system)를 구입했다. 이 체제는 기계의 구조와 흔히 발생하는 오해에 대해 설명한다. 체제를 사용한 결과, 직원들의 실수가 상당히 감소하였다.

3. 한 개인이 심각한 경기 침체 시기에 사업의 부도로 파산하였다. 도시 변방에서 일자리를 찾았는데, 그 일자리는 농사와 통계에 대한 지식을 포함한 새로운 기술을 요구하였다. 지식의 격차를 줄이기 위해 무료로 제공되는 여러 온라인 강좌를 이수했고, 다수의 자격증을 취득하여 현재는 그 분야에서 리더의 역할을 하고 있다.

이러한 예들은 여러 사회문화적 맥락에서 테크놀로지가 다양한 방법으로 학습을 도울 수 있음을 시사한다. 첫 번째 예에서 게임은 수작업과 관련한 반복적 연습에 적합하였던 반면, 지능적 교수 체제는 항공기에 관한 더욱 깊은 정신적 모형을 습득하기 위해 필요했다. 무료 온라인 강좌는 분야를 바꾸려는 개인의 자기주도적 학습을 지원하였다. 이러한 예들은 테크놀로지의 학습이 구체적인 필요와 맥락을 충족시킬 때 가장 효과적임을 시사한다.

HPL I에서는 테크놀로지가 다음과 같은 상황에 사용될 수 있다고 언급하였다. (1) 실세계 문제 해결을 학급의 교과 과정에 포함시킬 때, (2) 학생의 학습에 비계를 제공할 때, (3) 학생과 교사 간 피드백, 성찰, 수정의 기회를 더 제공할 때, (4) 학습에 투자하고 관심이 있는 개인들 간 지역적·세계적인 공동체를 만들 때, (5) 교사의 학습 기회를 확대할 때이다. HPL I이 출판된 이후, 새로운 테크놀로지들이 개발되었고, 연구자들은 디지털 테크놀로지가 어떻게 가장 효과적으로 학습을 발전시키는 데 사용될 수 있는지에 대한 지식을 확대하였다.

이 장에서는, 적극적 학습을 자극시키고 학교와 일터에서 학습을 지지하는 데 유망한 새로운 테크놀로지들에 대한 선행 연구에 기반을 두고 학습에 사용되는 테크놀로지를 학습 목표와 일치시키는 방법을 논의하고자 한다. 또한 만학

도의 학습을 지원하기 위해 사용되는 테크놀로지에 대해 논의하고, 학습 기회의 제공에 대한 논의로 마무리한다.

1. 테크놀로지와 학습 목표의 일치

학습을 위한 테크놀로지는 학습자를 지지할 수 있는 중요한 가능성을 제안한다. 이 분야의 연구자들은 학습과 교수와 관련해 디지털 기술이 가능하게 하는 기회들을 설명하기 위해 **행동유도성**(affordances)이라는 용어를 사용한다(Collins et al., 2000). 본 절에서는 학습을 위한 테크놀로지의 행동유도성 특성을 살펴본 이후, 테크놀로지가 어떻게 여러 분야의 학습에 도움이 되는지 연구 결과를 탐구하고자 한다.

학습을 위한 테크놀로지의 행동유도성

행동유도성은 어떠한 사물을 사용하는 개인이 그 사물과 특정한 방법으로 관계를 맺도록 유도하는 사물의 특성 혹은 속성이라고 정의된다(Gibson, 1979; Norman, 2013). 예를 들면, 문의 손잡이는 이를 사용하는 사람이 돌려서 밀도록 유도하는 반면, 긴 끈은 사용자로 하여금 당기고 묶도록 유도한다. 현대의 디지털 환경은 글이 있는 멀티미디어 디스플레이, 그림, 시각적 강조, 소리, 음성 메시지 그리고 정보 입력을 위한 여러 채널(클릭, 터치)과 같이 사용자에게 중요한 학습 기회를 제공하고 있다. [BOX 8-1]은 정보 전달과 입력 특성 그리고 테크놀로지가 반영된 여러 다른 행동유도성이 깊은 수준의 학습을 어떻게 지원하는지 정리하고 있다[이 목록은 메이어(Mayer, 2009)와 모레노와 메이어(Moreno & Mayer, 2007)의 연구를 바탕으로 작성되었다].

BOX 8-1 학습을 위한 테크놀로지의 주요 행동유도성

1. 상호작용: 테크놀로지는 체계적으로 학습자의 행동에 반응한다. 예를 들면, 일부 진지한 게임은 학습자가 롤플레잉과 게임 내 가상의 공동체를 통해 가상의 작업에 몰두하게 한다. 책을 읽거나 테이프를 듣거나 영화를 보는 것은 학습자의 행동에 대한 반응으로 새로운 정보를 제공하지 않으므로 상호적인 테크놀로지가 아니다.

2. 적응성: 이 테크놀로지는 학습자의 행동, 지식 그리고 특성에 따른 정보를 제공한다. 어떤 게임에서 사용자에게 선택을 하도록 하지만 사용자의 선택이나 행동에 따라 선택지에 변화가 없는 경우와 같이 어떠한 테크놀로지는 상호적이나 적응적이지는 않을 수 있다. 반대로 지능적인 응용 학습 프로그램은 적응적이고 상호적이도록 설계되었기에 학습자가 프로그램을 사용할 때 프로그램은 모든 과제와 관련된 학습자의 행동을—정답, 오답, 판단에 걸린 시간, 학습자의 개인적 판단 전략—평가하고 선택적으로 반응할 수 있다.

3. 피드백: 이 테크놀로지는 학습자 수행의 질에 대한 피드백을 제공하며, 이러한 피드백은 종종 수행이 어떻게 향상될 수 있는지에 대한 정보를 포함한다. 피드백의 범위는 학습자의 입력 내용 혹은 대답의 옳고 그름에 대한 짧은 메시지부터 해당 입력 내용이 왜 옳고 그른지에 대한 설명까지 포함한다. 과제와 관련된 피드백의 범위는 몇 초간 유지된 단기적 사건에 대한 반응부터 장기적 수행(예를 들면, 한 학기)에 반응을 포함한다.

4. 선택: 이 테크놀로지는 학생들에게 무엇을 어떻게 배울지에 대한 선택지를 제공하여 학생들이 스스로 자신의 학습을 조절할 수 있도록 한다. 예를 들면, 정해진 계획에 따르는 설명 위주의 테크놀로지는 학습자가 선택할 수 있는 선택지가 적다. 반면에 학생들이 개인적인 질문에 대한 답을 찾기 위해 인터넷을 검색하는 경우는 선택지가 높다고 할 수 있다.

5. 비선형 접근: 이 테크놀로지는 학습자가 정해진 순서에서 벗어나 학습 활동을 선택하고 수행할 수 있도록 한다. 여러 상업적인 학습 테크놀로지는 학습 자료와 주요 개념이 모든 학습자에게 동일하게 선형적인 순서로 경험된다. 그러나 다른 테크놀로지들은 정보 접근에 있어 비선형적 접근을 취한다. 제시의 순서는 학습자의 선택 혹은 지능적 적응에 따라 변할 수 있다.

6. 연결된 표상: 테크놀로지는 다양한 개념적 관점, 교육적 전략 그리고 미디어(음성 메시지, 문자, 다이어그램, 비디오 그리고 상호적 시뮬레이션)를 강조하는 어떠한 주제에 대한 표상들 간의 관계를 간략하게 제공한다. 이러한 관계들은 학습 지원을 위한 인지적 유연성과 부호화 다양성을 지원한다.

7. 학습자 입력의 개방성: 이 테크놀로지는 능동적 학습을 위해 학습자로 하여금 자연언어, 그림 그리기, 그리고 다양한 방법의 소통으로 자신을 표현할 수 있도록 허용한다.

8. 타인과의 소통: 학습자는 한 명 또는 다른 여러 명의 '사람'과 소통한다. 여기에는 또래부터 주제의 전문가가 포함된다. 소통은 컴퓨터를 통한 문자 중심의 소통(이메일, 채팅, 토론 게시판), 컴퓨터를 통한 멀티미디어 소통, 컴퓨터를 사용한 협동 학습, 대화의 상대, 요구에 따른 개인 지도 교사 그리고 크라우드소싱(crowd sourcing)[2]을 포함한다.

반복을 통한 학습

앞서 3장과 4장에서 충분한 양의 연습과 반복이 필요한 특정 학습에 대해 언급하였다(예: 지각적 패턴, 단어, 개념, 사실, 규칙, 절차). 이러한 학습은 지각 및 운동 학습 그리고 일부의 기억 학습을 포함한다. 이러한 학습은 다양한 맥락과 일정 기간에 걸친 분산 학습으로 가장 오래 지속될 수 있었다(Koedinger et al., 2012; Pashler et al., 2007). 상호작용과 피드백은 이러한 종류의 학습에 특별히 도움이 되는 행동유도성이다.

기존의 컴퓨터 기반 교육 혹은 '컴퓨터 지원 교육'은 상호성과 피드백을 제공한다. 예를 들면, 어떤 발달된 산업에서는 컴퓨터 기반의 단어교육을 제공하는데, 컴퓨터 화면은 그림과 두 개에서 네 개의 단어를 보여 준다. 학습자는 그림에 해당하는 단어를 선택하고 (정답 여부에 대한) 즉각적인 피드백을 받는다. 컴

---

2) 대중의 참여로 과제나 프로젝트에 해결책을 얻는 방법.

퓨터는 상호성과 피드백에 기반한 항목 제시 계획에 따라 이러한 단순한 절차의 문제를 수천 개 제공할 수 있다. 이러한 연습 문제는 교실 상황과 실험실 및 수업 시간 외 숙제를 지원하는 데 사용되고 있다. 모바일 기기에서 접속이 가능하면 하루 종일 연습을 할 수 있게 된다.

이러한 종류의 컴퓨터 기반 교육의 한 가지 단점은, 어떤 학습자들은 반복적 방식에 동기를 잃을 수도 있다는 것이다. 동기를 향상시킬 수 있는 하나의 방법은 적응성이라는 행동유도성을 추가하는 것이다. 예를 들면, FaCT 시스템은 한꺼번에 연습을 하기보다 학습자에게 가장 이상적인 연습 간격을 유지하도록 하며(연습 간격에 대한 논의가 4장 참조), 특정 개념에 대해 학습자가 3번 연속 정답을 보고할 경우 연습을 멈추도록 하는 적응적 시스템이다(Pavik et al., 2016). 이러한 접근은 이미 알고 있는 개념을 공부하는 데 시간을 낭비하지 않도록 하므로 더욱 효과적인 학습이 일어날 수 있다.

또 다른 접근은 확장된 피드백(예: 총 점수)이나 리더 게시판 혹은 짝과의 경쟁을 포함한 타인과의 소통을 추가해 학습을 **게임화**하는 것이다(Clark et al., 2014; Tobias & Fletcher, 2011; Wouters et al., 2013). 동기를 유지하기 위한 또 다른 방법은 학습자가 스스로 흥미 있는 주제를 선택하도록 하는 것이다. 어떠한 주제는 매우 중요하나 재미없을 수 있으므로, 선택권을 너무 많이 허락한다면 필수적인 지식이나 기술을 습득하지 못하게 될 수 있다는 점을 유의해야 한다.

모형을 사용한 깊은 수준의 학습

사람들은 복잡한 테크놀로지, 사회적 시스템 그리고 21세기의 대표적인 주제를 다루기 위해 문해력, 산술 능력 및 기본적인 수준의 기술 이상의 능력이 요구된다(Autor & Price, 2013; Carnevale & Smith, 2013; Griffin et al., 2012; National Research Council, 2012b). 깊은 수준의 학습은 복잡한 개념과 시스템을 이해하는 과정을 포함하고 여러 가지 형태로 나타날 수 있다. 모형을 만들고 사용하거나(3장 참고), 다양한 자료와 경험에서 얻어진 정보를 통합하는 능력(Wiley et al.,

2009) 또는 적절한 시스템 형태를 구분할 수 있는 능력(VanLehn et al., 2016)이 그 예이다. 깊은 수준의 학습은 복잡한 문제의 해결, 논리, 추론적 사고 그리고 새로운 상황으로 지식의 전이에 필수적이다(Hattie & Donoghue, 2016).

기존 컴퓨터 기반 교육의 상호성, 피드백, 적응성과 더불어 연결된 표상과 학습자 입력의 개방성은 이러한 종류의 학습에 특별히 중요한 역할을 하는 행동 유도성이다. 다양한 연결의 관점에서 특정 상황을 나타내는 테크놀로지의 가치는 학습자가 전기회로와 같은 시스템을 이해하도록 돕는 예에서 확실하게 드러난다. 지능적 테크놀로지는 학습자로 하여금 실제 기기 내부와 동일한 전기회로의 사진, 요소와 연결에 관한 기능을 표현한 다이어그램, 각 요소의 속성에 대한 설명, 양접 법칙을 규정하는 수식(예: 옴스 법칙, 키르히호프 법칙), 기기 동작과 관련된 설명 그리고 전기회로 한 부분의 수정이 일으키는 전체 전기회로의 변화[지코프스카와 동료들(Dzikovska et al., 2014)과 스와탓과 동료들(Swartout et al., 2016)이 개발한 컴퓨터 시스템 참고] 등 다양한 관점을 빠르게 접근하도록 한다. 다양한 관점에 대한 빠른 접근은 학습자가 여러 요소의 관계를 파악하도록 한다. 학습자 입력의 개방성 또한 시스템 모형의 개념을 학습하는 데 중요하다. 예를 들면, 대화 형식 튜토리얼(Graesser, 2016; VanLehn et al., 2007)이나 특정 기능을 위해 회로를 직접 설계해 보는 연습을 통해 학습자로 하여금 이해한 내용을 자신의 언어로 설명하도록 하면 학습자가 전기회로에 대해 이해한 정도와 잘못 이해하고 있는 부분에 대한 많은 정보를 얻을 수 있다.

지능적 교수 체제는 대수학, 기하학, 프로그래밍 언어, 공학 그리고 과학과 같은 여러 주제에서 깊은 수준의 학습에 도움이 된다(Sottilare et al., 2014; VanLehn, 2011). 주목할 만한 예로는 수학 분야의 '인지적 튜터(Cognitive Tutors)'(Anderson et al., 1995; Ritter et al., 2007)와 ALKES(Doignon & Falmagne, 1999; Hu et al., 2012)가 있으며, 이들은 현재 수많은 학교에서 사용되고 있다. 지능적 교수 체제는 디지털 문해력(Kulik & Fletcher, 2016) 및 정보 통신 기술(Mitrovic et al., 2007) 분야에서 널리 사용되고 있으며, 실질적으로 놀라운 학습 효과를 만들어 내고 있다.

또한 지능적 교수 체제는 언어적 요구가 높은 분야에서 유망성을 보이고 있다. 이러한 교수적 도구는 대부분의 다른 행동유도성 외에 학습자 입력의 개방성과 다른 학습자와의 소통 능력을 포함한다. 예를 들면, '오토튜터 (AutoTutor)'(Graesser, 2016; Graesser et al., 2014; Nye et al., 2014)는 자연 언어 대화를 사용해 학생들이 다양한 주제에 대해 학습하도록 돕는다. '오토튜터'는 대학생들의 물리학(VanLehn et al., 2007)과 컴퓨터 사용 능력(Grasser et al., 2004) 학습에서 동일한 시간 동안 교과서를 읽는 데서 얻는 이득을 넘어서는 성취와 관련성을 가진다. 등장한 캐릭터는 이야기하고 지시하며, 제스처를 취하며 표정을 나타내는 화면 속의 얼굴이다. 자연 언어 상호작용을 통해 얻는 학습에서의 이득은 미성취 대학생과 얕은 지식이 아닌 심층적인 추론 능력을 평가하는 시험에 가장 높게 나타났다. 그러나 다른 연구에서는 '오토튜터'와의 대화를 통한 상호작용이 자율적이고 자기조절적인 경향이 높은 상위 집단의 대학생이나 주제에 대한 매우 정확한 모형을 습득하도록 요구하는 실험 상황에서는 이상적이지 않음을 제안하기도 한다. 또한 '오토튜터'는 지각, 운동, 기억 기반 학습에는 최선의 선택은 아니다.

지능적 교수 체제는 다양한 주제와 능력을 위해 개발되어 왔으며, 학교, 대학, 직장에서 학습자들에게 유용하게 사용되고 있다. 다수의 연구는 지능적 교수 체제가 핵심적인 읽고 쓰기와 연산 기술, 복잡한 STEM(science, technology, engineering and mathematics) 주제 그리고 21세기에 필요한 기술을 학습하는 학습자들에게 깊은 수준의 학습을 촉진하는 데 효과가 있음을 보여 주었다(Kulik & Fletcher, 2016). 그러나 실행과 관련해 주목해야 할 두 가지 사항이 있다. 첫째, 체제를 구축하는 것은 비용이 많이 들기 때문에 예산이 정해져 있는 학교, 대학, 직장의 경우 대규모로 사용하는 것이 어려울 수 있다. 체제의 개발자들은 내용을 보다 빠르고 저렴하게 개발하고자 다양한 방법을 모색 중이며, 미군의 '튜터링을 위한 일반화된 지능적 체계(Generalized Intelligent Framework for Tutoring)'가 그 예이다(Sottilare et al., 2014). 둘째, 여느 학급 내 개입과 같이 영향을 주기 위해서는 지능적 교수 체제 또한 교원 양성 훈련과 과정에 충분히 통합될 필요가 있다(Dynarsky et al., 2007).

협력 학습 및 협동 학습

집단 내에서 효율적으로 일할 수 있는 능력은 업무 현장에서 필수적인 능력이기에 여러 국면에서 확인되는 21세기 학습 목표 중 하나이다(National Research Council, 2012b; OECD, 2013). 테크놀로지는 집단의 구성원들이 의견을 일치시키고 각자의 생각을 설명하며 각자의 관점을 이해하는 과정에 도움을 주는 등 협력 및 협동 학습의 기술을 양성하는 데 다양한 기회를 제공한다. 이 모든 과정은 성공적인 협력적 문제 해결뿐 아니라 모형 학습과도 연관이 있다 (Chi, 2009; Dillenbourg & Traum, 2006). (협력 학습에 대한 추가 논의는 7장 참고.)

협력 학습은 협동 학습과 구분될 수 있다(Dillenbourg et al., 1996; Hesse et al., 2015). 협력 학습은 **상호독립성**을 요구한다. 집단 구성원들은 공동의 활동을 계획하고 준비하여 과제를 완성하거나 문제를 해결한다. 한 구성원의 행동은 다른 구성원들의 행동에 기반을 두고, 한 구성원의 행동을 다른 구성원이 이어서 진행하거나 완성할 수 있다. 반대로, 협동 학습은 과제를 여러 부분으로 나누게 된다. 동시에 진행되는 활동은 조율할지라도 각각의 구성원은 따로 각자의 맡은 부분을 수행한다. 완성된 부분들은 그룹이 하나로 모은다(Hesse et al., 2015).

지난 15년간 소통과 협력을 돕는 다양한 다목적 도구들이 제공되었다. 이러한 도구들은 사용자로 하여금, 예를 들자면 (1) 인터넷상 웹브라우저에서('Wiki Website' 혹은 'Wiki'와 같이) 내용을 더하거나 변경하거나 지우고, (2) 공유된, 혹은 공유 가능한 문서 작성 및 스프레드시트 파일을 업로드하여 다른 사람들이 접속하고, 주석을 달거나 수정하고(예: Google Docs), (3) 무료로 음성 및 영상 통화를 하고, (4) 단체 사용이 가능한 메시징 서비스를 통해 온라인 미팅을 주관하고(예: Google Hangouts, What's App), (5) 전자 파일을 클라우드 기반 서비스에 저장하고 공유하고(예: Dropbox), (6) 소셜 미디어(예: 페이스북, 트위터, 인스타그램)에 참여할 수 있게 한다. 대부분의 이러한 도구들은 무료이거나 사용 비용이 매우 적다.

학습 테크놀로지는 집단 간 협력의 일부로 깊은 수준의 개념적 학습을 촉진하고자 설계되고 있다. 개발자들이 긍정적 효과를 가진다고 소개한 두 가지 예는 [BOX 8-2]에 설명되어 있다. 그러나 협동과 협력을 위한 소통 테크놀로지의 존재는 학습 결과로 바로 이어지지 않을 수 있다. 예를 들면, 레이와 동료들(Reich et al., 2012)은 교육과 관련된 위키를 무료로 제공하는 유명 사이트에서 무선적으로 사례를 선정하여 유치원생부터 12학년을 대상으로 위키의 사용에 대해 연구했다. 위키의 발달과 사용 패턴을 분석하여 학생들이 이를 협력적 지식을 구축하는 데 사용하는지 여부를 확인했다. 위키의 거의 4분의 3은 학생들이 직접 만든 내용의 흔적을 보이지 않았으며, 오직 1%만이 학생들이 협력적으로 만든 멀티미디어 콘텐츠를 가지고 있었다. 같은 맥락에서 드러난 실망스러운 결과는 학생들이 만든 콘텐츠가 선생님 대상 연구 결과와는 달리 덜 부유한 지역의 학교보다 부유한 학생들이 다니는 학교에서 더 많았음을 확인하였다는 것이다.

테크놀로지가 지원하는 자기조절학습

학습자들에게 초인지적 그리고 자기조절적 학습 전략을 습득하도록 훈련시키는 여러 가지의 컴퓨터 테크놀로지가 개발되었다. 이와 같은 학습을 개선시키는 데 유망한 두 개의 예는 '메타튜터(MetaTutor)'와 '아이드라이브(iDrive)'가 있다.

'메타튜터'(Azevedo et al., 2010)는 하이퍼미디어 학습 환경에서 순환계나 소화기와 같은 생물학적 개념에 대한 자기조절적 학습을 촉진하도록 설계되었다. 이는 컴퓨터와 대화를 통해 노트 필기, 표와 도표 그리기, 추론하기 등의 이론에 근거해 자기조절학습에 중요하다고 여겨지는 13개의 전략을 학생들에게 훈련시킨다(Azevedo & Cromley, 2004). 초기의 연구는 긍정적 영향을 보였으나, 모든 학습 전략에 동일한 영향을 나타내지는 않았다. 그 이유로는 하나의 정해진 대

BOX 8-2   **모둠 학습을 위한 웹기반 테크놀로지**

지식 포럼(The Knowledge Forum)은 HPL I에서 소개된 CSILE(Computer-Supported Intentional Learning Environments)이 재설계된 것이다. CSILE는 학생들이 '메모'를 만들고 서로의 메모에 대한 코멘트를 통해 생각과 정보를 공유하도록 멀티미디어 데이터베이스를 제공한다(Scardamalia & Bereiter, 1993). CSILE를 사용한 초등 학급은 그렇지 않은 학급에 비해 표준화 검사 및 포트폴리오 평가에서 더 높은 성적을 냈으며, 메모 기능은 교사가 주제에 대한 학생들의 사고 방식을 살펴볼 수 있는 기회를 제공했다. 지식 포럼 역시 개념도나 도표와 같은 도구를 사용하여 학습자들이 자신의 메모를 정리할 수 있도록 '창(views)'을 제공한다. 고차원적 개념적 틀로 관점과 메모를 연관시키는 것은 복잡한 문제 해결을 위해 과학자들이 협동하는 과정과 비슷한 협력 및 상호작용을 통해 학생들의 깊은 수준의 학습과 개념적 성장을 촉진하고자 설계되었다(Scardamalia & Bereiter, 2006).

WISE(Web-based Inquiry Science Environment)는 과학, 기술, 엔지니어링, 수학과 관련된 주제에 대한 협력 및 깊은 수준의 학습을 돕고자 린과 동료들(Linn et al., 2006)에 의해 개발된 플랫폼이다. 이 테크놀로지는 학생들이 실제 과학자와 같은 행동을 하도록 돕는다. 다양한 관점을 비교하고, 여러 개념을 기반으로 논점을 만들고, 여러 관점을 시험하기 위한 증거를 수집하고, 동료의 의견을 비판하는 것을 포함한다. WISE 교육과정의 단위들은 학생들이 개념적으로 자주 어려움을 호소하는 생물, 화학, 지구과학 그리고 물리와 같은 과목에서 과학적 탐구와 협력 학습을 결합한다. 많은 WISE 프로젝트는 대화형 시뮬레이션, 협력적 브레인스토밍 그리고 과학 논문 작성을 포함한다. 제시되는 명령어는 적합하거나 적합하지 않은 증거를 확인하고 설명과 주장을 글로 써서 또래와 공유하는 과정을 돕는다. 학생들은 함께 가설을 생성하고 시험해 보며, 관찰한 내용에 대한 설명을 발달시키고, 특정 이슈에 대해 합의를 도출해 본다.

본으로 구성된 설명이 제공되었기 때문이라고 생각해 볼 수 있다. 각 학습자에 맞게 개별화된 훈련이 더욱 효율적일 수 있다.

'아이드라이브(Instruction with Deep-level Reasoning questions In Vicarious Environments: IDrive)'라는 도구는 학습자와 교사로 표상되는 컴퓨터 속 캐릭터를 사용하여 학습자가 심층적인 질문을 하도록 훈련하는데, 이 캐릭터들은 깊은 수준의 추론에 대한 질문들에 대하여 토론을 주고받는 대화에 참여한다(Craig et al., 2006; Gholson et al., 2009). 화면 내 학생은 과학에 관련해 일련의 깊은 수준의 질문을 하고(예: 누구, 어떻게, 만약 혹은 만약 그렇지 않다면의 질문), 교사는 즉각적으로 각각의 질문에 대답하여 목표된 인지적 활동의 증가가 확인되었다 (Gholson & Craig, 2006; Rosenshine et al., 1996).

이러한 기술은 앞서 언급된 행동유도성 중 두 개의 중요한 행동유동성을 내 재하고 있다. 학습자에게 선택권을 부여하며, 이는 동기를 최적화하고 또한 학 습자로 하여금 다른 학습자들과 소통하도록 하는데, 이는 이제 막 자기조절적 전략을 발달시키기 시작한 학습자들에게 특히 생산적이다. 그러나 이러한 접근 은 일부만 성공적이었으며, 학습자가 눈에 띄는 진척을 보이기까지는 수많은 예 를 사용하는 상당한 훈련 시간이 요구된다(Azevedo et al., 2010; Craig et al., 2006; Gholson et al., 2009).

2. 역동적인 학습을 촉진하는 테크놀로지

책이나 강의를 통해 단순히 정보를 전달하는 것보다 학생의 역동적 학습을 촉진하는 것의 중요성을 살펴보았다(5장, 7장 참고). 디지털 테크놀로지는 학생 들을 촉진하고 참여시키는 다양한 가능성을 제시한다.

게임을 통한 학습

게임은 몇 시간 동안 게임을 하는 사람의 주의를 끌 수 있다. 참가자들은 적극적으로 경쟁이나 다양한 방식의 즐거움을 위해 참여한다. 소셜 미디어 또한 이러한 이점을 공유한다. 학습을 위한 테크놀로지를 설계하는 이들은 이러한 현상을 활용하여 사회적 참여를 교과 학습의 수단으로 사용할 수 있다.

어떠한 게임은 원래 교과 학습을 향상시키는 목적을 가지고 설계된 것이 아니었지만, 사례 연구들은 그럼에도 불구하고 이러한 게임이 학습의 기회를 제공하고 삶의 다른 분야로 전이가 되는 것을 확인하였다. 이러한 결과는 디지털 게임, 소셜 미디어, 온라인 동호회 등의 테크놀로지를 사용해 학습 목표 달성에 학생들을 참여시키고자 하는 노력으로 이어졌다(Gee, 2009). 다른 게임의 경우, 게임이 구체적으로 학문적 내용과 기술 습득을 돕고자 설계되기도 하였다(O'Neil & Perez, 2008; Shute & Ventura, 2013; Tobias & Fletcher, 2011). 이러한 온라인 게임 몇 가지는 방과 후나 교실 환경에서 대규모로 사용되고 있으며, 예로는 '아틀란티스(Atlantis)' '시빌라이제이션(Civilization)' '크리스탈 아일랜드(Crystal Island)' '마인크래프트(Minecraft)' '심 시티(Sim City)' 그리고 '와이빌(Whyville)'이 있다(Dawley & Dede, 2014).

'진지한' 게임을 열렬히 옹호하는 연구자들은 이러한 게임이 지속적인 학습 참여를 조성하기 때문에 교육적 이득이 있다고 주장하나, 한 리뷰에 의하면 게임을 하며 습득한 기술이 인지 능력을 향상시키고 인지적 기술을 측정하는 검사에 더 좋은 결과를 낼 것이라는 주장은 지지되지 않았다(Mayer, 2016). 그럼에도 게임은 특정 종류의 학습 결과에 대해서는 다른 대안보다 더 효율적일 수 있다. 예를 들면, '슈터(shooter)' 종류의 게임은 지각적 주의 기술이 전이가 가능하다는 결과를 보였다(Mayer, 2016).

구체적인 학업 내용을 다루는 진지한 게임을 개관한 연구 결과를 보면, 학교교육에 적용하기에는 보다 적절하다. 많은 수의 양적 연구(Clark et al., 2014; Tobias & Fletcher, 2011; Wouters & Van Oostendorp, 2017; Wouters et al., 2013)는

게임이 다른 교육적 접근에 비해 과학, 수학 및 글을 읽고 쓰는 기술에 대한 지식을 습득하고 지적 개방성, 성실성 그리고 긍정적 자기평가와 같은 생산적인 마음의 습관을 촉진하는 데 어느 정도 더 유리했다는 결과를 보인다.

어떤 연구자들은 비디오 게임이 본질적으로 흥미롭고 동기 부여를 하므로(Prensky, 2006; Squire, 2011) 비디오 게임에 대한 연구는 학업 환경을 설계하는 데 통찰을 제시할 수 있다고 제안한다(Gee, 2003; Squire, 2011). 한 예로, 말론(Malone, 1981)은 컴퓨터 게임이 내재적으로 동기 부여를 하는 이유를 컴퓨터 게임이 호기심을 자극하며 최적의 도전과 환상을 제공하기 때문이라고 주장했다. 말론과 레퍼(Malone & Lepper, 1987)는 동기 요인을 추가적으로 설명하며, 이러한 게임은 참여자가 통제력을 경험하는데 그 이유는 그들의 행동이 게임의 결과에 영향을 미치기 때문이라고 주장했다. 지(Gee, 2003)는 비디오 게임을 설계하는 데 사용될 수 있는 동기 요인들의 분류 체계를 마련하였다.

그러나 매우 적은 수의 경험적 증거가 이러한 주장을 뒷받침한다(Zusho et al., 2014). 몇몇의 연구는 비디오 게임과 동기를 연결시켰지만, 이 관계는 아직까지 교육 환경에서 확인되지 않았다. 더 나아가 성인(대학생과 기타 성인)을 대상으로 한 선행 연구에서는 사람들이 인지적 · 정서적 그리고 사회적인 다양한 이유로 게임을 한다고 주장했다. 예를 들면, 게임은 내재동기와 연관이 있는 유능감, 자율성 그리고 관계성의 심리적 욕구를 충족시킬 수는 있지만(6장 참조), 이러한 결과가 학령기 학생들에게 적합한지는 미지수이다(Zusho et al., 2014). 추가로, 게임 혹은 전반적인 테크놀로지가 모든 학습자에게 내재적으로 동기를 부여할 것이라고 추정할 수는 없다. 테크놀로지가 동기를 유발할지는 학습자, 과제 그리고 학습 맥락에 따라 달라질 수 있다.

이야기 및 좋아하는 캐릭터 활용

엔터테인먼트 산업은 텔레비전 방송이나 영화를 소셜 미디어, 온라인 게임 그리고 좋아하는 캐릭터 상품과 연관시켜 왔다. 교육자들은 이러한 현상에서 교육 및 훈련 프로그램과 유명한 이야기, 유명인 그리고 캐릭터와 연결시키는 기회를 찾았으며(Jenkins et al., 2006) 이는 **트랜스미디어 학습**(transmedia learning; Raybourn, 2014, p. 471)이라고 알려진 학습을 촉진시킨다. 트랜스미디어 학습은 다양한 미디어를 통해 이야기 혹은 주요 경험이 구현되는 확장 가능 시스템으로 학습자를 이야기에 직접 참여시킴으로써 정서적 관심을 끌수 있다. 예로, 미육군에서는 문화소양 훈련을 위해 온라인 게임과 소셜 메시지를 포함한 트랜스미디어 캠페인을 활용하고 있다.

　미국 교육부의 '레디 투 런(Ready to Learn)' 정책은 2살부터 8살의 어린이들의 트랜스미디어 학습 경험의 발달과 평가를 촉진하였다. 이 프로그램의 결과로 미국 공공방송협회(Corporation for Public Broadcasting)는 PBS 어린이 연구소를 만들었으며, 이는 미국 공영 방송(Public Broadcasting System)에서 방영되는 어린이 프로그램의 유명한 캐릭터(예. 과학소년 시드, 큐리어스 조지)가 등장하는 게임들이 탑재된 온라인 포털 사이트다. 이러한 게임은 컴퓨터, 스마트폰, 태블릿 그리고 스마트보드에서 모두 가능하다. 또한 PBS 어린이 연구소 웹사이트는 수학 및 읽기와 쓰기 교과와 관련된 게임을 집, 학교, 방과 후 환경과 연결시키는 것을 지원한다(Herr-Stephenson et al., 2013). 예를 들면, '레디 투 런' 트랜스미디어의 설계자들은 비디오, 게임 그리고 디지털 기기 어플리케이션(앱)이 어린 아이와 보호자 간의 대화를 자극하고 아이들이 질문을 고안하고 생각을 표현할 수 있도록 도와 모방학습을 지지하도록 설계했다(Mihalca & Miclea, 2007). '레디 투 런' 트랜스미디어는 미디어와 비미디어 활동을 일관성 있는 교육과정의 단위로 결합하는 개입을 통해 저소득층 미취학 아동의 초기 독서 및 수학 기술 향상에 긍정적인 효과를 나타내었다(Pasnik & Llorente, 2013; Pasnik et al., 2015; Penuel et al., 2012).

　역사적으로 어린 아동을 대상으로 한 테크놀로지의 사용은 논란이 많았는데, 이는 너무 많은 영상 시청이 아이의 발달에 미칠 수 있는 부정적인 영향 때문이다(American Academy of Pediatrics, 1999). 최근에 들어서는 아이들의 건강과 웰빙을 중요시하는 기관들이 발달적 측면에서 테크놀로지가 학습을 향상시키는 데 적합한 방법으로 설계되고 사용될 수 있다고 받아들이고 있다(American Academy of Pediatrics, 2015; National Association for the Education of Young Children and Fred Rogers Center, 2012). 미국 소아과학회(American Academy of Pediatrics, 2016)는 부모와 보호자가 개별 아동과 가족 전체의 건강, 교육, 여가 시간을 고려해 미디어 기기를 사용에 대한 가족계획을 수립하도록 권장하였다. 다음과 같이 연령별 지침을 제공하고 있다.

- 18개월 미만의 아이들은 미디어 사용을 피하도록 한다(비디오 채팅은 제외).
- 18개월 이상 24개월 미만인 아이들의 경우, 부모는 디지털 미디어를 보여 주기 시작할 수 있다. 그러나 질이 높은 프로그램을 선택적으로 보여 주어야 하며, 아이들과 관계를 맺고 아이들이 보는 것에 대해 이해할 수 있도록 부모가 함께 시청해야 한다.
- 2살 이상 5살 미만인 아이들의 경우, (양질의 프로그램) 시청 시간은 하루에 한 시간 미만이어야 한다. 부모는 아이들이 시청하는 내용이 실세계에 어떻게 적용이 되는지 설명하기 시작하여야 한다.
- 6세 이상인 아이들의 경우, 부모는 미디어 사용 시간과 미디어의 종류에 일관성 있는 제한 기준을 설정해야 한다. 부모는 반드시 미디어 사용이 충분한 수면, 신체적 활동 그리고 건강에 필수적인 행동에 방해가 되지 않도록 한다.

교육자들은 디지털 테크놀로지를 학업적 학습에 있어서 장단점이 혼재된 축복이라고 여긴다. 예를 들면, 작문 교사들은 온라인 활동이 청소년 학습자로 하여금 다양한 관점을 이해하도록 훈련시키지만, 문자와 인터넷 글의 일상어를 사용한 비형식적 글쓰기 방식이 학생들의 학업적 글쓰기에도 영향을 미치며 '리트윗'이나 '복사하여 붙여 넣기' 같은 습관들로 표절의 심각성에 대해 학생들이 둔감해진다고 보고하였다(Purcell et al., 2013). 또한 학생들이 온라인상 짧은 토막의 내용들을 훑어보는 데 익숙해져서 더 긴 글을 읽으려는 의지를 저하시킬 수 있다는 점이 염려되는 부분이다(Purcell et al., 2013). 현재로서는 온라인 소통 기술과 습관이 학업적 환경에 전이가 되는지 여부와, 전이가 된다면 어떻게 전이가 되는지에 대한 이해를 돕는 연구가 거의 이루어지지 않았다.

생산자와 창조자로서의 권한 부여하기

인터넷은 프로그래밍 기술이 없는 사람도 콘텐츠를 제작하고 게시하여 수많은 사람과 공유하는 것을 가능하게 한다. 따라서 개인이 상상할 수 있는 어떠한 주제와 관련해서든지 사람들은 콘텐츠를 제작하고, 협력하고, 타인의 생각과 작업물을 비판할 수 있다. 더 나아가 학습자는 지리적으로 전 세계에 흩어져 있는 작은 공동체와 빠르게 연결할 수 있고, 매우 전문적인 주제에 대해 많은 지식을 습득하고 실제로 전문성을 개발할 수 있다.

다중 사용자를 가진 온라인 게임과 같은 비공식적 학습 공동체를 대상으로 한 연구는 사람들이 온라인 창조자와 생산자로서 발달적 단계를 거친다고 제안하였다(Dawley, 2009; Kafai, 2010). 처음에는 학습자들이 자신의 학습에 자원이 될 만한 가상 세계 안과 주변의 사회적 관계망을 확인한다(identify). 학습자들은 가상 세계 속 드러나지 않은 상태(lurk)에서 더 숙련된 사용자와 참여에 필요한 문화적 규범과 규칙을 관찰한다. 그들이 학습 환경에 더욱 익숙해지면 학습자들은 관계망에서 작은 정보 혹은 시간을 기여한다(contribute). 경험과 지식이 더욱 많아지면 학습자들은 자신의 자료를 직접 만드는데(create), 디지털 환경의 일부 측면을 수정하거나 게임을 정교화하기도 한다. 마지막 단계에서는 새로운 학습자에게 조언을 하고 소속되어 있는 관계망을 관리하는 것을 포함한 활동을 주도한다(lead). 이러한 과정에서 신규 사용자들은 종종 다른 사용자로부터 직접적인 멘토링과 조언을 받는다(Shaffer, 2007; Shaffer et al., 2009). 전문성이 증가하면 다른 사용자로부터 인정을 받을 수 있고, 이는 또한 긍정적 영향을 준다.

예를 들면, 몇몇의 연구는 온라인 학습 활동이 학습자의 정체성, 자기개념 그리고 학습동기에 영향을 미친다고 제안했다(Ito et al., 2009; Lemke et al., 2015).

풍부한 미디어 경험을 제공하는 방과 후 프로그램에 대한 논평은 이러한 활동이 학생의 사회적·정서적 성장, 장애물 앞에서 지속력 그리고 협력, 상호 지지, 탐구를 지원하는 기술에 기여한다고 보고했다(Lemke et al., 2015).

무료 온라인 백과사전인 위키피디아(Wikipedia)와 동영상 및 음원을 공유하는 웹사이트인 유튜브(YouTube)는 교사 혹은 전문가와 학습자의 경계를 흐릿하게 만든 온라인 혁신의 두 가지 사례이다. 2013년 기준으로 위키피디아는 400만 개의 게시물이 영어로 등재되어 있고 285개의 언어로 제공되고 있다. 새로운 내용의 작성, 검토, 사실 확인 그리고 내용 수정은 대부분 자발적 개인들 그리고 놀라울 정도로 적은 수의 전문적 편집자에 의해 이루어진다. 유튜브는 아마추어들이 무료 학습 어플리케이션이나 다른 자원을 개발하는 플랫폼을 제공한다. 어린 사촌에게 수학을 가르치고자 살 칸(Sal Khan)에 의해 처음 고안된 '칸 아카데미(Khan Academy)'와 같은 많은 벤처기업들은 처음에는 이타주의적으로 혹은 단순히 흥미를 다른 사람들과 공유하고자 시작하여 성공적인 기업 또는 비영리 단체로 성장하였다. 이러한 혁신이 학습에 가지는 영향에 대한 연구가 더 필요하지만, 영향을 측정할 수 있는 자료가 어떻게 수집되어야 하는지는 명확하지 않다. 생산자와 사용자가 끊임없이 새롭게 나타나며 규제와 조직성이 낮은 환경이기 때문이다.

만들기

메이커(maker)는 건설과 창조에 참여하는 사람들이다. 그들은 손을 사용하여 어떠한 물리적 대상을 조립하고 만들고 빚고 또 변형시킨다. '만들기'는 공식 교육의 외부에서 먼저 각광을 받았지만, 공식 교육에서도 점차 널리 퍼지고 있다. 대학에서 만들기는 공학 수업과 깊은 관련성을 가지며, 많은 기관이 만들기 활동을 지원하기 위해 **만들기공간**(makerspaces) 구축에 상당한 자원을 투자하고 있다. 만들기공간은 물리적인 공간으로(예: 한 개의 방이나 전체 건물) 사람들이 모여 자료, 지식 그리고 장비를 공유하며 만들기에 참여하는 곳이다. 만들기

공간의 예로 용접, 가공, 공예, 삼차원적 프린팅, 레이저커팅, 조형, 주물 그리고 조각을 위한 도구와 기계가 갖추어져 있을 수 있다(Barrett et al., 2015; Jordan & Lande, 2014). 그러므로 만들기공간은 어떠한 물리적 대상을 만드는 데 사용되는 도구의 테크놀로지를 제공한다. 이러한 도구는 물체가 어떻게 조립되고 작동되는지에 대한 이해를 돕는 경험을 창조한다.

만들기는 역동학습의 한 종류인데, 왜냐하면 경험적이며 한 영역에 대한 자신의 이해를 직접 **실행**(doing)해 봄으로써 발전시키도록 학생들을 참여시키기 때문이다. 역동학습 전략은 일반적으로 학생 중심적이고 탐구에 기반한 교수 접근으로 알려져 있다(Kuh, 2008). 만들기와 관련된 교육적 결과에 대한 연구는 아직 시작 단계이지만(Jordan & Lande, 2014), 지금까지의 결과는 만들기와 같은 역동적이고 탐구 기반의 경험이 한 분야 학생들의 학습과 지속력을 지지하는 데 이점이 있다고 나타낸다(Freeman et al., 2014; National Research Council, 2012a).

디지털 버전의 만들기는 융성하기 시작하는 단계이다. 비공식적으로 컴퓨터 클럽하우스는 학생들이 학교 후에 모여 스크래치(Scratch)와 같이 배우기 쉬운 컴퓨터 언어를 사용해 컴퓨터 프로그램을 개발해 보는 공간이다. 다른 유명한 디지털 만들기 활동은 깜박이는 메시지를 탑재한 장신구나 티셔츠와 같은 착용 기기를 개발하는 것을 포함한다. 디지털 메이킹은 학교에서도 시도되고 있다. 예를 들면, 캘리포니아주의 산마테오(San Mateo, California)시의 디자인테크 고등학교(Design Tech High School)에서는 학생들이 직접 문제를 확인하고(예: 캠프장의 야간 조명) 라즈베리 파이(Raspberry Pi) 소프트웨어와 단순한 주변 기기를 사용해 해결책을 설계하고 원형을 개발하는 프로젝트에 참여한다. 착용 가능한 테크놀로지를 적용하는 프로젝트는 학생이 직접 만들어 낸 문제를 해결하는 설계에 플로라(Flora) 마이크로컨트롤러, 전도 물질, 센서 그리고 원동기를 사용한다. 두 경우 모두, 만들기공간에서 교사와 협업하는 산업 현장의 멘토가 학생들의 설계 작업에 도움을 준다.

체화된 인지

활발한 연구가 이루어지고 있는 또 하나의 새로운 분야는 **체화된 인지**(embodied cognition)로 디지털 테크놀로지의 발전과 밀접한 관련이 있다. 체화된 인지는 신체나 환경과 몸이 상호작용하는 방식 등을 포함한 유기체 경험의 모든 측면을 통해 인지가 만들어진다는 개념이다(Yannier et al., 2016 참고). SMALLab은 학생 중심 학습을 위한 혼합 현실 환경(mixed-reality environment)[3]으로 설계되어 체화된 인지가 기술적으로 적용된 사례이다. 학생들은 15×15피트(약 4.6×4.6m) 공간 내에서 움직이며, 이 공간은 영상 기반 추적 시스템, 시각 투사 시스템, 입체 음향 스피커 그리고 (일부 조건에서는) 학생들이 들고 있거나 던질 수 있는 반짝이는 공이 구비되어 있다. 고등학교에서 SMALLab을 사용하여 실행된 일련의 연구들은 지층, 화학적 적정(chemical titration), 질병의 전염에 대한 학습에서 이러한 접근을 사용하지 않은 교수 방법에 비해 긍정적인 결과를 확인했다(Birchfield & Johnson-Glenberg, 2010).

군과 기업에서는 일반적인 12학년 교육과정이나 대학 환경에 없는 체화된 인지의 디지털 테크놀로지를 정교하게 개발하고 시험하기 위해 자원을 투자하고 있다. 이러한 역량은 매년 개최되는 군/산업용 훈련, 시뮬레이션, 교육학회(Interservice/Industry Training, Simulation and Education Conference)[4]에서 선보이게 된다. 실감 게임(Immersive games)[5]과 시뮬레이션 환경은 여러 분야에서 병사들의 역량을 향상시키고자 설계되었다. 사격술, 전투 상황에서 위험한 신호에 대한 민감성, 적절한 조건에서의 무기 사용 그리고 지각, 운동, 기억, 기초적 인지를 측정하는 과제에서의 수행을 포함한다. 또한 실감 현실은 장비를 유지하고 수리하고 복구하거나, 논리와 심사숙고가 필요한 과제에 대해 병사들을 훈

---

3) 혼합 현실 환경에서는 실제와 가상의 세계가 합쳐진다(Milgram & Kishino,1994). 예를 들면, 그래픽(또는 다른 디지털 요소들)이 바닥이나 벽에 비추어지고, 이는 손으로 들 수 있고 추적이 가능한 막대기와 같이 실세계의 실재하는 물건과 결합된다.
4) http://www.iitsec.org (2017. 3.) 참조.
5) 컴퓨터 시스템이나 영상이 사용자를 에워싸는 듯한: 몰입형.

[그림 8-1] 전술적 언어와 문화 훈련 시스템
(The Tactical Language and Culture Training System: TLCTS)

설명: 각각의 TLCTS 과정은 시나리오 기반 미션 게임을 사용하며, 학습자는 익숙해지고자 하는 문화를 시연하는 삼차원적 가상 세계 내의 어떤 인물이 된다. 이 그림은 전략적 다리 (Tactical Dari)라는 게임의 한 장면이며, 이 게임은 아프간 파병을 준비하는 차원에서 다리어[6]와 아프간 문화를 학습하도록 미군 병사들에게 사용되었다. 그림 왼쪽의 병사(학습자의 아바타)는 마을의 지도자와 만나고 있는 중이며, 현지 학교의 복원에 대해 논의를 하고 있다. 현재까지 대화 내용은 화면 상단 중간 부분에 나타난다. 학습자는 대화를 통해 시스템과 상호작용한다. 2009년을 기준으로 40,000명이 넘는 학습자가 다양한 언어와 문화에 대한 TLCTS 과정을 이수했다.

출처: Johnson & Valente (2009).

련하기 위해 개발되었다. 테크놀로지는 혼합 현실 환경에서 시스템이나 아바타와의 대화를 통해 언어, 사회적 상호작용, 문화적으로 적합한 협력을 학습하는 것을 포함한다(Johnson & Valente, 2009; Swartout et al., 2013). 예를 들면, [그림 8-1]은 전술적 언어와 문화 훈련 시스템(The Tactical Language and Culture

---

6) 옮긴이 주: 아프가니스탄 타직(tajik) 사람들이 사용하는 언어

Training System: TLCTS)이라는 시스템을 설명하는데, 40,000명 이상의 학습자, 대다수의 병사가 이 시스템을 사용했다. TLCTS는 학습, 참여 그리고 학습자의 소감을 모두 평가한 몇 안 되는 시스템 중 하나이다. 대부분의 체화된 인지에 적용된 디지털 테크놀로지의 영향은 측정하기 어려운데, 이는 일반적으로 결과가 테크놀로지가 사용되고 있는 사업장 혹은 군대 외부로 보고되지 않기 때문이다.

대화 행위자

역동적 학습을 촉진하는 또 다른 새로운 테크놀로지는 컴퓨터화된 대화 행위자이다. 디지털 행위자는 학습자가 대화에 참여하도록 하여 추론, 사회적 상호작용, 의식적 숙고 그리고 모방 학습을 촉진하고자 설계되었다(D'Mello et al., 2014; Lehman et al., 2013). **3자 대화**라고 알려진 설계에서는 학생이 2명의 컴퓨터 내 행위자와 3자 간의 대화에 참여한다. 3명의 참여자는 각각 다른 역할을 맡는다(예: 두 명의 학생과 한 명의 전문가 혹은 한 명의 학생과 두 명의 전문가). [그림 8-2]는 실제 학생과 3자 대화에 참여하고 있는 화면상 두 명의 행위자를 보여 준다. 대화 행위자와의 3자 대화를 분석한 결과는 두 명의 대화 행위자의 의견이 다른 경우, 특히 학생이 혼란을 경험하고 있는 경우 더 깊은 수준의 개념적 학습을 보였다.

연구 결과는 행위자 테크놀로지가 여러 요인을 통해 역동적 학습을 촉진시킨다고 제안한다. 한 명의 행위자는 튜터의 역할을 하거나(예: 오토튜터; Graesser, 2016 참고) 학습자-참가자의 동료 역할을 할 수 있다. 행위자들의 조합은 다양한 사회적 상황을 만들 수 있다. 예를 들면, (1) 바람직한 행동이나 사회적 상호작용을 모방하거나, (2) 논리를 사용하는 논쟁을 마련하거나, (3) 학습자-참가자 행위와 사회적 소통을 통해 역동적 기여를 유도할 수 있다(Graesser et al., 2014). 사람의 경우, 전문가가 아니라면 실행하기 어렵거나 불가능한 교육적 방식을 컴퓨터화된 행위자 테크놀로지는 어느 정도의 신뢰성을 가지고 구현

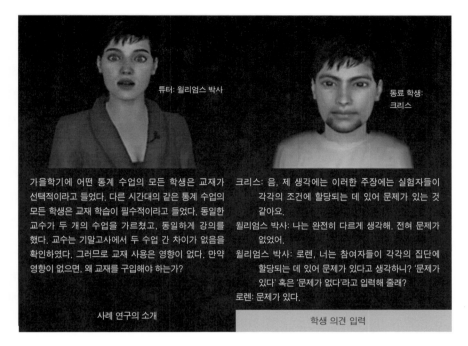

가을학기에 어떤 통계 수업의 모든 학생은 교재가 선택적이라고 들었다. 다른 시간대의 같은 통계 수업의 모든 학생은 교재 학습이 필수적이라고 들었다. 동일한 교수가 두 개의 수업을 가르쳤고, 동일하게 강의를 했다. 교수는 기말고사에서 두 수업 간 차이가 없음을 확인하였다. 그러므로 교재 사용은 영향이 없다. 만약 영향이 없으면, 왜 교재를 구입해야 하는가?

사례 연구의 소개

크리스: 음, 제 생각에는 이러한 주장에는 실험자들이 각각의 조건에 할당되는 데 있어 문제가 있는 것 같아요.
윌리엄스 박사: 나는 완전히 다르게 생각해, 전혀 문제가 없었어.
윌리엄스 박사: 로렌, 너는 참여자들이 각각의 집단에 할당되는 데 있어 문제가 있다고 생각하니? '문제가 있다' 혹은 '문제가 없다'라고 입력해 줄래?
로렌: 문제가 있다.

학생 의견 입력

[그림 8-2] 대화 행위자(튜터와 동료 학생)가 실제 학생과 실험 연구에 대해 논의하는 과정이 나타난 화면

출처: D'Mello et al. (2014).

할 수 있다.

3. 교수를 위한 테크놀로지

학습을 위한 테크놀로지는 교수를 돕기 위해 사용될 수 있으며, 여기서는 이러한 테크놀로지가 다음 세 가지 교수 목표를 지원하는 역량에 대한 증거들을 살펴본다. 즉, 학습자의 결과를 향상시키기 위해 공식적 학습과 비공식적 학습을 연결하기, 교실 내 교수의 복잡성을 조정하기 그리고 상호작용과 피드백을 통해 학생들의 글쓰기를 개발하기이다.

공식적 학습과 비공식적 학습 연결하기

연구자들은 학교와 업무 현장에서의 공식적 학습 목표의 성취를 돕기 위해 학습자들이 문화적 맥락과 자기주도적 학습을 통해 얻은 방대한 양의 비형식적 지식을 교육자들이 활용할 수 있는 방법을 모색했다. HPL I의 출판 이후, 디지털과 인터넷 기술이 일상생활에 주는 영향이 늘어나면서 비공식적 학습에서 테크놀로지의 역할—그리고 공식적 학습과의 연결 가능성—은 더욱 부각되었다. 2014~2015년에 실시된 설문에 의하면, 88%의 미국 청소년들이 스마트폰을 사용할 수 있었으며 86%는 하루에 최소 한 번 모바일 기기에서 인터넷에 접속한다고 보고했다(Lenhart, 2015). 문자는 사회적 소통의 주요한 부분이 되었다. 이 설문에서는 청소년들이 평균적으로 하루에 30개의 문자를 주고받는 것으로 보고되었다. 84%의 10대 소년과 59%의 10대 소녀들이 온라인이나 스마트폰에서 비디오 게임을 하는 것으로 보고되었다.

교육자들은 이러한 테크놀로지의 만연한 사용을 활용하는 접근들을 탐색했다(Bull et al., 2008; U.S. Department of Education, 2010). 하나의 접근은 학교 버스에 와이파이를 설치함으로써 버스를 오래 타는 학생들이 숙제를 온라인으로 할 수 있도록 하는 등의 방법을 통해 학습 시간을 늘리고자 하였다. 웹 기반 숙제 시스템은 수업 시간 외에 적응적 연습을 제공한다. 몇몇 교사들은 수업 시간에 문제 해결 활동에 적용할 수 있도록 교과 내용을 비디오로 집에서 미리 시청하도록 하는 거꾸로 교실을 실험해 보고 있다(Siemens et al., 2015).[7] 수업 시간에 전통적으로 숙제라고 여겼던 활동을 함으로써 거꾸로 교실의 학생들은 다른 학생들과 협력하고, 특정 문제에 새로운 지식과 기술을 적용하는 데 어려움을 경험하는 경우 교사의 지도를 받을 수 있다.

온라인 '집합소(hangouts)'와 다른 비형식적 온라인 학생의 모임은 대형 강의를 수강하는 대학생들의 교과 학습을 돕는다. 초기 연구는 어려운 과목의 수강

---

7) 크리스텐센 협회와 http://www.christenseninstitute.org (2018. 7.) 칸 아카데미 https://www.khanacademy.org (2018. 7.) 참고.

을 위해 스터디 그룹에 참여하는 것이 도움이 된다고 제안했다(Treisman, 1992). 최근 들어서는 스터디 그룹이 온라인에서 운영되고 있으며, 대규모의 온라인 공개 강좌(massively open online courses: MOOCs)를 수강하는 수강생들 사이에서 이러한 그룹의 생성과 기능이 연구의 초점이 되었다(Gasevic et al., 2014). 다른 프로그램들은 온라인 강좌를 수강하는 학습자들이 실제로 만나는 스터디 그룹을 만들고 있다. 공립도서관에서 이러한 프로그램이 사용되는 경우, 깊은 수준의 학습을 돕기 위해 도서관 직원이 기술적 문제의 해결을 돕거나 학생들의 행동에 비계를 제공한다(U.S. Department of Education, 2016).

테크놀로지는 또한 지속적인 지적 참여를 위한 기회를 제공하는 등 다른 방법으로 학교 밖에서의 학습을 도울 수 있다. 방과 후 클럽, 청소년 단체, 박물관 및 미술 프로그램은 테크놀로지가 지원하는 지지된 활동으로 학습과 재미를 결합하는 환경을 제공한다(National Research Council, 2009). 이러한 종류의 학습에서 어른들은 기술적으로 능숙한 모델이 되는 것뿐만 아니라, 흥미를 가진 아동과 청소년들을 교외의 다양한 학습기회와 연결시켜 줄 수 있다(Barron, 2006). 다수의 단체(예: Computer Clubhouse, Black Girls Code, 5th Dimension, code.org, Digital Youth Network)는 디지털 미디어와 컴퓨터 프로그램을 사용하여 저소득층, 여학생 그리고 소수 집단 청소년의 멘토링과 학습의 기회를 제공하기 위해 교외의 활동을 개발하고 있다.

교수 조정하기

초중등교사들에게 학교 체제 내에서 대학 및 직업 준비를 위한 야심찬 목표를 달성하기 위해 다양한 종류의 학습 간 조정은 필수적이다. 예를 들면, 새롭게 화두되는 과학 수업에서의 학습 기준은 교사가 과학적 현상에 대한 학생들의 처음 생각을 끌어내고, 이에 대한 반대 의견과 증거를 제시하여 개념적 성장을 촉진하는 토론 수업 및 관련된 활동을 통해 증거 기반의 논쟁에 필요한 기술을 개발하도록 요구한다. 사전 경험, 흥미, 동기 그리고 지식에 차이가 있는 20~40명의 학생들을 데리고 이러한 교육적 접근을 실행하는 것은 도전적이다. 테크놀로지는 초·중·고등학교, 대학, 기업의 상황에 관계없이 교육자들이 교수의 다양한 측면을 조정하고 교수법의 복잡성을 다루는 데 도움을 줄 수 있다. 교육자들은 개인적 생활에서는 테크놀로지를 사용하지만, 자신의 교수에 통합시키는 것에 대해서는 불편해할 수 있다(Bakia et al., 2009).

위원회는 테크놀로지가 3가지 수준에서 교육에 통합될 수 있음을 확인했다. 기초 수준에서는 교육자가 학습 내용을 설명하기 위해 테크놀로지를 사용하거나, 학생들의 흥미를 유발하기 위해 학생들이 테크놀로지를 적용한 도구를 사용하도록 할 수 있다. 두 번째 수준에서는 학생들이 교사들에 의해서가 아니라 스스로 개인의 학습을 주도하는 방식을 돕고자 테크놀로지를 사용할 수 있다. 세 번째 수준에서는 디지털 도구가 학급 밖 다른 개인이나 단체와 학습자가 협력하도록 한다. 이러한 적용들은 각각의 참여자나 집단이 네트워크 기반으로 연동되는 기기를 필요로 한다.

새로운 테크놀로지는 교사에게 새로운 요구를 더하며, 이는 사전 훈련과 근무 중의 전문성 개발 프로그램을 필요로 한다. 교사교육 프로그램은 효과적인 통합을 모델링할 수 있다. 더불어 테크놀로지의 통합을 위한 효과적인 교사 전문성 개발의 특성이 아직까지 체계화되지는 않았으나(Lawless & Pellegrino, 2007), 이러한 도전은 이를 몇 번의 강의나 수업 하나에서 가르치기보다는 훈련을 위해 상당한 시간을 기울여야 하는 중요성을 명백하게 제안한다. 테크놀로지의 통합을 다루는 전문성 개발은 장기화될 때 더욱 성공적이며, 같은 학교나 프로그램 소속 교사들에게 구체적인 연습을 통해 협력하고 서로의 수행에 의견을 제시할 기회를 제공한다. 또한 이는 다른 관행이나 학교의 변화 계획과 일치하며, 디지털 학습 시스템에 관한 자료를 형식적 목적을 위해 활용 가능한 방법을 입증한다(Fishman & Dede, 2016).

교육자와 연구자들은 강의 기반 교수법에 의존하는 지식 전이가 많은 학습자와 여러 종류의 학습에 이상적이지 않음을 오랫동안 인식하고 있었다. 교육자들이 학생들의 이해에 대한 정보 없이 학생들의 사전 지식 위에 새로운 내용을 더하는 데는 어려움이 있다. '학습자의 세계'와 연관성이 없는 강의 수업에서 학생들은 집중하지 못하게 된다(Medimorecc et al., 2015). 교사가 강의에 많은 질문을 포함하더라도 대답하는 학생의 수는 다소 적다. 학급이 자신의 설명을 잘 따라오고 있는지, 생각 없이 노트 필기를 하는지, 단순히 주의 집중하는 듯한 표정을 짓는지에 대해 교사가 확인할 수 있는 정보는 제한적이다. 특히 수백 명의 학생들이 수강하는 대학 수업에서 가장 강하게 드러나는 이러한 염려는 각각의 학생들이 작은 스크린이나 손에 들고 쓰는 기기에 나타나는 객관식 질문에 응답할 수 있도록 하는 기술 개발에 영감을 주었다. 학생들의 응답은 교수자에게 전달되며, 교수자는 전체 학급이 보도록 히스토그램(바 그래프)으로 집계된 응답들을 나타낼 수 있다(Abrahamson, 2006; Kay & LeSage, 2009; Mazur, 1997).

테크놀로지 사용에 대한 초기의 연구는 학생 참여와 학습 결과의 향상을 보였다(Mazur, 1997). 당시 결과는 물리학개론을 수강하는 학생들이 흔히 경험하는 개념적 혼란의 원인을 교사가 확인하고 이를 수업에서 다룰 수 있는 기회를 제공하기 때문이라고 보았다. 최근 연구는 비슷한 관점에서 긍정적 결과를 보여 주었다(Deslauriers et al., 2011). 이러한 시스템은 대학 수준에서 주로 사용되었으나 중등학교와 심지어 초등학교 학급까지 사용이 퍼지고 있다(Smith et al., 2011).

학급 상호작용이라는 개념이 적용된 다른 사례는 협력 학습을 돕고자 설계된 네트워크 기술인 '그룹 스크리블스(Group Scribbles)'이다. '그룹 스크리블스'는 위에 설명된 학생-응답 시스템과 동일하게 작용하는데, 수치화된 응답이나 객관식 문제에서 선택한 답뿐 아니라 학생들이 노트, 스케치, 이미지를 공유할 수 있다는 차이가 있다. 학생의 기여는 전자 칠판에 (익명으로) 전시된다. '그룹 스크리블스'는 분수에 대한 학생들의 이해를 돕기 위해 미국과 스페인의 초등교육에서 사용되었고(Prieto et al., 2011), 과학과 중국어를 가르치기 위해 싱가포르에서도 사용되었다(Looi et al., 2009).

작문 수업

작문 수업과 학생들의 글짓기에 피드백을 주기 위한 소프트웨어 시스템은 학급 소통을 위한 테크놀로지의 또 하나의 지원책이다. 이러한 시스템은 글쓰기 과제나 학습 자원을 분배하고, 학생들에게 즉각적 피드백을 제공하고, 표절에 대한 피드백을 제공하고, 교사나 동료에게 평가와 피드백을 받기 위해 학생들이 자신의 글을 제출하는 것을 가능하게 해 준다. 자동화된 피드백은 학생의 글쓰기가 학습 내용에 대한 더 깊은 수준의 이해를 나타내는지에 집중할 수 있도록 한다(Cassidy et al., 2016; Warschauer & Grimes, 2008). 자동화된 글쓰기 평가는 또한 학생들의 글쓰기를 더 깊은 수준에서 분석하는 데 사용되어 왔다. 예를 들면, '써머리 스트리트(Summary Street)'는 요약된 문장과 진술의 일관성을 분석하는 프로그램으로, 초등학교 학생들이 글을 수정하는 데 보내는 시간을 줄이고 내용의 깊이를 향상시키는 등의 긍정적 결과를 나타냈다(Wade-Stein & Kintsch, 2004). '라이팅 팔(Writing Pal, W-Pal)'은 중학교 학생부터 성인을 위한 전략 기반 훈련 시스템으로, 중요도가 높은 평가에 요구되는 논쟁적 글짓기를 작성하는 기술을 향상시키는 게임적 요소를 가지고 있다(Allen et al., 2016; McNamara et al., 2015). 디지털 시스템을 사용해 학생은 주제문, 주제문을 뒷받침하는 문장 그리고 결론을 생성한다. 컴퓨터 내의(역: 교사 역할의 캐릭터) 교육적 행위자는 좋은 글쓰기 전략에 대한 시범을 보이고, 학생이 글을 작성하고 수정하는 과정에서 학생이 어려워하는 점에 대하여 상호적이고 즉각적인 피드백을 제공한다. '라이팅 팔' 시스템은 전략에 대한 설명이 글쓰기를 가르치는 방법 중 성공적이었다는 글쓰기 개입과 관련된 연구에 기반을 두었다(Graham & Perin, 2007).

교사는 이러한 시스템이 교사가 생성하는 피드백의 대체물이라고 여기지 않는다는 증거가 일부 있다. 예를 들면, '써머리 스트리트'를 통합시킨 '라이트 투 런(Write To Learn)'을 포함한 세 가지 글쓰기 소프트웨어 시스템을 수업 시간에 사용한 연구 결과에 의하면, 교사들은 이러한 시스템이 즉각적으로 피드백을 제공하는 것에 대해서는 긍정적으로 생각했으나, 아직도 학생 글쓰기의 다른 부분에 있어서는 자신이 직접 피드백을 제공하는 것이 중요하다고 여기는 것으로 나타났다(Means et al., 2017).

4. 기회와 도전

최근 몇몇 분야에서의 기술 진보는 기회와 도전을 동시에 만들고 있다. 여기에서 우리는 디지털 대시보드, 원격 학습, 보편적 설계, 휴대 장치를 비롯하여학습과학 원리의 적용과 관련하여 다루어질 법한 테크놀로지들의 특징에 대해살펴보고자 한다.

디지털 대시보드

디지털 대시보드는 학습 환경을 통해 학습자가 자신의 진전 정도를 파악할수 있도록 해 준다. 열린 학습 환경(Bull & Kay, 2013)은 학습자가 시간이 지나감에 따라 자신이 학습 내용 및 기술에서 점수를 얼마나 받았는지를 볼 수 있도록 해 주며, 이는 동기를 높이고 메타인지 기술 계발에도 도움을 준다. 교사는 '디자이어 투 런(Desire to Learn)'이나 '블랙보드(Blackboard)'와 같은 학습 관리 시스템에 있는 대시보드를 활용할 수 있다. 이 시스템들은 각 주제별로 학생들이 무엇을 하고 있는지, 또 도움이 필요한 학생은 누구인지를 쉽게 파악할 수있게 해 준다. 대시보드에는 교수자가 이런 정보를 좀 더 구체적으로 살펴볼 수있는 옵션이 있다. 예를 들어, 교수자는 과제의 어떤 질문이 학생들에게 문제가되고 있는지 혹은 특정 기술과 지식에 대한 학습을 마친 학생이 어느 정도인지를 확인할 수 있다. 대시보드는 특정 학생이 수업 주제 중 몇 퍼센트나 수강했는지, 수업을 위해 학생이 시간을 얼마나 들이고 있는 중인지, 학생들이 얼마나 자주 어려움을 겪고 도움을 필요로 하는지, 특정 학생이 디지털 도우미를 얼마나자주 사용하는지와 같은 보다 일반적인 정보 또한 제공한다. 대시보드는 학생들의 감정과 사회적 상호작용과 같은 비인지적 특성 또한 추적하고 보여 준다 (Siemens et al., 2015).

한 예로 ASSISTments 시스템이 있다.[8] 이 시스템은 교사들이 수학 자료뿐만 아니라 다른 자료들을 만들 수 있게 해 주며, 이를 통해 학생들이 얼마나 잘 수 행하고 있는지를 볼 수 있고, 학습과학 원리에 기반한 발전에 관심 있어 하는 연 구자들과 교류 또한 할 수 있다(Heffernan & Heffernan, 2014). ASSISTment는 세 가지 보기 모드를 지원한다. 개발자 보기(Builder view)는 주제를 개설한 교육과 정 개발자 혹은 교사를 위한 것이다. 교사 보기(Teacher view)는 특정 주제에 대 한 개별 학생의 수행을 보여 준다. 학생 보기(Student view)는 학생들이 과제를 완수하도록 하고 수행에 대한 피드백을 볼 수 있도록 해 준다. 2015년에 12개 국가와 43개 주에 있는 600명이 넘는 교사들이 ASSISTment를 사용했으며, 학생 들은 천만 개가 넘는 문제를 풀었다. 숙제에 ASSISTment 활용하는 것의 효과를 확인하기 위한 무작위 현장 조사 결과, ASSISTment를 활용한 7학년 학생의 학 기말 성적이 즉각적인 피드백을 제공받지 못한 통제 집단에 비해 증가한 것으로 나타났다. 학업 성취가 낮은 학생들이 ASSISTments의 덕을 가장 크게 보았다 (Roschelle et al., 2016).

디지털 대시보드는 사용자가 수업에 활용할 시간과 자원을 충분히 확보하고 있을 때 가장 의도한 대로 작동을 한다. 교수자들이 디지털 대시보드를 효율적 으로 활용하는 데 필요한 전문성 신장 기회를 제공하는 것이 과제이다. 많은 교 사가 아직 교실에서 디지털 플랫폼을 빈번하게 또 체계적으로 사용하지 못하고 있다. 테크놀로지의 신기성이 사라지고 나면 매우 단순한 컴퓨터-교사 인터페 이스는 무시되거나 쉽게 버려질 것이다(Moeller & Reitzes, 2011). 예컨대, 교수자 는 자신의 수업의 일상적인 부분처럼 디지털 대시보드의 인터페이스에 접근하 고 사용하며 모니터링하는 것을 촉진할 수 있는 체계적인 교육과정을 필요로 할 수도 있다.

---

8) http://www.assistments.org (2018. 3.) 참고.

원격 학습

원격 학습은 보통 '가르치는 곳과 다른 공간에서 발생하는 계획된 학습이며, 따라서 과목 설계를 위한 특별한 테크놀로지, 특별한 교수 방식, 전자 기기와 여타의 테크놀로지를 활용한 특별한 의사소통 방식과 특별한 조직·행정적 지원을 필요로 하는 것'(Moore & Kearsley, 1996, p. 2)으로 정의되어 왔다. 원격 학습에 테크놀로지가 필수적인 것은 아니지만, 이러닝, 온라인 학습, 웹 기반 학습과 같은 디지털 테크놀로지는 원격 학습에 있어 여러 장점을 제공한다(Siemens et al., 2015).

디지털 테크놀로지는 실시간 웨비나(webinar) 참여, 교실에서 테크놀로지 기반 교수의 사용 또는 채팅방(교수자와 학습자는 공간적으로 분리되어 있지만, 실시간으로 상호작용할 수 있는) 같은 교수자와 학습자 간 실시간 의사소통을 지원할 수 있다. 또한 디지털 테크놀로지는 교수자가 수업의 학습 관리 시스템이나 웹사이트에 비디오 강의를 올려 두는 등 활동 시간이 다른(또한 일반적으로 공간 또한 다른) 교수자와 학생 간 비동시적인 상호작용 또한 지원한다. 또한 테크놀로지는 동시적이든 비동시적이든 이전 장에서 기술했던 지능형 튜터링 시스템(intelligent tutoring systems)이나 컴퓨터 기반 교수 에이전트(computer-based teaching agent)와 학습자 간 상호작용 또한 지원할 수 있다.

끝으로, 원격 학습과 대면 학습을 결합한 블렌디드 러닝(blended learning) 또한 테크놀로지에 의해 도움을 받을 수 있다. 예를 들어, 교수자는 학습 자료, 비디오, 시험, 퀴즈, 성적 등을 전달하기 위해 학습 관리 시스템을 사용하고, 주기적으로 학생들과 대면을 통해 상호작용도 할 수 있다(Siemens et al., 2015).

전통적으로 교육자들은 동시적인 대면 학습과 비교했을 때 원격 학습의 효과성에 대해 냉소적이었으며(Thompson, 1990), 실제로 초기 연구 결과는 혼재되어 있었다. 지금까지 알려진 증거들은 현대의 기술적으로 풍성한 원격 학습이 전통적인 접근만큼이나 효과적이거나, 더 효과적이거나 혹은 덜 효과적일 수 있다고 보고한다(Bernard et al., 2009; Means et al., 2013). 효과성은 학생들 간의 상호작용, 배우는 내용, 교수자의 질에 달려 있다.

학생들이 활발하게 수업 자료에 집중하거나 다른 학생들과 교류하도록 독려하는 테크놀로지는 인지적 성취에 긍정적인 영향을 끼칠 수 있다. 메타분석 결과, 온라인과 대면 학습을 섞어 놓은 형태가 전통적인 대면 교수에 비해 평균적으로 더 나은 학업 결과를 가져왔다. 그러나 메타분석에 포함된 연구들의 블렌디드 러닝 조건에는 추가적인 학습 자원과 시간이라는 변화가 포함되어 있었다(Heans et al., 2013). 몇몇 연구자들은 온라인 수업만 전적으로 수강하는 학생들의 학업상 진전 정도에 대한 분석을 바탕으로, 동기 부여 정도가 낮고 성취를 낮추며 학습자가 덜 성장하도록 한다는 이유를 들어 전적으로 온라인 학습만 하는 것의 적절성에 대해 회의적이다(Moron et al., 2013; Xu & Jaggers, 2011a/2011b). 비록 많은 학생이 전적으로 온라인 수업만 듣는 경우에도 성공적으로 학습하지만, 일반적으로 성취도가 낮은 학습자나 어린 학습자에게는 온라인 학습과 대면 학습을 섞은 형태의 교수가 더 적절하다(Means et al., 2010).

사회적 의사소통(교수자, 학생, 때론 학부모들이 채팅, 이메일, 토론 게시판을 통하여 서로 의사소통하는 것)은 현대 기술 플랫폼의 흔한 특성이 되어 왔다. 이런 컴퓨터가 매개하는 사회적 지원은 교수자, 동료와의 면대면 상호작용의 부족을 만회하기 위해 흔히 묵스(MOOCs)로 통합되어 왔다 (Siemens et al., 2015). 다수의 학습 관리 시스템은 사회적 의사소통 미디어를 포함하고 있다. 심지어 전통적인 교실 또한 그러하다. 그러나 사용 정도는 낮다. 추정에 따르면(Siemens et al., 2015), 겨우 7퍼센트의 학생만이 사용한다. 사회적 상호작용은 학습 환경으로서 미래에 더 많이 사용될 것이며, 더 많은 디지털 지원을 받고, 자기조절적이며, 사회적으로 연결될 것이다.

모바일 개인 기기

학습용 모바일 기기 사용은 최근 폭발적으로 증가하고 있으며, 이런 경향은 계속될 것으로 보인다(Hirsh-Pasek et al., 2015; Looi et al., 2009). 비록 모바일 테크놀로지와 다른 전자 학습 도구들과 유사한 특성이 있지만, 상대적으로 유연한 플래폼이라는 점에서 모바일 테크놀로지는 차별적이다. 작고 이동성이 좋은 기기는 정보 검색, 기록(그림, 비디오, 오디오), 타인과의 상호작용을 쉽고 빠르게 할 수 있게 해 준다(Loci et al., 2009). 이 유연성은 표준적인 이러닝에 비해 몇 가지 이점이 있다. 모바일 앱은 학교 안과 밖의 학습 맥락에 맞게 다르게 적용될 수 있다.

잘 설계된 모바일 앱은 학습자의 능력과 욕구에 맞게 변경될 수 있으며, 이는 학습 과정과 학습 경험에 대한 사람들의 태도에 긍정적인 영향을 가져올 수 있다(García-Cabot et al., 2015; Hsu et al., 2013). 예를 들어, 학습자들은 기기를 사용하는 데 기울인 노력의 양, 모바일 기기를 사용하는 것과 관련된 사회적 규범, 기기의 지각된 놀이성(즉, 사람들이 기기를 얼마나 재미있다고 생각하는지), 모바일 학습이 자기관리를 촉진하는 정도에 있어 모바일 기술에 긍정적인 태도를 보였다(Wang et al., 2015). 모바일 기기 사용과 관련된 사회적 규범에 대한 설문을 실시한 연구에서 연령 차와 성차가 나타났으며, 그 결과는 모바일 테크놀로지의 일반적 수용에 있어 차이를 살펴본 다른 연구 결과와 일치했다.

학습에 있어 모바일 기기의 잠재적 이익에 대한 여러 지표에도 불구하고, 모바일 기기의 효과성에 대한 체계적인 연구는 제한적이며, 효과성에 대해 현재 이루어진 연구들도 앱 개발자가 스스로 수행한 경우가 많았다(Chiong & Shuler, 2010). 단점 또한 보고되고 있다. 예를 들어, 노트북 컴퓨터가 구체적인 목표나 목적 없이 사용될 경우, 학생들이 학습에 주의를 기울이는 데 필요한 능력을 방해할 수 있다(Fried, 2008; Sana et al., 2013). 모바일 기기 사용에 대한 가이드라인을 준수하는 것이 학습을 촉진하는 데 도움을 줄 수 있다(가이드라인의 예로 Hirsch-Pasek et al., 2015 참조).

테크놀로지의 문제점

교육적으로 활용되는 테크놀로지들은 학습을 촉진할 수 있는 요소가 많지만,

또한 학생들의 집중에 방해가 될 수도 있다(Gurung & Daniel, 2005). 예를 들어, e-북 교과서 개발자들은 e-북을 통해 사이드박스(side-box)나 함께 삽입된 링크를 통해 정보를 이용하도록 할 수 있으며, 이것이 특정 주제에 관해 더 학습할 수 있도록 해 준다는 점에서 긍정적이라 생각한다. 그러나 학생들은 읽기에 방해가 되기 때문에 선택을 잘 하지 않는다(Woody et al., 2010). 게다가 링크들은 이야기를 유창하게 읽는 것에 영향을 끼치며, 학습자의 인지 부담을 높일 수도 있다. 유사하게, 읽는 사람이 출력물에서 e-북으로 전환하면서 읽으면 텍스트 이해와 메타인지는 감소할 수 있다(Ackerman & Goldsmith, 2011). 출력된 교과서는 핵심 개념을 볼드체로 강조함으로써 독자의 이해를 도울 수 있지만, 몇몇 학생의 경우 전체 얼개는 무시하고 강조된 부분만 읽고 넘어갈 수 있다.

학생들이 테크놀로지에서 도움을 받도록 돕기 위해 교사들과 개발자들이 할 수 있는 몇 가지 방법이 있다. 하나는 테크놀로지와 상호작용하기에 적절한 교수를 제공하는 것이다. 수업은 종종 어수선한 컴퓨터 화면처럼 엉성하게 제시되며, 사용자들은 내용을 자주 놓친다. 사용자의 쉬운 참여, 의도된 교육적 목표 측면에서의 생산성에 우선순위를 두는 설계가 중요하다. 이 목표를 달성하기 위해서는 사용자를 대상으로 한 상당량의 테스트를 통해 학습자가 테크놀로지를 의도한 대로 안내받고 있는지를 분명히 하는 것이 필요하다. 또한 설계자는 인간과 컴퓨터 간 상호작용, 인적 요소 그리고 교육공학 분야의 수십 년간의 연구로 밝혀진 증거 기반 원리에 따라야 한다. 메이어(Mayer, 2001/2009)는 멀티미디어 학습과 관련하여 경험적으로 지지된 12가지 원리를 확인하였다([BOX 8-3] 참고). 이 원리들은 모든 멀티미디어와 사람들에 적용되는 보편적인 원리라기보다는, 학습을 위한 테크놀로지의 설계 혹은 선택을 위한 최고의 가이드라인으로 간주할 필요가 있다. 이 원리들을 시행하는 데 있어서는 몇 가지 경쟁하는 목표들 간의 조정이 필요하기 때문이다.

BOX 8-3　메이어의 멀티미디어 학습을 위한 원리

1. 응집성의 원리: 사람들은 무관한 단어, 그림, 소리가 포함될 때보다 포함되지 않았을 때 더 잘 학습한다.

2. 신호 주기의 원리: 사람들은 자료의 핵심적 구조를 강조하는 신호가 포함되었을 때 더 잘 학습한다. 이런 신호는 학습자가 제시된 자료 중 핵심적 부분에 집중할 수 있도록 해 준다.

3. 공간적 근접 원리: 사람들은 관련 있는 단어와 그림이 해당 쪽이나 스크린상에 멀리 떨어져 있을 때보다 가까이 있을 때 더 잘 학습한다.

4. 시간적 근접 원리: 사람들은 관련 있는 단어와 그림이 연속적으로 제시될 때보다 동시에 제시될 때 더 잘 학습한다. 이는 그래픽이나 이미지가 해당 이미지를 묘사하는 텍스트와 물리적으로 가까워야 함을 의미한다.

5. 분절화 원리: 사람들은 연속적으로 제시될 때보다 자신의 속도에 맞게 분절되어 제시될 때 더 잘 학습한다. 이를 포함하는 간단한 방식은 "계속" 버튼을 포함하여 학습자가 자신의 속도에 맞게 학습 내용을 배울 수 있도록 하는 것이다.

6. 사전 훈련 원리: 사람들은 핵심 개념의 명칭과 특성에 대해 알고 있을 때 더 잘 학습한다. 핵심 내용을 배우기에 앞서 학습 자료의 일부를 접하는 것은 핵심 수업의 진전과 학습의 속도를 보다 높이도록 하기 때문에 초보 학습자에게 더 유용하다.

7. 매체 양식 원리: 사람들은 애니메이션과 더불어 텍스트를 스크린에 제시했을 때보다, 그래픽과 내레이션을 함께 제시했을 때 더 잘 학습한다. 틴달-포드와 동료들(Tindall-Ford et al., 1997)은 학습 자료가 복잡하며, 제시 속도가 빠르고 학습자의 통제하에 있지 않을 때 양식 원리가 더 강력하다는 점을 밝혔다.

8. 멀티미디어 원리: 사람들은 단어만 제시되었을 때보다는 단어와 그림이 함께 제시되었을 때 더 잘 학습한다.

9. 중복 원리: 사람들은 그래픽, 내레이션, 스크린상의 텍스트가 함께 조합되었을 때보다 그래픽과 내레이션이 있을 때 더 잘 학습한다. 호프만(Hoffman, 2006)은 소리로 전달되는 내레이션과 시각적 정보[9]를 조합하여 제시하는 것이 학습자의 주

---

9) 스크린상의 텍스트.

의를 해친다고 지적한다. 따라서 내레이션과 함께 그래픽을 제시하는 것이 학습 효과를 극대화한다.

10. 개인화 원리: 사람들은 단어가 공식적 양식으로 전달될 때보다는 일상의 대화형 양식으로 전달될 때 더 잘 학습한다.

11. 음성 원리: 사람들은 내레이션이 기계음으로 전달될 때보다 친근한 사람 음성일 때 더 잘 학습한다.

12. 이미지 원리: 말하는 사람 이미지가 스크린에 나타난다고 해서 더 잘 학습하는 것은 아니다.

출처: Mayer (2014).

보편적 설계

학습을 위한 보편적 설계란 특수한 학업상 어려움이 있는 사람들을 포함하여 모든 학습자를 위한 최적의 교육적 경험을 설계하기 위해 관련된 연구들에 기반해 만든 체제를 뜻한다. 테크놀로지와의 상호작용에서 발생하는 장애물을 제거하는 것이 보편적 설계의 핵심 목표가 되어 왔다(Burgstahler, 2015; Meyer et al., 2014). 예를 들어, 당초 시각장애인과 청각장애인을 위해 개발된 음성 해석 기기(애플 아이폰 시리와 같은)와 오디오북 형식으로 많은 사람이 도움을 받았다. 보편적 설계의 핵심 비전은 조정(accommodation) 접근처럼 특정 장애를 가진 사람들이 테크놀로지를 사용할 수 있도록 속성을 후에(처음 설계한 후에) 추가하는 것이 아니라, 다양한 사람이 접근 가능하도록 설계하는 것을 가장 우선시하는 것이다. 손을 쓸 수 없는 사람이 마우스 커서를 쓸 수 있도록 입으로 조정할 수 있는 장치가 조정(accommodation) 접근의 예이다.[10]

10) 학습을 위한 보편적 설계의 초기 사례들은 청각, 시각, 여타 신체적·심리적 장애를 가진 사람들을 돕기 위해 시작되었다. 이런 기술적 돌파구의 예에는 점자, 미국식 수화 그리고 더 최근에 시각장애인을 위한 문자-음성 생성기, 청각장애인을 위한 음성-문자 생성기가 있다. 보편적 설계의 또 다

버그스탤러(Burgstahler, 2015)는 학습을 위한 테크놀로지 설계에 있어 중요한 함의를 갖는 7가지 보편적 설계의 원리를 확인하였다(〈표 8-1〉 참조). 이 원리들은 전형적인 학습 맥락에서 자주 지켜지지 않고 있다. 예를 들어, 수업은 인지적 다양성에 주목하지도, 다양한 양식에 참여하도록 하는 것을 통해 인지적 유연성을 촉진하지도 않으며, 대신 종종 하나의 매체에만 의존한다(파워포인트 발표와 같이; Meyer, 2009).

사람들이 점점 더 테크놀로지에 의존하고 있기 때문에, 보편적 설계의 원리는 기기가 고장이 나거나 다른 이유로 이용하기 어렵게 되었을 때 학습자를 돕는 데 유용할 것이다(Burgstahler, 2015; Meyer et al., 2014). 예를 들어, 기기를 완전히 자동화하는 것보다는 사용자가 기기를 통제할 수 있도록 하는 것이 더 옳을 수 있다. 이는 사용자가 기기의 기능과 작동법에 대해 이해하도록 요구함으로써 기기 고장 시 대처할 수 있게 한다.

생애 후기 학습을 위한 테크놀로지

최근 흐름은 디지털 테크놀로지가 성인기의 형식적·비형식적 학습에 도움이 됨을 시사하고 있다. 나이가 많은 사람들도 점차 태블릿과 컴퓨터를 포함한 첨단 기기를 사용하는 데 편안함을 느끼고 있다(Pew Research Center, 2014). 예를 들어, 지난 십 년간 65세 이상의 인터넷 사용이 두 배 넘게 증가하였으며, 인터넷에 연결된 컴퓨터에 접근하는 사람들도 더욱 늘어나고 있다(Pew Research Center, 2014). 노인들이 인터넷을 활용하는 데 흥미가 없을 것이라는 고정관념에도 불구하고, 많은 노인들은 인터넷 사용에 흥미를 보이고 있으며 또한 인터넷 사용법을 학습할 능력도 가지고 있다(Morrell et al., 2004).

른 예로는 휠체어를 사용하는 사람들을 위한 경사로, 차량 내 리프트 등과 노인을 위한 약품 정리기 (medication organizer)가 있다. 미국의 경우, 장애를 가진 사람들에 대한 교육의 연방 기준과 지침은 1973년 「재활법」 및 1990년에 제정되고 2008년에 개정된 「미국장애법」과 같은 시민 권리 권한에 따른다.

테크놀로지는 학습 내용과 자원에 대한 접근의 확장, 사회적 연결을 촉진하고, 몰입되고, 다양하며, 맞춤형의 학습 환경 등의 인지적 도움을 제공함으로써 노인들의 인지와 학습을 지원할 수 있다. 예컨대, 식료품 목록, 다가올 일정, 약을 먹는 방식 등을 살펴보거나, 추천받은 의료 방법에 대한 명확한 설명에 접근할 수 있도록 하는 등 테크놀로지는 인지적 지원이 될 수 있다(Tait et al., 2014). 또한 노인들은 상업용 소프트웨어와 대학에서 제공하는 온라인교육 기회를 활용할 수도 있으며, 이는 새로운 학문 영역에 접할 기회를 높일 수 있다(Gaumer Erickson & Noonan, 2010). 대학에서 제공하는 몇몇 묵스(MOOCs)는 중년과 노년을 위한 서비스를 제공하고 있으나, 이런 온라인 플랫폼에 대한 연구는 드문 편이다. 노인 학습자들의 특성과 이들을 위한 온라인 학습 기회를 적절히 마련할 방법에 대한 연구가 필요하다(Kensinger, 2016; Liyangunawardena & Williams, 2016).

또한 테크놀로지는 혼자 살거나 너무 동떨어진 공간에 있거나 혹은 이동성이 제한되어 홀로 학습해야 하는 경우에, 사람들을 한데 모으고 가상적으로 상호작용하고 협력할 수 있게 할 수 있다. 사회적 연결은 성공적인 인지적 노화와 관련이 있다(Ballesteros et al., 2015). 따라서 협력적 학습 기회는 풍부한 사회적 연결로 이끌고, 이는 인지를 촉진하며 인지 감퇴를 완화할 수 있다.

테크놀로지가 줄 수 있는 풍부하고 다양한 학습 맥락 및 몰입된 학습 환경을 노인들에게 제공하는 것은 후기 성인기 학습을 최적화할 수 있다(Kensinger, 2016). 더 나아가, 노인들은 젊은 사람들보다 더 다양한 표상을 통해 보다 많은 도움을 받는다(Mozolic et alk., 2012). 노인들은 수업이 자신의 내재적 동기와 맞고 내재적 동기를 지원할 때, 그리고 자신의 학습을 이끌어 나가는 자율성을 가질 때 더 도움을 받을 수 있다. 개인 맞춤형으로 제공되는 테크놀로지 기반 경험은 노인에게 특히 유용하다. 이들의 삶의 경험과 지식은 참여를 증진하고 학습을 지원하는 데에 활용될 수 있다(Kensinger, 2016).

비록 노인들이 테크놀로지가 지원하는 학습으로부터 도움을 받을 수 있고 테크놀로지가 이들의 삶의 질을 향상시킬 수 있다고 알려져 왔지만(Delello &

〈표 8-1〉 보편적 설계의 원리

보편적 설계 원리	고등교육의 실행(천)에서 보편적 설계의 예
공평한 사용: 설계가 다양한 능력을 가진 사람들에게 유용하고 상품성이 있다.	경력 서비스: 다양한 능력, 장애, 나이, 인종/민족 배경의 사람들이 접근 가능한 형식으로 직업에 대한 안내 제공
사용에 있어 유연성: 설계가 개인의 다양한 선호와 능력을 수용한다.	학교 박물관: 방문객들이 전시 내용에 관한 설명을 읽거나 듣는 것 중 하나를 선택할 수 있도록 한 설계
단순하고 직관적: 설계의 사용이 사용자의 경험, 지식, 언어, 현재 집중 상태와 관계없이 이해하기 용이하다.	평가: 예측 가능하고, 복잡하지 않은 방식으로 시험을 치르기
인지 가능한 정보: 주변 조건이나 사용자의 감각 능력과 관계없이 필요한 정보를 효과적으로 전달한다.	기숙사: 시각, 청각, 운동상의 특성을 고려한 위기 경보 시스템
오류에 대한 허용: 설계는 우연하거나 의도치 않은 동작으로 인한 위험이나 불리한 결과를 최소화한다.	교수 소프트웨어: 학생들이 부적절한 선택을 했을 경우에 대한 가이드라인을 제공하는 프로그램
낮은 물리적 노력: 피로를 최소화하고도 효율적이고 편안하게 설계를 사용할 수 있다.	교육과정: 제한된 운동 기술을 가진 학생들도 쉽게 선택할 수 있도록 충분히 큰 통제 버튼을 마련해 둔 소프트웨어
접근과 사용을 위한 크기와 공간: 사용자의 신체 크기, 자세, 이동성과 관계없이 접근, 도달, 조작, 사용에 있어 적절한 크기와 공간이 제공된다(Center for Universal Design, 1997).	과학 작업: 왼손잡이, 오른손잡이 그리고 다양한 신체적 특성과 능력을 가진 학생들 모두가 사용 가능한 조정 가능한 책상과 유연한 작업 공간

출처: Burgstahler (2015)와 Center for Universal Design (1997)에 기반함.

McWhorter, 2015), 일부 노인들은 새로운 테크놀로지를 받아들이는 데 어려움을 겪는다(Kensinger, 2016). 많은 성인은 테크놀로지의 사용 방법 및 학습동기와 테크놀로지의 이점 모두에 초점을 둔 훈련을 필요로 한다(Kensinger, 2016). 교육에 참여하는 것이 곧 유용한 인지적 개입이 될 수 있다는 근거가 있으며, 이는 정신적 시뮬레이션 활동이 노인들의 인지적 기능에 도움을 줄 수 있다는 연구 결과와 일치하는 것이다(Lenehan et al., 2016). 예를 들어, 태블릿 컴퓨터를 사용하도록 노인들을 훈련시키는 것은 일화기억 및 처리 속도 향상에 도움을 줄 수 있으며, 이는 사회적 활동보다 효과가 더 크다(Chan et al., 2014). 또 다른 연구에서는 노인에게 온라인 소셜 네트워크 사용법을 훈련시킨 결과, 집행 기능에 있어 향상을 가져오기도 했다(Myhre et al., 2017).

테크놀로지의 사용에 있어 나이와 관련된 다른 문제에는 감각 능력(예: 글자 크기), 인지 능력(예: 암호기억으로 인한 작업 용량, 팝업 광고로 인한 주의 분산), 신체 능력(예: 마우스를 다루는 능력, 작은 키보드에 타자를 치는 것)이 있다(Pew Research Center, 2015). 수입이 적거나 학력이 낮은 노인의 경우, 부유하거나 학력이 높은 노인들에 비해 테크놀로지를 잘 받아들이지 않는다(Pew Research Center, 2014). 이는 가장 혜택을 많이 볼 수 있는 노인들 중 일부가 접근에 있어 어려움을 겪게 만들 수 있다.

정보 격차

지난 수십 년간 정책 결정자들은 방대한 디지털 자원에 접근하는 사람들과 그렇지 않은 사람들 간에 나타날 수 있는 '정보 격차'에 대해 염려해 왔다(U.S. Department of Commerce, 2014). 정보 접근에 있어 상당한 격차는 소득 및 교육 수준과 관련이 있으며, 문제는 계속되고 있다. 18세 이상 성인을 대상으로 한 2015년 국가 수준 대표본 조사를 보면, 스마트폰과 태블릿 컴퓨터 소유는 늘었지만 다른 종류의 컴퓨터 장치(노트북, 데스크톱과 같은)의 소유는 상대적으로 그대로이거나 오히려 낮아졌으며(Anderson, 2015b), 2014년에 가장 널리 사용되는 컴퓨터 장치인 스마트폰의 경우 성인 중 68퍼센트가 소유한 것으로 나타났다. 스마트폰 보유에 있어 인종/민족 정체성에 따른 차이는 나타나지 않았으나 소득 수준, 교육 수준, 지역에 따른 차이는 나타났다. 예를 들어, 대졸 성인은 80퍼센트 이상이 스마트폰을 가지고 있었지만, 고등학교를 마치지 않은 사람들의 경우 41퍼센트만이 스마트폰을 가지고 있었다. 스마트폰 보유에 있어 도농 간 격차는 20퍼센트였다(72% 대 52%).

누군가는 특정 집단의 참여가 완전히 박탈된 것이라기보다는 접근 수준에 있어 연속선이 존재하며, 문제의 핵심이 온라인 활동에 있어 불평등한 참여라는 점을 강조하기 위해 '정보 통합(digital inclusion)'이라는 용어를 '정보 격차'라는 용어보다 더 선호한다(Livingstone & Helsper, 2007). 예를 들어, 인터넷에는 누구나 접근할 수 있지만 디지털 학습 자원을 만드는 데 사용하거나 온라인 유통을 위한 내용을 만드는 도구에 접근하는 것은 훨씬 제한적이다. 젊은이들은 디지털 기기와 함께 자란 '디지털 네이티브'이기 때문에 테크놀로지 사용법을 잘 알고 훨씬 쉽게 배운다는 일반적 인식에도 불구하고, 접근 수준이 높고 낮은 정도의 차이는 젊은이들의 기술 사용에 있어서도 명백히 나타난다(Warschauer & Matuchniak, 2010). 기술을 가르쳐 줄 멘토가 없는 사회경제적 배경이 낮은 젊은이들의 경우, 주로 컴퓨터 장치로 친구에게 문자를 보내거나 사진을 찍거나 간단한 게임을 하거나 유명 웹사이트에 접속하는 등 핵심적인 디지털 기술을 계발하는 데 도움이 안 되는 활동을 주로 한다(Anderson, 2015b). 지(Gee, 2009)는 높은 수준의 문해 능력과 학습 지원에 더 많이 접근할 수 있는 사람들은 그런 수단이 제한된 사람들에 비해 학습 영역에서의 이익을 점점 더 크게 축적하고 있다는 점에서, 디지털 격차는 줄어들지 않고 점차 더 커지고 있다고 주장한다. 게다가 디지털 참여의 가장 큰 장점―온라인 콘텐츠를 만들고 수정하는 능력―에 접근 가능한 사람은 소수에 불과하다. 이런 디지털 기회의 격차에 대한 염려로 동호회, 커뮤니티 센터 등이 개설되었으며, 이곳에서는 더 많은 미국인이 보다 많은 범위의 테크놀로지를 사용하도록 돕는 기술 자원과 사회적 지원을 제공하고 있다.

지난 시기에 미국 학교 내 다양한 배경의 학생들을 위한 학교에서의 기본적인 인터넷 연결은 점차 더 안정화되고 있다(Warschauer & Matuchniak, 2010). 게다가 서로 다른 소득 수준의 학생들을 위한 테크놀로지 인프라상의 지원은 가정보다는 학교에서 덜 차별적이다. 이런 긍정적인 발전에도 불구하고, 현재 디지털 학습 앱을 위한 인프라 마련의 문제가 크게 제기되고 있다. 알려진 증거들은 아직 학교가 디지털 기회 격차를 해소하지는 못하고 있다는 점을 지적한다. 2016년 「브로드밴드 진전 보고서(Broadband Progress)」는 미국 학교의 41퍼센트가 디지털 학습 앱을 지원할 만한 통신 속도에 미치지 못하는 인터넷을 가지고 있다고 보고하고 있다(Federak Communications Commision, 2016).

격차는 인구가 드물게 분포하는 지역에 살거나 부족(tribe) 지역에 사는 경우 더욱 극심하다. 기기의 공급과 브로드밴드 인터넷 접근 또한 충분하지 못하다. 교사를 위한 전문적인 지원 프로그램과 저소득층 학생을 위해 일할 수 있는 학교 지도자 또한 필요하다(U.S. Department of Education and Office of Educational Technology, 2016). 더 부유한 지역에 있는 학교에 다니거나 부모의 교육 수준이 높을수록 시뮬레이션과 같이 더 발전된 테크놀로지를 사용하는 경향이 있으며, 테크놀로지를 활용해 물건을 만들거나 답이 정해져 있지 않은 문제를 다루는 등 자극이 되는 도전적 과제에 더 자주 접할 수 있다. 대조적으로, 상대적으로 가난한 지역에 있는 학교에 다니는 아이들은 단순 반복 학습을 위한 테크놀로지나 온라인 시험 정도를 활용하는 경향이 있다(Warschauer & Matuchniak, 2010; Wenglinsky, 2005).

2013년 미 연방정부는 공립학교 99%에 브로드밴드 인터넷 연결을 5년 내에 제공하겠다는 계획을 발표했다. ConnectED라 불리는 이 계획은 시골 지역에 학습을 위한 디지털 자원 접근에 필요한 업로드, 다운로드 속도를 지원할 수 있는 대역폭을 마련하겠다는 목표를 세웠다. 예를 들어, 계획한 대로 된다면 모든 교실에서 차세대 학습 앱을 동시에 사용할 수 있게 될 것이다. 계획 달성을 위해서는 교사들이 이 발전된 기기 인프라를 활용할 수 있도록 준비시키는 것이 필요하며 또한 기업들이 컴퓨터 장비를 기부하거나 가장 가난한 학교에 서비스를 제공하는 등의 노력을 기울이는 것도 필요하다.[11] 그러나 인구가 드문 지역에 대역폭을 제공하는 비용이 크며, 실행 가능성과 업그레이드에 필요한 비용을 어떻게 지불할 것인지에 대한 논란이 계속될 것이다. 따라서 ConnectED와 같은

---

11) http://tech.ed.gov/connected/ (2017. 3.) 참고.

계획이 향후 10년 이내에 실행될 수 있을지는 지켜볼 필요가 있다.

실행을 위한 체계적 접근

학습을 위한 디지털 기기의 효과적인 실행은 핵심적이며, 실행상의 문제를 적절히 고려하지 않으면 기기 사용으로 얻을 수 있는 이점을 크게 제한할 수 있다. 동일한 수업 기기도 맥락과 학습자에 따라 다른 결과를 가져올 수 있다는 상당한 증거가 있다. 예를 들어, 연방정부의 대규모 지원을 받은 132개 학교를 대상으로 한 읽기와 수학 소프트웨어의 효과에 대한 무선 통제 연구 결과, 몇몇 학교에서는 긍정적인 효과가, 다른 학교들에서는 부정적인 결과가 나타났다 (Dynarski et al., 2007). 이는 교육 정책 입안자들이 '한가지 해결책'이 모든 문제를 해결할 수 있다는 낙관을 경계해야 함을 보여 준다. 또한 구체적인 성공 기준점을 확인하고, 기술이 기준점을 충족시킬 수 있다는 증거를 확보하지 않은 채 단일 기술에 투자를 집중하는 것을 피해야 함을 알려 준다. 대규모로 테크놀로지가 사용될 때에는 효과성에 영향을 끼치는 여타의 요소가 많이 존재한다. 여기에는 학습자의 특성, 사회문화적 맥락, 테크놀로지가 제공하는 행동유도성의 특성, 교육과정과 학습 자료, 실행될 테크놀로지의 신뢰성, 실행 과정에서 교수자와 학습자의 참여 등이 있다.

몇몇 연구자들은 학습을 위한 테크놀로지를 실행하는 과정에서 테크놀로지의 효과에 영향을 끼칠 수 있는 다양한 요소를 고려하는 '체계적 접근'을 권장하고 있다. 이 접근은 텍사스 SimCalc[12] 연구(Roschelle et al., 2010)에 설명되어 있다. SimCalc는 교육과정 목표와 교사의 전문성 발달 그리고 대수와 미적분 기초에 필요한 핵심 수학 개념에 대해 학생들의 이해를 증진시킨다는 목표하에 테크놀로지 사용을 통합하도록 고안된 프로그램이다. 이 프로그램은 비례, 선형함수, 스토리 만들기(축구팀 관리)를 포함하고 있으며, 소집단 작업, 학급 토론,

---

12) 더 자세한 정보를 위해서는 https://simcalc.sri.com/ (2017. 11.) 참고.

학습지와 수학 소프트웨어 프로그램 등을 활용한다. 소프트웨어를 통해 학생들은 다양한 동작 패턴 애니메이션을 볼 수 있으며, 이 동작 패턴과 상응하는 인터랙티브 그래프와 수식 형태를 연결시킨다.

교육과정 단위의 설계는 다양한 활동을 단원 주제로 응집시키는 것을 강조한다. SimCalc 교육과정은 다양한 맥락에서 핵심 개념을 반복적으로 적용하는 것을 강조한다. 학업 성취 평가는 이와 같이 더 깊은 수준의 이해를 포함하고 있다. 끝으로, 학생들의 학습을 지원하는 교사에게는 수일간의 전문성 발달 기회와 자료를 제공하고 있다. 여기에는 제안된 활동에 대한 교사용 가이드와 학생들이 흔히 보이는 반응과 오개념에 대한 힌트 등이 포함된다. 연구자들은 SimCalc를 사용한 교실에서 수학 실력이 향상되었다는 것을 확인하였다 (Roschelle et al., 2010).

체계적인 접근은 수천 곳의 학교에서 사용되고 있는 인지적 튜터(Cognitive Tutors)와 같은 수학용 지능형 학습 체제에도 적용되어 있다(Koedinger et al., 1997; Ritter et al., 2007). 이런 예들은 체계적인 접근에 있어, 특히 몇 가지 요소가 중요하다고 제안한다. 사용자는 학습 목표를 확인하고, 학습 소프트웨어의 사용이 이 목표를 어떻게 충족시키는지 확인해야 한다. 결과물을 측정할 방법 또한 미리 결정되어야 한다. 체제 내 각 수행자들의 역할은 조정되어야 한다. 교사와 다른 학습 촉진자들에게 상당한 정도의 훈련을 제공해야 한다.

5. 결론

이 장에서 논의한 연구들은 최근 학습을 위한 테크놀로지의 발전이 상당한 이점을 제공할 수 있다는 것을 보여 준다. 그러나 그 결과는 학습 목표, 맥락, 배울 내용의 형식, 학습자 특성, 학습자와 교수자를 위한 지원 등을 잘 마련하느냐에 따라 달라질 수 있다. 테크놀로지 투자를 담당하는 정책 입안자들은 대규모의 교수 테크놀로지 실행에 다양한 요인이 영향을 끼칠 수 있다는 것에 관해 알 필요가 있다.

사람들의 학습에 있어 디지털 테크놀로지의 사용에 관해 알려진 증거에 기반하여, 우리는 두 가지 결론을 도출하였다.

결론 8-1: 학습을 위한 테크놀로지의 사용은 테크놀로지가 다음과 아주 유사한 상황에서 긍정적인 영향을 끼쳤다는 증거에 기반해야만 한다.

- 학습의 형식과 학습 목표
- 학습자의 특성
- 학습 환경
- 학습에 영향을 끼칠 수 있는 사회문화적 맥락 특성
- 학습자와 교육자에게 제공될 테크놀로지 사용에 대한 지원의 정도

결론 8-2: 공식 교육과 훈련 과정에서 테크놀로지의 효과적인 사용은 학습에 영향을 끼치는 것으로 알려진 요소들을 고려하는 주의 깊은 실행 설계를 필요로 한다. 이런 요소에는 학습 목표, 전문성 발달 및 여타 교수자와 학습자를 위한 지원과 테크놀로지를 잘 배치하는 것이 포함된다. 학습자의 학습에 대한 지속적인 사정과 실행 평가는 특정 테크놀로지의 사용이 최적인지를 확신하는 데, 또 필요로 하는 향상을 확인하는 데 있어 가장 핵심적이다.

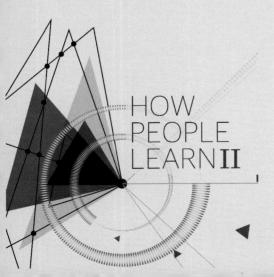

HOW
PEOPLE
LEARN II

HOW
PEOPLE
LEARN II

9장
생애 전반에 걸친 학습

개인은 학교 밖에서, 그리고 평생 동안 배운다. 유치원에서 12학년(K-12)에서 가르치는 내용은 상대적으로 많은 부분이 이미 정해져 있어 개인 선택의 여지가 거의 없다. 그러나 학령기의 공식적 교육을 벗어나면 개인은 자신의 선택과 상황에 따라 학습 내용과 양을 스스로 더 많이 주도하게 된다. 학습 목표로서 공식적인 고등교육과 직업 훈련을 추구하거나 정규직 고용과 가정 꾸리기 등의 다른 목표로 전환할 수 있으며, 시간이 경과하면서 다양한 방식으로 이들 선택지를 결합할 수도 있다. 경로에 관계없이 각 개인의 평생에 걸친 발달은 2장에서 논의했듯이 문화적 맥락에 내포된 자신의 복잡한 환경에서 제공되는 자원과 기회에 의해 형성되고 제한된다.

HPL I[1]의 연구자들은 그들이 추천한 K-12의 교육적 틀이 성인 학습에도 적용된다고 보았다(National Research Council, 2000). 특히 연구자들은 교사의 전문성 개발 프로그램이 그들이 제시한 K-12 교육 환경을 위한 기준을 충족시키는 경우가 거의 없다는 점을 주목했다. 저자들은 보고서를 통하여 지식의 전이를

---

1) 1장에 언급했듯이 HPL I은 『How People Learn I: Brain, Mind, Experience, and School-Expanded Edition』의 약어로 사용됨(National Research Council, 2000).

위한 학습 맥락의 중요성을 강조하였지만, 생애 전반에 걸친 학습과 인지의 변화에 관해서는 상세히 설명하지 않았다.

이 보고서에서 논의된 학습 과정은 전 생애에 걸쳐 이루어지지만, 사람들이 학습하는 맥락과 전 생애 동안 지속적 발달에 관여하는 이유는 연령에 따라 변화하고, 이로 인하여 학습 과정의 많은 부분도 변화한다. 이 장에서는 의무교육 환경 밖에서 일어나는 학습과 삶의 단계에 걸쳐 일어나는 변화를 다루는 연구를 검토한다. 또한 학습 능력이 노화에 의해 어떻게 영향을 받는지 고려하고, 인지 능력을 유지하는 방법을 평가한다. 이와 더불어 전 생애 동안 학습자에게 영향을 미칠 수 있는 학습장애에 대한 연구에 대해서도 논의할 것이다. 이후 성인에게 친숙한 두 가지 환경, 즉 고등교육과 직장에서의 학습을 다루고, 평생학습을 육성하는 방법에 대한 논의와 함께 마무리할 것이다. 이러한 논의는 실험실 및 현장에 기반반 인지과학 연구에 기초한다.

1. 연령에 따른 변화

개인이 나이가 들면서 나타나는 많은 변화는 학습에 영향을 미친다. 나이 듦에 따라 추론 과정과 인지 능력에서 변화가 일어난다. 개인의 지식 기반과 학습 의욕도 변한다. 이러한 변화는 개인이 나이 듦에 따라 다양해지는 학습 환경과 그들이 하고자 하는 학습 활동의 유형을 반영한다.

추론과 지식

우리가 5장에서 논의한 두 가지 인지 자원은 사람들이 연령이 높아짐에 따라 특히 중요하다. 즉, 정보의 생성, 변형 및 조작과 관련된 추론 능력과 경험 및 교육을 통해 축적된 지식(개인이 획득하는 전문 지식)이다(Salthouse, 2010). 우리는 추론 능력과 지식 축적 모두가 성인 초기까지 증가하며, 그 후 그 경로가 달라지기 시작한다는 점에 주목했다. 성인 초기를 기점으로, 이후 학습자들이 나이가 들면서 추리 능력은 쇠퇴하기 시작하는 반면, 지식의 기초는 유지되거나 증가한다. 축적된 지식은 학습자들이 나이 듦에 따른 추리 능력의 감소를 보완하는 데 도움이 된다.

성인 학습자에게 중요한 두 가지 지식 영역(개인 건강과 재정)에 대한 연구는 기존의 지식이 어떻게 새로운 학습을 촉진하는지를 강조한다. 연구자들은 일반 건강에 대한 지식의 기초를 가지고 있는 노인들이 심장병에 대한 새로운 정보를 더 쉽게 배울 수 있다는 가설을 실험했다. 즉, 기초 지식이 새로운 정보의 기억 파지를 예측하고 인지 부하를 최소화하였는데, 특히 자신만의 학습 속도로 학습하는 경우 더욱 그러했다(Beier & Ackerman, 2005). 마찬가지로, 금융투자 상품에 대한 사전 지식은 성인을 위한 자기진도학습(self-paced learning) 환경에서 투자 관리에 대한 새로운 학습을 용이하게 했다(Ackerman & Beier, 2006). 이와 매우 유사한 결과가 기술에 대한 새로운 학습에서도 발견되었다 (Beier & Ackerman, 2005). 일반적으로 노인들은 젊은 사람들보다 더 많이 알고, 이러한 지식은 그들의 학습을 수월하게 한다(Ackerman, 2000; Beier & Ackerman, 2001/2003/2005).

이 연구는 우리가 5장에서 지적한 내용을 강화한다. 즉, 사람들은 자신의 일과 삶의 다양한 영역에서 전문 지식을 나이가 들면서 발전시키면서, 일상생활의 경험으로부터 배우는 추론 능력에 덜 의존한다. 그러나 학습자가 이미 알고 있는 것과는 다른 새로운 경험으로 인해 지식 기반에 대한 의존도가 낮아 학습이 더욱 어려워질 수 있다. 예를 들어, 변호사나 의사가 초중등교육과 같이 완전히 새로운 직업을 배우는 것은 중년 이후라면 그 이전보다 더 어려울 것이다. 하지만 다른 성인과 함께 일하면서 얻은 지식을 아이들이 가득한 교실을 운영하는 새로운 도전에 적용함으로써 새로운 변화를 만들 수 있다. 그들은 타인과 함께 일하는 가장 좋은 방법에 대한 사전 지식을 새로운 환경에서 습득한 내용과 결합하여, 다른 성인들과 학습한 기술들을 새로운 도전으로 전이하는 방법을 결정할 것이다.

평균적으로 사람들의 연령화에 따른 변화들은 잘 이해되지만, 연령과 관련되어 변하는 학습 능력의 궤적은 개인마다 다양하여 이해하기가 복잡하다(Hertzog et al., 2008). 즉, 환경 특성, 신경생리학적 기능에 영향을 미치는 오염 물질의 노출, 건강과 수면 습관, 그 밖의 많은 요인에 따라 개인은 다양한 속도로 성장하거나 노화할 것으로 예상된다. 모든 각 개인의 발달 궤적은 개별적이고 특별하며, 이는 학교, 일, 가족과 공동체, 취미와 관련된 그들의 개인적 경험에 따라 달라질 것이다. 더 나아가 학습과 발달에 영향을 미치는 능력 변화에 있어서 하나의 표준적인 연령은 없다. 능력에 있어서 연령과 관련된 일반적인 변화 궤적은 (치매나 알츠하이머병과 같은 정신이상학적 기억장애와는 대조적으로) 정상적인 노화로 인한 것이다.

학습에 대한 동기

6장에서는 전 생애에 걸쳐 일반적으로 적용되는 학습동기의 영향 요인에 대해 논의했지만, 사람들이 무엇을 가치 있게 여기는지의 문제와 동기의 다른 측면들은 나이가 들면서 변화하는 것으로 보인다. 이러한 변화는 추구하는 목표, 역량과 행복의 성취에 중요하다고 인식되는 활동의 유형에 영향을 미칠 것이다(Ebner et al., 2006; Koij et al., 2011). 학습자는 성장과 성취감을 제공하지 않는 개발 활동에 나이가 들수록 더이상 관여하지 않을 것이다(Carstensen et al., 1999). 예를 들어, 직장에서든 다른 환경에서든 그 성과를 달성하고 인정받으려는 사람들의 동기는 나이가 들수록 감소하는 경향이 있는 반면, 방대한 기술 레퍼토리를 사용하고, 다른 사람들을 돕고, 자신의 자원과 유능감을 보존하려는 동기는 나이가 들수록 증가하는 경향이 있다는 연구 증거가 있다.

일부 연구자들은 성공적인 노화는 연령에 적합한 목표를 **선택하고**, 기존 자원을 **최적화하며**, 사회적 또는 기술적 자원을 사용하여 나이와 관련된 동기의 감소를 **보상하는** 기능을 의미한다고 제안해 왔다(Baltes & Baltes, 1990; Heckhausen et al., 2010). 다른 이들은 학습 과정에서의 정보에 대한 정서적 선호도에서 연령 관련 변화의 중요성을 지적하였다(Carstensen et al., 1999). 예를 들어, 한 연구는 노인들이 젊은 세대보다 긍정적인 감정 정보를 선호하고 부정적인 감정 정보를 피한다고 소개했다(Wang et al., 2015). 특히 고령의 근로자들은 긍정적이고 양질이며 공정한 방식으로 제공되는 피드백에 호의적으로 반응하였다. 그들은 또한 피드백 시 내포된 대인 관계적 요소에 더 신경을 썼다. 반면에 젊은 근로자들은 자신의 성과를 향상시키는 방법에 대한 정보를 제공하는 피드백에 더 신경을 썼다. 또한 젊은 학습자들에 비해 나이 든 학습자들은 기존의 지식을 기반으로 하고, 구조화가 잘 되어 있으며, 학습에 대한 시간 압박이 덜한 환경에서 훈련과 개발 프로그램에 참여할 때 추리와 인지 능력의 노화 관련 변화를 보완할 가능성이 더 높은 것으로 나타났다(Heckhausen et al., 2010; Maurer et al., 2003).

종합하자면, 성인기의 동기 부여에 관한 이 증거는 학습자의 능력, 동기 및 정서적 선호에서 연령 관련 변화를 고려한 학습 기회와 환경의 중요성을 지적한다. 구체적으로, 나이 든 학습자들의 훈련에서는 학습자의 자기효능감을 높이고, 피드백에 대한 인지 능력과 감정 반응에서 나이와 관련된 차이를 수용하고, 학습자의 기존 지식과 기술에 기초하는 내용을 사용하며, 학습자에게 밀접한 관련성을 제공하는 훈련이 가치가 있다.

학습 활동 및 환경

사람들이 배우는 환경도 일생에 걸친 발달에 따라 다양성을 가진다. 성인기의 학습은 전문성 발전을 목표로 하는 공식적인 프로그램 또는 수학 관련 소양과 제2외국어로서의 영어와 같은 기술 습득을 추구하거나 향상시키는 것과 관련될 수 있다. 학습은 또한 직업적 관심사를 개발하거나 일상생활의 도전적 과제를 해결하기 위해 건강과 재정에 대한 이해와 관련 소양을 높이려는 욕구와 관련되어 발생한다(Kanfer & Ackerman, 2008). 그러므로 성인기 학습은 직장에서 근무 시간 외의 여가 시간을 활용하여 미술사를 배우기 위해 계속교육과정에 등록하거나 미취업자가 취업 준비를 위한 소프트웨어 교육을 받는 등 공식적인 학습 환경에서 발생할 수 있다. 하지만 많은 성인 학습(개인 생활에서든 직장에서든)은 비공식적인 훈련 환경에서 이루어진다. 예를 들어, 공식적인 훈련 없이 업무를 수행함으로써 새로운 일을 배우고(Tannenbaum et al., 2010), 새로운 도시나 국가를 방문하고 신문을 읽거나 은퇴 계획을 세울 때 일어나는 학습에서 이루어진다.

사람들은 일반적으로 나이가 들면서 배우고 싶은 것과 미래에 하고자 하는 일을 조화시키고(Carstensen et al., 2003), 자신의 기존 지식과 기술에 맞는 환경을 선택하는 경향으로 인해 새로운 영역과 관련된 정보를 쉽게 배울 수 있다고 지적한다(Baltes & Baltes, 1990). [그림 9-1]은 사람이 평생 동안 관여할 수 있는 학습과 개발 활동의 유형에 대한 사고의 틀을 제공한다. 여기에서는 활동이 학습자 자신의 의지(의지적으로 스스로 선택한)와 학습 환경의 형식성(활동이 구조화되고 원하는 학습 결과를 명시하는 정도)에 대해 강조한다. 이 그림은 학습 환경

비공식적 환경에서의 자기주도적(자율적) 개발	• 관련 출판물을 읽어 업계 뉴스 및 이벤트에 대한 최신 정보 유지 • 역사적 지역을 도보로 여행[예: 펜실베이니아주의 '게티스버그(Gettysburg)' 프로그램]
공식적 환경에서의 자기주도적(자율적) 개발	• 관련 지식 기반을 넓히기 위해 외부 온라인 강좌 수강 • 사진 수업 수강
비공식적 환경에서 필수적(의무적) 개발	• 직무에 필요한 기술을 배우기 위해 경험이 풍부한 동료의 멘토링 받기 • 직무별 주제와 관련된 회사 정책 검토
공식적 환경에서 필수적(의무적) 개발	• 전 직원 대상의 연례교육에 참여하여 직장에서의 인력 정책 준수 • 학교 직원을 위한 응급처치교육

[그림 9-1] 공식 및 비공식적 환경에서 자율적(자기주도적) 및 의무적 학습의 예

에 대한 논의를 구체화하는 데 유용하지만, 형식-비형식의 구별이 항상 명확하지는 않을 수 있다. 예를 들어, 원하는 승진을 위해 특별한 훈련이 필요한 경우, 이 훈련 기회를 추구하는 것은 자율적이거나 의무적인 것 모두로 볼 수 있다.

자신의 의지로 수행하는 훈련은 공식성이 감소되며, [그림 9-1]에서 보는 바와 같이 공식성의 감소는 교육공학이 발달할수록 더욱 중요해진다. 왜냐하면 교육공학이 공식성의 다양한 수준에서 이루어지는 자기주도적인 개발 활동에 적당한 비용으로 접근할 수 있도록 도와주기 때문이다. 그러한 활동에 참여하는 것은 승진이나 직업 변경을 위한 직무 기술을 개발하고자 하는 개인의 열망에 의해 동기 부여될 수 있지만, 일반적으로 학습 목표, 일정, 교육과정 및 가능한 강의 요강이 포함된다(Siemens et al., 2015). 국립교육통계센터(National Center for Education Statistics)에 따르면, 2005년 40세에서 65세 성인의 39% 이상이 지난 12개월 동안 어떤 형태로든 공식적 강좌에 참여했으며,[2] 대규모 공개 온라인 강좌와 같은 온라인 학습 경험이 확산됨에 따라 공식적 강좌에 참여하는 사람들의 수는 더욱 증가되어야 할 것이다. 평생에 걸친 지적 발달의 모든 요소를 탐구하기 위해서는 더 많은 노력이 필요하다.

인지 능력

사람들이 나이가 들면서 생기는 인지 능력의 변화 궤적에는 상당한 차이가 있을 수 있다. 한 극단에는 '슈퍼고령자(Super ager)'들이 있는데, 이들은 젊은 성인처럼 행동하고 종종 20~30년 더 젊은 사람들과 비슷한 뇌를 가지고 있다(Harrison et al., 2012). 또 다른 극단에는 가벼운 인지장애나 치매에 걸린 노인들이 있다. 스펙트럼의 극단의 사례는 이 보고서의 범위를 벗어나지만, 고령자의 인지적 기능의 차이를 설명할 수 있는 요인을 조사하고, 신경계의 차이를 더 잘 식별하기 위해 구조적이고 기능적인 신경영상법을 사용하는 것에 대한 관심이

---

2) https://nces.ed.gov/programs/digest/d14/tables/dt14_507.30.asp (2017. 3.) 참조.

증가하고 있다(Kensinger, 2016).

나이와 관련된 인지의 변화는 정보를 처리하고 유지하는 방식에 영향을 미치고, 따라서 성인의 학습 방식에도 영향을 미친다. 인지 감퇴는 학습과 관련이 있지만 (이러한 능력에는 학습과 지적 발달에 전념할 수 있는 주의력과 인지적 자원이 포함되기 때문에) 학습과 동일하지는 않다. 성인의 경우, 지식의 기반을 만들어내는 능력이 60대까지는 증가했다가 점차 감소한다. 그러나 인지 능력을 별도로 검사하면 다양한 노화 관련 변화 궤적을 볼 수 있다. 기억의 관점에서, 어떤 능력(조각 정보들을 함께 기억하는 것, 특정 기억을 떠올리는 능력, 기억의 인출 과정에서 메타메모리)은 노화와 함께 상대적인 감소를 보이는 반면, 다른 능력(협력적 기억, 감정 및 동기적 기억, 기존 지식 기반의 정보 획득 및 유지)은 상대적으로 유지되는 것으로 나타난다.

3장에서는 성인의 두뇌가 다른 자원을 사용함으로써 일종의 인식 감퇴를 보완하는 방식에 대해 논의하였다. 성인 후기에는 새로운 정보, 기억력 및 속도의 학습과 관련된 인지 능력은 감소하지만, 사회적 딜레마를 해결하는 기술은 증가한다(Grossman et al., 2010). 이러한 증가에 대한 한 가지 해석은 나이 든 사람들이 젊은 사람들보다 사회적 의사 결정의 부정적인 결과를 잘 평가할 수 있을 것이라는 점이다. 또 다른 견해는 나이 든 어른들이 사회적 갈등과 사람들의 다양한 가치와 감정이 어떻게 연관되어 있는지에 대한 더 큰 그림에 초점을 맞춘다는 것이다. 즉, 이러한 변환을 '지혜'의 성장으로 설명할 수 있고, 이는 사회에서 중요한 문화적 역할을 한다.

서구적 맥락에서 '성공한 노화'에 대한 아이디어(Havighurst, 1961)는 인지 기능에 사회적 참여라는 개념을 통합했다(Rowe & Kahn, 1987). 그 결과, 개인의 사회적 연결성이 나이와 관련된 변화 궤적에 영향을 미칠 수 있는 이유에 대한 관심이 증가하였다(Nontautucci et al., 2001; Berkman, 1985). 연구에 따르면, 삶의 만족도와 같은 요소들이 노화와 관련된 퇴화의 일부를 완화시킬 수 있다는 것이 확인되었다(Waldinger et al., 2015). 마찬가지로, 외롭지 않고(Wilson et al., 2007) 강한 사회망(Glymour et al., 2008)을 갖는 것은 연령과 관련된 인지적 감퇴의 속도를 줄일 수 있다.

　노화의 어떤 영향은 시간이 지남에 따라 나타나는 환경과 개인 사이의 상호 작용이라고 생각할 수 있다. 이러한 상호작용은 두 가지 방법으로 나타날 수 있다. 첫째, 나이는 문화의 영향을 최소화하거나 과장할 수 있다. 예를 들어, 미국인과 중국인이 정보를 분류하는 방법의 차이는 젊은 성인들보다 나이 든 성인들 사이에서 더 크게 나타난다. 이 연구는 횡단적 연구(즉, 모든 연령층을 한 시점에서 연구)임에도 불구하고, 결과는 노화가 문화적 차이를 증대시킴을 시사한다. 즉, 나이 든 성인이 그 문화에 관여한 시간이 길기 때문이다. 대안적인 설명으로는 역사적 변화를 들 수 있다. 다른 연령대 참여자들과 비교하여 현재 노령대 참여자들이 젊었을 때 이미 문화 간 차이가 더 뚜렷했다는 것이다. 반대로, 문화 차이는 때때로 노화에 따라 최소화될 수 있다. 이러한 패턴은 노화에 의해 개인적 자원이 고갈되면서 문화의 영향이 최소화되기 때문에 발생하는 것으로 생각된다(Kensinger, 2016; Park & Gutchess, 2002).

　문화는 또한 나이에 따라 나타나는 인지적 변화의 종류나 정도에 영향을 미칠 수 있다. 연구자들은 보다 좁은 단위로서 지역 환경이나 하위 문화가 인지 노화에 미치는 영향을 조사하고, 지역 사회 환경이 노화에 따른 인지 변화에 어떻게 영향을 미치는지 조사 탐구해 왔지만, 이러한 조사들은 아직 명확한 답을 제공하지 못했다. 즉, 지역 환경이나 하위 문화의 효과는 여러 연구에서 확인되었지만, 효과의 크기는 물론 가장 큰 효과를 나타내는 특정 영역이 어디인지 등에 있어서 연구마다 다양했다(Cassarino et al., 2015; Wu et al., 2015). 더구나 지역사회, 사회적 지원, 사회망의 영향력 간의 상호작용에 대한 연구는 미비하다. 아직 학습해야 할 것이 많지만, 현존하는 연구는 보다 광범위한 문화적 영향과 더불어 인지적 노화 궤적의 이유를 이해하기 위해 지역 사회의 환경을 고려할 필요가 있음을 시사한다(Kensinger, 2016).

2. 학습장애

우리는 모든 연령대의 학습에 영향을 미칠 수 있는 장애를 살펴볼 것이다. 보수적인 추산으로는 공립학교 재학생의 2~5퍼센트가 학습장애를 가지고 있으며, 학습장애는 특수교육 대상의 가장 큰 부분을 차지한다. 그러나 성인에게 적용되는 학습장애에 대한 합의된 정의는 없기 때문에 미국 성인의 학습장애 비율에 대한 확실한 추정치는 없다(Lindstrom, 2016; Swanson, 2016).

학습장애는 '학업의 성취와 관련된 행동에 있어 비예측적이고 중요한 어려움을 겪는 것으로, 양질의 교수법에도 불구하고 학습에서 진척이 없으며, 그러한 장애가 의학적·교육적·환경적 또는 정신학적 원인에 기인하지 않는 것'으로 정의되어 왔다(Cortieella & Horowitz, 2014, p. 3). 학습장애는 잘못된 가르침의 결과가 아니라는 것을 강조하는 것이 중요하며, 특정한 심리적 과정의 문제들에 의해 야기된다. 즉, 생물학적 원인에 기초하는 신경학적 문제는, 특히 듣기, 말하기, 읽기, 쓰기, 추리 또는 수학 능력의 획득과 사용과 같은 특정 과제에 대한 성과에 영향을 미친다.

- 학습의 어려움은 학습 기회, 일반 지능 또는 상당한 신체적(예: 청각장애)·감정적(예: 스트레스)·환경적 요인(예: 빈곤, 가족 학대)의 결과가 아니라, 특정 심리 과정의 기본적 장애(예: 소리와 글자 사이의 연관성을 기억하는 것)의 결과물이다.
- 학습의 모든 측면에서 어려움이 나타나는 것은 아니다. 개인의 심리적 과정에서의 문제는 학업 관련 행동의 일부 측면만을 위축시킬 뿐이다.

학습장애의 가장 일반적인 유형은 읽기, 수학 또는 쓰기 표현에서 학습에 영향을 미치는 것이다. 난독증은 읽기에서 어려움을 가지는 것으로, 말소리를 구분하고 낱글자와 단어와의 관련성을 학습하는 문제에서 기인하는데, 가장 만연하고 쉽게 인식되는 학습장애 유형이다. 읽기장애가 있는 개인도 주의력, 언어, 행동의 다른 장애를 가지고 있을 수 있지만, 이들 장애는 각각 다른 방식으로 학습에 영향을 미친다(Cortiella & Horowitz, 2014). 학습장애 유형들은 특정한 특성을 공유하지만, 그 안에서도 개인 차이가 크다(Swanson, 2016).

학습장애의 원인

학습장애는 뇌의 구조와 기능의 신경학적 차이에서 발생하며 정보를 수신, 저장, 처리, 검색 또는 전달하는 개인의 능력에 영향을 미친다. 이러한 뇌 기반 장애의 특수성은 아직 잘 파악되지 않고 있지만, 일부 특징적 어려움을 특정 뇌 영역 및 뇌 구조와 연계하여 지도화하는 데 상당한 진전이 이루어졌다. 어떤 학습장애는 유전적 문제에 근거한다는 증거가 있다. 예를 들어, 연구자들은 주의력 결핍/과잉행동 및 관련 장애와 같은 특정 학습장애가 일부 동일 가계도에서 상당한 빈도로 발생한다는 것을 입증했다(Cortiella & Horowitz, 2014; Lindstrom, 2016).

학습장애는 또한 임신 전과 임신 중 태아의 뇌 발달에 나타난 심각한 상해의 결과일 수 있다. 이러한 상해에는 심각한 모성 질환이나 부상, 임신 중 약물이나 알코올 사용, 모성 영양 실조, 저체중, 산소 결핍, 조산 또는 장기 노동이 있다. 학습장애를 초래하는 산후 사건에는 외상성 부상, 심각한 영양 결핍 또는 납과 같은 독성 물질에 대한 노출이 포함될 수 있다.

우리는 학습의 어려움이 시각, 청각 또는 운동장애, 지적장애(이전에는 정신지체), 정서장애, 문화적 요인, 제한된 영어 능력, 환경적·경제적 불이익 또는 부적절한 교육 등으로 인해 야기된 경우에는 학습장애가 아니라고 강조한다. 그러나 코르테엘라와 호로비츠(Cortiella & Horowitz, 2014)의 연구에 따르면, 가난한 사람들 사이에서 학습장애 발생률이 더 높은 것으로 보고되고 있다. 이는 아마도 발달 초기 및 주요 단계에서 영양 부족, 독소의 섭취 및 환경 유해 물질 (예: 납, 담배, 알코올)과 그 밖의 위험에 노출되는 위험이 증가하기 때문으로 보인다. 더욱이 학습이 환경적·개별적 변수들의 복잡한 집합에 의해 영향을 받는다는 점을 감안할 때, 학습장애라는 낙인은 생애 전반에 걸쳐 지속적인 성장과 발전에 영향을 미칠 가능성이 있다(Lindstrom, 2016). 여기서는 광범위하게 연구된 학습장애의 두 가지 하위 유형, 즉 읽기장애와 수학장애에 초점을 맞추고 있다.

읽기장애

읽기장애를 가진 어린이와 청소년의 수는 정확히 알기는 어려운데, 이는 사용 가능한 자료들이 학습장애의 유형에 따라 세분되지 않기 때문이다.[3] 연구자들은 읽기장애의 세 가지 유형(① 단어 인식 및 맞춤법 문제, ② 읽기 어려움, ③ 읽기 유창함 및 단어 인지의 자동화에서의 어려움)을 판별했다(Flecher et al., 2007).[4] 비록 관련된 인구 통계 기반의 연구는 없지만, 개별 연구들은 읽기 문제가 있는 어린이의 표본 중 약 10%가 읽기이해장애를 가지고 있다고 제안한다(Nation et al., 1999; Snowling & Hulme, 2012; Swanson, 2016).

연구 결과에 따르면, 5세에서 18세 사이에 언어 능력(읽기장애를 포함하되 이에 국한되지 않음.)의 근본적인 결손이 발생하는 것으로 나타났다. 이러한 연구 결과는 특정 뇌 부위의 저활성화가 언어 과제에서 인지적 수행이 취약한 것과 관련이 있음을 시사하는 신경학적 연구와 일치한다(Maisog et al., 2008; Richlan, 2012; Richlan et al., 2009/2013). 읽기장애에 대한 대부분의 신경영상 연구는 수

---

3) 2014~2015년 공립학교 학생의 13%가 특수교육을 받았고, 이 중 35%는 일종의 학습장애로 분류되었다[https://nces.ed.gov/programs/coe/indicator_cgg.asp (2017. 6.) 참조]. 2013년 학교 관계자나 보건전문가가 학습장애를 가진 것으로 확인한 아동 비율은 8%이다[https://www.childtrends.org/indicators/learning-disabilities (2017. 6.) 참조]. '읽기장애' '난독증' 및 '읽기에서 특정 학습장애'라는 용어는 서로 다르게 사용된다. 해부학적인 이상에 초점을 맞춘 연구자들은 대부분 '난독증'이라는 용어를 사용하는 반면, 인지적 장애에 관심이 있는 연구자들은 '읽기장애'라는 용어를 사용한다(Swanson, 2016).

4) 읽기 학습 및 읽기장애에 대한 자세한 설명은 국가연구위원회(National Research Council, 1998/1999e)를 참조.

년간의 읽기장애를 가진 어린이나 성인을 대상으로 시행되었기 때문에, 뇌의 차이가 판독장애의 기초적인 신경생물학적 원인과 연관되어 있는지 또는 대신에 수년간에 걸친 변화된 읽기 경험, 특히 많은 부분 상당히 감소된 읽기 경험의 결과인지를 결정하는 것은 불가능하다(Lindstrom, 2016). 그러나 다양한 연구는 기초적인 뇌 생리가 일부 읽기장애를 설명한다는 결론을 뒷받침한다(Fischer & Francks, 2006; Hoft et al., 2007; Leppänen et al., 2012; Molfese, 2000; Neuhoff et al., 2012; Van Zuijen et al., 2013).

수학장애

수학장애는 읽기장애보다 덜 철저하게 연구되었지만, 수학장애 또한 흔하다.[5] 일부 어린이들이 읽기와 수학 두 영역에서 장애를 가지고 있다는 사실은 유사한 인지적 결핍이 두 분야에서 모두 영향을 준다는 것을 시사한다(Geary, 1993/2013). 다른 학습장애와 마찬가지로 수학 학습에 특히 영향을 미치는 장애(흔히 난산증이라고도 함.)는 생물학적 문제가 근원인 신경발달장애이다(American Psychiatric Association, 2013).

수학장애에 대한 문헌을 통합하여 보면(Geary, 1993/2013), 수학장애 아동의 뚜렷한 세 개 그룹을 발견했다. 한 집단은 의미기억력이 부족한 것으로 특징지어진다. 이 아동들은 장기기억에서 기본적인 사실을 인출하는 능력과 회상에서 오류 비율이 높다. 더욱이 이러한 인출 결함의 특성(예: 느린 해결 시간)은 이 첫 번째 그룹의 아동들이 단순히 발달 지체를 겪는 것이 아니라, 더 나아가 확장된 연령대에 걸쳐 더욱 지속적인 인지장애를 겪는다는 것을 시사한다(Sanson, 2016).

---

5) 읽기장애와 마찬가지로 수학장애의 전체 발생 빈도율을 측정하는 것은 어렵다. 학령 인구의 3~7%에 이른다는 추정치가 제시되었지만(예: Geary, 2013; Reigosa-Crespo et al., 2012) 수학장애에 대한 정의는 다양하다. 상당수의 미국 학생들은 수학에서 낮은 성취도를 보이고 있으며, 수학장애가 이러한 수학 성취 결손의 일부를 차지할 가능성이 있다(Swanson, 2016).

두 번째 그룹의 아동들은 절차와 관련된 수학장애의 유형을 가지고 있다. 이들은 일반적으로 연산에서 미성숙한 절차를 사용하므로 복잡한 절차에서 여러 개의 단계를 밟아 가는 데 어려움을 겪는다. 세 번째 그룹의 아동들은 시각/공간적 수학장애를 가지고 있다. 이들은 공간적으로 숫자 정보를 표상하는 데 어려움을 겪는다. 예를 들어, 여러 개의 숫자 열을 가진 연산에서 숫자의 정렬을 표상하는 데 어려움이 있을 수 있으며, 숫자 기호를 잘못 읽을 수 있고, 숫자를 회전 또는 변환하는 것과 숫자의 공간 배치를 잘못 해석할 수 있다. 또한 대수 및 기하학에서 요구되는 공간 관련 문제에 어려움이 있을 수 있다(Lindstrom, 2016).

수학장애가 있는 아동은 성취도가 낮은 아동과 대조적으로 숫자 처리, 산술 절차의 학습, 기본적인 산술적 사실의 암기 등에서 부족함을 보여 준다. 수학장애를 가진 아동들이 간단한 산수 문제를 해결하기 위해 사용하는 전략의 종류에서 정상적인 수학 능력을 가진 또래들과 반드시 다를 필요는 없다. 그러나 한 자리 수 덧셈에서 부정확한 장기기억과 작업기억의 적은 용량으로 인하여 지속적으로 인출과 숫자 세기 오류를 범하는 비율에서 차이가 있다. 수학장애가 있는 아이들은 모든 작업기억 시스템에 걸쳐 광범위한 결손을 가지고 있지만, 작업기억의 특정 구성 요소와 특정한 수학적 인지 사이의 관계에 대한 현재 학계의 이해는 여전히 발달 단계에 있다(Geary, 2013; Swanson, 2016).

난산증 또는 수학장애의 해부학적 원인에 대하여 밝혀진 일반적인 패턴은 거의 없다. 그러나 발달적 난독증이나 수학장애 진단을 받은 아동을 대상으로 한 자기공명 신경영상 연구의 메타분석에서 카프만과 동료들(Kaufmann et al., 2011)은 수행한 과제의 유형(기호 또는 비기호적, 수 비교 대 계산)에 따라 아동의 뇌 활성화 패턴이 달라지는 것을 발견했다. 이 발견들은 수학장애 유형의 공통성과 차이점 모두를 시사한다. 이러한 연관성을 탐구하기 위한 추가 연구는 유용할 것이다.

성인 학습장애

읽고 쓰는 능력이나 수학 능력과 관련된 학습장애를 가진 성인을 평가하고 그 인구를 산출하는 단일한 공통의 방법은 없다(Fletcher, 2010; Greg et al., 2006; MacArthur et al., 2010; Mellard & Patterson, 2008; Sabatini et al., 2010; Swanson, 2016). 따라서 어느 한 분야에서 얼마나 많은 성인이 학습장애를 가지고 있는지는 불분명하다. 보수적인 추정은 일반 인구의 약 3~5퍼센트가 읽기장애를 가지고 있다는 것이다(Swanson, 2016). 좀 더 폭넓게 보면, 미국 성인의 20~30%가 읽기와 계산에 필요한 문해 능력이 부족하다(Kutner et al., 2007)[6]. 이러한 추정치는, 특히 읽기 영역 등에서 스스로 학습장애가 있다고 진단한 사람들까지 포함한다(예: 미국교육부, 1992). 그 이유는 성인의 읽기장애에 대한 연구가 제한적이어서(심지어 수학장애 연구는 더욱 적다) 읽기장애 성인이 아동 연구에 밝혀진 것과 유사한 인지적 결손을 가지고 있는지 혹은 비장애성인에 비하여 낮은 지능을 가진 것 등에서 유래한 결과인지가 불분명하기 때문이다. 이러한 쟁점에 대한 한 연구에서 스완슨과 동료들(Flynn et al., 2012; Swanson, 2012; Swanson & Hsieh, 2009)은 읽기장애를 가진 성인과 평균 능력 이상의 일반 성인을 비교하는 연구들을 통합하여 이들이 일반적 읽기 능력에서 어떻게 차이가 있는지 확인하였다. 이 연구자들은 읽기 이해, 읽기 인식, 언어 지능, 명명 속도, 음성 인식 및 언어 기억력에서 차이를 발견했다(Swanson & Hsieh, 2009; Swanson, 2016).

또한 학습장애가 있는 성인의 사회적 결과와 여타의 결과에 대한 연구는 거의 없다. 기존의 연구는 대부분 중등교육에서 노동 인력으로의 전환에 초점을 맞추고 있다. 연구자들은 비장애인 동료들에 비해 학습장애가 있는 성인은 중등기 이후 교육에 중도 탈락(Newman et al., 2009; Rojewski et al., 2014), 중등기 이후 교육의 낮은 참여(Wagner et al., 2005), 제한적인 노동력 참여(Barkley,

---

6) 국제 성인 능력 평가 프로그램(PIAAC)은 성인의 읽고 쓰는 능력에 대한 데이터를 수집하여 이 영역에서 5가지 다른 숙련도 수준에서 점수를 매겨 해당 성인의 백분율 단위로 보고한다[https://nces.ed.gov/surveys/piaac/results/makeselections.pyx (2017. 6.) 참조].

2006), 낮은 경제적 수입(Day & Newburger, 2002)의 위험성이 더 크다는 것을 발견했다. 학습장애를 가진 청소년들이 학교를 떠날 때 얻는 직업의 대부분은 반숙련직이고 보통 시간제 근무이다(Barkley, 2006; Greg, 2009; Rojewski, 1999). 일부 연구(Newman et al., 2010)는 인플레이션을 고려하여 임금이 조정되었을 때에도 젊은 성인들의 소득에서 실질적인 차이를 보이지 않지만, 교육 성취도에서 격차가 커짐에 따라 학습장애 성인들과 비장애인 동료들 사이의 소득력 격차가 커지는 것을 보여 준다(Day & Newburger, 2002; Swanson, 2016; Wagner et al., 2005).

성인 문해력

미국과 전 세계의 많은 성인은 기본적인 읽고 쓰는 능력이 부족하다. 아시아, 북아메리카, 유럽, 호주 전역의 22개 국가를 대상으로 기술이 발달한 환경에서 읽고 쓰는 능력, 수해 능력 및 문제 해결을 측정한 연구에서 미국의 성인들은 평균 이하의 점수를 받았다(Goodman et al., 2013). 미국의 5천만 명 이상의 성인들은 일자리를 확보하기에 충분한 수준의 읽기 능력을 보이지 않았지만, 이러한 성인들 중 극소수만이 읽기 기술을 향상시키기 위해 연방 기금을 지원하는 성인교육 프로그램에 등록하였다(National Research Council, 2012c). 성인교육에 등록하더라도, 읽고 쓰는 프로그램에는 많은 장애물이 있다. 형편없는 자금 지원, 교사와 개인 교사를 위한 제한된 직업 개발, 높은 결석율과 중도 탈락 그리고 학생들의 폭넓은 다양성, 즉 인종, 민족, 성 정체성과 나이(16세부터 80세 이상까지) 그리고 고용, 교육, 사용 언어의 다양성 등이다(Greenberg, 2008).

테크놀로지는 직업을 가지고 있고 가족에 대한 책임을 가지고 있기에 수업에 참여하기 어려운 성인 학습자들에게 성인교육에 대한 접근성을 제공하는 핵심 도구다. 테크놀로지는 또한 다양한 기술과 읽기 수준에 맞는 훈련을 더 쉽게 맞춤화할 수 있도록 한다(Kruidenier, 2002; National Institute of Literacy, 2008). 적응적이고 지능적인 교육 프로그램은 다양한 기술과 요구를 충족시킬 수 있으며,

온라인으로 제공되는 프로그램은 학생들이 자신의 집, 도서관, 학교, 교회 또는 직장의 학습 환경에 접근할 수 있도록 한다. 테크놀로지는 또한 학습자에게 동기를 부여하는 환경을 개발하는 데 사용될 수 있다. 예를 들어, 소셜 미디어 플랫폼, 인공지능 대화 캐릭터가 있는 컴퓨터 시스템 그리고 성인의 특정 관심을 겨냥한 읽기 자료를 보유한 웹 기반 저장고 등이 있다(National Research Council, 2012c).

초등학교 3학년에서 중학교 2학년 수준의 독서를 하는 성인에 대한 중요한 연구들은 성인독서연구센터(Center for the Study of Adult Literacy: CSAL)에서 찾아볼 수 있다.[7] 이 연구는 교사나 개인교사에 의해 또는 컴퓨터 기술에 의해 구현되어 읽기 개선을 이끄는 교육적 개입을 탐구하였다. 예를 들어, DHAST-PACES라는 이름의 음성학에 기반한 교정 방법은 성공적인 교사 개입에 대한 틀을 제공하여 단어의 식별과 이해를 방해하는 요소들을 교정하는 데 중점을 둔다(Lovett et al., 2012). CSAL은 성인을 대상으로 하는 직접 지도와 대화 기반의 인지 훈련을 병행하는 프로그램을 개별 맞춤화했다.

우리는 성인의 읽고 쓰는 능력을 향상시키기 위한 개입이 성공하기 위해서는 많은 요소를 최적화해야 한다는 것을 강조한다. 또한 참여자들의 동기, 감정, 흥미 그리고 사회적 삶을 고려하는 것도 중요하기 때문에 개입에 사용된 수업자료들이 그들의 삶에 실질적인 가치를 지녀야 한다.

중재

학습장애가 있는 성인과 아이들은 다양함이 있는 집단이므로, 그들 모두에게 일반적인 교육 모형을 추천할 수는 없다(Sanson, 2016). 아동과 관련하여, 수학(Gersten et al., 2009; Sin & Jitendra, 1999), 쓰기(Graham & Perin, 2007), 읽기(Berkeley et al., 2009; Swanson, 1999; Wanzek et al., 2013)와 같은 영역에서의 교

---

7) 자세한 내용은 http://csal.gsu.edu (2017. 3.)을 참조.

수적 개입을 검토하는 메타분석이 다수 있었다.

이러한 연구의 결과는 학습장애가 있는 아이들이 일반적으로 집중적인 교수법에 반응한다는 것을 제시한다. 예를 들어, 통제된 실험 연구에서 특정 모형을 사용하여 강도 높은 교수를 실시한 후에 비교적 큰 개선을 보였다(Swanson et al., 1999). 이러한 개입은, (1) 더 많은 개념과 전략을 피상적으로 가르치기보다는 몇 가지 개념과 전략을 심층적으로 가르치는 것, (2) 자신의 성과를 모니터링하도록 가르치는 것, (3) 일반화를 향상시키기 위해 전략을 사용할 때와 장소를 가르치는 것, (4) 기존 교육과정의 통합적인 부분으로 가르치는 전략, 그리고 (5) 교사의 감독하에 이루어지는 학생 피드백과 연습 기회의 제공 등을 포함한다. 그 결과는 명시적으로 전략을 교수(명확한 실행, 상세화, 전략 요령)하고 소규모 그룹의 상호작용을 설정하는 것이 가장 큰 향상을 이루었다는 것을 보여 주었다 (Swanson, 2000).

이러한 연구 결과가 학습장애를 가진 성인의 모집단으로 일반화될 것으로 예상할 수 있지만, 이는 향후 연구가 필요한 영역으로 남아 있다(Flynn et al., 2012; Mellard & Patterson, 2008; Swanson, 2016). 성인과 관련하여 적용할 수 있는 연구 결과의 대부분은 학습장애가 있는 성인에 대한 평가에 적용하는 부분(예: 시험 기간 연장 제공)을 확인하는 것으로 국한되었다. 성인(평가 도구 포함)의 학습장애에 대한 연구가 제한되어 있기 때문에, 아동에게 보이는 인지적 결함이 학습장애를 가진 성인의 인지적 결손과 유사한지는 불분명하다. 학습장애가 있는 모든 성인 및 아동에게 일반화된 교육 모형을 제시할 수는 없지만, 아동들은 일반적으로 집중적인 교육 프로그램에 반응한다.

우리는 또한 난산증, 난독증, 주의력 결핍장애와 같은 학습장애와 관련된 많은 어려움이 한편으로는 개인의 신경심리학적 성향과 강점 사이의 불일치에서 유래하고, 다른 한편으로는 학습 맥락에서의 요구에서 비롯된다는 점에 주목한다(McDermott & Varenne, 1996 참조). 예를 들어, 난독증 학습자의 음성학적 해독 결함(즉, 글자를 언어적 소리와 연관시키는 문제)은 영어와 같이 복잡한 맞춤법을 가진 음성학(알파벳어)적 쓰기 방식을 사용하는 국가에서 특히 문제가 많다. 그리스와 독일처럼 정자법이 분명한 국가에서는 난독증 발생률이 더 낮다(Landel et al., 2013; Vellutino et al., 2004).

학습자와 맥락의 일치는 성공적 성취에 매우 중요하다. 도움이 되는 맥락과 올바른 지원을 통해 학습장애와 정신적 질병을 가진 학생들도 성공적인 학생이 될 수 있다. 예를 들어, 주의력 결핍/과잉행동장애를 가진 학생들이 학습 환경과 자원을 적응적으로 구성하도록 허용하면 학습이 촉진될 수 있다는 증거가 있다(Fugate et al., 2013). 장애를 가진 개인들도 다른 사람들과 마찬가지로 동일한 범위의 인간의 자질과 능력을 보여 준다. 따라서 개별 학생의 학습 자산(예: 난독증 학습자가 패턴 인식 및 주변 시야 확보에서 가진 장점)이 되는 학습자의 강점을 활용하는 교육은 이러한 장애를 가진 학생에게 특히 중요하다(Lorusso et al., 2004; Schneps et al., 2007; von Károlyi et al., 2003; Wei et al., 2013 자폐증 관련).

3. 고등교육 경험

일단 사람들이 의무교육을 마치면, 다양한 환경에서 더 많은 교육을 추구할 수 있다(예: 지역 전문학교, 전문대학, 대학, 대학, 직업 학교 또는 기술 학교). 초중등교육과 고등교육 환경 사이에는 몇 가지 중요한 차이가 있다.

첫째, 성인을 교육하는 기관들은 다양한 목표를 가지고 있다. 많은 교육 기관들은 자신들이 제공하는 학문적 환경에서 성공하고 크게 성장할 것으로 생각되는 학생들을 선택하기 위해 이전의 학업 성과와 능력을 참조한다. 이들 기관은 자신들이 수용하지 않았거나 해당 기관이 제공한 환경에서 성공하지 못한 사람들의 성공에 대한 책임을 지지 않는다. 성인의 문해력이나 재교육 프로그램 등의 예외는 있지만, 근로자들을 교육하는 대부분의 교육 기관과 단체는 고군분투하는 사람들의 성과를 높이기보다는 이미 능력이 뛰어난 인재에 대한 인정과 보상에 초점을 맞추고 있다. 교육 기관과 교육자들은 학생들의 성적과 끈기에 영향을 주는 요소(대학 생활의 적응과 학업기술 등)에 대한 주의를 증가시키고 있지만, 학생들이 학교에서 좋은 성적을 내지 못할 때, 대학들이 학생들이 계속 등록하도록 요구하지 않는 것이 사실이다. 직업 환경에서 새로운 기술을 배우지 못하는 사람들의 결과는 훨씬 더 가혹할 수 있다. 필요한 기술을 습득할 수 없거나 학습하지 않는 근로자들에게 다른 직업을 찾도록 지시할 수 있다. 이 두 가지 예는 초중등교육 경험이 대학 및 그 이상의 교육 기관에서의 요구를 준비하는 것에 있어서 얼마나 중요한지를 보여 준다.

또한 초중등교육과 고등교육에서의 경험은 현저한 차이가 존재하며, 이 차이는 학교와 직장에서의 훈련과 발전에서의 차이와 공통적이다. 고등교육 상황에서 학생들은 고등학교 때보다 교실 밖에서 더 많은 과제를 완수할 것으로 예상할 수 있지만, 어떻게 하면 자신이 공부하는 시간을 우선시하여 과제를 완수할 것인가를 자유롭게 결정할 수 있다. 업무 상황에서 감독자들은 직원이 업무 수행에 필요한 기술을 습득했는지 여부를 거의 평가하지 않을 것이다. 오히려 근로자들은 스스로 그 기술을 파악하여 자신이 이 기술을 가지고 있는지 여부를 질문할 것으로 예상된다. 이렇게 늘어난 자율성은 관심, 동기 그리고 그들 자신의 진보를 감시하고 규제하는 능력의 중요성을 강조한다.

연구자들은 초중등교육과 고등교육 학습자 간에 흥미와 동기의 상대적 중요성을 직접적으로 평가하지 않았다. 그러나 이러한 요인들이 문화적 배경과 같은 심리사회적 맥락 및 인지 능력의 영향(예: 1세대 대학생으로서의 지위[8])과 함께 고등교육 환경에서의 성공을 위해 중요하다는 실증적 증거가 있다(Ackerman et al., 2013; Richardson et al., 2012). 이 연구의 대부분은 학습의 대표적 지표로 평균 학점—많은 요인들이 이에 영향을 미칠 수 있지만—을 사용한다. 이 연구는 인지 능력(일반적으로 표준화된 시험을 통해 측정됨.)과 고등학교 성적이 대학 성적의 평균에서 가장 큰 차이를 결정하는 경향이 있지만, 학업적 자기효능감, 내재적 동기, 목표 지향성 같은 동기 요소도 학업적 수행과 정적으로 연관되어 있음을 보여 준다(Ackerman et al., 2013; Richardson et al., 2012).

---

8) 1세대 학생은 4년제 대학이나 대학을 졸업한 부모가 한 명도 없는 학생이다.

연구자들은 또한 성공으로 연결되는 요소들을 더 잘 이해하기 위해 학생의 대학 전 경험과 문화적 배경을 조사하기 시작했다. 그들은 많은 대학과 대학의 사회 풍토가 소수자와 이민 1세대 학생들에게 제대로 도움이 되지 않는다는 것을 발견했다(Stephens et al., 2012). 이 학생들은 종종 다른 학생들이 직면하지 않는 도전과 마주한다. 예를 들어, 이민 1세대 학생들은 그 이후 세대의 학생들보다 자원이 훨씬 더 적은 가정에서 오는 경향이 있기 때문에 수업료나 생활비를 지불하기 위해 대학 동안에 하나 이상의 직업에서 더 많은 보수를 받기 위해 일할 가능성이 있다(Phinney & Haas, 2003). 따라서 그들은 무보수 인턴십과 같이 학습과 개발을 위한 추가 기회에 투자할 시간이 적다(Pascarella et al., 2004).

이러한 도전은 문화적인 도전이다. 즉, 미국의 많은 대학은 독립성이라는 중산층의 규범(예: 자신의 길을 스스로 개척하는 것)을 지원하는데, 이는 상호 의존성이라는 노동자 계급의 규범(예: 다른 사람과의 연결, 다른 사람의 필요에 응함)과 상충될 수 있다. 1세대 학생들의 문화적 불일치가 미칠 수 있는 영향에 대한 연구는 1세대 학생들에게 대학 문화를 독립적이기보다 상호 의존적인 것으로 표

BOX 9-1 마이어호프 학자 프로그램(Meyerhoff Scholars Program)

볼티모어 카운티의 메릴랜드 대학교에서 운영하는 마이어호프 학자 프로그램은 과학, 공학 그리고 관련 분야의 미래 리더들이 가진 다양성을 성공적으로 향상시켰다. 마이어호프 학자들은 학부생으로서 촉망받아 지명을 받으며 과학이나 공학에서 박사 학위를 받을 계획을 가진 학생들이다. 선발된 학생들은 과학 분야에서 소수 민족들이 발전하는 것에 관심을 가져왔다. 이 프로그램은 학생들이 서로 잘하도록 영감을 주도록 촘촘하게 엮인 학습 커뮤니티를 구축하려고 한다. 이 프로그램을 통하여 학생들이 과학, 기술, 공학, 수학에서 석사 또는 박사 과정을 졸업했거나 현재 다니고 있을 가능성이 높아졌는데, 프로그램에 참여하도록 초청되었지만 이를 거절하고 대신 다른 대학에 진학한 학생보다 5.3배 더 높다고 보고되었다(http://meyerhoff.umbc.edu 참고).

현하는 것이 그들의 수행을 촉진시켰다(Stephens et al., 2012). 이것은 단지 하나의 예에 지나지 않으며, 비록 연구들이 고등교육의 다양한 요소를 계속 탐구하고 있으나 학생들의 수행을 촉진시키거나 방해하는 교육 환경에 대한 더 많은 연구가 시급하다. [BOX 9-1]은 이 문제를 해결하기 위한 접근법을 제시한다.

4. 인력 훈련

공식적 훈련은 직업 훈련에서 상대적으로 적은 비율을 차지하지만, 많은 학습자에게 여전히 매우 중요하다(Tannenbaum et al., 2010). 효과적인 훈련 프로그램의 개발을 위해서는 조직과 조직에 고용된 사람들의 필요뿐만 아니라 조직이 작동하는 방식에 있어서의 제약에도 주의를 기울일 필요가 있다(Goldstein & Ford, 2002).

몇몇 연구에서는 사람들이 나이 듦에 따라 훈련 성과가 어떻게 달라지는지를 살펴보았다. 일반적으로 연령은 훈련에서의 성과와 부적인 관련이 있었다. 즉, 나이 든 학습자일수록 더 오랜 시간 훈련을 받았고, 훈련 후에도 젊은 학습자만큼의 성과를 보이지 않았다(Kubeck et al., 1996; Ng & Feldman, 2008). 그럼에도 불구하고, 연구들은 학습자의 개인적인 요구에 맞게끔 설계된 환경에서는 나이 든 사람들도 잘 배울 수 있다고 강조한다(Callahan et al., 2004; Charness & Schumann, 1992). 서로 다른 동기와 능력을 가진 학습자들에게 맞춤형 교수를 제공하는 것이 어떤 연령이든 직업 훈련에 있어서 중요하며, 같은 훈련 개입이 모두에게 똑같이 효과적인 것은 아니라는 점이 핵심이다(Cronbach, 1957; Snow, 1989). 나이 든 사람을 위한 훈련을 계획하는 데 있어서 고려되어야만 하는 수행상의 차이는 위에서 언급한 사고 및 동기에 있어서의 변화와 관련이 있을 것이다.

노동 가능 연령의 성인을 대상으로 한 맞춤형 교수에 대한 연구는 매우 드물게 이루어졌지만, 알려진 증거들은 나이 든 학습자들은 복잡한 훈련 환경이 보다 더 구조화될 때(즉, 단계별 교수) 도움을 얻을 수 있다고 지적한다. 그럼에도 불구하고 이 분야에 대한 연구가 드물기 때문에, 특정 연령의 개별 학습자에게 가장 좋은 훈련 개입을 찾는 과제가 아직 남아 있다. 그러나 훈련 설계에 있어서 기술상의 진보가 개별 학습자의 필요 및 흥미에 따라 훈련을 개별 맞춤할 수 있는 새롭고 더 쉬운 방식을 제공할 수 있다는 점은 특기할 만하다(Snow, 1989; Wolfson et al., 2014). 예를 들어, 온라인 훈련 튜토리얼을 사용하는 직원은 배울 내용이 친숙하지 않을 경우 인터페이스를 단계별 안내로 바꾸는 등 자신의 필요를 충족시키는 방향으로 프로그램의 구조를 조정할 수 있다. 배울 내용이 더 익숙해진 뒤에는 단계별 안내를 줄이도록 다시 변경하는 것도 가능하다. 맞춤형 교수를 지원하는 기술은 직업 훈련에 있어서 큰 가능성을 제공하고 있으며, 향후 연구가 필요한 주제이다(Gully & Chen, 2010; Wolfson et al., 2014).

일터에서의 학습 확인

　직업 훈련의 효과는 흔히 네 가지 방식으로 측정하며, 이들은 훈련받는 사람의 반응에서부터 조직의 투자 수익률까지 여러 결과물을 측정하기 위해 설계된 평가 틀에서 유래하였다(Alliger & Janak, 1989; Kirkpartick, 1967). 첫째, 훈련 직후 설문이나 다른 방법을 활용하여 훈련의 다양한 측면에 대한 반응과 만족도를 측정할 수 있다. 둘째, 훈련 직후 평가를—흔히 지식에 대한 시험을—시행하여 각 훈련에서 요구한 지식을 습득했는지를 확인할 수 있다. 셋째, 훈련 동안 배운 내용을 실제 직장에 돌아가 얼마나 전이하고 있는지 정도를 측정할 수 있으며, 흔히 여기에는 훈련이 시행된 이후 직장에서의 행동을 살펴보는 방식을 활용한다.

　측정 가능한 네 번째 지표는 훈련에 투자한 대가로 조직이 얻는 이익 정도이다. 훈련 자체보다 다른 변인들(시장의 유행에서부터 수많은 조직상 결정까지)이 조직의 성공에 영향을 끼치기 때문에 투자 대비 수익률을 계산하는 것은 복잡하지만, 조직의 중요한 결과물이다. 2014년에 조직들은 평균적으로 훈련 및 계발 활동에 직원당 1,200달러를 지출했다. 조직의 입장에서 보자면, 만약 직원들이 훈련에서 배운 것을 실제 직업상의 수행에 적용하지 않는다면 이 비용을 낭비한 것이 된다(Goldstein & Ford, 2002). 직원 훈련의 경제적 이익은 측정하기 어렵지만, 직원의 학습과 배운 것을 새로운 상황에 전이하는 능력은 측정 가능하다(Alliger & Janak, 1989).

이 네 지표가 훈련의 효과성에 관한 완벽한 답을 주는 것은 아닐 수 있다. 예를 들어, 이 지표들은 실제 학습이 아니라 태도나 훈련 중에 들은 것을 반복하는 것을 측정할 수도 있다. 세 번째 측정 방식—전이 정도를 측정하는 방식—이 학습을 측정하는 데 가장 가까울 수 있을 것이다. 그러나 이런 형식의 측정은 태도나 훈련 직후 지식을 측정하는 것보다 더 어렵다. 따라서 전이 정도 측정의 활용 빈도는 보다 적다. 이런 어려움은 다른 교육 상황에서도 유사하게 나타난다. 학생들이 얼마나 수업을 즐기는지를 알아내는 것은 더 쉽다. 그리고 아마도 실제로 배웠는지를 측정하는 것보다는 수업 마지막 날에 무엇을 알고 있는지를 측정하는 것이 더 쉬울 것이다.

훈련의 전이

훈련의 전이 또는 배운 것을 직장에서 적용하는 것은 위에 언급한 평가에서 세 번째에 해당한다. 전이는 인지심리학자들에 의해 폭넓게 연구되어 왔으며, 이들은 근전이(near transfer)와 원전이(far transfer)를 구분하는 분류표를 개발하기도 했다(Barnett & Ceci, 2002). **근전이**는 훈련 중에 배운 기술을 다른 시간에, 훈련 환경의 외부에서 사용하는 것이다. **원전이**는 훈련받은 시점과 다소 떨어진 시간에 다른 요소를 조합하여 훈련받은 기술을 사용하는 것이다. 기술 학습의 전이는 다른 맥락에서도 연구되어 왔으며, 이 연구 결과는 조직 훈련 맥락에도 적용되어 왔다. 예를 들어, 훈련 중 학습한 지식은 전이할 환경이 훈련과 유사할수록, 훈련이 적절한 어려움을 포함하고 있을수록(학습자가 통제 가능한 수준으로 어렵지만, 학습자가 높은 인지 수준을 가지고 임해야 할 경우) 전이가 더 잘 일어난다(Schmidt & Bjork, 1992). 그러나 새로 배운 기술을 사용할 때 관리자나 동료들이 얼마나 지지적이냐와 같은 조직 환경의 특성이 직업 훈련에서 배운 것을 과업에 전이할 때 영향을 끼친다(Blume et al., 2010; Rouiller & Goldsteind, 1993).

직업 훈련 전이에 관한 메타분석 연구에서는 능력 및 성격의 차이(예를 들어, 성실성, 의존성)와 같은 학습자의 특성, 전이와 긍정적으로 연결된 훈련 환경 등의 요소가 중요함을 확인하였다(Blume et al., 2010). 이 연구자들은 직업 환경에 있어 세 가지 요소가 중요하다고 지적한다.

1. 동료와 감독자의 지원을 포함한 훈련에 대한 환경적 지지
2. 전이 풍토, 자신의 새로운 지식을 활발히 전이하는 동료가 있는 것과 같이 훈련 중에 배운 것을 과업에 적용하는 것을 기대한다는 암시
3. 자율성의 제한과 다른 상황적 요소 등 조직의 문제

이들은 환경적 지원이 전이에 가장 큰 영향을 끼친다는 것을 발견했다. 이들은 새로운 기술을 사용하는 데 있어서 동료의 지지보다 상사의 지지가 더 중요하다는 몇몇 근거 또한 발견했다.

몇몇 예시는 상황적 단서와 기회가 훈련의 전이에 영향을 끼친다는 것을 보여 준다(Blume et al., 2010; Rouiller & Goldstein, 1993). 직원이 직장에서 잘 사용되지 않는 데이터베이스 관리 소프트웨어 프로그램과 관련된 훈련을 받았고 또 만약 새로이 배운 기술을 사용할 기회를 몇 달 동안 가지지 못했다면, 이 사람은 자신이 배운 것을 자신의 직장에서 효과적으로 전이할 수 없을 것이다. 한편, 동료나 관리자로부터의 신호(상황적 단서)는 이 사람이 새로 배운 기술을 사용하는 데 영향을 끼칠 수 있다. 만약 직원이 훈련 중 새로 배운 기술이나 도구를 사용하려고 시도하는 것이 나쁜 결과를 가져올 것이라 느낀다면, 이 신호가 훈련받은 사람에게는 중요하게 여겨질 수 있다(Blume et al., 2010; Rouiller & Goldstein, 1993). 예를 들어, 이전에 여러 개의 스프레드시트로 나눠진 과정을 간소화할 수 있게 설계된 새 데이터베이스 관리 소프트웨어를 새로 훈련받은 사람은 처음 사

용할 때는 어렵고, 비효율적이고, 실수를 유발하기 쉬운 것으로 느낄 수 있다. 심지어 이 새로운 기술을 사용하는 것의 어려움을 관리자나 동료들이 알아주지 않을 때, 사람들은 마감을 맞추기 위해 예전의 방식으로 돌아가게 될 것이다. 이는 불행하게도 조직의 자원을 낭비하는 것이다. 게다가 기술 습득에 대한 연구들은 새로 훈련받은 기술을 사용하는 어려움이—최소한 처음에는—당연한 것으로 여겨져야 하며, 엄청난 연습 후에야 사람들이 전문성을 가지고 복잡한 과업을 수행할 수 있다고 제안하고 있다(Ackerman, 1988; Anderson, 1982).

자율적인 직장 학습

직장 학습은 다양하기 때문에, 전문가들은 우연적이며 비공식적인 학습(즉, 일의 부수적 효과와 같은), 의도적이지만 비공식적이거나(일과 관련된) 또는 공식적인 직장 안팎의 훈련 및 교육에 참여하게 된다(Tynjälä, 2008). 자기주도적이거나 자율적인 직장에서의 학습이 경력 계발을 위한 방법으로 가장 많이 보고되는 것이지만, 직장 안 훈련이나 동료 학습과 같은 비공식적인 학습은 거의 연구된 바가 없다(Ellingson & Noe, 2017). 사람들이 자신이 참여하고 있는 활동이 계발과 관련 있다고 자주 깨닫지 못하는 이유 중 하나는 경력 전반에 걸쳐 학습과 계발이 아주 흔하게 발생하기 때문이다. 비공식적 계발 활동은 종종 '일의 일부'로 간주된다(Tannenbaum, 1997). 이러한 경험에는 실패로부터 학습하는 것, 직장에서 능숙해지기 위해 새로운 도구를 학습하는 것, 새 프로젝트에 요구되는 도전적인 역할을 맡는 것 등이 포함될 것이다. 학습자들은 이러한 활동과 사건들을 학습 경험으로 보지 않는 경향이 있기 때문에, 이런 학습에 대한 체계적인 평가가 어렵다(Boud & Middleton, 2003).

자율적인 직장 학습의 유행은 지난 50년 동안 산업화된 국가들에서 일어난 직업상의 여러 변화를 반영한다. 조직 연구자들은 지난 20세기 중후반 동안 많은 노동자가 자신의 경력 대부분을 한 조직에서 보내길 기대하며, 충성의 대가로 연금을 받고 은퇴하곤 했다고 지적한다. 최고의 인재를 향한 글로벌 경쟁과 증가한 기대 수명(은퇴 후 기대수명은 평균 10년 이하에서 20년 이상으로 높아졌다; Hall & Mirvis, 1995/2013)은 직업에 대한 인식을 바꿔 놓았다. 경력 개발은 조직이 아니라 개별 노동자의 책임이 되었다. 이제 많은 노동자는 자신이 노동하는 동안 다수의 직장, 여러 개의 경력을 가지게 되며, 여러 조직을 거치게 된다. 기회에 대한 접근이 동일하고 연령에 따른 편견이 없다면, 사람들은 언제든 자신이 원할 때 노동 시장 안팎으로 이동할 수 있다. 경력 시장에서의 성공적인 탐색을 위해서는 지속적인 학습과 계발을 필요로 하며, 이는 전문적인 기술, 흥미, 직업 정체성 발전에 도움이 된다(Hall & Marvis, 1995/2013). 조직 연구자들은 이런 지속적 변화라는 특성을 반영하여 이를 **변화무쌍한 경력**[프로틴 커리어(Protean career)]라 부른다.

프로틴 커리어로의 변화는 개인적·환경적 특성이 직업 경로에 미치는 중요한 영향을 강조한다. 직업에서의 경력 전반에서 노동자의 능력, 흥미, 태도, 동기와 같은 개인적 특성은 학습과 계발에 중요한 역할을 담당할 것이다. 이는 발전과 적응상의 필요 때문이다. 경력 전반에 걸친 계발의 특성은 개별적인 성격을 가지게 되며, 개별 노동자의 기대, 결정, 흥미, 인내력, 능력에 의해 좌우될 것이다. 이런 개별적 요소는 직장 안(예: 계발을 위한 풍토와 기회)과 밖(예: 기술 계발에 참여하기 어렵게 하는 직장 밖 삶의 요구들)에서 맥락적 요소와 상호작용하여 지속적 학습에 영향을 끼칠 것이다(Ackerman, 2000; Beier et al., 2017). 예를 들어, 아동 보육 및 노인 요양 시설에 대한 접근성의 부족이나 도서관과 각종 지역 행사의 부재, 인터넷 미설치 등의 문제가 자기주도학습을 어떻게 방해할지에 대해 생각해 보라. 공식적인 기회(예: 지역 교육 프로그램과 대규모 공개 온라인 수업 수강)와 비공식적 기회(예: 책, 웹사이트, 사람-네트워크)는 자기주도학습을 크게 촉진할 수 있다(Commings & Cuban, 2000). 지원과 장애물의 효과는 사소하지 않다. 예를 들어, 개인이 새로운 기술을 계발하기 위해 직장 밖에서 시간을 보낼지 여부를 결정하는 데 있어 배우자, 파트너, 부모의 지지는 직업에 대한 흥미나 목표보다 더 중요할 수 있다(Lent et al., 2000; Tang et al., 1999).

학습에 대한 지속 또한 환경과 개인 요소 간 상호작용의 영향을 받을 수 있다.

예를 들어, 자신이 나이가 들어감에 따라 기억력이 감퇴된다고 생각하는 사람은 실직 뒤에 새로운 직업과 관련된 기술을 학습하는 데 덜 참여할 것이다(Mauer et al., 2003). 계발 경험에 대한 어떤 환경적 장애도(즉, 인터넷 연결의 부족 또는 훈련을 받기 위한 교통편의 제약) 계발 활동에 참여를 덜 하도록 할 것이다.

자기조절학습에 대한 연구들은 개인의 직장에서의 학습에 대해 생각해 볼 수 있는 다른 시야를 제공해 준다. 예를 들어, 한 질적 연구에서는 어떻게 다국적 에너지 회사의 지식 노동자가 구체적인 프로젝트 또는 작업을 완수하기 위해 자신의 학습과 계발 목표를 설정하고 획득했는지를 살펴보았다(Margaryan et al., 2013). 이 연구자들은 연구 참여자들이 과정 목표보다는 결과 목표(프로젝트와 관련된 조직의 장·단기적 요구)에 초점을 두는 경향이 있으며, 자신들의 학습 목표를 계획하고 획득해 나갈 때 관리자, 멘토, 동료들의 의견에 민감하다는 것을 알아냈다. 연구자들은 참여자들의 학습이 사회적·조직적 맥락에 따라 달라진다고 결론 내렸다.

이 연구는 조직 환경, 학습에 대한 조직의 문화가 직원의 계발을 촉진하는 데 핵심적인 역할을 담당한다고 지적한다(Tannenbaum, 1997). 지속적인 직장에서의 계발을 촉진하기 위해 중요한 문화적 요소에는 다음과 같은 것이 있다.

1. **조직의 목표가 무엇인지 직원들이 알 수 있도록 '큰 그림' 관점을 가지도록 장려하라.** 이는 직원들이 조직의 목표와 자신의 계발을 함께 고려할 수 있도록 해 준다.

2. **자신의 업무를 넘어서서 확장할 수 있는 과업을 제공하라.** 학습 조직에서는 사람들에게 새로운 것을 해 볼 수 있고, 새로운 기술을 배울 수 있으며, 자신이 배운 것을 과업에 다시 적용해 볼 수 있는 업무를 맡긴다.

3. **실수로부터 학습할 수 있는 환경을 조성하라.** 학습 조직에서는 실수를 용인한다. 특히 사람들이 학습 초기 단계에 새로운 것을 시도했을 때는 더 필요하다. 연구자들은 실수를 해 보는 연습이 실제 학습을 촉진하며, 실수를 용인해

줄 때 더 큰 발전으로 이어질 수 있다고 한다(Keith & Frese, 2008).

4. **직원들이 자신의 계발에 책임감을 가지도록 만들어라.** 예를 들어, 수행 평가에 자율적으로 경력 관련 전문성 계발에 참여한 정도를 점수화하는 것을 포함할 수 있을 것이다.

프로틴 커리어 모형으로 변화함에 따라 나타나는 또 다른 효과는 학습이 점차 조직에 의해 통제되지 않는 개인 경험의 함수가 되기 때문에 노동자들의 계발이 점차 개별적이 된다는 점이다. 이는 자율적인 직장 학습과 계발 활동에 대한 체계적인 평가를 극도로 어렵게 만든다. 그럼에도 불구하고, 지난 시기 동안 조직 내에서 나타난 자율적 학습의 양, 형식, 질 등을 추적하거나, 이런 요소들이 직원의 능력, 기억, 학습 및 계발을 위한 문화에 대한 직원의 인식과 어떤 관련이 있는지를 살펴보는 등의 방식으로 자율적인 학습의 효과를 조직 수준에서 측정할 수 있다(Tannenbaum et al., 2010). 이런 방식으로 조직 수준에서 자율적 직장 학습의 효과를 확인하는 것은 자율적 직장 학습이 어떻게 도움이 되고 있는지 또 왜 효과가 나타나는지를 명확히 하는 데 도움을 줄 것이다. 그러나 지금까지 이와 관련된 연구는 알려진 바가 없다.

비록 생애 전반에 걸친 학습과 계발에 관한 과학적 연구가 드물게 이루어졌지만, 노동자들에게 자율적 학습이 중요하다는 것은 분명하다. 조직 내 실천 공동체(즉, 공통의 전문적 관심을 가진 노동자들)에 대한 질적 연구에서 직원들은 작업 특수적인 기술에 대한 관심이 없다면 자신의 계발을 위해 공식적인 훈련에 잘 의존하지 않는 경향을 보였다. 대신에 노동자들은 자신의 흥미, 동기, 능력뿐만 아니라 그들의 직장과 가정 환경에서 이용 가능한 사람, 자원, 시간 등에 기반한 자율적인 계발 기회를 탐색하였다(Boud & Middleton, 2003). 실제로, 자기 주도적인 학습은 성인 노동자들 사이에 가장 흔하게 나타난다. 400명 이상의 다양한 분야 노동자를 대상으로 한 설문 조사에서 직장 동료 또는 친구로부터의 학습, 과업 중 훈련, 시행착오, 타인 관찰하기가 직장에서의 학습에서 가장 흔하게 사용하는 방법이었다. 대학에서의 교실 수업, 공식적인 조직 훈련은 직장에서의 발달에 있어 중요성이 덜 언급되었다(Tannenbaum, 1997).

과업 중 훈련과 관련하여, 조직 연구자들은 과업 자체의 효과에 대해 연구해 왔다. 과업, 특히 인지적으로 도전적이며 일정 정도 통제권을 발휘할 수 있는 과업은 새로운 학습 기회를 제공해 주었다(Hackman & Oldham, 1976; Karasek et al., 1998; Morgeson & Humphrey, 2006). 자율성이 높은 과업은 직원이 작업 방법, 일정 등 여러 의사 결정을 하도록 한다. 복잡한 과업은 도전적이며, 지적으로 자극적이며, 몰두하도록 한다. 비록 다수의 연구자가 과업 특성의 효과를 주로 태도와 관련된 행동에 집중하여 살펴보았지만(예: 과업에 대한 만족도와 이직률; Morgeson & Hurphreys, 2006), 연구자들은 학습을 과업 특성에 따라 다르게 나타나는 중요한 결과물로 고려하기 시작하였다. 예를 들어, 18세에서 65세 사이의 다양한 산업계 노동자 800명 이상을 대상으로 한 설문 조사에서 과업 요구와 자율성은 자기보고식으로 측정한 직장에서의 학습과 긍정적인 관련이 있었다(Raemdonck et al., 2014). 지식의 획득과 같은 더 객관적인 학습 결과물을 고려한 후속 연구가 필요하지만, 개인의 인식을 보여 준 이 초기 연구는 희망적이다.

직장에서의 자기조절학습

비록 직장 훈련이 중요하지만, 대다수 직장 훈련은 직원 주도적이다(Tannenbaum, 1997). 직원(즉, 학습자)은 지식 역량과 격차를 확인하고, 학습 목표를 설정하고, 진전 정도를 파악하며, 학습 요구를 충족시킬 수 있는 전략을 구안함으로써 자신의 직업과 관련된 학습을 관리해야만 한다. 이 모든 활동은 자기조절학습의 요소들이다(Schultz & Stamov RoBnagel, 2010; Zimmerman, 2000). 비록 자기조절과 관련된 다수의 중요한 연구가 있지만, 전문가들이 일상 업무 맥락에서 자신의 학습을 어떻게 조절하는지에 대해서는 알려진 바가 별로 없다. 이 분야 연구의 다수는 초중등 학생들을 대상으로 이루어졌다. 게다가 성인과 아동을 대상으로 한 자기조절학습은 대개 실험실 상황에서 연구되었고, 이는

개인의 실천에 있어서 실제 사회 및 조직 환경의 효과를 밝히기에는 제한적이다
(Margaryan et al., 2013).

그러나 직장에서의 자기조절학습에 관한 연구 문제를 다룬 몇몇 연구들은
각 직장이 복잡계이며, 개인의 작업과 학습 활동이 직장 공동체와 사회적 규범
의 영향을 상당히 받는다고 지적한다. 직장 시스템과 공동체는 학습 목표의 정
의와 평가, 사회 및 조직 규범에 적응하는 전략, 학습의 이점과 장애물의 특성
에 영향을 끼친다(예: Siadaty et al., 2012). 학습 환경의 독특한 특성 또한 학습
자가 자기조절을 실행할지, 원하는 목표를 달성할 수 있을지에 영향을 끼친다
(Boekaerts & Cascallar, 2006; Siadaty et al., 2012; Whipp & Chaiarelli, 2004). 예로는
앞에서 언급한 다국적 에너지 기업에서 일하는 지식 노동자가 구체적인 과업을
위해 자신의 학습과 계발 목표를 어떻게 설정하고 획득하는지를 다룬 질적 연구
가 있다(Margaryan et al., 2013). 연구자들은 이 직장에서의 학습이 과업의 우선
순위에 따라 구조화되고 통합되어 있다는 점과, 과정 목표보다는 결과물(프로젝
트와 관련된 조직의 장 · 단기적 요구)에 초점을 둔다는 점을 확인하였다.

능동적 참여의 중요성

사람들은 자신의 환경에 능동적으로 참여함으로써 지속적으로 학습한다. 연
구자들은 몇몇 활동에 참여하는 것이 인지 과제의 수행을 포함한 건강한 노화
에 도움이 된다고 설명한다(Bielak et al., 2012). 그러나 활동의 형식이 중요하다
(Bielak, 2010; Carlson et al., 2012; Christensen et al., 1996). 예를 들어, 몰두하는
생활 방식을 가질수록 노년의 인지적 장애의 위험을 낮추고(Carlson et al., 2012),
이러한 활동은 신체적 활동과 강한 상관관계를 가진다(Gow et al., 2012).

직업 활동 또한 인지적 장애의 위험을 감소시키는 데 중요한 것으로 알려
져 왔으며, 특히 직업 활동이 정신적인 능력을 요구할 때 그렇다(Bosma et al.,
2002). 고용 중, 그리고 은퇴 후에도 직업에서의 어려움 정도가 인지적 기능에
영향을 끼치는 것으로 알려져 왔다(Fisher et al., 2014). 덜 복잡한 과업을 하는

경우보다 다른 사람과의 복잡한 과업(예를 들어, 멘토링이나 감독)은 은퇴에 이르기까지 언어 능력을 높이는 것으로 나타났다(Finkel et al., 2009). 연령에 따른 인지적 수행의 감소는 신체적·시각적 직무 요구가 많았던 사람에게 나타난 바가 있다(Potter et al., 2006).

유사하게, 포터와 동료들(Potter et al., 2008)은 더 높은 수준의 지적·사회적 노력은 인지적 향상과 관련이 있지만, 더 많은 신체적 노력을 필요로 하는 것은 인지적 감퇴와 관련이 있다는 것을 확인하였다. 이 연구 결과는 운동이 인지적 능력을 향상시킨다는 결과와 상충하는 것처럼 보일 수 있다(Gow et al., 2012). 이 주제에 결론을 내려줄 연구는 존재하진 않지만, 인지적 요구와 운동 사이에 균형을 유지하는 것이 능력을 보존하는 것으로 보인다. 신체적으로 과도한 일은 인지적 능력을 향상시키는 것과 관련된 신체 활동을 촉진하지 않을(예: 기구 들기와 같이 정적인 근력 강화 운동과 비교하여 에어로빅) 수도 있다(Hertzog et al., 2008).

비록 활동과 노화 간 관계를 다룬 연구 대부분이 상관이나 관찰 연구이지만, 몇몇 실험 연구에서도 활동이 인지에 영향을 끼친다는 것을 보여 주고 있다. 예를 들어, 스틴-모로우와 동료들(Stine-Morrow et al., 2008)은 팀 간 경쟁에 참여하고 문제를 푸는 프로그램이 추론 능력에 도움이 된다는 점을 밝혔다. 또 다른 연구에서는 능동적인 참여가 노인들의 일화기억에 도움이 된다는 점을 밝혔다(Park et al., 2014).

5. 평생학습 촉진하기

연구자들은 평생에 걸친 학습을 촉진하기 위한 방식들에 대해 탐구해 왔다. 연구자들이 특정 연령의 사람들에게 특별히 적합한 교육 및 학습 개입을 마련하지는 못했지만, 지속적 학습을 지원하기 위한 여러 요소는 제안해 왔다.

다른 사람들과 협력적으로 작업하는 것은 여러 맥락에서 학습자들이 직면하는 어려움이자 기회이다. 많은 맥락에서 팀은 계획, 문제 해결, 의사 결정의 핵심적 역할을 한다(National Research Council, 2011). 경제적 지속과 성장에 있어 협력적 문제 해결의 중요성은 OECD가 2015년에 학생들의 기술과 지식을 측정하는 데에 협력적 문제 해결을 포함한 데서 잘 드러난다(OECD, 2013). 집단과 프로젝트 중심의 훈련과 협력은 21세기의 핵심 기술로 여겨지고 있다(Care et al., 2016; National Research Council, 2011c, 2012b). 이런 맥락에서의 학습에 대한 연구는 드물지만, 팀 수행에 관한 연구들에서 학습에 적용할 만한 단서를 찾아볼 수 있다. 예를 들어, 팀 훈련에서 학습 환경을 지배하려 드는 구성원의 존재는 학습 결과에 부정적이다.

협력은 분업을 효과적으로 할 수 있도록 해 주며, 협력적으로 개발된 해결책은 다양한 지식, 관점, 경험을 통합하게 해 준다. 그러나 집단 단위의 해결책이 독립적으로 일한 개인들의 해결책을 합한 것보다 질이 높은지에 대해서는 관련 문헌에서도 혼재된 결과를 보이고 있다. 긍정적인 면을 살펴보면, 집단 수준에서의 문제 해결은 종종 개인들의 해결책을 합한 것보다 더 낫다(Aronson & Patnoe, 1997; Dillenbourg, 1996; Schwartz, 1995). 의견의 차이, 동의 거부, 갈등 그리고 다른 형태의 사회적 불균형에 대해 살펴보고 대처할 때, 더 나은 해결책이 나타날 수 있다. 그러나 만성적인 불화가 있거나, 한 사람이 팀을 너무 지배하려고 들거나, 일부 팀원들이 적절히 공헌하려고 하지 않거나, 관련 없는 의사소통에 노력이 낭비될 때에는 팀으로 일하는 것의 효과가 감소한다(Dillenbourg, 1996; Rosen & Rimor, 2009).

팀의 성공은 비협동적인 팀원이나 반생산적인 편들기에 의해 위협받을 수 있으며, 모든 팀원이 공헌해야 한다고 확신하는 강한 리더에 의해 촉진될 수도 있다. 능숙한 협력과 사회적 의사소통은 일반적인 직업 환경에서도 생산성을 촉진한다고 알려져 있으며(Klein et al., 2006; Salas et al., 2008), 특히 공학과 소프트웨어 개발직(Sonnentag & Lange, 2002), 항공 제어(Fiore et al., 2014), 과학자 간의 간학문적 연구(Nash et al., 2003)에서 그러하다.

사람들은 언제, 어떻게 가장 잘 협력 기술을 적용할 수 있는지에 대해 훈련받는 것이 도움이 된다(Care et al., 2016; Mullins et al., 2011). 예를 들어, 만약 상호작용과 해결책을 최적화하려 한다면, 집단 구성원들이 협력적 상황의 기본적인 규칙에 대해 이해하고 있어야만 한다. 학생들은 지식의 획득과 문제 해결을 향상시키는 데 있어 언제, 왜, 어떤 측면의 협력이 효과적인지 알 필요가 있다. 불일치에 주목해야 할 최적의 시기는 언제인가? 합의를 위한 조정을 언제 하는 게 더 나은가? 작업 목표와 팀 조직 간에 공통점을 어떻게 찾을 수 있을까? 혼자 할 때 가장 잘하는 과제와 팀으로 조정해서 잘할 수 있는 과제는 무엇인가? 매우 상호 의존성이 높은 과업의 경우(즉, 혼자서는 할 수 없는 과제), 작업을 시작하고 목표를 완수하기 위한 일정과 상호 소통 계획은 무엇인가? 어떻게 집단 구성원에게 일을 분배하고, 잠재적인 문제를 파악하고 수정할 것인가?

이런 핵심적인 팀 기술 훈련에 대한 연구는 이제 막 시작되었다. PISA(Programme for International Studnet Assessment)에서 사용하는 협력적 문제 해결은 세 가지의 핵심 협력 역량을 확인했다. (1) 공유된 이해를 수립하고 유지하는 것, (2) 문제 해결을 위한 적절한 실천의 마련, (3) 팀 조직의 구성과 유지(OECD, 2013). 이런 역량들은 문제 해결 역량과 겹친다. 즉, 탐색과 이해, 문제 표상의 형성, 계획과 실행, 문제 해결의 관찰 및 성찰이 포함된다. 2015년 컴퓨터 기반 측정은 이 영역의 교육과정 발전에 기초가 될 것이다(OECD, 2015를 참고하라).

6. 결론

개인들은 생애에 걸쳐 학습을 지속하지만, 일단 그들이 의무교육을 마치고 나면 무엇을 얼마나 학습할지는 자신의 선택과 환경에 의해 많이 좌우된다. 성인기 초기에 추론과 지식 모두 향상되다가, 어느 시기가 지나면 사실적 정보를 빠르게 생성하고 변형하고 조작하는 능력이 감소하기 시작하는 반면, 지식의 수준은 안정적이거나 더 증가한다. 학교교육을 벗어난 환경에서 훈련 개입의 효과를 확인하는 무작위 대조 실험 또는 준실험 연구 모두가 수행이 어렵기 때문에, 아직 개입을 지지할 만한 명확한 결론을 내리긴 어렵다. 하지만 우리는 평생학습에 대해 다음의 두 가지 광범위한 결론을 제안한다.

결론 9-1: 사람들은 평생에 걸쳐 지속적으로 학습하고 성장하며, 사람들의 선택, 동기, 자기조절 능력과 환경이 학습한 것을 새로운 상황으로의 전이하는 정도와 질에 영향을 준다.

결론 9-2: 사람들은 그들의 환경 내 다양한 상황에 능동적으로 몰두하는 것을 통해 지속적으로 학습한다. 의무교육을 벗어난 학습은 학습자의 동기, 흥미, 기회에 따라 달라진다. 업무에의 몰두(특히, 지적으로 사회적으로 요구되는 바가 많은 복잡한 업무), 사회적 참여, 운동, 적절한 수면은 모두 평생학습 및 건강한 노화와 관련이 있다.

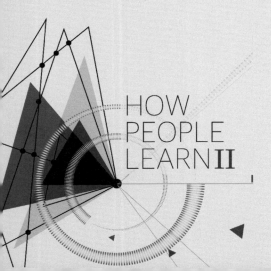

HOW
PEOPLE
LEARN II

10장

연구 안건

우리는 모든 학습자가 문화적으로 정의된 방법과 맥락에서 어떻게 성장하고 배우는가에 대한 토론과 함께 이 보고서를 시작하였다. 2장에서 위원회는 학습에 대한 사회문화적 관점을 제시하고 발달심리학과 교차문화심리학에서 학습과 교육의 이해에 이르기까지의 문헌들로부터 연구들의 적용 가능성에 주목하였다. 이 논의는 인지과학, 신경심리학, 학습의 수많은 과정과 기능에 대한 다른 분야들, 학습에 대한 특정한 영향 그리고 이러한 지식을 평생학습과 교육에 적용하는 것에 이르기까지의 연구들이 논의되는 장을 마련하였다. 우리의 검토는 연구 영역 간의 연결을 강화하고, 이러한 연결들이 어떻게 학습의 역동적 본질에 대한 이해를 향상하는가에 대해서 이야기하였다. 이 장에서는 이 책에 나온 주제를 간단히 정리하려고 한다. 연구자와 연구 기금 제공자가 인간 학습에 대한 더 깊은 이해를 추구하는 것을 도울 수 있기를 희망하는 연구 안건으로 마무리하려고 한다.

1. 학습의 역동적 본질

학습은 생물학적인 동시에 문화적이고 역동적이며 지속적인 과정이다. 각각의 개별 학습자는 복잡한 발달적·인지적·물리적·사회적 그리고 문화적 체계 속에서 기능한다. 학습과 관련된 요인들은 미시적 수준에서부터 학습자의 이웃, 공동체 그리고 학습자가 살아가는 시간대에 이르는 영향을 포함한다. 게다가 가장 기본적인 개인 수준에서조차 두뇌 발달과 인지(그리고 피질 영역 사이의 연결성)가 학습에서의 나이와 관련된 개인의 변화에 이바지하는 문화적·사회적·감정적 그리고 생리학적 경험에 영향을 받고 구성된다는 것을 증거들이 보여 준다.

학습은 상호 연결된 관계들의 조정을 포함한다. 두뇌의 한 부분만을 사용하는 학습된 기술은 없으며, 이런 다양한 두뇌의 체계는 사회적·인지적·감정적·문화적 작용 그리고 심지어 건강과 생리학적 생존에 이르기까지 인간 경험의 각 단면을 뒷받침한다. 따라서 학습의 본질에 대한 완전한 그림을 그리기 위해서는 개인적 요소들(예: 발달 단계, 신체적·감정적·정신적 건강 그리고 흥미와 동기) 그리고 개인 외적인 요소들(예: 학습자가 위치한 환경, 사회적·문화적 맥락 및 학습자가 이용할 수 있는 기회)에 대한 주의가 모두 필요하다.

우리는 문화의 외부적인 영향이 아니라 인간 중심적 측면에서 학습과 상호작용하는 특정한 방법들에 대한 연구를 강조하였다. 예를 들어, 연구는 다른 숫자 체계가 두뇌 형성에 미치는 효과, 개인이 정한 시간에 대한 모형과 같은 개념적 모형 그리고 학습에 대한 기대 등 학습 영역에서 문화적 차이를 보여 주었다. 연구는 문화적 차이들이 기억의 차이, 인과적 추론을 끌어내는 기대 그리고 다른 인지적 과정에 이바지할 수 있다고 제안한다. 문화적 가치는 학습자의 사고방식과 목표에 영향을 미칠 수 있고, 문화적 고정관념이나 가치관이 학습자의 자기해석 또는 타인과의 관계에서 자기정의, 학습자로서의 자신감과 기대, 목표 그리고 수행에 영향을 준다는 것이 오래전부터 알려져 왔다. 문화는 사람들이 과제를 완성하고 문제를 해결하기 위해 사용하는 절차뿐 아니라 사람들이 그러한 과제에서 느끼는 사회적 정서 기질에도 반영된다. 긍정적인 문화 인식은 학습과 성취의 관계를 촉진할 수 있다. 문화는 또한 나이가 들면서 나타나는 인지 변화의 유형 및 정도와 관련이 있으며, 부분적으로는 개별 학습자의 궤적에 있어서 현저한 다양성의 원인이 되고 있다.

우리는 또한 1장에서 소개된 아이디어의 많은 실례를 설명했는데, '배우다'는 인간이 의식적이고 무의식적인 생리적·인지적 반응을 통해 그들이 접하는 독특한 환경과 경험에 지속적으로 적응하는 동적 과정을 명명하는 능동형 동사다. 우리는 HPL I[1]이 출판된 2000년에 그랬던 것처럼 사람들이 어떻게 배우는가라는 그림을 구축하기 위해서 다양한 연구들의 중심이 되는 아이디어를 추출하는 데 초점을 맞추어 왔다. 그림은 더 정교해지고 있지만, 더 배워야 할 것이 많다.

2. 연구 안건

어떻게 사람들이 배우는가에 대한 과학과 실천은 많이 알려져 있다. 그러나 이러한 지식의 기반에 공헌하고 있으며 다양하고 빠르게 움직이는 연구 공동체의 탐구는 더 연구가 필요한 부분들(경계)을 강조하고 있다. 위원회는 크게 두 영역에서 연구가 필요하다는 것을 인식하였다. 즉, 학습의 변동성을 이해하고 받아들이는 것 그리고 학습에 있어서 테크놀로지의 잠재적 사용과 영향이 그것이다. 이 분야에서의 진보는 사람들이 배우는 방식에 대해 잘 알려진 것을 확대할 뿐만 아니라, 공식 및 비공식 학습 환경과 직장에서의 훈련에서도 교육자의 업무를 지원할 수 있을 것이다. 우리는 특정한 연구 목표를 두 개의 광범위한 범주 안에서 설명하고 있으며, 연구자와 연구 기금 제공자가 향후 연구의 우선순

---

1) 1장에 언급했듯이 HPL I은 『How People Learn I: Brain, Mind, Experience, and School- Expanded Edition』의 약어로 사용됨(National Research Council, 2000).

위를 정하는 데 지침이 되기를 희망한다.

여기 기술된 연구에 대한 전략적 투자는 의심할 여지없이 분석 수준, 방법 그리고 이론적 체계에 대한 통합을 요구한다. 우리는 공식적인 학교교육(예: 행정 기록)을 넘어 학습을 이해하는 데 관련이 있는 새로운 데이터의 출처가 새로운 연구 방안을 제공할 수 있으며, 분야를 넘나드는 협업은 다양한 출처의 정보 분석에 혁신을 촉진할 수 있다는 점에 주목한다. 우리는 이 보고서가 현재의 연구에서 얻은 견고한 발견과 진보한 지식의 기회를 강조함으로써 그러한 노력을 발전시키기기를 바란다.

> **연구 영역 1:** 문화, 사회적 맥락, 교수 및 생애 전반을 포함한 맥락적 변화를 형성하는 요소들과 학습의 내부적인 기제를 연결함으로써 모든 학습자의 요구를 충족시킨다.

비록 사람들이 어떻게 배우는가에 대한 연구 자체는 방대하지만, 연구 대상자 집단, 맥락들의 혼재 그리고 다른 중요 요소들의 측면에서 제한적이다. 실험 연구는 교실 상황에서의 학습을 적절히 반영하지 못하고, 실험 연구를 통한 시사점은 의미상 미묘한 차이가 있어 섬세한 교실 적용이 어렵다. 가장 근본적인 수준에서 기본 연구를 학습과학에 근거한 연구로 전환하고 유지하기 위해서는 더 많은 자원이 필요하며 또한 현장 상황에서의 발견을 탐구하기 위해서 기본 연구로 되돌아가도록 해야 한다. 더 나아가 진정한 협력과 학제 간 노력을 확립하고 유지하는 수단을 모색해야 한다.

연구의 여러 가지 흐름은 이러한 한계를 해결할 수 있다. 하나는 사회적 · 정서적 · 환경적 · 제도적 · 경험적 요인을 포함한 개인의 다양성, 발달 및 맥락적 요소가 전 생애의 학습 과정 및 학습 결과에 어떻게 영향을 미치는지를 조사하는 학제 간 연구이다. 이러한 노력에는 교육 활동에 대한 사회적 · 정서적 · 생리학적 반응과 이것들이 근접 및 원격 학습 결과에 미치는 영향의 교차적 수준 효과에 대한 검토가 포함되어야 한다. 또한 이러한 노력은 서로 다른 학습 결과에 대한 장단기적 지원 효과를 조정하기 위해 서로 다른 시점에 걸쳐 발생하는 효과를 다루어야 하며, 학습 노력과 결과를 촉진하거나 억제하는 사건과 관련된 경로와 시간 궤적을 설명해야 한다.

위원회는 또한 구별되는 문화 공동체가 학습을 조직하는 방법, 학습자가 서로 다른 문화(예: 가정과 학교 간) 체계에 적응하는 방법 그리고 학습장애인과 고령 학습자를 포함한 구별되는 집단의 학습 요구에 초점을 맞춘 연구의 필요성에 주목한다. 세부적 초점 영역은 다음과 같다.

연구 집단　연구 집단의 특정 문화와 사회경제적 집단에서 초과 표집되는 경우, 학습 연구로서의 발견이 가지는 일반성과 견고성은 종종 한계를 가졌다. 실험실 기반의 학습 연구를 보완하고, 실제 교실 환경에 적용 가능성을 높이기 위해서 더 다양한 연구 집단을 포함하는 연구 노력이 필요하다. 게다가 제한된 범위에서 선정된 예를 들어, 단일 인종, 문화 혹은 국적은 피해야만 한다.

문화적 · 인구학적 변인과 집단 내의 변동을 조사하는 연구는 어떻게 학습 상황에서 문화적 · 개인적 변동성이 유지되고 지지되는가에 대한 이해를 향상시킬 것이다.

학습에서의 흥미　상황적 흥미에 영향을 주는 요인들에 대한 추가적인 연구가 필요하다. 이러한 요인에는 개인의 이전 경험, 서로 다른 학습 구조의 역할, 흥미를 유지하기 위한 외부의 보상들, 사고방식 지향성 그리고 시간의 경과에 따른 학습 진전 등이 포함된다. 또한 개인이 시간이 지남에 따라 경쟁하며 상호 보완하는 삶과 교육의 목표에 노력과 시간을 할당하는 요소 및 과정에 대한 추가적인 연구가 필요하다.

학습에서의 정체성 역할　자신의 인지 능력에 대한 믿음이 학습 목표와 정체성을 바꾸는 방법들을 보다 정확하게 설명하기 위한 연구가 필요하다. 또한 학습 정체성을 형성하기 위해 서로 다른 학습 경험이 어떻게 결합되어 있는지, 그리고 학습 정체성이 특히 더 영향을 잘 받는 인간 발달의 시기가 있는지에 대한 연구가 필요하다. 마지막으로, 어떻게 학습자가 학습 목표에 도달하기 위해 현재와 미래의 정체성과 관련하여 인식된 사회문화 규범을 통합하는지와 이러한 인식이 다른 학습 전략의 사용에 어떻게 영향을 미치는지를 설명하기 위한 추가 연구가 필요하다.

학습에 대한 동기   동기와 학습에 영향을 미치는 요소들은 종종 서로 상호 관련성과 중첩된 양상을 보인다. 이에 중복되는 요소를 구별하고 통합하는 작업을 통해서 (학습)동기에 대한 보다 일관성 있는 이해가 필요하다. 이러한 요소들은 심리적 과정, 사회적 상호작용, 문화의 측면을 포함한다. 현재 지식의 경계 조건을 탐구하는 연구가 필요하다. 예를 들면, 동기에 대한 현재의 이해는 누구에게 적용되는가? 그리고 어떤 상황에서 적용되는가? 일상적인 학습 환경(학교, 가정 그리고 직장)의 맥락에서 동기와 학습 이론에서 파생된 가설을 검증하고 실천을 평가하기 위해 동기에 영향을 주고 전 생애에 걸친 학습을 지원하는 방법은 무엇인지 등에 대한 연구가 필요하다. 동기에 대한 대부분의 연구는 심리학적 과정과 동료 또는 교사와 학생 간의 가르침과 구체적인 활동이나 과제의 맥락에서 둘 사이의 혹은 집단의 상호작용에 초점을 두고 있다. 공식적인 학교 구조 및 기타 영향이 심리적인 동기 과정에 어떻게 영향을 미치는지, 공식적 교육 구조의 변화를 포함하여 학습자의 참여, 지속성 그리고 목표 달성을 촉진하는 최고의 방법을 탐구하기 위해서 더 많은 연구에 관심이 필요하다.

자기조절학습   자기조절은 특정한 학습 환경과 맥락에서 가장 잘 이해되며 세 가지 흐름의 발달 연구가 필요한데, (1) 시간과 영역 및 분야를 초월하여 자기조절 개발을 탐구하는 연구, (2) 개인적 발달에 관한 자기조절의 효과적인 교수를 검토하는 연구, (3) 자기조절 전략의 광범위한 레퍼토리에서 자율적 발견과 개발에 활용되는 환경에 대한 연구가 그것이다. 이러한 연구의 결과는 자기조절이 학문적으로나 삶의 성공에서 필수적인지, 자기조절의 발달이 시간이 지남에 따라 지속될 수 있는지, 그리고 실무자들이 자기조절 중재를 위해 발달적으로 어떤 시점을 가장 효과적인 중재목표로 삼을 수 있는지를 설명해 줄 수 있을 것이다. 자기조절을 촉진하는 교수 전략과 교과 영역 내외에서의 사고와 추론을 위한 특정 분야 지식을 다루는 도구 사이의 관계를 더 잘 설명하기 위한 연구가 필요하다.

학습 환경의 영향 학습 환경의 문화가 학습자의 소속감, 적응력, 주체성 및 학습 성과에 미치는 영향에 대한 더 많은 연구가 필요하다. 연구자들은 특정 학습 과제와 환경과 관련된 학습 유형을 식별해야 하며 학습, 동기, 정서, 사회적 상호작용에 대한 예측 결과를 추적해야 한다. 마지막으로, 어떻게 교육 방법이 현재의 학습 노력과 바람직한 미래 결과 사이의 긍정적인 연결을 만드는지를 설명하기 위한 연구가 필요하다.

전 생애에 걸친 학습 위원회는 유아기부터 성인기까지의 학습 경험과 결과를 포괄하는 종단적 데이터베이스를 구축하기 위한 몇 가지 대규모 시험적 연구의 필요성을 제안한다. 아이슬란드와 스웨덴에서 운영되는 건강 관련 데이터베이스와 유사하게, 이러한 데이터 기반은 미래의 발견에 대한 투자가 될 것이며 평생학습, 정신 건강, 생산성, 정보에 입각한 시민권을 지원하는 목표가 될 것이다. 포괄적인 데이터베이스의 개발에는 개인 정보의 고려 사항뿐만 아니라 학습자로서의 개인 경험과 관련된 데이터베이스 항목의 세분화와 내용에 대한 의사 결정이 필요하다. 미국 인구 연령의 중간값이 증가하고 있기 때문에 인지 및 뇌 건강을 유지하기 위한 최적의 중재 방법에 대한 연구가 필요하다. 이러한 연구의 즉각적인 목표는 유망한 중재를 확인하고 잠재적인 효능과 일반화 가능성을 결정하는 것이다. 생애 전반에 걸친 학습과 발달의 결정 요인을 조사하는 연구자는 이전의 성과를 넘어서 모든 학습자에 대한 능력, 태도, 동기 및 자기조절 과정을 검토해야 한다. 중등 과정 후의 교육 환경과 관련해서, 맞춤식 교육을 지원하기 위한 테크놀로지 사용에 대한 연구와 같이 학생의 수행을 촉진하거나 방해하는 조치에 대한 더 많은 연구가 시급히 필요하다.

학습장애   실험 설계와 신경영상 촬영 기법의 진보는 학습장애를 정의하고 진단하는 방법을 상당히 개선할 수 있는 잠재력을 지니고 있다. 불행히도, 신경과학 분야와 학습장애 중재 연구들 사이의 통합은 거의 없었다. 따라서 장애 식별 및 치료의 진전을 지원하기 위해서는 치료 결과의 데이터와 신경과학자가 제공하는 기초적 조건의 이해에 대한 데이터를 잘 병합해야 한다. 과학 기술 또한 논의의 일부분이다. 빠르게 발전하는 디지털, 전자 기기 그리고 기계적 테크놀로지는 여러 유형의 학습장애의 수용을 약속하지만, 학습을 위한 보편적 설계를 더 잘 이해하기 위해서는 보다 많은 연구가 필요하다.

> **연구 영역 2:** 생애에 걸친 학습을 지원하는 테크놀로지의 설계를 위한 학습과학의 함의, 학습자의 특성, 배우는 내용, 학습 환경 사이의 복잡한 상호작용, 사람들이 배워야 하는 것의 본질 그리고 학습자의 심리에 어떻게 테크놀로지가 영향을 미치며 잠재적 문제점은 무엇인가?

HPL I이 출판된 이래로, 교육 환경에서 디지털 테크놀로지의 사용은 급증하였다. 그러나 디지털 학습 기술은 항상 학습과학을 참고하여 설계되지는 않았다. 게다가 테크놀로지의 설계는 다수의 사회문화적 맥락에서 기능하는 개별 학습자에게 맞춰져야만 하며, 테크놀로지가 학습을 용이하게 하기 위해서는 학습자가 적절한 과제, 적절한 맥락, 적절한 시점에 적합한 도구에 접근할 수 있어야 한다. 학습을 위한 테크놀로지의 이점을 극대화하기 위해서 몇 가지 연구를 제안한다.

학습 맥락의 변동성 때문에 테크놀로지가 생태학적 학습 특성에 잘 맞는지 아닌지 결정하는 방법이 필요하다. 다른 유형의 학습 그리고 다른 사용자들을 위해서 다른 학습 기술(예: 지능적 튜터링 시스템, 기억 연습용의 모바일 앱)과 다른 특성이 있는 기술(예: 가상 캐릭터와의 대화, 피드백을 수반하는 광범위한 연습)의 영향에 대한 포괄적이고 체계적인 메타분석 연구는 원하는 학습 결과와 학습 기술과의 조정을 향상하는 데 필요한 정보를 제공할 수 있다.

학습 맥락의 다양성과 관련된 또 다른 문제는 온라인 소셜 미디어와 학술 미디어 사이의 의사소통 능력과 습관의 전이를 밝히는 실험적 연구의 부족이다. 온라인 기술에 대한 집중적이고 지속적인 참여의 효과 및 학문적 학습에 있어서 자기선택적 온라인 활동의 효과에 관한 종단 연구가 필요하다. 이 연구는 온라인 경험이 어떻게 사람들의 세상에 대한 이해, 경험, 참여를 변화시키는지, 그리고 이러한 경험이 학업 수행과 읽고 쓸 수 있는 능력(예를 들어, 읽기, 쓰기, 과학, 수학)에 영향을 주는지 조사해야만 한다. 학습 환경과 관련해서, 몇몇 증거는 테크놀로지 기반의 학습이 비공식적 환경에서 학교 성취를 높일 수 있다고 나타낸다. 그러나 이 증거는 실제로 신뢰하기에는 충분히 강하지 않다. 이러한 격차는 학교 안과 학교 밖의 학습을 연결하는 기술 기반의 중재 설계에 대한 추가적 연구와 개발을 통해서 해결할 수 있을 것이다.

학습에 이용 가능한 일련의 테크놀로지를 개선하는 데 초점을 맞춘 연구 또한 필요하다. 예를 들어, 교육 현장에서 아주 단순한 컴퓨터-교사 인터페이스가 놀랍게도 자주 무시되거나 신속하게 포기되므로 실제적인 실용성에 한계가 있다는 증거가 있다. 교수의 개선을 위한 정기적이고 생산적인 학생들의 학습 체계에 데이터를 디지털 대시보드로부터 확인하는 방식과 이와 연관된 교수 방법에 대한 연구와 발달은 학습 기술의 교실 활용을 향상시킬 것이다. 연구는 학습을 위한 테크놀로지에서 데이터의 이용 가능성을 증대하고 새로운 데이터 기술(예를 들어, 기계 학습)의 출현을 활용하는(그리고 촉매하는) 것이어야 한다. 이러한 진보는 다양한 맥락에서 학습에 테크놀로지를 사용하는 학습자의 다양성을 뒷받침하고 적응하게 하는 설계에 공헌할 것이다

마찬가지로, 모바일교육 애플리케이션의 효과를 뒷받침하거나 대화가 가능

한 캐릭터가 학습에 미치는 영향을 확실하게 평가할 수 있는 증거는 현재 제한적이다. 충분한 양의 평가 데이터가 있다면, 모바일 학습 애플리케이션의 유효성에 대한 제3자의 평가와 이러한 연구들의 메타분석은 문제를 해결하는 데 도움이 될 수 있다. 예를 들어서, 학습 환경에서 캐릭터의 유용성을 입증하기 위해 다른 유형의 가상 캐릭터, 다른 수준의 영역 특수적인 지식을 갖는 캐릭터 그리고 적응적 특성을 갖는 캐릭터의 상대적 효과성에 관한 연구가 필요하다.

마지막으로, 직장에서 학습을 위한 테크놀리지에 관해 위원회는 학업 분야에서 학습을 위한 심적 조작과 비교해서 가상 현실이나 증강 현실 기술과 비언어적 행동을 탐지할 수 있는 센서 기술의 상대적 효과성에 대해서 추가적인 연구가 필요하다는 것을 발견하였다.

HPL 연구와 활용의 역사

『How People Learn: Brain, Mind, Experience, and School-Expanded Edition』(National Research Council, 2000; 이후 HPL I)은 두 개로 구분된 위원회가 연구한 결과였다. 『HPL I』은 학습과학발전위원회(Committee on Developments in the Science of Learning)가 수행한 2년간의 연구 결과물이었다. 당시 이 위원회는 초등 및 중등 교육에 가장 관련성이 높은 지식과 통찰력을 엄정하게 선별하기 위해 인간의 학습과 인지 발달에 기여한 연구 분야에 대한 조사를 수행하도록 하였다. 이 연구의 목적은 학습과학에서의 의미 있는 개선을 교사, 학교 관계자, 학부모, 정책 입안자에게 즉시 제공하는 것이었으며, 원래 버전의 보고서는 프로그램 방향과 기금 운영에 있어서 미국 교육부의 교육연구및개선사무국(Office of Educational Research and Improvement)을 위한 연구 안건을 포함하고 있었다(National Research Council, 1999b).

1999년에 HPL이 발간된 후, 이어서 두 번째 국립연구위원회(National Research Council)인 학습연구및교육실천위원회(Committee on Learning Research and Educational Practice)가 결성되어 실행자, 정책 입안자, 연구자들이 함께 HPL에서 다룬 사안들에 응답하였고, 이로써 교육적 연구를 일상적인 학교에서의 실천으로 전환시키는 이슈들을 의논하는 워크숍을 개최하면서 원래 보고서를 보다 진전시킬 수 있게 되었다. 이 워크숍의 결과는 1999년 6월에 출판된 『How People Learn: Bridging Research and Practice』에 수록되었다(National Research Council, 1999c). 후속 보고서는 사람들이 역사, 수학, 과학 분야에서 어떻게 배우는지에 초점을 맞추었다(National Research Council, 2005).

이 두 보고서를 통합하는 작업은 둘 모두가 유치원에서 중등교육(K-12)까지의 학습 개선을 위한 비판적인 통찰을 보여 주었으므로 가치 있게 여겨졌다. 그 결과물인 HPL I은, 특히 예비교사교육을 담당하는 개인들이나 집단에 특별한 관심을 불러일으켰다. 실제로 HPL I은 출판된 지 수십 년이 지난 현재도 국립과학기술의학학술원(National Academies of Sciences, Engineering, and Medicine)에서 발표한 보고서들 중 가장 많은 사람이 공유한 보고서로 남아 있다. HPL I은 수십 년간 축적된 연구를 바탕으로 인간의 인지와 학습에 있어 여러 핵심적인 개념들을 규명했는데, 출판 당시 새로운 것들이었다. 예를 들어, 학생들이 지식의 이해와 적용을 위해서 반복 연습이 중요하다는 사실은, (1) 기억과 지식의 구조, (2) 문제 해결 및 추론, (3) 초기 학습의 기초, (4) 메타인지의 과정과 자기조절 능력, (5) 학습자가 속한 문화와 공동체로부터 어떻게 상징적 사고가 형성되는가 등을 통해 풍성하게 이해되었다(National Research Council, 2000).

이런 주제들이 어떻게 성공적인 학습에 기여하는지 검증하기 위해서 HPL I은 전문성 연구의 핵심적인 결과들을 검토하여, 전문가와 초심자는 일반적인 능력(즉, 기억이나 지능)과 일반적인 전략의 사용 이상에서 차이가 있다는 결론을 내렸다. 전문가들은 인지하는 방식 그리고 자신의 환경에서 정보를 구성, 재현, 해석하는 방법에 영향을 미치는 광범위한 지식을 습득했는데, 이는 다시 문제를 기억하고 추론하며 문제를 해결하는 능력에 영향을 미쳤다.

마찬가지로, HPL I은 학습이 다른 종류의 학습이나 성과에 미치는 장기적인 영향을 이해하기 위해 학습의 전이라는 개념(즉, 학습한 것을 새롭거나 다른 맥락으로 확장하는 것)을 다룬 연구들을 활용했다. HPL I은 관련 문헌으로부터 다음의 결론을 도출하였다.

- 보다 심층적인 학습이 발생하기 위해서는 처음 학습을 하는 좁은 맥락에서 벗어나 기술과 지식이 확장되어야 한다.
- 학습자가 지식을 적용하는 감각(또는 지식을 사용할 수 있을 때)을 개발하는 것은 필수적이다
- 전이는 학습자가 다른 맥락에서 문제에 적용할 수 있는 기본적인 일반 원칙을 알고 있을 때 가장 잘 발생한다.
- 개념적 지식은 학습을 촉진한다.
- 학습자는 자신이 학습자이며 사고하는 사람이라고 생각할 때 가장 성공적인 학습을 하며 자신의 학습을 지속할 것이다.

HPL I의 나머지 부분은 학습자로서 아동, 마음과 뇌의 발달, 교사와 교수의 핵심 개념(학습 환경, 효과적인 교수의 대상 특수적 사례, 교사교육, 학습을 지원하는 테크놀로지 등)에 집중하였다. 요약하면, HPL I은 아이들이 환경적 경험과 자신을 돌보는 사람들에 의해 형성되는 능력을 보여 준다고 강조한다. 또한 학습은 생물학적으로, 그리고 생태학적으로 모두 촉진되고 조절된다는 점에 주목하였다. 즉, 학습은 발달하는 것이다. 학습은 뇌의 물리적 구조를 바꾸고 이 구조적 변화가 뇌의 기능이 어떻게 조직되고 재구조화되는지 결정하므로, 각기 다른 뇌의 부분들은 각각 다른 시점에 학습할 수 있다. 마지막으로, 아동기의 학습과 발달은 각 아동의 초기 역량과 환경적 지원 간의 상호작용, 관련된 역량들이 강화받는 상호작용의 영향을 받는다.

국립학술원출판사(National Academies Press)에서 보유한 HPL I의 구입과 다운로드 관련 자료에 따르면, 이 보고서는 국립학술원(National Academies)의 가장 인기 있는 보고서 중 하나이다. 출판사는 2008년에 구조화된 전화 설문 조사를 실시하여, 특히 교육자들이 교육적 상황에서 HPL I을 어떻게 사용하는지, 그들이 확인한 강렬한 특성들이 무엇인지, 새로운 개정에 포함되면 유용하리라 여겨지는 추가 사항이 무엇인지 등을 포함한 시장 조사를 실시했다. 응답자의 대부분이 HPL I을 수업의 주요 자료로 사용하며 학생들에게 필수 읽기 자료로 제공

했고, 다른 응답자들은 구체적인 주제별 보조 자료로 사용하거나 상식을 공유하는 기본 자료로 활용하였다.

보고서의 출판년도 문제로 교수자의 다수는 최신 정보 제공을 위해서 다른 자료를 활용하여 HPL I 내용을 보충하였다고 보고하였으므로, 필수 수업 자료로서의 HPL I의 한계가 확인되었다. 개정 시 추가하거나 보완해야 할 주제로 학습을 위한 테크놀로지와 신경과학이 자주 언급되었다. 또한 인지, 학습과학, 인지신경과학, 교육학, 인력 개발 관련 전문가들과의 토의를 통해 HPL I 출판 후 핵심적인 발전이 있었음을 확인하고, 향후 10년간 학습 도구 및 실행 기반의 변화에 기여할 영역으로서 유사한 주제들이 제안되었다.

부록 B

학습 관련 연구에서 연구 대상 집단

종종 학습자 집단은 나이, 민족, 사회경제적 지위, 성취 수준 프로파일 또는 어떤 경우에는 학습장애 등의 공유되는 속성에 따라 분류된다. 빈곤이 학습과 발달에 미치는 영향처럼 특정한 트렌드를 이해하기 위해서는 집단의 일반화가 중요하다. 일반화는 학습과 교수에 대한 증거 기반의 이론을 수립하는 데에도 중요하다. 모든 개인을 각각 다르게 취급한다면, 대다수의 학습자, 한 학급의 학생 또는 학교 하나를 운영하는 데에 가장 효과적인 중재 유형을 제안하는 것이 어려울 것이다. 그렇지만 지나친 일반화는 사람들이 가진 복잡성, 뉘앙스, 변동 가능성을 보지 못하게 만들 수 있어 위험하다.

인종, 문화, 민족은 의학, 사회, 심리학, 유전학 연구에서 인구학적 변인들로 자주 사용되지만(Lillie-Blandon & Lavist, 1996), 개인들을 인종이나 문화라는 단일한 틀에 넣고 연구의 결과를 광범위한 집단에 일반화하려는 시도는 여러 이유로 많은 문제를 가진다. 첫째, 모든 개인은 문화적으로 다원화된 사회 내에서 기능하기 때문에 어떤 단일한 문화 집단으로 규정하는 것은 부정확할 가능성이 있다. 더욱이 특정 문화 집단이 일련의 가치를 공유할 수 있는 반면, 한 사람의 발달은 그가 소속된 하나 이상의 거시적인 체계(즉, 가정, 학교, 직장 또는 동료 집단)

내에서 경험하는 것이므로 특정한 가치의 영향을 받는다. 따라서 연구자들은 자신이 확인하거나 관련된 문화 집단에만 근거하여 개인의 특성에 대한 결론을 도출하는 것은 매우 신중하게 접근해야 한다. 마찬가지로, 문화는 단일한 구조가 아니므로 학습에 미치는 문화의 영향은 개인과 학습 맥락(공식적·비공식적 교육 상황)에 따라 달라질 것이다.

둘째, 연구 목적으로 인종을 결정하는 방법에 대해서는 거의 설명되지 않지만, 연구는 신체적 특성의 관찰, 자기식별 또는 의료 기록에 대한 검토와 같은 한정된 방법을 통해 자주 이루어진다(Direte, 2014; Kaplan & Bennett, 2003; Williams, 1994). 종종, 연구에서 인종에 대한 기술 부분은 너무 광범위해서 표현하려는 내용을 정확하게 포착할 수 없거나, 개인이 스스로를 인식한 내용과 일치하지 않는다. 예를 들어, 미국에서는 부모 중 한 명이 유럽계 미국인이고 나머지 한 명은 아프리카계 미국인인 경우 자녀를 아프리카계 미국인(예: 버락 오바마 대통령)으로 취급하며 규정할 수 있다. 그러나 인종이나 민족이 섞인 사람들은 다인종이나 다문화(biracial, multiracial)로 분류하는 경향이 증가하고 있다. 더욱이 일부 연구자들은 인종을 인간의 차이점에 대해 사람들이 생각하는 방식의 산물이라고 주장하고(Appiah, 1992; Goldberg, 1993), 다른 연구자들은 인종이 인간의 사회적 실천에 뚜렷한 역할을 하므로 생물학적인 구조가 아니라 사회적 구조라고 지적한다(Appiah, 1996; Omi & Winant, 1994; Outlaw, 1995; Root, 1998; Zack, 1993).

인종이나 민족을 작성지에 체크하는 작은 '상자'로 인식하는 것은 학생의 범주에 대한 교수자의 관점에 편향을 만들 수 있다. 동시에 문화적 실천은 모든 학생과 교사가 학습 상황에 도입하는 자원이다. 교사들이 자신의 학생들이 가진 관점과 경험들을 인식하고 지지할 때, 학습과 학교에 대한 인식이 촉진된다는 증거들이 존재한다.

다문화 학습자에게 설문 조사나 질문지에서 하나의 문항만을 선택하도록 강요하는 것도 응답자에게 부정적인 영향을 미칠 수 있다. 타운센드와 동료들(Townsend et al., 2009)은 다문화 참여자들에게 인구 통계적 정보를 묻는 질문지를 두 가지 버전으로 작성하도록 했다. 하나의 버전에서는 인종적 배경을 하나만 선택하도록 하였고, 두 번째 버전에서는 복수 응답이 가능하도록 하였다. 다문화 응답자들의 경우, 하나의 인종만을 선택했을 때 복수의 응답이 가능했던 다문화 응답자보다 이후 동기, 자존감 문항에서 낮은 점수를 받았다. 간단히 말해서, 다문화 정체성을 부정하는 것은 설문 상황에서 응답자들의 자아인식에 부정적인 결과를 가져왔고, 이것은 곧 학습에 영향을 미칠 수 있다는 의미이다(동기, 정체성, 정서, 학습에 대한 문화의 역할은 3장 참조).

연구에서 인종을 인구 통계학적 변인으로 사용하는 것도 과학적 관점에서 보면 문제가 많다. 휴먼 게놈 프로젝트(Human Genome Project)는 인종이 유전적 구조도, 생물학적 구조도 아님을 보여 주었다(Collins, 2004). 유전학 연구자들은 인종의 범주가 유전적 다양성을 정확하게 반영하지 못하며, 유전학 연구에 인종을 적용하는 것은 중단되어야 한다고 결론지었다(Yudell et al., 2016). 유전적 차이가 인종에 의해 결정되지 않는다는 사실을 보여 주는 사례는 미국 과학자(모두 유럽 혈통) 제임스 왓슨(James Watson)과 크레이그 벤트너(Craig Ventner)의 게놈 전체와 한국인 과학자 김성진의 게놈을 비교한 것이다. 왓슨과 벤트너의 유전자 배열은 김성진과 공유된 것보다 더 적은 변량을 공유했다(Levy et al., 2007; An et al., 2009).

인종과 문화의 구분은 명확하지 않다. 예를 들어, 미국에서 인종을 구분하는 범주는 인종 차별, 기회의 불평등, 사회적 계층화와 같은 역사적 요소를 반영한다. 미국이 급속도로 주류 소수 집단화—즉, 다수의 개인이 하나 이상의 소수 인종 혹은 소수 민족 집단에 소속되어 있는 집단—가 되고 있지만, 이들 집단의 지위는 주류 문화에서 발전해 왔기 때문에 인종 구조에 크게 의존하고 있다. '문화'로 개념화할 수 있는 일부 행동과 관행은 사회적 지위(즉, 인종, 사회적 계급, 민족, 성별)를 수용하는 맥락 속에서, 그리고 인종 차별뿐만 아니라 사회적 계층화라는 메커니즘에 따라서 발전해 왔다. 이러한 환경에서 문화적 실천이라는 것은 차별처럼 거시적인 사회적 수준을 가진 요인들에 직접 대응하는 방식으로 나타날 수 있다(García Coll et al., 1996).

학자들이 편향을 가지지 않고 객관적으로 접근하기 위해 노력함에도 불구하고 그렇게 하는 것은 자신의 현실적 구조가 지닌 문화적 속성을 간과하는 결과를 초래할 수 있다. 지배적 위상을 가진 서구의 과학적-문화 모형은 현실에 대한 하나의 관점이며, 그 자체가 가진 편향과 가정을 수반하고 있음을 인식하는 것이 중요하다. 현실에 대한 '과학적' 관점이 지니는 특성은 과학적 탐구가 이루어지는 어떤 분야에서 지배적인 위상을 지닌 패러다임을 바꾸는 역사를 통해 드러난다. 그러나 현장에서 실천하는 사람들은 문화가 내재하는 특성을 보여 주는 풍부한 증거들을 자신들에게 적용하는 것이 아니라, 단지 이전 세대에게만 적용한다. 사회과학자와 교육과학자들이 자신만의 문화적 관점을 가지고 있음을 인식하는 것이 부족하기에 상당한 역효과가 발생한다.

예를 들어, 연구자들은 인지와 학습이 보편적인 과정이라는 가정을 반영하는 연구를 설계할 수 있다. 이로써 어떤 연구 대상자 집단도 활용될 수 있을 것이라 추측할 수 있다. 헨리치와 동료들(Henrich et al., 2010a)의 연구는 이러한 가정에 도전하는 중요한 리뷰 논문인데, 지각과 인지에 대한 연구에서 압도적으로 선정된 연구 대상자들—소위 서구의 교육 수준이 높고 산업이 발달되고 부유하며 민주주의의 배경을 가진(WEIRD) 표본—을 통해 도출된 결과를 살펴보면, 인류 보편적으로 일반화할 수 없었을 뿐 아니라 비전형적이고 대표성을 가지지 못했다(Sears, 1986; Hartmann et al., 2013).

둘째로, 이러한 협소한 범위의 연구에 포함된 집단은(일반적으로 서구의 대학생이다.) 연구 질문이 편향되어 있고 결론에 제한성을 가질 수 있다. 예를 들어, 동질성을 가진 집단 내에서 다양성이 집단에 미치는 효과를 확인한 연구들은 상당히 존재한다. 그러나 아펠바움과 동료들(Apfelbaum et al., 2014)이 지적한 바와 같이, 이러한 연구는 전형적으로 다양성의 영향에 대한 결론을 제시하지만 동질성이 기준 집단의 학습과 인지 과정에 독립적인 효과를 미칠 가능성에 대해서는 불분명하다.

연구자가 자신의 문화에 내재한다고 가정한 특성이 지니는 세 번째 부정적 결과는 연구에 적절한 초점 두기, 연구 자료의 개발, 적용하는 방법들이 문화적 직관에 따라 좌우되는 경향이 있고, 결과적으로 동일한 문화 집단의 사람들이 선호할 가능성이 높다는 점이다(Medin et al., 2010). 예를 들어, 발달에 대한 연구에서는 연구자들이 아이들을 한 번에 한 명씩 인터뷰하고, 아이들 스스로 답을 알고 있다고 가정하는 질문을 하는 것이 일반적이다. 이것이 서구의 중산층에게는 드문 일이 전혀 아닐지 모르나, 아동을 또래들과 분리시키고 답이 있는 질문을 사용하는 것이 다른 여러 문화에서는 아주 특이한 경우일 수 있다. 두 문화에 동일한 방법이 제시될 수 있으나, 이를 받아들이는 방식은 극적으로 다를 수 있다.

위원회는 효율성과 효과성을 위해, 우리가 조사한 문헌에 대하여 중간 입장을 취했다. 본 보고서에서 인용한 문헌 중 일부는 동아시아, 마야족 또는 서양 (북미와 유럽을 의미한다.)의 사람이나 문화를 다루지만, 학습 및 관련 요인을 결정하는 요소들, 과정, 결과 및 관계를 분석하고 이해하는 것이 유용하다고 여기고 있다. 하지만 동시에 교육적 맥락에서 연구를 책임감 있게 사용하는 것이 개별 학습자를 이해할 수 있는 결과들을 통합하는 시간임을 인정한다. 즉, 온전하고 고유한 사람, 특정 맥락에 존재하는 학습자에 대한 이해가 필요하다.

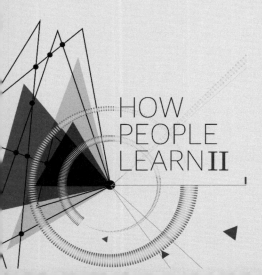

HOW
PEOPLE
LEARN **II**

참고문헌

Abrahamson, L. (2006). A brief history of networked classrooms: Effects, cases, pedagogy, and implications. In D.A. Banks (Ed.), *Audience Response Systems in Higher Education* (pp. 1-25). Hershey, PA: Information Science.

Ackerman, P.L. (1988). Determinants of individual differences during skill acquisition: Cognitive abilities and information processing. *Journal of Experimental Psychology: General, 117*(3), 288-318.

Ackerman, P.L. (1996). A theory of adult intellectual development: Process, personality, interests, and knowledge. *Intelligence, 22*(2), 227-257. doi.org/10.1016/S0160-2896(96)90016-1.

Ackerman, P.L. (2000). Domain-specific knowledge as the "dark matter" of adult intelligence: Gf/Gc, personality and interest correlates. *Journals of Gerontology: Series B: Psychological Sciences and Social Sciences, 55*(2), P69-P84.

Ackerman, P.L., and Beier, M.E. (2006). Determinants of domain knowledge and independent study learning in an adult sample. *Journal of Educational Psychology, 98*(2), 366-381.

Ackerman, P.L., Bowen, K.R., Beier, M.B., and Kanfer, R. (2001). Determinants of individual differences and gender differences in knowledge. *Journal of Educational Psychology, 93*, 797-825.

Ackerman, P.L., Kanfer, R., and Beier, M.E. (2013). Trait complex, cognitive ability, and domain knowledge predictors of baccalaureate success, STEM persistence, and gender differences. *Journal of Educational Psychology, 105*(3), 911-927. doi.org/10.1037/a0032338.

Ackerman, R., and Goldsmith, M. (2011). Metacognitive regulation of text learning: On screen versus on paper. *Journal of Experimental Psychology: Applied, 17*(1), 18-32. doi:10.1037/a0022086.

Adams, C., Labouvie-Vief, G., Hobart, C.J., and Dorosz, M. (1990). Adult age group differences in story recall style. *Journal of Gerontology, 45*(1), P17-P27.

Ader, R., Felten, D.L., and Cohen, N. (2001). *Psychoneuroimmunology* (3rd ed.). San Diego, CA: Academic Press.

Ainley, M., Hidi, S., and Berndorff, D. (2002). Interest, learning, and the psychological processes that mediate their relationship. *Journal of Educational Psychology, 94*(3), 545-561. doi. org/10.1037/0022-0663.94.3.545.

Albaili, M. (1998). Goal orientations, cognitive strategies and academic achievement among United Arab Emirates college students. *Educational Psychology, 18*(2), 195-203. doi. org/10.1080/0144341980180205.

Alea, N., and Wang, Q. (2015). Going global: The functions of autobiographical memory in cultural context. *Memory, 23*(1), 1-10.

Alea, N., Bluck, S., and Ali, S. (2015). Function in context: Why American and Trinidadian young and older adults remember the personal past. *Memory, 23*(1), 55-68.

Aleven, V., and Koedinger, K.R. (2002). An effective metacognitive strategy: Learning by doing and explaining with a computer-based Cognitive Tutor. *Cognitive Science, 26*(2), 147-179. doi:10.1016/s0364-0213(02)00061-7.

Alexander, P.A., and Jetton, T.L. (1996). The role of importance and interest in the processing of text.

Educational Psychology Review, *8*(1), 89-121. doi:10.1007/BF01761832.

Alexander, V., Bahr, M., and Hicks, R. (2015). Ability to recall specific detail and general detail (gist) in young old, middle old, and older adults. *Psychology*, *6*(16), 2071-2080.

Alfieri, L., Brooks, P.J., Aldrich, N.J., and Tenenbaum, H.R. (2011). Does discovery-based instruction enhance learning? *Journal of Educational Psychology*, *103*(1), 1-18. doi:10.1037/a0021017.

Alfieri, L., Nokes-Malach, T.J., and Schunn, C.D. (2013). Learning through case comparisons. *Educational Psychologist*, *48*, 87-113.

Allen, L.K., Snow, E.L., and McNamara, D.S. (2016). The narrative waltz: The role of flexibility on writing performance. *Journal of Educational Psychology*, *108*(7), 911-924. doi.org/10.1037/edu0000109.

Alliger, G.M., and Janak, E.A. (1989). Kirkpatrick's levels of training criteria: Thirty years later. *Personnel Psychology*, *42*(2), 331-342. doi.org/10.1111/j.1744-6570.1989. tb00661.x.

Alloway, T.P., and Gathercole, S.E. (2006). How does working memory work in the classroom? *Educational Research and Reviews*, *1*(4), 134-139.

Alloway, T.P., Gathercole, S.E., Kirkwood, H.J., and Elliott, J.E. (2009). The cognitive and behavioural characteristics of children with low working memory. *Child Development*, *80*(2), 606-621. doi:10.1111/j.1467-8624.2009.01282.x.

Altschul, I., Oyserman, D., and Bybee, D. (2006). Racial-thnic identity in mid-adolescence: Content and change as predictors of academic achievement. *Child Development*, *77*(5), 1155-1169.

Amalric, M., and Dehaene, S. (2016). Origins of the brain networks for advanced mathematics in expert mathematicians. *Proceedings of the National Academy of Sciences of the United States of America*, *113*(18), 4909-4917. doi:10.1073/pnas.1603205113.

Ambady, N., and Bharucha, J. (2009). Culture and the brain. *Current Directions in Psychological Science*, *18*(6), 342-345. doi:10.1111/j.1467-8721.2009.01664.x.

Amedi, A., Stern, W.M., Camprodon, J.A., Bermpohl, F., Merabet, L., Rotman, S., Hermond, C., Meijer, P., and Pascual-Leone, A. (2007). Shape conveyed by visual-to-auditory sensory substitution activates the lateral occipital complex. *Nature Neuroscience*, *10*(6), 687-689. doi:10.1038/nn1912.

American Academy of Pediatrics. (1999). Media education. *Pediatrics*, *104*(2), 341-343.

American Academy of Pediatrics. (2015). *Media and Children*. Elk Grove Village, IL: Author.

American Academy of Pediatrics. (2016). New recommendations for children's electronic media use. *ScienceDaily*. Available: http://www.sciencedaily.com/releases/2016/10/161021121843.htm [January 2018].

American Psychiatric Association. (2013). *Diagnostic and Statistical Manual of Mental Disorders* (5th ed.). Washington, DC: Author.

Ames, C. (1986). Conceptions of motivation within competitive and noncompetitive goal structures. In R. Schwarzer (Ed.), *Self-related Cognitions in Anxiety and Motivation* (pp. 229-245). Hillsdale, NJ: Lawrence Erlbaum Associates.

Ames, C. (1992). Achievement goals and adaptive motivation patterns: The role of the environment. In G. Roberts (Ed.), *Motivation in Sport and Exercise* (pp. 161-176). Champaign, IL: Human Kinetics.

Ames, C., and Ames, R. (1984). Goal structures and motivation *The Elementary School Journal*, *85*(1), 38-52.

Ames, C., and Archer, J. (1988). Achievement goals in the classroom: Students learning strategies and motivational processes. *Journal of Educational Psychology*, *80*(3), 260-267.

Anderman, E.M., and Maehr, M.L. (1994). Motivation and schooling in the middle grades. *Review of Educational Research*, *64*(2), 287-309. doi.org/10.2307/1170696.

Anderman, E.M., and Midgley, C. (1997). Changes in achievement goal orientations, perceived academic competence, and grades across the transition to middle level schools. *Contemporary Educational Psychology*, *22*(3), 269-298. doi.org/10.1006/ceps.1996.0926.

Andersen, S.L. (2003). Trajectories of brain development: Point of vulnerability or window of opportunity? *Neuroscience and Biobehavioral Reviews*, *27*(1-2), 3-18.

Anderson, J.R. (1982). Acquisition of cognitive skill. *Psychological Review*, *89*(4), 369-406. doi.org/10.1037/0033-295X.89.4.369.

Anderson, J.R., Corbett, A.T., Koedinger, K.R., and Pelletier, R. (1995). Cognitive tutors: Lessons learned. *Journal of the Learning Sciences*, *4*(2), 167-207. doi.org/10.1207/s15327809jls0402_2.

Anderson, M.L. (2015a). *After Phrenology: Neural Reuse and the Interactive Brain*. Cambridge, MA: MIT Press.

Anderson, M.L. (2015b). *Technology Device Ownership: 2015*. Washington, DC: Pew Research Center. Available: http://www.pewinternet.org/2015/10/29/technology-device-ownership-2015 [December 2017].

Anderson, R.C., and Pichert, J.W. (1978). Recall of previously unrecallable information following a shift in perspective. *Journal of Verbal Learning and Verbal Behavior, 17*(1), 1-12. doi. org/10.1016/S0022-5371(78)90485-1.

Andrade, H. (2016, unpublished). *Classroom Assessment and Learning: A Selective Review of Theory and Research*. Paper commissioned by the Committee on the Science of Practice and Learning, National Academies of Sciences, Engineering, and Medicine, Washington, DC.

Antonucci, T.C., Lansford, J.E., Schaberg, L., Baltes, M., Takahashi, K., Dartigues, J.F., Smith, J., Akiyama, H., and Fuhrer, R. (2001). Widowhood and illness: A comparison of social network characteristics in France, Germany, Japan, and the United States. *Psychology and Aging, 16*(4), 655-665.

Aronson, J. (2004). *The Effects of Conceiving Ability as Fixed or Improvable on Responses to Stereotype Threat*. Unpublished manuscript. New York: New York University.

Aronson, E., and Patnoe, S. (1997). *Cooperation in the Classroom: The Jigsaw Method*. New York: Longman.

Aronson, J., and Salinas, M.F. (1997). *Stereotype Threat: Is Low Performance the Price of Selfesteem for Mexican Americans?* Paper presented to the Western Psychological Association Conference, Seattle, WA, April.

Aronson, J., Lustina, M.J., Good, C., Keough, K., Steele, C.M., and Brown, J. (1999). When White men can't do math: Necessary and sufficient factors in stereotype threat. *Journal of Experimental Social Psychology, 35*(1), 29-46.

Aronson, J., Fried, C.B., and Good, C. (2001). Reducing the effects of stereotype threat on African American college students by shaping theories of intelligence. *Journal of Experimental Social Psychology, 38*(2), 113-125. doi:10.1006/jesp.2001.1491.

Autor, D.H., and Price, B. (2013). *The Changing Task Composition of the U.S. Labor Market: An Update of Autor, Levy and Murnane (2003)*. Available: https://economics.mit.edu/files/11600 [December 2017].

Avineri, N., Johnson, E., Brice-Heath, S., McCarty, T., Ochs, E., Kremer-Sadlik, T., Blum, S., Zentella, A.C., Rosa, J., Flores, N., Alim, H.S., and Paris, D. (2015). Invited forum: Bridging the "language gap." *Journal of Linguistic Anthropology, 25*(1), 66-86. doi:10.1111/jola.12071.

Azevedo, R., and Aleven, V. (2013). *International Handbook of Metacognition and Learning Technologies*. New York: Springer.

Azevedo, R., and Cromley, J.G. (2004). Does training on self-regulated learning facilitate students' learning with hypermedia? *Journal of Educational Psychology, 96*(3), 523-535. doi:10.1037/0022-0663.96.3.523.

Azevedo, R., Johnson, A., Chauncey, A., and Burkett, C. (2010). Self-regulated learning with MetaTutor: Advancing the science of learning with MetaCognitive tools. In M.S. Khine and I.M. Saleh (Eds.), *New Science of Learning* (pp. 225-247). New York: Springer.

Bain, R. (2006). Rounding up unusual suspects: Facing the authority hidden in the history classroom. *Teachers College Record, 108*(10), 2080-2114.

Baker, R.D., and F.R. Greer (2010). Diagnosis and prevention of iron deficiency and iron-deficiency anemia in infants and young children (0-3 years of age). *Pediatrics, 126*(5), 1040-1050.

Bakia, M., Means, B., Gallagher, L., Chen, E., and Jones, K. (2009). *Evaluation of the Enhancing Education Through Technology Program: Final Report*. Washington, DC: U.S. Department of Education. Available: http://files.eric.ed.gov/fulltext/ED527143.pdf [December 2017].

Ballesteros, S., Kraft, E., Santana, S., and Tziraki, C. (2015). Maintaining older brain functionality: A targeted review. *Neuroscience & Biobehavioral Reviews, 55*, 453-477. doi:10.1016/j. neubiorev.2015.06.008.

Balota, D.A., Duchek, J.M., and Paullin, R. (1989). Age-related differences in the impact of spacing, lag, and retention interval. *Psychology and Aging, 4*(1), 3-9.

Balota, D.A., Duchek, J.M., Sergent-Marshall, S.D., and Roediger, H.L. (2006). Does expanded retrieval produce benefits over equal-interval spacing? Explorations of spacing effects in healthy aging and early stage Alzheimer's disease. *Psychology and Aging, 21*(1), 19-31. doi:10.1037/0882-7974.21.1.19.

Baltes, P.B., and Baltes, M.M. (1990). Psychological perspectives on successful aging: The model of selective optimization with compensation. In P.B. Baltes and M.M.

Baltes (Eds.), *Successful Aging: Perspectives from the Behavioral Sciences* (pp. 1–34). New York: Cambridge University Press.

Baltes, P.B., and Staudinger, U.M. (2000). Wisdom: A metaheuristic (pragmatic) to orchestrate mind and virtue toward excellence. *American Psychologist, 5*(1), 122–136.

Bandura, A. (1965). Influence of models' reinforcement contingencies on the acquisition of imitative responses. *Journal of Personality and Social Psychology, 1*(6), 589–595.

Bandura, A. (1977). *Social Learning Theory*. Englewood Cliffs, NJ: Prentice-Hall.

Bandura, A. (1989). Social cognitive theory. In R. Vasta (Ed.), *Annals of Child Development. Six Theories of Child Development* (vol. 6, pp. 1–60). Greenwich, CT: JAI Press.

Bandura, A., and Schunk, D.H. (1981). Cultivating competence, self-efficacy, and intrinsic interest through proximal self-motivation. *Journal of Personality and Social Psychology, 41*(3), 586–598. doi.org/10.1037/0022-3514.41.3.586.

Bandura, A., Ross, D., and Ross, S.A. (1961). Transmission of aggression through imitation of aggressive models. *Journal of Abnormal and Social Psychology, 63*, 575–582.

Bandura, A., Ross, D., and Ross, S.A. (1963). Imitation of film-mediated aggressive models. *Journal of Abnormal and Social Psychology, 66*, 3–11.

Bang, M., Alfonso, J., Faber, L., Marin, A., Marin, M., Medin, D., Waxman, S., and Woodring, J. (in press). Perspective taking in early childhood books: Implications for early science learning. *Culture Studies in Science Education*.

Bang, M., Medin, D.L., and Atran, S. (2007). Cultural mosaics and mental models of nature. *Proceedings of the National Academy of Sciences of the United States of America, 104*(35), 13868–13874.

Bangert-Drowns, R.L., Kulik, C.C., Kulik, J.A., and Morgan, M.T. (1991). The instructional effect of feedback in test-like events. *Review of Educational Research, 61*, 213–238.

Banks, J.A., and McGee Banks, C.A. (Eds.) (2010). *Multicultural Education: Issues and Perspectives, 7th Edition*. Hoboken, NJ: John Wiley & Sons.

Barab, S., Thomas, M., Dodge, T., Carteaux, R., and Tuzun, H. (2005). Making learning fun: Quest Atlantis, a game without guns. *Educational Technology Research and Development, 53*(1), 86–107.

Bargh, J.A., and Schul, Y. (1980). On the cognitive benefits of teaching. *Journal of Educational Psychology, 72*(5), 593–604. doi:10.1037/0022-0663.72.5.593.

Barker, J.E., Semenov, A.D., Michaelson, L., Provan, L.S., Snyder, H.R., and Munakata, Y. (2014). Less-structured time in children's daily lives predicts self-directed executive functioning. *Frontiers in Psychology, 5*, 1–16. doi.org/10.3389/fpsyg.2014.00593.

Barkley, R.A. (2006). *Attention-Deficit Hyperactivity Disorder: A Handbook for Diagnosis and Treatment* (3rd Edition). New York: Guilford Press.

Barnett, S.M., and Ceci, S.J. (2002). When and where do we apply what we learn? A taxonomy for far transfer. *Psychological Bulletin, 128*(4), 612–637. doi.org/10.1037/0033-2909.128.4.612.

Barnett, W.S., Jung, K., Yarosz, D.J., Thomas, J., Hornbeck, A., Stechuk, R., and Burns, S. (2008). Educational effects of the tools of the mind curriculum: A randomized trial. *Early Childhood Research Quarterly, 23*(3), 299–313.

Barrett, T., Pizzico, M., Levy, B., Nagel, R., Linsey, J., Talley, K., Forest, C.R., and Newstetter, W. (2015). *A Review of University Maker Spaces*. Paper presented at 122nd Annual Conference and Exposition of the American Society Engineering Education, Seattle, WA. Available: https://smartech.gatech.edu/handle/1853/53813 [December 2017].

Barron, B. (2006). Interest and self-sustained learning as catalysts of development: A learning ecology perspective. *Human Development, 49*(4), 193–224.

Barron, B., and Darling-Hammond, L. (2008). Powerful learning: Studies show deep understanding derives from collaborative methods. *Edutopia*, October 8. Available: https://www.edutopia.org/inquiry-project-learning-research [December 2017].

Bassett, D.S., Wymbs, N.F., Porter, M.A., Mucha, P.J., Carlson, J.M., and Grafton, S.T. (2011). Dynamic reconfiguration of human brain networks during learning. *Proceedings of the National Academies of Sciences of the United States of America, 108*(18), 7641–7646. doi:10.1073/pnas.1018985108.

Basso, K.H. (1996). *Wisdom Sits in Places: Landscape and Language among the Western Apache*. Albuquerque, NM: UNM Press.

Bates, E. (1979). *The Emergence of Symbols: Cognition and*

Communication in Infancy. New York: Academic Press.

Bauer, P.J. (2009). Neurodevelopmental changes in infancy and beyond: Implications for learning and memory. In O.A. Barbarin and B.H. Wasik (Eds.), *Handbook of Child Development and Early Education: Research to Practice* (pp. 78-102). New York: Guilford Press.

Bauer, P.J., and Jackson, F.L. (2015). Semantic elaboration: ERPs reveal rapid transition from novel to known. *Journal of Experimental Psychology: Learning, Memory, and Cognition, 41*(1), 271-282. doi:10.1037/a0037405.

Bauer, P.J., and Larkina, M. (2016). Predicting remembering and forgetting of autobiographical memories in children and adults: A 4-year prospective study. *Memory (Hove, England), 24*(10), 1345-1368. doi:10.1080/09658211.2015.1110595.

Bauer, P.J., and San Souci, P. (2010). Going beyond the facts: Young children extend knowledge by integrating episodes. *Journal of Experimental Child Psychology, 107*(4), 452-465. doi:10.1016/j.jecp.2010.05.012.

Bauer, P.J., and Varga, N.L. (2015). The developmental cognitive neuroscience of memory: Implications for education. In E. Tardif and P. Doudin (Eds.), *Collective Work on the Topics of Neuroscience, Cognition and Education* (pp. 1-16). Oxford, UK: De Boeck.

Bauer, P.J., King, J.E., Larkina, M., Varga, N.L., and White, E.A. (2012). Characters and clues: Factors affecting children's extension of knowledge through integration of separate episodes. *Journal of Experimental Child Psychology, 111*(4), 681-694. doi:10.1016/j.jeep2011.10.005.

Bednall, T.C., and Kehoe, E.J. (2011). Effects of self-regulatory instructional aids on self-directed study. *Instructional Science, 39*(2), 205-226. doi:10.1007/s11251-009-9125-6.

Beier, M.E., and Ackerman, P.L. (2001). Current events knowledge in adults: An investigation of age, intelligence and non-ability determinants. *Psychology and Aging, 16*(4), 615-628.

Beier, M.E., and Ackerman, P.L. (2003). Determinants of health knowledge: An investigation of age, gender, abilities, personality, and interests. *Journal of Personality and Social Psychology, 84*(2), 439-448.

Beier, M.E., and Ackerman, P.L. (2005). Age, ability, and the role of prior knowledge on the acquisition of new domain knowledge: Promising results in a real-world learning environment. *Psychology and Aging, 20*(2), 341-355. doi.org/10.1037/0882-7974.20.2.341.

Beier, M.E., Torres, W.J., and Gilberto, J.M. (2017). Continuous development throughout a career: A lifespan perspective on autonomous learning. In J.E. Ellingson and R.A. Noe (Eds.), *Autonomous Learning in the Workplace: SIOP Organizational Frontier Series* (pp. 179-200). New York: Routledge.

Beilock, S.L. (2010). *Choke: What the Secrets of the Brain Reveal About Getting it Right When You Have To*. New York: Simon & Schuster

Beilock, S.L., Rydell, R.J., and McConnell, A.R. (2007). Stereotype threat and working memory: Mechanisms, alleviation, and spill over. *Journal of Experimental Psychology: General, 136*(2), 256-276. doi:10.1037/0096-3445.136.2.256.

Beilock, S.L., Lyons, I.M., Mattarella-Micke, A., Nusbaum, H.C., and Small, S.L. (2008). Sports experience changes the neural processing of action language. *Proceedings of the National Academy of Sciences of the United States of America, 105*(36), 13269-13273. doi:10.1073/pnas.0803424105.

Bell, P., Tzou, C., Bricker, L., and Baines, A.D. (2012). Learning in diversities of structures of social practice: Accounting for how, why and where people learn science. *Human Development, 55*(5-6), 269-284.

Beller, S., Bender, A., and Song, J. (2009). Weighing up physical causes: Effects of culture, linguistic cues and content. *Journal of Cognition and Culture, 9*(3), 347-365.

Benassi, V.A., Overson, C.E., and Hakala, C.M. (2014). *Applying Science of Learning in Education: Infusing Psychological Science into the Curriculum*. Washington, DC: Society for the Teaching of Psychology. Available: https://scholars.unh.edu/cgi/viewcontent.cgi?referer=https://www.google.com/&httpsredir=1&article=1286&context=psych_facpub [December 2017].

Bender, A., Beller, S., and Medin, D.L. (2017). Causal cognition and culture. In M.R. Waldmann (Ed.), *The Oxford Handbook of Causal Reasoning*. Oxford, UK: Oxford University Press. doi:10.1093/oxfordhb/9780199399550.013.34.

Bendlin, B.B., Fitzgerald, M.E., Ries, M.L., Xu, G., Kastman, E.K., Thiel, B.W., and Johnson, S.C. (2010). White matter in aging and cognition: A cross-sectional study of microstructure in adults aged eighteen to eighty-three. *Developmental Neuropsychology, 35*(3), 257–277. doi. org/10.1080/87565641003696775.

Bengtsson, S.L., Nagy, Z., Skare, S., Forsman, L., Forssberg, H., and Ullen, F. (2005). Extensive piano practicing has regionally specific effects on white matter development. *Nature Neuroscience, 8*(9), 1148–1150.

Benjamin, A.S., and Tullis, J. (2010). What makes distributed practice effective? *Cognitive Psychology, 61*(3), 228–247. doi:10.1016/j.cogpsych.2010.05.004.

Bennett, R. (2011). Formative assessment: A critical review. *Assessment in Education: Principles, Policy and Practice, 18*(1), 5–25.

Berkeley, S., Scruggs, T.E., and Mastropieri, M.A. (2010). Reading comprehension instruction for students with learning disabilities, 1995–2006: A meta-analysis. *Remedial and Special Education, 31*(6), 423–436. doi:10.1177/0741932509355988.

Berkman, E.T. (2016). Self-regulation training. In K.D. Vohs and R.F. Baumeister (Eds.), *Handbook of Self-Regulation* (3rd ed., pp. 440–457). New York: Guilford Press.

Berkman, L.F. (1985). The relationship of social networks and social support to morbidity and mortality. In S. Cohen and S.L. Syme (Eds.), *Social Support and Health*. New York: Academy Press.

Bernard, R.M., Abrami, P.C., Borokhovski, E., Wade, A., Tamim, R., Surkes, M.A., and Bethel, E.C. (2009). A meta-analysis of three interaction treatments in distance education. *Review of Educational Research, 79*(3), 1243–1289. doi:10.3102/0034654309333844v1.

Bernstein, I.L., Webster, M.M., and Bernstein, I.D. (1982). Food aversions in children receiving chemotherapy for cancer. *Cancer, 50*(12), 2961–2963.

Best, J.R. (2010). Effects of physical activity on children's executive function: Contributions of experimental research on aerobic exercise. *Developmental Review, 30*(4), 331–351.

Bialystok, E. (2017). The bilingual adaptation: How minds accommodate experience. *Psychological Bulletin, 143*(3), 233–262.

Bialystok, E., Abutalebi, J., Bak, T.H., Burke, D.M., and Kroll, J.F. (2016). Aging in two languages: Implications for public health. *Ageing Research Reviews, 27*, 56–60. doi:10.1016/j.arr.2016.03.003.

Bielak, A.A.M. (2010). How can we not "lose it" if we still don't understand how to "use it"? Unanswered questions about the influence of activity participation on cognitive performance in older age— mini-review. *Gerontology, 56*(5), 507–519. doi.org/10.1159/000264918.

Bielak, A.A.M., Anstey, K.J., Christensen, H., and Windsor, T.D. (2012). Activity engagement is related to level, but not change in cognitive ability across adulthood. *Psychology and Aging, 27*(1), 219–228. doi.org/10.1037/a0024667.

Birchfield, D., and Johnson-Glenberg, M.C. (2010). A next gen Interface for embodied learning: SMALLab and the geological layer cake. *International Journal of Gaming and Computermediated Simulation, 2*(1), 49–58.

Birnbaum, M.S., Kornell, N., Bjork, E.L., and Bjork, R.A. (2013). Why interleaving enhances inductive learning: The roles of discrimination and retrieval. *Memory & Cognition, 41*(3), 392–402. doi:10.3758/s13421-012-0272-7.

Biswas, G., Leelawong, K., Schwartz, D., and Vye, N. (2005). Learning by teaching: A new agent paradigm for educational software. *Applied Artificial Intelligence, 19*(3–4), 363–392. doi:10.1080/08839510590910200.

Bjork, R.A., Dunlosky, J., and Kornell, N. (2013). Self-regulated learning: Beliefs, techniques, and illusions. *Annual Review of Psychology, 64*, 417–444. doi:10.1146/annurev-psych-113011-143823.

Bjorklund, D.F., Dukes, C., and Brown, R.D. (2009). The development of memory strategies. In M. Courage and N. Cowan (Eds.), *The Development of Memory in Infancy and Childhood* (pp. 145–175). Hove East Sussex, UK: Psychology Press.

Black, P., and Wiliam, D. (1998). Assessment and classroom learning. *Assessment in Education: Principles, Policy & Practice, 5*(1), 7–74.

Black, P., and Wiliam, D. (2009). Developing the theory of formative assessment. *Educational Assessment, Evaluation and Accountability, 21*(1), 5–31.

Blackmore, S. (2000). *The Meme Machine*. Oxford, UK: Oxford University Press.

Blackwell, L.S., Trzesniewski, K.H., and Dweck, C.S. (2007). Implicit theories of intelligence predict achievement across an adolescent transition: A longitudinal study and an intervention. *Child Development, 78*(1), 246–263.

Blair, C., and Razza, R.P. (2007). Relating effortful control, executive function, and false belief understanding to emerging math and literacy ability in kindergarten. *Child Development*, *78*(2), 647–663.

Blakemore, S.-J. (2010). The developing social brain: Implications for education. *Neuron*, *65*(6), 744–747. doi:10.1016/j.neuron.2010.03.004.

Blume, B.D., Ford, J.K., Baldwin, T.T., and Huang, J.L. (2010). Transfer of training: A meta–analytic review. *Journal of Management*, *36*(4), 1065–1105. doi. org/10.1177/0149206309352880.

Blumenfeld, P.C., Mergendoller, J.R., and Swarthout, D.W. (1987). Tasks as heuristics for understanding student learning and motivation. *Journal of Curriculum Studies*, *19*(2), 135–148.

Blunden, S., and Galland, B. (2014). The complexities of defining optimal sleep: Empirical and theoretical considerations with a special emphasis on children. *Sleep Medicine Reviews*, *18*(5), 371–378.

Bodrova, E., and Leong, D. (2007). *Tools of the Mind: The Vygotskian Approach to Early Childhood Education* (2nd Edition). Upper Saddle River, NJ: Pearson/Merrill Prentice Hall.

Boekaerts, M., and Cascallar, M. (2006). How far have we moved toward the integration of theory and practice in self–regulation? *Educational Psychology Review*, *18*(3), 199–210.

Bonawitz, E.B., and Lombrozo, T. (2012). Occam's rattle: Children's use of simplicity and probability to constrain inference. *Developmental Psychology*, *48*(4), 1156–1164. doi:10.1037/a0026471.

Bopp, K.L., and Verhaeghen P. (2005). Aging and verbal memory span: A meta–analysis. *Journals of Gerontology, Series B, Psychological Sciences and Social Sciences*, *60*(5), 223–233.

Bornstein, M. (2010). *Handbook of Cultural Developmental Science*. New York: Psychology Press.

Bosma, H., van Boxtel, M.P.J., Ponds, R.W.H.M., Jelicic, M., Houx, P., Metsemakers, J., and Jolles, J. (2002). Engaged lifestyle and cognitive function in middle and old–aged, non–demented persons: A reciprocal association? *Zeitschrift Fur Gerontologie Und Geriatrie*, *35*(6), 575–581. doi.org/10.1007/s00391–002–0080–y.

Boud, D., and Middleton, H. (2003). Learning from others at work: Communities of practice and informal learning.

Journal of Workplace Learning, *15*(5), 194–202.

Bower, G.H., Clark, M.C., Lesgold, A.M., and Winzenz, D. (1969). Hierarchical retrieval schemes in recall of categorized word lists. *Journal of Verbal Learning and Verbal Behavior*, *8*(3), 323–343. doi.org/10.1016/S0022–5371(69)80124–6.

Boykin, A.W., Lilja, A., and Tyler, K.M. (2004). The influence of communal vs. individual learning context on the academic performance in social studies of African American 4th and 5th grade children. *Learning Environments Research Journal*, *7*(3), 227–244.

Boykin, W., and Noguera, P. (2011). *Creating the Opportunity to Learn: Moving from Research to Practice to Close the Achievement Gap*. Alexandria, VA: ASCD.

Braboszcz, C., Cahn, B.R., Balakrishnan, B., Maturi, R.K., Grandchamp, R., and Delorme, A. (2013). Plasticity of visual attention in Isha yoga meditation practitioners before and after a 3–month retreat. *Frontiers in Psychology*, *4*, 914. doi.org/10.3389/fpsyg.2013.00914.

Bricker, L., and Bell, P. (2014). What comes to mind when you think of science? The perfumery! Documenting science–related cultural learning pathways across contexts and timescales. *Journal of Research in Science Teaching*. *51*(3), 260–285. doi: 10.1002/tea.21134.

Briggs, D.C., Alonzo, A.C., Schwab, C., and Wilson, M. (2006). Diagnostic assessment with ordered multiple choice items. *Educational Assessment*, *11*(1), 33–63.

Briones, T.L., Klintsova, A.Y., and Greenough, W.T. (2004). Stability of synaptic plasticity in the adult rat visual cortex induced by complex environment exposure. *Brain Research*, *1018*(1), 130–135. doi:10.1016/j.brainres.2004.06.001.

Briscoe, J., and Rankin, P.M. (2009). Exploration of a "double–jeopardy" hypothesis within working memory profiles for children with specific language impairment. *International Journal of Language & Communication Disorders*, *44*(2), 236–250. doi:10.1080/13682820802028760.

Bronfenbrenner, U. (1977). Toward an experimental ecology of human development. *American Psychologist*, *32*(7), 513–531.

Bronfenbrenner, U. (1994). Ecological models of human development. In *International Encyclopedia of Education* (2nd ed., vol. 3). Oxford, UK: Elsevier.

Brown, W. (1923). To what extent is memory measured by a

single recall? *Journal of Experimental Psychology*, *6*(5), 377–382. doi:10.1037/h0073877.

Brown, A.L., and Campione, J.C. (1995). Guided discovery in a community of learners. In E. McGilly (Ed.), *Classroom Learners: Integrated Cognitive Theory and Classroom Practice* (Chapter 9) (pp. 229–249). Cambridge, MA: The MIT Press. Available: http://www.cogsci.ucsd.edu/~deak/classes/EDS115/brown_campione2_ps.pdf [December 2017].

Brown, D., and Clement, J. (1989). Overcoming misconceptions via analogical reasoning: Factors influencing understanding in a teaching experiment. *Instructional Science*, *18*, 237–261.

Brown, A.L., Day, J.D., and Jones, R.S. (1983). The development of plans for summarizing texts. *Child Development*, *54*(4), 968–979. doi:10.2307/1129901.

Brown, A.L., Kane, M.J., and Echols, C.H. (1986). Young children's mental models determine analogical transfer across problems with a common goal structure. *Cognitive Development*, *1*(2), 103–121.

Bruner, J.S. (1961). The act of discovery. *Harvard Educational Review*, *31*(1), 21–32.

Bryan, J., Osendarp, S., Hughes, D., Calvaresi, E., Baghurst, K., and van Klinken, J.W. (2004). Nutrients for cognitive development in school-aged children. *Nutrition Reviews*, *62*(8), 295–306.

Bubolz, M.M., and Sontag, M.S. (2009). Human ecology theory. In P.G. Boss, W.J. Doherty, R. LaRossa, W.R. Schumm, and S.K. Steinmetz (Eds.), *Sourcebook of Family Theories and Methods: A Contextual Approach* (pp. 419–448). New York: Springer.

Budde, H., Voelcker-Rehage, C., Pietrasyk-Kendziorra, S., Ribeiro, P., and Tidow, G. (2008). Acute coordinative exercise improves attentional performance in adolescents. *Neuroscience Letters*, *441*(2), 219–223.

Bull, S., and Kay, J. (2013). Open learner models as drivers for metacognitive processes. In R. Azevedo and V. Aleven (Eds.), *International Handbook of Metacognition and Learning Technologies* (pp. 349–365). New York: Springer.

Bull, R., and Scerif, G. (2001). Executive functioning as a predictor of children's mathematics ability: Inhibition, switching, and working memory. *Developmental Neuropsychology*, *19*(3), 273–293.

Bull, G., Thompson, A., Searson, M., Garofalo, J., Park, J., Young, C., and Lee, J. (2008). Connecting informal and formal learning: Experiences in the age of participatory media. *Contemporary Issues in Technology and Teacher Education*, *8*(2), 100–107.

Burgstahler, S. (2015). *Equal Access: Universal Design of Instruction. A Checklist for Inclusive Teaching*. Seattle: University of Washington, DO-IT. Available: http://www.washington.edu/doit/Brochures/Academics/equal_access_udi.html [December 2017].

Burkam, D.T., Ready, D.D., Lee, V.E., and LoGerfo, L.F. (2004). Social-class differences in summer learning between kindergarten and first grade: Model specification and estimation. *Sociology of Education*, *77*(1), 1–31.

Burns, K.C., and Isbell, L.M. (2007). Promoting malleability is not one size fits all: Priming implicit theories of intelligence as a function of self-theories. *Self and Identity*, *6*(1), 51–63. doi:10.1080/15298860600823864.

Bybee, J., and McClelland, J.L. (2005). Alternatives to the combinatorial paradigm of linguistic theory based on domain general principles of human cognition. *Linguistic Review*, *22*(2–4), 381–410. doi.org/10.1515/tlir.2005.22.2–4.381.

Cabeza, R. (2002). Hemispheric asymmetry reduction in older adults: The HAROLD model. *Psychology and Aging*, *17*(1), 85–100.

Cadinu, M., Maass, A., Rosabianca, A., and Kiesner, J. (2005). Why do women underperform under stereotype threat? Evidence for the role of negative thinking. *Psychological Science*, *16*(7), 572–578.

Cajete, G.A. (1999). *The Native American Learner and Bicultural Science Education*. Available: https://files.eric.ed.gov/fulltext/ED427908.pdf [July 2018].

Cain, K., and Oakhill, J.V. (1999). Inference making ability and its relation to comprehension failure in young children. *Reading and Writing*, *11*(5–6), 489–503. doi:10.1023/A:1008084120205.

Calabrese Barton, A., and Tan, E. (2009). Funds of knowledge and discourses and hybrid space. *Journal of Research in Science Teaching*, *46*(1), 50–73.

Callahan, J.S., Kiker, D.S., and Cross, T. (2003). Does method matter? A meta-analysis of the effects of training method on older learner training performance. *Journal of Management*, *29*(5), 663–680. doi.org/10.1016/S0149-

2063(03)00029-1.

Cameron, J., Pierce, W.D., Banko, K.M., and Gear, A. (2005). Achievement-based rewards and intrinsic motivation: A test of cognitive mediators. *Journal of Educational Psychology*, *97*(4), 641-655. doi:10.1037/0022-0663.97.4.641.

Campbell, K.L., Hasher, L., and Thomas, R.C. (2010). Hyper-binding: A unique age effect. *Psychological Science, 21*(3), 399-405.

Care, E., Scoular, C., and Griffin, P. (2016). Assessment of collaborative problem solving in education environments. *Applied Measurement in Education*, *29*(4), 250-264. doi.org/10.1080/08957347.2016.1209204.

Carey, S. (1985). *Conceptual Change in Childhood*. Cambridge, MA: The MIT Press.

Carey, S. (2009). *The Origin of Concepts*. New York: Oxford University Press.

Carlson, M.C., Parisi, J.M., Xia, J., Xue, Q.-L., Rebok, G.W., Bandeen-Roche, K., and Fried, L.P. (2012). Lifestyle activities and memory: Variety may be the spice of life. The Women's Health and Aging Study II. *Journal of the International Neuropsychological Society*, *18*(2), 286-294. doi.org/10.1017/S135561771100169X.

Carnevale, A.P., and Smith, N. (2013). *Recovery: Job Growth and Education Requirements through 2020*. Washington, DC: Georgetown University Center on Education and the Workforce. Available: https://cew.georgetown.edu/cew-reports/recovery-job-growth-andeducation-requirements-through-2020 [December 2017].

Carpenter, S.K., and Mueller, F.E. (2013). The effects of interleaving versus blocking on foreign language pronunciation learning. *Memory & Cognition, 41*(4), 671-682. https://doi.org/10.3758/s13421-012-0291-4.

Carpenter, S.K., Cepeda, N.J., Rohrer, D., Kang, S.H.K., and Pashler, H. (2012). Using spacing to enhance diverse forms of learning: Review of recent research and implications for instruction. *Educational Psychology Review*, *24*(3), 369-378. doi:10.1007/s10648-012-9205-z.

Carstensen, L.L., Isaacowitz, D.M., and Charles, S.T. (1999). Taking time seriously: A theory of socioemotional selectivity. *American Psychologist, 54*(3), 165-181.

Carstensen, L.L., Fung, H.H., and Charles, S.T. (2003). Socioemotional selectivity theory and the regulation of emotion in the second half of life. *Motivation and Emotion, 27*(2), 103-123.

Carter, M., and Beier, M.E. (2010). The effectiveness of error management training with working-agedadults. *Personnel Psychology*, *63*(3), 641-675. doi.org/10.1111/j.1744-6570.2010.01183.x.

Carvalho, P.F., and Goldstone, R.L. (2014a). Effects of interleaved and blocked study on delayed test of category learning generalization. *Frontiers in Psychology*, *5*(936), 1-11. doi:10.3389/fpsyg.2014.00936.

Carvalho, P.F., and Goldstone, R.L. (2014b). Putting category learning in order: Category structure and temporal arrangement affect the benefit of interleaved over blocked study. *Memory & Cognition*, *42*(3), 481-495. doi:10.3758/s13421-013-0371-0.

Carver, C., and Scheier, M.F. (2017). Self-regulation of action and affect. In K. Vohs and R.F. Bauminster (Eds.), *Handbook of Self-Regulation: Research, Theory, and Applications* (3rd ed., pp. 3-23). New York: Guilford Press.

Cassarino, M., O'Sullivan, B., Keny, R.A., and Setti, A. (2015). Environment and cognitive aging: A cross-sectional study of place of residence and cognitive performance in the Irish longitudinal study on ageing. *Neuropsychology*, *30*(5), 543-557. doi:10.1037/neu0000253.

Cassidy, L., Ortlieb, E., and Grote-Garcia, S. (2016). Beyond the common core: Examining 20 years of literacy priorities and their impact on struggling readers. *Literacy Research and Instruction*, *55*(2), 91-104. doi:10.1080/19388071.2015.1136011.

Caterino, M.C., and Polak, E.D. (1999). Effects of two types of activity on the performance of 2nd, 3rd and 4th grade students on a test of concentration. *Perceptual and Motor Skills*, *89*(1), 245-248.

Cattell, R.B. (1987). *Intelligence: Its Structure, Growth, and Action*. New York: Elsevier Science

Cavanagh, J.C., and Blanchard-Fields, F. (2002). *Adult Development and Aging* (4th ed.). Belmont, CA: Wadsworth-Thomson.

Cazden, C. (1988). *Classroom Discourse: The Language of Teaching and Learning*. Portmouth, NH: Heinemann.

Center for Universal Design. (1997). *The Principles of Universal Design* (Version 2.0). Raleigh, NC: Author.

Centers for Disease Control and Prevention. (2009). Perceived insufficient rest or sleep among adults—nited States, 2008.

Morbidity and Mortality Weekly Report, *58*(42), 1175–1179.

Cepeda, N.J., Pashler, H., Vul, E., Wixted, J.T., and Rohrer, D. (2006). Distributed practice in verbal recall tasks: A review and quantitative synthesis. *Psychological Bulletin*, *132*(3), 354–380. doi:10.1037/0033-2909.132.3.354.

Cepeda, N.J., Vul, E., Rohrer, D., Wixted, J.T., and Pashler, H. (2008). Spacing effects in learning: A temporal ridgeline of optimal retention. *Psychological Science*, *19*(11), 1095–1102. doi:10.1111/j.1467-9280.2008.02209.x.

Cerasoli, C.P., Nicklin, J.M., and Nassrelgrgawi, A. (2016). Performance, incentives, and needs for autonomy, competence, and relatedness: A meta-analysis. *Motivation & Emotion*, *40*(6), 781–813. doi:10.1007/s11031-016-9578-2.

Challis, B.H. (1993). Spacing effects on cued-memory tests depend on level of processing. *Journal of Experimental Psychology: Learning, Memory, and Cognition*, *19*(2), 389–396.

Chan, K.-W., and Lai, P.-Y. (2006). *Revisiting the Trichotomous Achievement Goal Framework for Hong Kong Secondary Students: A Structural Model Analysis*. Paper presented at the meeting of Australia Association for Research in Education, Adelaide, Australia, November. Available: https://www.aare.edu.au/publications-database.php/4989/revisiting-thetrichotomous-achievement-goal-framework-for- hong-kong-secondary-students-a-structural.

Chan, M.Y., Haber, S., Drew, L.M., and Park, D.C. (2014). Training older adults to use tablet computers: Does it enhance cognitive function? *The Gerontologist*, *56*(3), 475–484. Available: https://doi.org/10.1093/geront/gnu057 [January 2018].

Chang, Y. (2014). Reorganization and plastic changes of the human brain associated with skill learning and expertise. *Frontiers in Human Neuroscience*, *8*, 35. doi:10.3389/fnhum.2014.00035.

Charness, N., and Schumann, C.E. (1992). Training older adults in word processing: Effects of age, training technique, and computer anxiety. *International Journal of Technology & Aging*, *5*(1), 79–106.

Chaudry, A., Morrissey, T., Weiland, C., and Yoshikawa, H. (2017). *Cradle to Kindergarten: A New Plan to Combat Inequality*. New York: Russell Sage Foundation.

Chavous, T.M., Bernat, D.H., Schmeelk-Cone, K., Caldwell, C.H., Kohn-Wood, L., and Zimmerman, M.A. (2003). Racial identity and academic attainment among African American adolescents. *Child Development*, *74*(4), 1076–1090.

Chechik, G., Meilijison, I., and Ruppin, E. (1999). Neuronal regulation: A mechanism for synaptic pruning during brain maturation. *Neural Computation*, *11*(8), 2061–2680. doi:10.1162/089976699300016089.

Chen, F. (2015). *The Impact of Criteria-Referenced Formative Assessment on Fifth Grade Students' Theater Arts and English Language Arts Achievement*. Doctoral dissertation. University at Albany—SUNY.

Chi, M.T.H. (2009). Active-constructive-interactive: A conceptual framework for differentiating learning activities. *Topics in Cognitive Science*, *1*(1), 73–105. doi:10.1111/j.1756-8765.2008.01005.x.

Chi, M.T.H., Hutchinson, J., and Robin, A. (1989a). How inferences about novel domain-related concepts can be constrained by structured knowledge. *Merrill-Palmer Quarterly*, *35*(1), 27–62.

Chi, M.T.H., Bassok, M., Lewis, M.W., Reimann, P., and Glaser, R. (1989b). Self-explanations: How students study and use examples in learning to solve problems. *Cognitive Science*, *13*(2), 145–182. doi:10.1207/s15516709cog1302_1. Chi, M.T.H., De Leeuw, N., Chiu, M.H., and LaVancher, C. (1994). Eliciting self-explanations improves understanding. *Cognitive Science*, *18*(3), 439–477.

Chi, M.T.H., Roscoe, R., DSlotta, J., Roy, M., and Chase, M. (2012). Misconceived causal explanations for "emergent" processes. *Cognitive Science*, *36*(1), 1–61. doi:10.1111/j.1551-6709.2011.01207.x.

Chin, C., and Osborne, J. (2012). Supporting argumentation through students' questions: Case studies in science classrooms. *Journal of the Learning Sciences*, *19*(2), 230–284. doi.org/10.1080/10508400903530036.

Chiong, C., and Shuler, C. (2010). *Learning: Is There an App for That? Investigations of Young Children's Usage and Learning with Mobile Devices and Apps*. New York: The Joan Ganz Cooney Center at Sesame Workshop. Available: http://pbskids.org/read/files/cooney_learning_apps.pdf [December 2017].

Christensen, H., Korten, A., Jorm, A.F., Henderson, A.S., Scott, R., and Mackinnon, A.J. (1996). Activity levels and cognitive functioning in an elderly community sample. *Age and Ageing, 25*(1), 72–80.

Christle, C.A., Jolivette, K., and Nelson, C.M. (2005). Breaking the school to prison pipeline: Identifying school risk and protective factors for youth delinquency. *Exceptionality, 13*(2), 69–88.

Chua, H.F., Boland, J.E., and Nisbett, R.E. (2005). Cultural variation in eye movements during scene perception. *Proceedings of the National Academy of Sciences of the United States of America, 102*(35), 12629–12633.

Chung, H.J., Weyandt, L.L., and Swentosky, A. (2014). The physiology of executive functioning. In S. Goldstein and J.A. Naglieri (Eds.), *Handbook of Executive Functioning* (pp. 13–27). New York: Springer.

Cialdini, R.B. (2007). Descriptive social norms as underappreciated sources of social control. *Psychometrika, 72*(2), 263–268.

Cialdini, R.B., Reno, R.R., and Kallgren, C.A. (1990). A focus theory of normative conduct: Recycling the concept of norms to reduce littering in public places. *Journal of Personality and Social Psychology, 58*(6), 1015–1026.

Clark, D., Tanner-Smith, E., Killingsworth, S. (2014). *Digital Games, Design and Learning: A Systematic Review and Meta-Analysis* (Executive Summary). Menlo Park, CA: SRI International. Available: https://www.sri.com/sites/default/files/publications/digital-games-designand learning-executive_summary.pdf [December 2017].

Cleeremans, A. (1996). Principles of implicit learning. In D. Berry (Ed.), *How Implicit is Implicit Learning?* (pp. 196–234). Oxford, UK: Oxford University Press.

Clegg, J., Wen, N., Legare, C., Gauthier, I., and Cowan, N. (2017). Is non-conformity WEIRD? Cultural variation in adults' beliefs about children's competency and conformity. *Journal of Experimental Psychology: General, 146*(3), 428–441.

Clement, J. (2000). Model based learning as a key research area for science education. *International Journal of Science Education, 22*(9), 1041–1053.

Cobb, P., and Bauersfeld, H. (Eds.), (1995). *The Emergence of Mathematical Meaning: Interaction in Classroom Cultures.* Hillsdale, NJ: Lawrence Erlbaum Associates.

Coffman, J.L., Ornstein, P.A., McCall, L.E., and Curran, P.J. (2008). Linking teachers' memoryrelevant language and the development of children's memory skills. *Developmental Psychology, 44*(6), 1640–1654. doi:10.1037/a0013859.

Cohen, E.G., and Lotan, R.A. (Eds.). (1997). *Working for Equity in Heterogeneous Classrooms: Sociological Theory in Practice.* New York: Teachers College Press.

Cohen, G.L., and Steele, C.M. (2002). A barrier of mistrust: How negative stereotypes affect cross-race mentoring. In J. Aronson (Ed.), *Improving Academic Achievement: Impact of Psychological Factors on Education* (pp. 305–331). San Diego, CA: Academic Press.

Cohen, G.L., Steele, C.M., and Ross, L.D. (1999). The mentor's dilemma: Providing critical feedback across the racial divide. *Personality and Social Psychology Bulletin, 25*(10), 1302–1318.

Cohen, G.L., Garcia, J., Apfel, N., and Master, A. (2006). Reducing the racial achievement gap: A social-psychological intervention. *Science, 313*(5791), 1307–1310. doi:10.1126/science.1128317.

Cohen, G.L., Garcia, J., Purdie-Vaughns, V., Apfel, N., and Brzustoski, P. (2009). Recursive processes in self-affirmation: Intervening to close the minority achievement gap. *Science, 324*(5925), 400–403. doi:10.1126/science.1170769.

Cohen-Kadosh, K., and Johnson, M.H. (2007). Developing a cortex specialized for face perception. *Trends in Cognitive Science, 11*(9), 367–369. doi:10.1016/j.tics.2007.06.007.

Colcombe, S., and Kramer, A.F. (2003). Fitness effects on the cognitive function of older adults: A meta-analytic study. *Psychological Science, 14*(2), 125–130.

Cole, M. (1995). Culture and cognitive development: From cross-cultural research to creating systems of cultural mediation. *Culture & Psychology, 1*, 25–54.

Cole, M. (1998). *Cultural Psychology: A Once and Future Discipline.* Cambridge, MA: Harvard University Press.

Cole, M., and Packer, M. (2005). Culture in development. In M.H. Bornstein and M.E. Lamb (Eds.), *Cognitive Development: An Advanced Textbook* (pp. 67–124). New York: Psychology Press.

Cole, M., and Scribner, S. (1974). *Culture and Thought: A Psychological Introduction.* Oxford, UK: John Wiley & Sons.

Collette, F., Hogge, M., Salmon, E., and Van der Linden, M. (2006). Exploration of the neural substrates of executive functioning by functional neuroimaging. *Neuroscience, 139*(1), 209–221.

Collins, A., Neville, P., and Bielaczyc, K. (2000). The role of different media in designing learning environments. *International Journal of Artificial Intelligence in Education, 11*, 144–162.

Collins, F. (2004). What we do and don't know about "race," "ethnicity," genetics, and health at the dawn of the genome era. *Nature Genetics, 36*(11, Suppl.), S13–S15.

Comings, J.T., and Cuban, S. (2000). *So I Made Up My Mind: Introducing a Study of Adult Learner Persistence in Library Literacy Programs*. Available: http://eric.ed.gov/?id=ED446772 [December 2017].

Condliffe, B., Visher, M.G., Bangser, M.R., Drohojowska, S., and Saco, L. (2016). *Projectbased Learning: A Literature Review*. Available: https://s3-us-west-1.amazonaws.com/ler/MDRC+PBL+Literature+Review.pdf [December 2017].

Cooper, S., Khatib, F., Treuille, A., Barbero, J., Lee, J., Beenen, M., Leaver-Fay, A., Baker, D., and Popovic, Z. (2010). Predicting protein structures with a multiplayer online game. *Nature, 466*(7307), 756–760. doi:10.1038/nature09304.

Cooper, M.M., Kouyoumdjian, H., and Underwood, S.M. (2016). Investigating students' reasoning about acid-base reactions. *Journal of Chemical Education, 93*, 1703–1712.

Corcoran, T., Mosher, F.A., and Rogat, A. (2009). *Learning Progressions in Science: An Evidence-Based Approach to Reform*. Available http://www.cpre.org/images/stories/cpre_pdfs/lp_science_rr63.pdf [July 2018].

Correa-Chavez, M., and Rogoff, B. (2009). Children's attention to interactions directed to others: Guatemalan Mayan and European American patterns. *Developmental Psychology, 45*(3), 630–641.

Cortiella, C., and Horowitz, S.H. (2014). *The State of Learning Disabilities: Facts, Trends and Emerging Issues*. New York: National Center for Learning Disabilities. Available: https://www.ncld.org/wp-content/uploads/2014/11/2014-State-of-LD.pdf [December 2017].

Coutanche, M.N., Gianessi, C.A., Chanales, A.J.H., Willison, K.W., and Thompson-Schill, S.L. (2013). The role of sleep in forming a memory representation of a two-dimensional space. *Hippocampus, 23*(12), 1189–1197. doi:10.1002/hipo.22157.

Covington, M.V. (2000). Goal theory, motivation, and school achievement: An integrative review. *Annual Review of Psychology, 51*(1), 171–200. doi:10.1146/annurev.psych.51.1.171.

Craig, S.D., Sullins, J., Witherspoon, A. and Gholson, B. (2006). Deep-level reasoning questions effect: The role of dialog and deep-level reasoning questions during vicarious learning. *Cognition and Instruction, 24*(4), 563–589.

Craik, F.I.M., and Bialystok, E. (2006). Cognition through the lifespan: Mechanisms of change. *Trends in Cognitive Sciences, 10*(3), 131–138.

Craik, F.I.M., and Rose, N.S. (2012). Memory encoding and aging: A neurocognitive perspective. *Neuroscience & Biobehavioral Reviews, 36*(7), 1729–1739.

Craik, F.I.M., and Salthouse, T.A. (Eds.). (2008). *Handbook of Cognitive Aging* (3rd ed.). New York: Psychology Press.

Craik, F.I.M., and Tulving, E. (1975). Depth of processing and the retention of words in episodic memory. *Journal of Experimental Psychology: General, 104*(3), 268–294. doi:10.1037/0096-3445.104.3.268.

Creswell, J.D., and Lindsay, E.K. (2014). How does mindfulness training affect health? A mindfulness stress buffering account. *Current Directions in Psychological Science, 23*(6), 401–407.

Cronbach, L.J. (1957). The two disciplines of scientific psychology. *American Psychologist, 12*(11), 671–684.

Crone, E.A., and Dahl, R.E. (2012). Understanding adolescence as a period of social-affective engagement and goal flexibility. *Nature Reviews Neuroscience, 13*(9), 636–650. doi:10.1038/nrn3313

Crouch, C.H., and Mazur, E. (2001). Peer instruction: Ten years of experience and results. *American Journal of Physics, 69*, 970–977. doi.org/10.1119/1.1374249.

Crouzevialle, M., and Butera, F. (2013). Performance-approach goals deplete working memory and impair cognitive performance. *Journal of Experimental Psychology: General, 142*(3), 666–678. doi:10.1037/a0029632.

Cvencek, D., Meltzoff, A.N., and Greenwald, A.G. (2011). Math-ender stereotypes in elementary school children. *Child Development, 82*(3), 766–779.

Damasio, A. (1994). *Descartes' Error: Emotion, Reason and the Human Brain*. New York: Random House.

Danaher, K., and Crandall, C.S. (2008). Stereotype threat in applied settings re-examined. *Journal of Applied Social Psychology, 38*(6), 1639–1655. doi:10.1111/j.1559-1816.2008.00362.x.

Darby, K.P., and Sloutsky, V.M. (2015). The cost of learning: Interference effects in memory development. *Journal of Experimental Psychology: General, 144*(2), 410-431. doi:10.1037/xge0000051.

Dar-Nimrod, I., and Heine, S.J. (2006). Exposure to scientific theories affects women's math performance. *Science, 314*(5798), 435.

Darnon, C., Harackiewicz, J., Butera, F., Mugny, G., and Quiamzade, A. (2007). Performanceapproach and performance-avoidance goals: When uncertainty makes a difference. *Personality and Social Psychology Bulletin, 33*(6), 813-827.

Davidson, R.J., and Lutz, A. (2008). Buddha's brain: Neuroplasticity and meditation. *IEEE Signal Processing Magazine, 25*(1), 176-174.

Davis, C.L., Tomporowski, P.D., McDowell, J.E., Austin, B.P., Miller, P.H., Yanasak, N.E., Allison, J.D., and Naglieri, JA. (2011). Exercise improves executive function and alters neural activation in overweight children: A randomized controlled trial. *Health Psychology: Official Journal of the Division of Health Psychology, American Psychological Association, 30*(1), 91-98. doi:10.1037/a0021766.

Dawley, L. (2009). Social network knowledge construction: Emerging virtual world pedadogy. *On The Horizon, 17*(2), 109-121.

Dawley, L., and Dede, C. (2014). Situated learning in virtual worlds and immersive simulations. In M. Spector, M.D. Merrill, J. Elen, and M.J. Bishop (Eds.), *Handbook of Research on Educational Communications and Technology* (pp. 723-734). New York: Springer.

Day, J.C., and Newburger, E.C. (2002). *The Big Payoff: Educational Attainment and Synthetic Estimates of Work-ife Earnings.* Washington, DC: U.S. Census Bureau. Available: http://www.census.gov/prod/2002pubs/p23-21pdf [December 2017].

de Bruin, A.B.H., Rikers, R.M.J.P., and Schmidt, H.G. (2007). The effect of self-explanation and prediction on the development of principled understanding of chess in novices. *Contemporary Educational Psychology, 32*(2), 188-205. doi:10.1016/j.cedpsych.2006.01.001.

de Frias, C.M., Dixon, R.A., Fisher, N., and Camicioli, R. (2007). Intraindividual variability in neurocognitive speed: A comparison of Parkinson's disease and normal older adults. *Neuropsychologia, 45*(11), 2499-2507.

De La Paz, S., Monte-Sano, C., Felton, M., Croninger, R., Jackson, C., and Worland, K. (2017). A historical writing apprenticeship for adolescents: Integrating disciplinary learning with cognitive strategies. *Reading Research Quarterly, 52*(1), 31-52. doi:10.1002/rrq.147.

Deci, E.L., and Ryan, R.M. (1985). *Intrinsic Motivation and Self-determination in Human Behavior.* New York: Plenum Press.

Deci, E.L., and Ryan, R.M. (2000). The "what" and "why" of goal pursuits: Human needs and the self-determination of behavior. *Psychological Inquiry,* 11, 227-268.

Deci, E.L., Koestner, R., and Ryan, R.M. (1999). A meta-analytic review of experiments examining the effects of extrinsic rewards on intrinsic motivation. *Psychological Bulletin, 125*(6), 627-668.

Deci, E.L., Koestner, R., and Ryan, R.M. (2001). Extrinsic rewards and intrinsic motivation in education: Reconsidered once again. *Review of Educational Research, 71*(1), 1-27.

Dede, C., and Richards, J. (2012). Synthesis: Next steps in the evolution of digital teaching platforms. In C. Dede and J. Richards (Eds.), *Digital Teaching Platforms: Customizing Classroom Learning for Each Student* (pp. 201-08). New York: Teacher's College Press.

Dee, T.S. (2015). Social identity and achievement gaps: Evidence from an affirmation intervention. *Journal of Research on Educational Effectiveness, 8*(2), 149-168.

Dehaene, S., and Cohen, L. (2011). The unique role of the visual word form area in reading. *Trends in Cognitive Sciences, 15*(6), 254-262.

Dehaene, S., Pegado, F., Braga, L.W., Ventura, P., Nunes Filho, G., Jobert, A., Dehaene-Lambertz, G., Kolinsky, R., Morais, J., and Cohen, L. (2010). How learning to read changes the cortical networks for vision and language. *Science, 330*(6009), 1359-1364.

Dekker, S., and Fischer, R. (2008). Cultural differences in academic motivation goals: A metaanalysis across thirteen societies. *Journal of Educational Research, 102*(2), 99-110. doi.org/10.3200/JOER.102.2.99-110.

Delello, J.A., and McWhorter, R.R. (2015). Reducing the digital divide: Connecting older adults to iPad technology. *Journal of Applied Gerontology, 36*(1), 3-28. doi:10.1177/0733464815589985.

Delpit, L. (1995). *Other Peoples' Children: Cultural Conflict in the Classroom.* New York: The New Press.

Dembo, M.H., and Howard, K. (2007). Advice about the use of learning styles: A major myth in education. *Journal of College Reading and Learning, 37*(2), 101-109.

Dempster, F.N. (1996). Distributing and managing the conditions of encoding and practice. In E.L. Bjork and R.A. Bjork (Eds.), *Handbook of Perception and Cognition* (pp. 317-344). New York: Academic Press.

Deslauriers, L., Schelew, E., and Wieman, C. (2011). Improved learning in a large-enrollment physics class. *Science, 332*(6031), 862-864.

Diamond, A., Barnett, W.S., Thomas, J., and Munro, S. (2007). Preschool program improves cognitive control. *Science (New York, N.Y.), 318*(5855), 1387-1388. doi.org/10.1126/science.1151148.

Diamond, M.C., Krech, D., and Rosenzweig, M.R. (1964). The effects of an enriched environment on the rat cerebral cortex. *Journal of Comparative Neurology, 123*, 111-119.

Diekelmann, S., and Born, J. (2010). The memory function of sleep. *Nature Reviews Neuroscience, 11*, 114-126.

Dill, E., and Boykin, A.W. (2000). The comparative influence of individual, peer tutoring, and communal learning contexts on the text-recall of African American children. *Journal of Black Psychology, 26*(1), 65-78.

Dillenbourg, P. (1996). Some technical implications of the distributed cognition approach on the design of interactive learning environments. *Journal of Artificial Intelligence in Education, 7*(2), 161-180.

Dillenbourg, P., and Traum, D. (2006). Sharing solutions: Persistence and grounding in multimodal collaborative problem solving. *Journal of the Learning Sciences, 15*(1), 121-151.

Dillenbourg, P., Baker, M., Blaye, A., and O'Malley, C. (1996). The evolution of research on collaborative learning. In E. Spada and P. Reiman (Eds.), *Learning in Humans and Machines: Towards an Interdisciplinary Learning Science* (pp. 189-211). Oxford, UK: Elsevier.

Dirette, D.P. (2014). Questions about race as a research variable. *The Open Journal of Occupational Therapy, 2*(3), 1-7.

D'Mello, S.K., Lehman, B., Pekrun, R., and Graesser, A.C. (2014). Confusion can be beneficial for learning. *Learning and Instruction, 29*(1), 153-170.

Doignon, J.-P., and Falmagne, J.-C. (1999). *Knowledge Spaces.* Berlin: SpringerVerlag.

Dollman, J., Ridley, K., Olds, T., and Lowe, E. (2007). Trends in the duration of school day sleep among 10- to 15-year-old south Australians between 1985 and 2004. *Acta Paediatrica, 96*(7), 1011-1014.

Dornisch, M.M., and Sperling, R.A. (2006). Facilitating learning from technology-enhanced text: Effects of prompted elaborative interrogation. *The Journal of Educational Research, 99*(3), 156-165. doi:10.3200/joer.99.3.156-166.

Dow, S.P., Glassco, A., Kass, J., Schwarz, M., Schwartz, D.L., and Klemmer, S.R. (2010). Parallel prototyping leads to better design results, more divergent creations, and self-efficacy gains. *ACM Transactions on Computer-uman Interaction, 17*(4), 1-24.

Draganski, B., Gaser, C., Busch, V., Schuirer, G., Bogdahn, U., and May, A. (2004). Neuroplasticity: Changes in grey matter induced by training. *Nature, 427*(6972), 311-312. doi:10.1038/427311a.

Draganski, B., Gaser, C., Kempermann, G., Kuhn, H.G., Winkler, J., Buchel, C., and May, A. (2006). Temporal and spatial dynamics of brain structure changes during extensive learning. *Journal of Neuroscience, 26*(23), 6314-6317.

Duncan, G.J., and Murnane, R.J. (Eds.). (2011). *Whither Opportunity.* New York: Russell Sage Foundation.

Dunleavy, M., and Dede, C. (2013). Augmented reality teaching and learning. In J.M. Spector, M.D Merrill, J. Elen, and M.J. Bishop (Eds.), *The Handbook of Research on Educational Communications and Technology* (4th Edition) (pp. 735-745). New York: Springer.

Dunlosky, J., and Metcalfe, J. (2009). *Metacognition.* Thousand Oaks, CA: Sage Publications Inc.

Dunlosky, J., and Rawson, K.A. (2005). Why does rereading improve metacomprehension accuracy? Evaluating the levels-of-disruption hypothesis for the rereading effect. *Discourse Processes, 40*(1), 37-55.

Dunlosky, J., Rawson, K.A., Marsh, E.J., Nathan, M.J., and Willingham, D.T. (2013). Improving students' learning with effective learning techniques: Promising directions from cognitive and educational psychology. *Psychological Science in the Public Interest, 14*(1), 4-58. doi:10.1177/1529100612453266.

Duschl, R.A., and Osborne, J. (2002). Supporting and promoting argumentation discourse in science education. *Studies in Science Education, 38*(1), 39-72.

Dweck, C.S. (1986). Motivational processes affecting learning. *American Psychologist*, *41*(10), 1040-1048.

Dweck, C.S. (1999). *Self-Theories: Their Role in Motivation, Personality and Development*. Philadelphia, PA: Psychology Press.

Dweck, C.S., and Elliott, E.S. (1983). Achievement motivation. In P. Mussen and E.M. Hetherington (Eds.), *Handbook of Child Psychology* (Vol. 4) (pp. 643-691). New York: John Wiley & Sons.

Dweck, C.S., and Leggett, E.L. (1988). A social-cognitive approach to motivation and personality. *Psychological Review*, *95*(2), 256-273. doi.org/10.1037/0033-295X.95.2.256.

Dweck, C.S., and Master, A. (2009). Self-theories and motivation: Students' beliefs about intelligence. In K.R. Wenzel, and A. Wigfield (Eds.), *Handbook of Motivation at School* (pp. 123-140). New York: Routledge/Taylor and Francis Group.

Dynarski, M., Agodini, R., Heaviside, S. Novak, T. Carey, N., and Campuzano, L. (2007). *Effectiveness of Reading and Mathematics Software Products: Findings from the First Student Cohort. Report to Congress*. NCEE 2007-4005. Washington, DC: U.S. Department of Education.

Dzikovska, M., Steinhauser, N., Farrow, E., Moore, J., and Campbell, G. (2014). BEETLE II: Deep natural language understanding and automatic feedback generation for intelligent tutoring in basic electricity and electronics. *International Journal of Artificial Intelligence in Education*, *24*(3), 284-332. doi:10.1007/s40593-014-0017-9.

Ebner, N.C., Freund, A.M., and Baltes, P.B. (2006). Developmental changes in personal goal orientation from young to late adulthood: From striving for gains to maintenance and prevention of losses. *Psychology and Aging*, *21*(4), 664-678.

Eccles, J.S., and Midgley, C. (1989). Stage/environment fit: Developmentally appropriate classrooms for early adolescents. In R. Ames and C. Ames (Eds.), *Research on Motivation in Education*, (Vol. 3, pp. 139-181). New York: Academic Press.

Eccles, J.S., and Wigfield, A. (2002). Motivational beliefs, values, and goals. *Annual Review of Psychology*, *53*, 109-132. doi.org/10.1146/annurev.psych.53.100901.135153.

Eccles, J.S, Lord, S., and Midgley, C. (1991). What are we doing to early adolescents? The impact of educational contexts on early adolescents. *American Journal of Education*, *99*(4), 521-542.

Eccles, J.S., Adler, T.F., Fullerman, R., Goff, S.B., Kaczala, C.M., Meece, J., and Midgley, C. (1983). Expectancies, values and academic behaviors. In J.T. Spence (Ed.), *Achievement and Achievement Motives* (pp. 75-146). San Francisco, CA: W.H. Freeman.

Eccles, J.S., Midgley, C., Wigfield, A., Buchanan, C.M., Reuman, D., Flanagan, C., and Iver, D.M. (1993a). Development during adolescence. The impact of stage-environment fit on young adolescents' experiences in schools and in families. *American Psychologist*, *48*(2), 90-101.

Eccles, J.S., Wigfield, A., Harold, R.D., Blumenfeld, P. (1993b). Ontogeny of children's selfperceptions and subjective task values across activity domains during the early elementary school years. *Child Development*, *64*, 830-847

Eccles, J.S., Wong, C.A., and Peck, S.C. (2006). Ethnicity as a social context for the development of African-American adolescents. *Journal of School Psychology*, *44*(5), 407-426.

Edmonds, M.S., Vaughn, S., Wexler, J., Reutebuch, C., Cable, A., Tackett, K.K., and Schnakenberg, J.W. (2009). A synthesis of reading interventions and effects on reading comprehension outcomes for older struggling readers. *Review of Educational Research*, *79*(1), 262-300. doi:10.3102/0034654308325998.

Eigsti, I.M., Zayas, V., Mischel, W., Shoda, Y., Ayduk, O., Dadlani, M.B., Davidson, M.C., Lawrence Aber, J., and Casey, B.J. (2006). Predicting cognitive control from preschool to late adolescence and young adulthood. *Psychological Science*, *17*(6), 478-484.

Elbert, T., Pantev, C., Wienbruch, C., Rockstroh, B., and Taub, E. (1995). Increased cortical representation of the fingers of the left hand in string players. *Science*, *270*(5234), 307-307.

Ellingson, J.E., and Noe, R.A. (2017). *Autonomous Learning in the Workplace: SIOP Organizational Series* (1st Edition). New York: Routledge.

Elliot, A.J. (1997). Integrating the "classic" and "contemporary" approaches to achievement motivation: A hierarchical model of approach and avoidance motivation. In M. Maehr and P. Pintrich (Eds.), *Advances in Motivation and*

Achievement (vol. 10, pp. 143–179). Greenwich, CT: JAI Press.

Elliot, A.J. (1999). Approach and avoidance motivation and achievement goals. *Educational Psychologist, 34*(3), 169–189.

Elliot, A.J., and McGregor, H.A. (2001). A 2 X 2 achievement goal framework. *Journal of Personality and Social Psychology, 80*(3), 501–519.

Elliot, A.J., and Murayama, K. (2008). On the measurement of achievement goals: Critique, illustration, and application. *Journal of Educational Psychology, 100*(3), 613–628.

Elliot, A.J., Chirkov, V.I., Kim, Y., and Sheldon, K.M. (2001). A cross-cultural analysis of avoidance (relative to approach) personal goals. *Psychological Science, 12*(6), 505–510.

Ericsson, K.A. (1996). The acquisition of expert performance: An introduction to some of the issues. In K.A. Ericsson (Ed.), *The Road to Excellence: The Acquisition of Expert Performance in the Arts and Sciences, Sports, and Games* (pp. 1–50). Mahwah, NJ: Lawrence Erlbaum Associates.

Erickson, F. (2010). Culture in society and in educational practices. In J.A. Banks and C.A. McGee (Eds.), *Multicultural Education: Issues and Perspectives* (7th ed., pp. 33–58). Indianapolis, IN: Jossey-Bass.

Esposito, A.G., and Bauer, P.J. (2017). Going beyond the lesson: Self-generating new factual knowledge in the classroom. *Journal of Experimental Child Psychology, 153*, 110–125. doi:10.1016/j.jecp.2016.09.003.

Etnier, J.L., Nowell, P.M., Landers, D.M., and Sibley, B.A. (2006). A meta-regression to examine the relationship between aerobic fitness and cognitive performance. *Brain Research Reviews, 52*(1), 119–130.

Fabiani, M., Low, K.A., Wee, E., Sable, J.J., and Gratton, G. (2006). Reduced suppression or labile memory? Mechanisms of inefficient filtering of irrelevant information in older adults. *Journal of Cognitive Neuroscience, 18*(4), 637–650.

Fandakova, Y., Lindenberger, U., and Shing, Y.L. (2014). Deficits in process-specific prefrontal and hippocampal activations contribute to adult age differences in episodic memory interference. *Cerebral Cortex, 24*(7), 1832–1844.

Farah, M.J. (2010). Mind, brain, and education in socioeconomic context. In M. Ferrari and L. Vuletic (Eds.), *The Developmental Relations among Mind, Brain and Education* (pp. 243–256). Dordrecht, The Netherlands: Springer.

Federal Communications Commission. (2016). *2016 Broadband Progress Report.* Available: https://apps.fcc.gov/edocs_public/attachmatch/FCC-16-6A1.pdf [December 2017].

Ferretti, R.P., MacArthur, C.D., and Okolo, C.M. (2001). Teaching for historical understanding in inclusive classrooms. *Learning Disability Quarterly, 24*(1), 59–71.

Figueroa, P. (1991). *Education and the Social Construction of "Race."* New York: Routledge.

Finkel, D., Andel, R., Gatz, M., and Pedersen, N.L. (2009). The role of occupational complexity in trajectories of cognitive aging before and after retirement. *Psychology and Aging, 24*(3), 563–573. doi.org/10.1037/a0015511.

Fiore, S.M., Wiltshire, T.J., Oglesby, J.M., O'Keefe, W.S., and Salas, E. (2014). Complex collaborative problem solving in mission control. *Aviation, Space, and Environmental Medicine, 85*(4), 456–461.

Fiorella, L., and Mayer, R.E. (2014). Role of expectations and explanations in learning by teaching. *Contemporary Educational Psychology, 39*(2), 75–85. doi:10.1016/j.cedpsych.2014.01.001.

Fiorella, L., and Mayer, R.E. (2015a). Eight ways to promote generative learning. *Educational Psychology Review, 28*(4), 717–741. doi:10.1007/s10648-015-9348-9.

Fiorella, L., and Mayer, R.E. (2015b). *Learning as a Generative Activity: Eight Learning Strategies That Promote Understanding.* New York: Cambridge University Press.

Fischer, K.W., and Bidel, T.R. (2006). Dynamic development of action and thought. In W. Damon and R.M. Lerner (Eds.), *Handbook of Child Psychology* (6th ed., vol. 1, pp. 313–339). New York: John Wiley & Sons.

Fisher, G.G., Stachowski, A., Infurna, F.J., Faul, J.D., Grosch, J., and Tetrick, L.E. (2014). Mental work demands, retirement, and longitudinal trajectories of cognitive functioning. *Journal of Occupational Health Psychology, 19*(2), 231–242. doi.org/10.1037/a0035724.

Fisher, S.E., and Francks, C. (2006). Genes, cognition and dyslexia: Learning to read the genome. *Trends in Cognitive Sciences, 10*(6), 250–257. doi:10.1016/j.tics.2006.04.003.

Fishman, B., and Dede, C. (2016). Teaching and technology:

New tools for new times. In D.H. Gitomer and C.A. Bell (Eds.), *Handbook of Research on Teaching* (5th ed.). Washington, DC: American Educational Research Association.

Fjell, A.M., Walhovd, K.B., Fennema-Notestine, C., McEvoy, L.K., Hagler, D.J., Holland, D., Brewer, J.B., and Dale, A.M. (2009). One-year brain atrophy evident in healthy aging. *Journal of Neuroscience, 29*(48), 15223-15231. doi:10.1523/JNEUROSCI.3252-09.2009.

Fletcher, J.M. (2010). Construct validity of reading measures in adults with significant reading difficulties. *Journal of Learning Disabilities, 43*(2), 166-168.

Fletcher, J.M., Lyon, G.R., Fuchs, L.S., and Barnes, M.A. (2007). *Learning Disabilities: From Identification to Intervention.* New York: Guilford Press.

Flowerday, T., Schraw, G., and Stevens, J. (2004). The role of choice and interest in reader engagement. *The Journal of Experimental Education, 72*(2), 93-114.

Flynn, L.J., Zheng, X., and Swanson, H.L. (2012). Instructing struggling older readers: A selective meta-analysis of intervention research. *Learning Disabilities Research and Practice, 27*(1), 21-32. doi:/10.1111/j.1540-5826.2011.00347.x.

Ford, J.K., Quinones, M.A., Sego, D.J., and Sorra, J.S. (1992). Factors affecting the opportunity to perform trained tasks on the job. *Personnel Psychology, 45*(3), 511-527. doi:10.1111/j.1744-6570.1992.tb00858.x.

Freeman, S., Eddy, S.L., McDonough, M., Smith, M.K., Okoroafor, N., Jordt, H., and Wenderoth, M.P. (2014). Active learning increases student performance in science, engineering, and mathematics. *Proceedings of the National Academy of Sciences of the United States of America, 111*(23), 8410-8415.

Fried. C.B. (2008). In-class laptop use and its effects on student learning. *Computers & Education, 50*(3), 906-914.

Friedel, J.M., Cortina, K.S., Turner, J.C., and Midgley, C. (2007). Achievement goals, efficacy beliefs and coping strategies in mathematics: The roles of perceived parent and teacher goal emphases. *Contemporary Educational Psychology, 32*(3), 434-458. doi:10.1016/j.cedpsych.2006.10.009.

Fryberg, S.A., Troop-Gordon, W., D'Arrisso, A., Flores, H., Ponizovskiy, V., Ranney, J.D., Mandour, T., Tootoosis, C., Robinson, S., Russo, N., and Burack, J.A. (2013). Cultural mismatch and the education of Aboriginal youths: The interplay of cultural identities and teacher ratings. *Developmental Psychology, 49*(1), 72-79. doi:10.1037/a0029056.

Fugate, C.M., Zentall, S.S., and Gentry, M. (2013). Creativity and working memory in gifted students with and without characteristics of attention deficit hyperactive disorder: Lifting the mask. *Gifted Child Quarterly, 57*(4), 234-246.

Fuligni, A.A., Witkow, M., and Garcia, C. (2005). Ethnic identity and the academic adjustment of adolescents from Mexican, Chinese, and European backgrounds. *Developmental Psychology, 41*(5), 799-811.

Funder, D.C. (1995). On the accuracy of personality judgment: A realistic approach. *Psychological Review, 102*(4), 652-670.

Furtak, E.M., and Heredia, S.C. (2014). Exploring the influence of learning progressions in two teacher communities. *Journal of Research in Science Teaching, 51*(8), 982-1020.

Gabbard, C., and Barton, J. (1979). Effects of physical activity on mathematical computation among young children. *Journal of Psychology, 103*(2), 287-288.

Gallup, Inc. (2014). *Gallup Student Poll.* Available: http://www.gallup.com/services/180029/gallup-student-poll-2014-overall-report.aspx [December 2017].

Garcia, J., Kimeldorf, D.J., and Koelling, R.A. (1955). Conditioned aversion to saccharin resulting from exposure to gamma radiation. *Science, 122*(3160), 157-158.

Garcia-Cabot, A., de-Marcos, L., and Garcia-Lopez, E. (2015). An empirical study on m-learning adaptation: Learning performance and learning contexts. *Computers & Education, 82*, 450-459. doi.org/10.1016/j.compedu.2014.12.007.

Gardner, R.C. (1985). *Social Psychology in Second Language Learning: The Role of Attitudes and Motivation.* London, UK: Edward Arnold.

Gasevic, D., Kovanovic, V., Joksimovic, S., and Siemens, G. (2014). Where is research on massive open online courses headed? A data analysis of the MOOC research initiative. *The International Review of Research in Open and Distributed Learning, 15*(5). Available: http://www.irrodl.org/index.php/irrodl/article/view/1954 [December 2017].

Gathercole, S.E., Alloway, T.P., Willis, C.S., and Adams,

A.M. (2006). Working memory in children with reading disabilities. *Journal of Experimental Child Psychology, 93*(3), 265-281.

Gaumer Erickson, A.S., and Noonan, P.M. (2010). Late-career adults in online education: A rewarding experience for individuals aged 50 to 65. *MERLOT Journal of Online Learning and Teaching, 6*(2), 388-397.

Gauvain, M. (2009). Social and cultural transactions in cognitive development: A cross-generational view. In A. Sameroff (Ed.), *The Transactional Model of Development: How Children and Contexts Shape Each Other* (pp. 163-82). Washington, DC: American Psychological Association. doi.org/10.1037/11877-009.

Gauvain, M., and Monroe, R.L. (2009). Contributions of societal modernity to cognitive development: A comparison of four cultures. *Child Development, 80*(6), 1628-1642.

Gauvain, M., and Monroe, R.L. (2012). Cultural change, human activity, and cognitive development. *Human Development, 55*(4), 205-228. doi:10.1159/000339451.

Geary, D.C. (1993). Mathematical disabilities: Cognition, neuropsychological and genetic components. *Psychological Bulletin, 114*, 345-362. doi:10.1016/j.lindif.2009.10.008.

Geary, D.C. (2013). Learning disabilities in mathematics: Recent advances. In H.L. Swanson, K. Harris, and S. Graham (Eds.), *Handbook of Learning Disabilities* (2nd ed., pp. 239-255). New York: Guilford Press.

Geary, D.C., Hoard, M.K., Nugent, L., and Bailey, D.H. (2012). Mathematical cognition deficits in children with learning disabilities and persistent low achievement: A five-year prospective study. *Journal of Educational Psychology, 104*(1), 206-223. doi:10.1037/a0025398.

Gee, J.P. (2003). *What Video Games Have to Teach Us About Learning and Literacy.* New York: Palgrave/Macmillan.

Gee, J.P. (2004). *Situated Language And Learning: A Critique of Traditional Schooling.* New York: Routledge.

Gee, J.P. (2009). Games, learning, and 21st century survival skills. *Journal of Virtual Worlds Research, 2*(1), 4-9. doi.org/10.4101/jvwr.v2i1.623.

Gehlbach, H., Brinkworth, M.E., King, A.M., Hsu, L.M., McIntyre, J., and Rogers, T. (2016). Creating birds of similar feathers: Leveraging similarity to improve teacher-tudent relationships and academic achievement. *Journal of Educational Psychology, 108*(3), 342-352.

Gelfand, M.J. (2012). Culture's contraints: International differences in the strength of social norms. *Current Directions in Psychological Science, 21*(6), 420-424.

Gelfand, M.J., Raver, J.L., Nishii, L., Leslie, L.M., Lun, J., Lim, B.C., Duan, L., Almaliach, A., Ang, S., Arnadottir, J., Aycan, Z., Boehnke, K., Boski, P., Cabecinhas, R., Chan, D., Chhokar, J., D'Amato, A., Ferrer, M., Fischlmayr, I.C., Fischer, R., Fulop, M., Georgas, J., Kashima, E.S., Kashima, Y., Kim, K., Lempereur, A., Marquez, P., Othman, R., Overlaet, B., Panagiotopoulou, P., Peltzer, K., Perez-Florizno, L.R., Ponomarenko, L., Realo, A., Schei, V., Schmitt, M., Smith, P.B.,Soomro, N., Szabo, E., Taveesin, N., Toyama, M., Van de Vliert, E., Vohra, N., Ward, C., and Yamaguchi, S. (2011). Differences between tight and loose cultures: A 33-nation study. *Science, 332*(6033), 1100-1104. doi:10.1126/science.1197754.

Gentner, D., Loewenstein, J., Thompson, L., and Forbus, K.D. (2009). Reviving inert knowledge: Analogical abstraction supports relational retrieval of past events. *Cognitive Science, 33*, 1343-1382.

Gersten, R., Chard, D.J., Jayanthi, M., Baker, S.K., Morphy, P., and Flojo, J. (2009). Mathematics instruction for students with learning disabilities: A meta-analysis of instructional components. *Review of Educational Research, 79*(3), 1202-1242.

Gesell, A. (1934). *An Atlas of Infant Behavior: A Systematic Delineation of the Forms and Early Growth of Human Behavior Patterns.* New Haven, CT: Yale University Press.

Gholson, B., and Craig, S.D. (2006). Promoting constructive activities that support vicarious learning during computer-based instruction. *Educational Psychology Review, 18*(2), 119-139.

Gholson, B., Witherspoon, A., Morgan, B., Brittingham, J.K., Coles, R., Graesser, A.C., Sullins, J., and Craig, S.D. (2009). Exploring the deep-level reasoning questions effect during vicarious learning among eighth to eleventh graders in the domains of computer literacy and Newtonian physics. *Instructional Science, 37*(5), 487-493.

Gibson, J.J. (1979). *The Ecological Approach to Visual Perception.* Hillsdale, NJ: Lawrence Erlbaum Associates.

Gick M.J., and Holyoak, K.J. (1980). Analogial problem solving. *Cognitive Psychology, 12*, 306-355.

Gick, M.L., and Holyoak, K.J. (1983). Schema induction and analogical transfer. *Cognitive Psychology, 15*(1), 1-38.

Gilbert, C.D., Sigman, M., and Crist, R.E. (2001). The neural basis of perceptual learning. *Neuron, 31*(5), 681-697.

Gilliam, W., Maupin, A.N., Reyes, C.R., Accavitti, M., and Shic, F. (2016). *Do Early Educators' Implicit Biases Regarding Sex and Race Relate to Behavior Expectations and Recommendations of Preschool Expulsions and Suspensions?* A Research Study Brief. New Haven, CT: Yale University Child Study Center. Available: http://ziglercenter. yale.edu/publications/Preschool%20Implicit%20Bias%20 Policy%20Brief_final_9_26_276766_5379_v1.pdf [December 2017].

Glymour, M.M., Weuve, J., Fay, M.E., Glass, T., and Berkman, L.F. (2008). Social ties and cognitive recovery after stroke: Does social integration promote cognitive resilience? *Neuroepidemiology, 31*(1), 10-20.

Gobert, J.D., and Clement, J.J. (1999). Effects of student-generated diagrams versus studentgenerated summaries on conceptual understanding of causal and dynamic knowledge in plate tectonics. *Journal of Research in Science Teaching, 36*(1), 39-53. doi:10.1002/(sici)1098-2736(199901)36:1⟨39::aid-tea4⟩3.0.co;2-i.

Gobet, F., Lane, P.C., Croker, S., Cheng, P.C., Jones, G., Oliver, I., and Pine, J.M. (2001). Chunking mechanisms in human learning. *Trends in Cognitive Sciences, 5*(6), 236-243.

Goldin-Meadow, S. (2000). Beyond words: The importance of gesture to researchers and learners. *Child Development, 71*(1), 231-239.

Goldman, S.V., and Booker, A. (2009). Making math a defiition of the situation: Families as sites for mathematical practices. *Anthropology and Education Quarterly, 40*(4), 369-387.

Goldman, S.R., Britt, M.A., Brown, W., Cribb, C., George, M.A., Greenleaf, C., Lee, C.D., and Shanahan, C. (2016). Disciplinary literacies and learning to read for understanding: A conceptual framework for disciplinary literacy. *Educational Psychologist, 51*(2), 219-246. doi:10 .1080/00461520.2016.1168741.

Goldstein, I.L., and Ford, K. (2002). *Training in Organizations: Needs Assessment, Development, and Evaluation* (4th Edition). Belmont, CA: Wadsworth.

Goldstone, R.L. (1996). Isolated and interrelated concepts. *Memory & Cognition, 24*, 608-628.

Gollwitzer, A., Oettingen, G., Kirby, T.A., Duckworth, A.L., and Mayer, D. (2011). Mental contrasting facilitates academic performance in school children. *Motivation and Emotion, 35*(4), 403-412. doi:10.1007/s11031-011-9222-0.

Gonzales, P., Blanton, H., and Williams, K.J. (2002). The effects of stereotype threat and doubleminority status on the test performance of Latino women. *Personality and Social Psychology Bulletin, 28*(5), 659-670.

Good, C., Aronson, J., and Harder, J.A. (2008). Problems in the pipeline: Stereotype threat and women's achievement in high-level math courses. *Journal of Applied Developmental Psychology, 29*(1), 17-28. doi:10.1016/ j.appdev.2007.10.004.

Good, C., Aronson, J., and Inzlicht, M. (2003). Improving adolescents' standardized test performance: An intervention to reduce the effects of stereotype threat. *Journal of Applied Developmental Psychology, 24*(6), 645-662. doi:10.1016/j.appdev.2003.09.002.

Goodman, M., Finnegan, R., Mohadjer, L., Krenzke, T., and Hogan, J. (2013). *Literacy, Numeracy, and Problem Solving in Technology-Rich Environments Among U.S. Adults: Results from the Program for the International Assessment of Adult Competencies 2012: First Look.* NCES 2014-008. Washington, DC: National Center for Education Statistics. Available: https://nces.ed.gov/ pubs2014/2014008.pdf [December 2017].

Goodwin, C. (1994). Professional vision. *American Anthropologist, 96*(3), 606-633.

Goodyear, P., Jones, C., and Thompson, K. (2014). Computer-supported collaborative learning: Instructional approaches, group processes and educational designs. In J.M. Spector, M.D. Merrill, J. Elen, and M.J. Bishop (Eds.), *Handbook of Research on Educational Communications and Technology* (pp. 439-451). New York: Springer. doi:10.1007/978-1-4614-3185-5_35.

Goswami, U. (2002). *Blackwell Handbook of Childhood Cognitive Development.* Hoboken, NJ: John Wiley & Sons.

Goswami, I., and Urminsky, O. (2017). The dynamic effect of incentives on post-reward task engagement. *Journal of Experimental Psychology: General, 146*(1), 1-19.

Gow, A.J., Mortensen, E.L., and Avlund, K. (2012). Activity participation and cognitive aging from age 50 to 80 in the Glostrup 1914 cohort. *Journal of the American Geriatrics Society, 60*(10), 1831-1838.

Grady, C.L., Maisog, J.M., Horwitz, B., Ungerleider, L.G.,

Mentis, M.J., Salerno, J.A., Pietrini, P., Wagner, E., and Haxby, J.V. (1994). Age-related changes in cortical blood flow activation during visual processing of faces and location. *Journal of Neuroscience, 14*(3, Pt. 2), 1450-1462.

Graesser, A.C. (2013). Evolution of advanced learning technologies in the 21st century. *Theory Into Practice, 52*(Suppl. 1), 93-101.

Graesser, A.C. (2016). Conversations with AutoTutor help students learn. *International Journal of Artificial Intelligence in Education, 26*(1), 124-132.

Graesser, A.C., and Lehman, B. (2012). Questions drive comprehension of text and multimedia. In M.T. McCrudden, J. Magliano, and G. Schraw (Eds.), *Text Relevance and Learning from Text* (pp. 53-74). Greenwich, CT: Information Age.

Graesser, A.C., and Olde, B.A. (2003). How does one know whether a person understands a device? The quality of the questions the person asks when the device breaks down. *Journal of Educational Psychology, 95*(3), 524-536.

Graesser, A.C., Li, H., and Forsyth, C. (2014). Learning by communicating in natural language with conversational agents. *Current Directions in Psychological Science, 23*(5), 374-380.

Graesser, A.C., Lu, S., Jackson, G.T., Mitchell, H.H., Ventura, M., Olney, A. and Louwerse, M.M. (2004). AutoTutor: A tutor with dialogue in natural language. *Behavior Research Methods, Instruments, & Computers, 36*(2), 180-192. doi:10.3758/BF03195563.

Graesser, A.C., Singer, M., and Trabasso, T. (1994). Constructing inferences during narrative text comprehension. *Psychological Review, 101*(3), 371-395.

Graham, S. (1994). Motivation in African Americans. *Review of Educational Research, 64*(1), 55-117.

Graham, S., and Perin, D. (2007). A meta-analysis of writing instruction for adolescent students. *Journal of Educational Psychology, 99*(3), 445-476.

Graham, S., Hebert, M., and Harris, K.R. (2015). Formative assessment and writing: A meta-analysis. *The Elementary School Journal, 115*(4), 523-547.

Grammer, J., Coffman, J.L., and Ornstein, P. (2013). The effect of teachers' memory-relevant language on children's strategy use and knowledge. *Child Development, 84*(6), 1989-2002. doi.org/10.1111/cdev.12100.

Greenberg, D. (2008). The challenges facing adult literacy programs. *Community Literacy Journal, 3*(1), 39-54.

Greenfield, P.M. (2004). *Weaving Generations Together: Evolving Creativity in the Maya of Chiapas* (1st Edition). Santa Fe, NM: School of American Research Press.

Greenfield, P.M. (2009). Linking social change and developmental change: Shifting pathways of human development. *Developmental Psychology, 45*(2), 401-418.

Greeno, J.G., Collins, A.M., and Resnick, L.B. (1996). Cognition and learning. In D. Beliner and R. Calfee (Eds.), *Handbook of Educational Psychology* (pp. 15-46). New York: Macmillan.

Greenough, W.T., Black, J.E., and Wallace, C.S. (1987). Experience and brain development. *Child Development, 58*(3), 539-559.

Gregg, N. (2009). *Adolescents and Adults with Learning Disabilities and ADHD: Assessment and Accommodation.* New York: Guilford Press.

Gregg, N., Coleman, C., David, M., Lindstrom, W., and Hartwig, J. (2006). Critical issues for the diagnosis of learning disabilities in the adult population. *Psychology in the Schools, 43*(8), 889-899.

Gresky, D.M., Ten Eyck, L.L., Lord, C.G., and McIntyre, R.B. (2005). Effects of salient multiple identities on women's performance under mathematics stereotype threat. *Sex Roles, 53*(9-10), 703-716.

Griffin, P., McGaw, B., and Care, E. (2012). *Assessment and Teaching of 21st Century Skills.* New York: Springer.

Grossman, M., Eslinger, P.J., Troiani, V., Anderson, C., Avants, B., Gee, J.C., McMillan, C., Massimo, L., Khan A., and Antani, S. (2010). The role of ventral medial prefrontal cortex in social decisions: Converging evidence from fMRI and frontotemporal lobar degeneration. *Neuropsychologia, 48*(12), 3505-3512.

Gully, S.M., and Chen, G. (2010). Individual differences, attribute-treatment interactions, and training outcomes. In S.W.J. Kozlowski and E. Salas (Eds.), *Learning, Training, and Development in Organizations* (pp. 3-64). San Francisco, CA: Jossey-Bass.

Gully, S.M., Incalcaterra, K.A., Joshi, A., and Beaubien, J.M. (2002). A meta-analysis of team efficacy, potency, and performance: interdependence and level of analysis as moderators of observed relationships. *Journal of Applied Psychology, 87*(5), 819-832.

Gupta, P.M., Perrine, C.G., Mei, Z., and Scanlon, K.S. (2016). Iron, anemia, and iron deficiency anemia among young children in the United States. *Nutrients*, *8*(6), 330. doi.org/10.3390/nu8060330.

Gurung, R.A.R., and Daniel, D. (2005). Evidence-based pedagogy: Do pedagogical features enhance student learning? In D.S. Dunn and S.L. Chew (Eds.), *Best Practices for Teaching Introduction to Psychology* (pp. 41-55). Mahwah, NJ: Lawrence Erlbaum Associates.

Gutchess, A.H., Yoon, C., Luo, T., Feinberg, F., Hedden, T., Jing, Q., Nisbett, R.E., and Park, D.C. (2006). Categorical organization in free recall across culture and age. *Gerontology*, *52*(5), 314-323.

Guthrie, J.T., Van Meter, P., McCann, A.D., Wigfield, A., Bennett, L., Punndstone, C.C., Rice, M.E., Faibisch, F.M., Hunt, B., and Mitchell, A.M. (1996). Growth of literacy engagement: Changes in motivations and strategies during concept-oriented reading instruction. *Reading Research Quarterly*, *31*, 306-332.

Guthrie, J.T., Hoa, L.W., Wigfield, A., Tonks, S.M., and Perencevich, K. C. (2006). From spark to fire: Can situational reading interest lead to long-term reading motivation? *Reading Research and Instruction*, *45*, 91-117.

Gutierrez, K. (2008). Developing a sociocritical literacy in the third space. *Reading Research Quarterly*, *43*(2), 148-164.

Gutierrez, K.D., and Rogoff, B. (2003). Cultural ways of learning: Individual traits or repertoires of practice. *Educational Researcher*, *32*(5), 19-25.

Gutierrez, K., Rymes, B., and Larson, J. (1995). Script, counterscript, and underlife in the classroom: James Brown versus Brown vs. *Board of Education*. *Harvard Educational Review, 65*(3), 445-471.

Hackman, D.A., and Farah, M.J. (2009). Socioeconomic status and the developing brain. *Trends in Cognitive Sciences*, *13*(2), 65-73.

Hackman, J.R., and Oldham, G.R. (1976). Motivation through the design of work: Test of a theory. *Organizational Behavior and Human Performance*, *16*(2), 250-279. doi.org/10.1016/0030-5073(76)90016-7.

Hahn, U., and Harris, A.J.L. (2014). What does it mean to be biased: Motivated reasoning and rationality. In B. Ross (Ed.), *The Psychology of Learning and Motivation* (Vol. 61). London, UK: Elsevier.

Hall, D.T., and Mirvis, P.H. (1995). The new career contract: Developing the whole person at midlife and beyond. *Journal of Vocational Behavior*, *47*(3), 269-289. doi.org/10.1006/jvbe.1995.0004.

Hall, D.T., and Mirvis, P.H. (2013). Redefining work, work identity, and career success. In D.L. Blustein (Ed.), *The Oxford Handbook of the Psychology of Working* (pp. 203-217). New York: Oxford University Press.

Halvorsen, A., Duke, N.K., Brugar, K.A., Block, M.K., Strachan, S.L., Berka, M.B., and Brown, J.M. (2012). Narrowing the achievement gap in second-grade social studies and content area literacy: The promise of a project-based approach. *Theory and Research in Social Education*, *40*(3), 198-229. doi:10.1080/00933104.2012.705954.

Hambrick, D.Z., and Engle, R.W. (2002). Effects of domain knowledge, working memory capacity, and age on cognitive performance: An investigation of the knowledge-is-power hypothesis. *Cognitive Psychology*, *44*, 339-387.

Han, J.J., Leichtman, M.D., and Wang, Q. (1998). Autobiographical memory in Korean, Chinese, and American children. *Developmental Psychology*, *34*(4), 701-713.

Hanakawa, T., Honda, M., Okada, T., Fukuyama, H., and Shibasaki, H. (2003). Neural correlates underlying mental calculation in abacus experts: A functional magnetic resonance imaging study. *Neuroimage*, *19*(2, Pt. 1), 296-307.

Hanselman, P., Rozek, C.S., Grigg, J., and Borman, G.D. (2017). New evidence on self-affirmation effects and theorized sources of heterogeneity from large-scale replications. *Journal of Educational Psychology*, *109*(3), 405-424. doi.org/10.1037/edu0000141.

Hapgood, S., Magnusson, S.J., and Palincsar, A.S. (2004). A very science-like kind of thinking: How young children make meaning from first- and second-hand investigations. *Journal of the Learning Sciences*, *13*(4), 455-506.

Harackiewicz, J.M., Barron, K.E., Pintrich, P.R., Elliot, A.J., and Thrash, T.M. (2002). Revision of achievement goal theory: Necessary and illuminating. *Journal of Educational Psychology*, *94*(3), 638-645. doi.org/10.1037/0022-0663.94.3.638.

Harrison, T.M., Weintraub, S., Mesulam, M., and Rogalski, E. (2012). Superior memory and higher cortical volumes in unusually successful cognitive aging. *Journal of the International Neuropsychological Society, 18*(6), 1081–1085. doi:10.1017/S1355617712000847.

Hartshorne, J.K., and Germine, L.T. (2015). When does cognitive functioning peak? The asynchronous rise and fall of different cognitive abilities across the life span. *Psychological Science, 26*(4), 1–11. doi. org/10.1177/0956797614567339.

Haselton, M.G., and Buss, D.M. (2000). Error management theory: A new perspective on biases in cross-sex mind reading. *Journal of Personality and Social Psychology, 78*(1), 81–91.

Haselton, M.G., and Funder, D.C. (2006). The evolution of accuracy and bias in social judgment. In M. Schaller, J.A. Simpson, and D.T. Kenrick (Eds.), *Evolution and Social Psychology* (pp. 15–37). New York: Psychology Press.

Hasher, L., Lustig, C., and Zacks, R. (2008). Inhibitory mechanisms and the control of attention. In A. Conway, C. Jarrold, M. Kane, A. Miyake, and J. Towse (Eds.), *Variation in Working Memory* (pp. 227–249). New York: Oxford University Press.

Hastings, E.C., and West, R.L. (2011). Goal orientation and self-efficacy in relation to memory in adulthood. *Aging, Neuropsychology, and Cognition, 18*(4), 471–493. doi:10. 1080/13825585.2011.575926.

Hatano, G., and Inagaki, K. (1986). Two courses of expertise. In H. Stevenson, J. Azuma, and K. Hakuta (Eds.), *Child Development and Education in Japan* (pp. 262–272). New York: W. H. Freeman & Co.

Hatano, G., and Osawa, K. (1983). Digit memory of grand experts in abacus-derived mental calculation. *Cognition, 15*(1), 95–110.

Hatano, G., and Oura, Y. (2003). Commentary: Reconceptualizing school learning using insight from expertise research. *Educational Researcher, 32*, 26–29.

Hatta, T., and Ikeda, K. (1988). Hemispheric specialization of abacus experts in mental calculation: Evidence from the results of time-sharing tasks. *Neuropsychologia, 26*(6), 877–893. doi.org/10.1016/0028-3932(88)90056-5.

Hattie, J.A.C., and Donoghue, G.M. (2016). Learning strategies: A synthesis and conceptual model. *NPJ Science of Learning, 1*(16013). doi:10.1038/npjscilearn.2016.13.

Hattie, J.A.C., and Timperley, H. (2007). The power of feedback. *Review of Educational Research, 77*(1), 81–112.

Havighurst, R.J. (1961). Successful aging. *The Gerontologist, 1*(1), 8–13. doi:10.1093/geront/1.1.8.

Heckhausen, J., Wrosch, C., and Schulz, R. (2010). A motivational theory of life-span development. *Psychological Review, 117*(1), 32–60.

Hedden, T., and Gabrieli, J.D. (2004). Insights into the ageing mind: A view from cognitive neuroscience. *Nature Reviews Neuroscience, 5*(2), 87–96.

Heffernan, N., and Heffernan, C. (2014). The ASSISTments Ecosystem: Building a Platform that Brings Scientists and Teachers Together for Minimally Invasive Research on Human Learning and Teaching. *International Journal of Artificial Intelligence in Education, 24*(4), 470–497. doi:10.1007/s40593-014-0024-x.

Henderson, L.M., Weighall, A.R., Brown, H., and Gaskell, M.G. (2012). Consolidation of vocabulary is associated with sleep in children. *Developmental Science, 15*(5), 674–687. doi:10.1111/j.1467-7687.2012.01172.x.

Henrich, J., Heine, S.J., and Norenzayan, A. (2010a). Most people are not WEIRD. *Nature, 466*(7302), 29. doi:10.1038/466029a.

Henrich, J., Heine, S.J., and Norenzayan, A. (2010b). The weirdest people in the world? *Behavioral and Brain Sciences, 33*(2–3), 61–83.

Heritage, M. (2009). *The Case for Learning Progressions.* San Francisco, CA: Stupski Foundation.

Heritage, M. (2011). *Developing learning progressions.* Paper presentation at the annual conference of the American Educational Research Association. New Orleans, LA.

Herr-Stephenson, B., Alper, M., Reilly, E. and Jenkins, H. (2013). *T Is for Transmedia: Learning through Transmedia Play.* Los Angeles and New York: USC Annenberg Innovation Lab and The Joan Ganz Cooney Center at Sesame Workshop. Available: http:// joanganzcooneycenter. org/wp-content/uploads/2013/03/ t_is_for_transmedia.pdf [December 2017].

Hersher, R. (2012). FoldIt game's next play: Crowdsourcing better drug design. *Spoonful of Medicine: A Blog from Nature Medicine*, April 13. Available: http://blogs. nature.com/spoonful/2012/04/foldit-games-next-play-crowdsourcing-better-drug-design.html?WT. mc_id=TWT_NatureBlogs [November 2017].

Hertzog, C., Kramer, A.F., Wilson, R.S., and Lindenberger, U.

(2008). Enrichment effects on adult cognitive development: Can the functional capacity of older adults be preserved and enhanced? *Psychological Science in the Public Interest, 9*(1), 1–65. doi.org/10.1111/j.1539-6053.2009.01034.x.

Herzog, N.B. (2007). Transporting pedagogy: Implementing the project approach in two first grade classrooms. *Journal of Advanced Academics, 18*(4), 530–564.

Hesse, F., Care, E., Buder, J., Sassenberg, K., and Griffin, P. (2015). A framework for teachable collaborative problem solving skills. In P. Griffin and E. Care (Eds.), *Assessment and Teaching of 21st Century Skills* (pp. 37–56). Dordrecht, The Netherlands: Springer.

Heyn, P., Abreu, B.C., and Ottenbacher, K.J. (2004). The effects of exercise training on elderly persons with cognitive impairment and dementia: A meta-analysis. *Archives of Physical Medicine and Rehabilitation, 85*(10), 1694–1704.

Hidi, S., and Renninger, K.A. (2006). The four-phase model of interest development. *Educational Psychologist, 24*(2), 111–127. doi.org/10.1207/s15326985ep4102_4.

Higgins, E., and Ross, B. (2011) Comparisons in category learning: How best to compare for what. In: *Proceedings of the 33rd Annual Conference of the Cognitive Science Society*. Cognitive Science Society, Austin, pp. 1388–1393.

Hillman, C.H., Erickson, K.I., and Kramer, A.F. (2008). Be smart, exercise your heart: Exercise effects on brain and cognition. *Nature Reviews Neuroscience, 9*(1), 58–65.

Hillman, C.H., Pontifex, M.B., Raine, L.B., Castelli, D.M., Hall, E.E., and Kramer, A.F. (2009). The effect of acute treadmill walking on cognitive control and academic achievement in preadolescent children. *Neuroscience, 159*(3), 1044–1054. doi:10.1016/j.neuroscience.2009.01.057.

Hirschfeld, L.A., and Gelman, S.A. (1994). *Mapping the Mind: Domain-Specificity in Culture and Cognition*. New York: Cambridge University Press.

Hirsh-Pasek, K., Zosh, J.M., Golinkoff, R.M., Gray, J.H., Robb, M.B., and Kaufman, J. (2015). Putting education in "educational" apps lessons from the science of learning. *Psychological Science in the Public Interest, 16*(1), 3–34. doi:10.1177/1529100615569721.

Hirshkowitz, M., Whiton, K., Albert, S.M., Alessi, C., Bruni, O., DonCarlos, L., Hazen, N., Herman, J., Katz, E.S., Kheirandish-Gozal, L., Neubauer, D.N., O'Donnell, A.E., Ohayon, M., Peever, J., Rawding, R., Schdeva, R.C.,

Setters, B., Vitiello, M.V., Ware, J. C., and Hillard, P.J.A. (2015). National Sleep Foundation's sleep time duration recommendations: Methodology and results summary. *Sleep Health: Journal of the National Sleep Foundation, 1*(1), 40–43. Available: https://sleepfoundation.org/sites/default/files/STREPchanges_1.png [December 2017].

Hirst, W., Phelps, E.A., Meksin, R., Vaidya, C.J., Johnson, M.K., Mitchell, K.J., Buckner, R.L., Budson, A.E., Gabrieli, J.D., Lustig, C., Mather, M., Ochsner, K.N., Schacter, D., Simons, J.S., Lyle, K.B., Cuc, A.F., and Olsson, A. (2015). A ten-year follow-up of a study of memory for the attack of September 11, 2001: Flashbulb memories and memories for flashbulb events. *Journal of Experimental Psychology: General, 144*(3), 604–623. doi:10.1037/xge0000055.

Hmelo-Silver, C.E. (2004). Problem-based learning: What and how do students learn? *Educational Psychology Review, 16*, 235–266.

Hock, M.F. (2012). Effective literacy instruction for adults with specific learning disabilities: Implications for adult educators. *Journal of Learning Disabilities, 45*(1), 64–78. doi.org/10.1177/0022219411426859.

Hoeft, F., Meyler, A., Hernandez, A., Juel, C., Taylor-Hill, H., Martindale, J.L., McMillon, G., Kolchugina, G., Black, J.M., Faizi, A., Deutsch, G.K., Siok, W.T., Reiss, A.L., Whitfield-Gabrieli, S., and Gabrieli, J.E. (2007). Functional and morphometric brain dissociation between dyslexia and reading ability. *Proceedings of the National Academy of Sciences of the United States of America, 104*(10), 4234–4239. doi:10.1073/pnas.0609399104.

Hoffman, B. (2006). *The Encyclopedia of Educational Technology*. San Diego, CA: Montezuma Press.

Hoffmann, L., and Haussler, P. (1998). An intervention project promoting girls' and boys' interest in physics. In L. Hoffmann, A. Krapp, K.A. Renninger, and J. Baumert (Eds.), *Interest and Learning: Proceedings of the Seeon Conference on Interest and Gender* (pp. 301–316). Kiel, Germany: IPN.

Hofstede, G. (1997). *Cultures and Organizations: Software of the Mind*. New York: McGraw Hill.

Hollan, J., Hutchins, E., and Kirsh, D. (2000). Distributed cognition: Toward a new foundation for human-omputer interaction research. *ACM Transactions on Computer-uman Interaction (TOCHI), 7*(2), 174–196.

Holmes, J., Gathercole, S.E., and Dunning, D. (2009). Adaptive training leads to sustained enhancement of poor working memory in children. *Developmental Science, 12*(4), F9-F15. doi:10.1111/j.1467-7687.2009.00848.x.

Holyoak, K.J., Junn, E.N., and Billman, D.O. (1984). Development of analogical problem-solving skill. *Child Development, 55*(6), 2042-2055.

Hong, H.Y., and Lin-Siegler, X. (2012). How learning about scientists' struggles influences students' interest and learning in physics. *Journal of Educational Psychology, 104*(2), 469-484.

Hsu, C.-K., Hwang, G.-J., and Chang, C.-K. (2013). A personalized recommendation-based mobile learning approach to improving the reading performance of EFL students. *Computers & Education, 63*, 327-336. doi.org/10.1016/j.compedu.2012.12.004.

Hu, X., Craig, S.D., Bargagliotti A.E., Graesser, A.C., Okwumabua, T., Anderson, C., Cheney, K.R., and Sterbinsky, A. (2012). The effects of a traditional and technology-based after-school program on 6th grade students' mathematics skills. *Journal of Computers in Mathematics and Science Teaching, 31*(1), 17-38.

Hulleman, C.S., Durik, A.M., Schweigert, S., and Harackiewicz, J.M. (2008). Task values, achievement goals, and interest: An integrative analysis. *Journal of Educational Psychology, 100*(2), 398-416.

Hulleman, C.S., Schrager, S.M., Bodmann, S.M., and Harackiewicz, J.M. (2010). A meta-analytic review of achievement goal measures: Different labels for the same constructs or different constructs with similar labels? *Psychological Bulletin, 136*(3), 422-449. doi:10.1037/a0018947.

Hunsu, N.J., Adesope, O., and Van Wie, B.J. (2017). Engendering situational interest through innovative instruction in an engineering classroom: What really mattered? *Instructional Science, 45*(6), 789-804. doi.org/10.1007/s11251-017-9427-z.

Hurley, S., and Chater, N. (Eds.). (2005). *Perspectives on Imitation: From Neuroscience to Social Science*. Cambridge, MA: MIT Press.

Hurley, E.A., Boykin, W.A., and Allen, B.A. (2005). Communal versus individual learning of a mathestimation task: African-American children and the culture of learning contexts. *Journal of Psychology, 139*(6), 513-527.

Hurley, E.A., Allen, B.A., and Boykin, A.W. (2009). Culture and the interaction of student ethnicity with reward structure in group learning. *Cognition and Instruction, 27*(2), 121-164.

Huttenlocher, J., Vasilyeva, M., Cymerman, E., and Levine, S. (2002). Language input and child syntax. *Cognitive Psychology, 45*(3), 337-374.

Iglowstein, I., Jenni, O.G., Molinari, L., and Largo, R.H. (2003). Sleep duration from infancy to adolescence: Reference values and generational trends. *Pediatrics, 111*(2), 302-307.

Ikeda, K., Castel, A.D., and Murayama, K. (2015). Mastery-approach goals eliminate retrievalinduced forgetting: The role of achievement goals in memory inhibition. *Personality and Social Psychology Bulletin, 41*(5), 687-695. doi.org/10.1177/0146167215575730.

Immordino-Yang, M.H. (2015). *Emotions, Learning and the Brain: Exploring the Educational Implications of Affective Neuroscience*. New York: W.W. Norton and Company.

Immordino-Yang, M.H., and Damasio, A.R. (2007). We feel, therefore we learn: The relevance of affective and social neuroscience to education. *Mind, Brain and Education, 1*(1), 3-10.

Immordino-Yang, M.H., and Fischer, K.W. (2010). Brain development. In I. Weiner and E. Craighead (Eds.), *Corsini Encyclopedia of Psychology* (4th ed.,pp. 254-256). New York: John Wiley & Sons.

Immordino-Yang, M.H., and Gotlieb, R. (2017). Embodied brains, social minds, cultural meaning: Integrating neuroscientific and educational research on social-affective development. *American Educational Research Journal: Centennial Issue, 54*(1), 344S-367S. Available: http://journals.sagepub.com/doi/abs/10.3102/0002831216669780 [November 2017].

Immordino-Yang, M.H., and Sylvan, L. (2010). Admiration for virtue: Neuroscientific perspectives on a motivating emotion. *Contemporary Educational Psychology, 35*(2), 110-115.

Immordino-Yang, M.H., McColl, A., Damasio, H., and Damasio, A. (2009). Neural correlates of admiration and compassion. *Proceedings of the National Academy of Sciences of the United States of America, 106*(19), 8021-8026.

Immordino-Yang, M.H., Christodoulou, J., and Singh, V.

(2012). Rest is not idleness: Implications of the brain's default mode for human development and education. *Perspectives on Psychological Science, 7*(4), 352–364.

Immordino-Yang, M.H., Yang, X., and Damasio, H. (2014). Correlations between social–emotional feelings and anterior insula activity are independent from visceral states but influenced by culture. *Frontiers in Human Neuroscience, 8*, 728. doi:10.3389/fnhum.2014.00728.

Institute of Medicine. (2000). *From Neurons to Neighborhoods: The Science of Early Childhood Development*. Washington, DC: National Academy Press.

Institute of Medicine. (2006). *Sleep Disorders and Sleep Deprivation: An Unmet Public Health Problem*. Washington, DC: The National Academies Press.

Institute of Medicine. (2011). *Early Childhood Obesity Prevention Policies*. Washington, DC: The National Academies Press.

Institute of Medicine and National Research Council. (2015). *Transforming the Workforce for Children Birth Through Age 8: A Unifying Foundation*. Washington, DC: The National Academies Press.

Ionas, I.G., Cernusca, D., and Collier, H.L. (2012). Prior knowledge influence on self-explanation effectiveness when solving problems: An exploratory study in science learning. *International Journal of Teaching and Learning in Higher Education, 24*(3), 349–358.

Ito, M., Baumer, S., Bittanti, M., Boyd, D., Cody, R., Herr-Stephenson, R., Horst, H.A., Lange, P.G., Mahendran, D., Martinez, K.,Z., Pascoe, C.J., Perkel, D., Robinson, L., Sims, C., and Tripp, L. (2009). *Hanging Out, Messing Around, Geeking Out: Living and Learning with New Media*. Cambridge, MA: MIT Press.

Izuma, K., Saito, D.N., and Sadato, N. (2010). Processing of the incentive for social approval in the ventral striatum during charitable donation. *Journal of Cognitive Neuroscience, 22*(4), 621–631. doi:10.1162/jocn.2009.21228.

Jacini, W.F., Cannonieri, G.C., Fernandes, P.T., Bonilha, L., Cendes, F., and Li, L.M. (2009). Can exercise shape your brain? Cortical differences associated with judo practice. *Journal of Science and Medicine in Sport, 12*(6), 688–690. doi:10.1016/j.jsams.2008.11.004.

Jackson, G.T., and McNamara, D.S. (2013). Motivation and performance in a game-based intelligent tutoring system. *Journal of Educational Psychology, 105*(4), 1036–1049.

doi.org/10.1037/a0032580.

Jackson, M.L., Gunzelmann, G., Whitney, P., Hinson, J.M., Belenky, G., Rabat, A., and Van Dongen, H.P. (2013). Deconstructing and reconstructing cognitive performance in sleep deprivation. *Sleep Medicine Reviews, 17*(3), 215–225.

Jacobs, J., Lanza, S., Osgood, D. W., Eccles, J.S., and Wigfield, A. (2002). Changes in children's self-competence and values: Gender and domain differences across grades one through twelve. *Child Development, 73*(2), 509–527.

Jancke, L., Koeneke, S., Hoppe, A., Rominger, C., and Hanggi, J. (2009) The architecture of the golfer's brain. *PLoS One, 4*(3), e4785. doi.org/10.1371/journal.pone.0004785.

Janiszewski, C., Noel, H., and Sawyer, A.G. (2003). A meta-analysis of spacing effect in verbal learning: Implications for research on advertising repetition and consumer memory. *Journal of Consumer Research, 30*(1), 138–149.

Jarvela, S., and Renninger, K.A. (2014). Designing for learning: Interest, motivation, and engagement. In R.K. Sawyer (Ed.), *Cambridge Handbook of the Learning Sciences* (2nd ed., pp. 668–685). New York: Cambridge University Press.

Jenkins, H., Purushotma, R., Clinton, K., Weigel, M., and Robison, A.J. (2006). *Confronting the Challenges of Participatory Culture: Media Education for the 21st Century*. Chicago, IL: MacArthur Foundation.

Ji, L.-J., Guo, T., Zhang, Z., and Messervey, D. (2009). Looking into the past: Cultural differences in perception and representation of past information. *Journal of Personality and Social Psychology, 96*(4), 761–769. doi:10.1037/a0014498.

John-Steiner, V., and Mahn, H. (1996). Sociocultural approaches to learning and development: A Vygotskian framework. *Educational Psychologist, 31*(3/4), 191–206.

Johns, M., Inzlicht, M., and Schmader, T. (2008). Stereotype threat and executive resource depletion: Examining the influence of emotion regulation. *Journal of Experimental Psychology: General, 137*(4), 691–705. doi.org/10.1037/a0013834.

Johnson, D.W., Johnson, R.T., and Stanne, M.E. (2000). *Cooperative Learning Methods: A Meta-Analysis*. Minneapolis: University of Minnesota, Cooperative Learning Center. Available: https://www.researchgate.net/profile/David_Johnson50/publication/220040324_Cooperative_learning_methods_A_meta-analysis /

links/00b4952b39d258145c000000/Cooperative-learning-methods-A-meta-analysis.pdf [December 2017].

Johnson, W.L., and Valente, A. (2009). Tactical language and culture training systems: Using AI to teach foreign languages and cultures. *AI Magazine, 30*(2), 72-83.

Jones, P.D., and Holding, D.H. (1975). Extremely long-term persistence of the McCollough effect. *Journal of Experimental Psychology: Human Perception and Performance, 1*(4), 323-327.

Jordan, S., and Lande, M. (2014). Might young makers be the engineers of the future? In *Proceedings of the IEEE Frontiers in Education (FIE) Conference* (pp. 1-4). Available: http://ieeexplore.ieee.org/document/7044218 [December 2017]. doi.org/10.1109/FIE.2014.7044218.

Jurado, M.B., and Rosselli, M. (2007). The elusive nature of executive functions: A review of our current understanding. *Neuropsychology Review, 17*(3), 213-233.

Kafai, Y.B. (2010). The world of Whyville: Living, playing, and learning in a tween virtual world. *Games and Culture, 5*(1), 3-22. doi:10.1177/1555412009351264.

Kahan, D.M., Peters., E., Wittlin, M., Slovic, P., Ouellette, L.L., Braman, D., and Mandel, G. (2012). The polarizing impact of science literacy and numeracy on perceived climate change risks. *Nature Climate Change, 2*, 732-735. doi:10.1038/nclimate1547.

Kahraman, N., and Sungur, S. (2011). The contribution of motivational beliefs to students' metacognitive strategy use. *Education and Science, 36*(160), 3-10.

Kail, R.V., and Miller, C.A. (2006). Developmental changes in processing speed: Domain specificity and stability during childhood and adolescence. *Journal of Cognition and Development, 7*(1), 119-137. doi.org/10.1207/s15327647jcd0701_6.

Kalakoski, V., and Saariluoma, P. (2001). Taxi drivers' exceptional memory of street names. *Memory & Cognition, 29*(4), 634-638.

Kaldi, S., Filippatou, D., and Govaris, C. (2011). Project-based learning in primary schools: Effects on pupils' learning and attitudes. *Education, 39*(1), 35-47. doi:10.1080/03004270903179538.

Kanfer, R. (2015). Motivation. *Wiley Encyclopedia of Management, 11*, 1-8.

Kanfer, R., and Ackerman, P.L. (2008). Aging and work motivation. In C. Wankel (Ed.) *Handbook of 21st Century Management* (pp. 106-109). Thousand Oaks, CA: Sage.

Kang, S.H.K. (2016). Spaced repetition promotes efficient and effective learning: Policy implications for instruction. *Policy Insights from the Behavioral and Brain Sciences, 3*(1), 12-19. doi:10.1177/2372732215624708.

Kaplan, A., and Maehr, M.L. (1999). Achievement goals and student well-being. *Contemporary Educational Psychology, 24*(4), 330-358.

Kaplan, A., and Midgley, C. (1999). The relationship between perceptions of the classroom goal structure and early adolescents' affect in school: The mediating role of coping strategies. *Learning and Individual Differences, 11*(2), 187-212. doi.org/10.1016/S1041-6080(00)80005-9.

Karasek, R., Brisson, C., Kawakami, N., Houtman, I., Bongers, P., and Amick, B. (1998). The Job Content Questionnaire (JCQ), An instrument for internationally comparative assessments of psychosocial job characteristics. *Journal of Occupational Health Psychology, 3*(4), 322-355. doi.org/10.1037/1076-8998.3.4.322.

Karasik, L.B., Adolph, K.E., Tamis-LeMonda, C.S., and Bornstein, M.H. (2010). WEIRD walking: Cross-cultural research on motor development. *The Behavioral and Brain Sciences, 33*(2-3), 95-96.

Karmiloff-Smith, A. (1986). From meta-processes to conscious access: Evidence from children's metalinguistic and repair data. *Cognition, 23*(2), 95-147.

Karmiloff-Smith, A. (1990). Constraints on representational change: Evidence from children's drawing. *Cognition, 34*(1), 57-83.

Karpicke, J.D. (2016). A powerful way to improve learning and memory: Practicing retrieval enhances long-term, meaningful learning. *American Psychological Association Psychological Science Agenda,* June. Available: http://www.apa.org/science/about/psa/2016/06/learning-memory.aspx [December 2017].

Karpicke, J.D., Butler, A.C., and Roediger, H.L. (2009). Metacognitive strategies in student learning: Do students practice retrieval when they study on their own? *Memory, 17*(4), 471-479. doi:10.1080/09658210802647009.

Kataria, S., Swanson, M.S., and Trevathan, G.E. (1987). Persistence of sleep disturbances in preschool children. *Journal of Pediatrics, 110*(4), 642-646.

Kaufmann, L., Wood, G., Rubinsten, O., and Henik, A. (2011). Meta-analyses of developmental fMRI studies investigating typical and atypical trajectories of number processing and calculation. *Developmental Neuropsychology, 36*(6), 763-787. doi.org/10.1080/87565641.2010.549884.

Kay, R.H., and LeSage, A. (2009). A strategic assessment of audience response systems used in higher education. *Australian Journal of Educational Technology, 25*(2), 235-249.

Keeley, T.J., and Fox, K.R. (2009). The impact of physical activity and fitness on academic achievement and cognitive performance in children. *International Review of Sport and Exercise Psychology, 2*(2), 198-214.

Keith, N., and Frese, M. (2008). Effectiveness of error management training: A meta-analysis. *Journal of Applied Psychology, 93*(1), 59-69. doi.org/10.1037/0021-9010.93.1.59.

Keller, H., Borke, J., Staufenbiel, T., Yovsi, R.D., Abels, M., Papaligoura, Z., Jensen, H., Lohaus, A., Chaudhary, N, Lo, W., and Su, Y. (2009). Distal and proximal parenting as alternative parenting strategies during infants' early months of life: A cross-cultural study. *International Journal of Behavioral Development, 33*, 412-420.

Keller, J. (2007). Stereotype threat in classroom settings: The interactive effect of domain identification, task difficulty and stereotype threat on female students' maths performance. British *Journal of Educational Psychology, 77*(Pt. 2), 323-338. doi:10.1348/000709906X113662.

Keller, H. (2017). Culture and development: A systematic relationship. *Perspectives on Psychological Science, 12*(5), 833-840. doi.org/10.1177/1745691617704097.

Kellman, P.J., Massey, C.M., and Son, J.Y. (2010). Perceptual learning modules in mathematics: Enhancing students' pattern recognition, structure extraction, and fluency. *Topics in Cognitive Science, 2*(2), 285-305.

Kemmelmeier, M., and Chavez, H.L. (2014). Biases in the perception of Barack Obama's skin tone. *Analyses of Social Issues and Public Policy, 14*, 137-161. doi 10.1111/asap.12061.

Kempton, W. (1986). Two theories of home heat control. *Cognitive Science, 10*(1), 75-90. doi.org/10.1016/S0364-0213(86)80009-X.

Kensinger, E.A. (2016, unpublished). *Learning in Middle and Late Adulthood.* Paper commissioned by the Committee on the Science of Practice and Learning, National Academies of Sciences, Engineering, and Medicine, Washington, DC.

Kershner, R., Mercer, N., Warwick, P., and Kleine Staarman, J. (2010). Can the interactive whiteboard support young children's collaborative communication and thinking in classroom science activities? *Computer-supported Collaborative Learning, 5*(4), 359-383.

Keunen, K., Counsell, S.J., and Benders, M.J.N.L. (2017). The emergence of functional architecture during early brain development. *NeuroImage, 160*, 2-14. doi.org/10.1016/j.neuroimage.2017.01.047.

Keuroghlian, A.S., and Knudsen, E.I. (2007). Adaptive auditory plasticity in developing and adult animals. *Progress in Neurobiology, 82*(3), 109-121. doi:10.1016/j.pneurobio.2007.03.005.

Khatib, F., Dimaio, F., Cooper, S., Kazmierczyk, M., Gilski, M., Krzywda, S., Zabranska, H., Pichova, I., and Thompson, J. (2011). Crystal structure of a monomeric retroviral protease solved by protein folding game players. *Nature Structural & Molecular Biology, 18*(10), 1175-1177. doi:10.1038/nsmb.2119.

Kim, J.I., Schallert, D.L., and Kim, M. (2010). An integrative cultural view of achievement motivation: Parental and classroom predictors of children's goal orientations when learning mathematics in Korea. *Journal of Educational Psychology, 102*(2), 418-437. doi:10.1037/a0018676.

King, R.B. (2015). Examining the dimensional structure and nomological network of achievement goals in the Philippines. *Journal of Adolescence, 44*, 214-218. doi:10.1016/j.adolescence.2015.07.019.

King, R.B., and McInerney, D.M. (2016). Culture and motivation: The road travelled and the way ahead. In K. Wentzel and D. Miele (Eds.), *Handbook of Motivation at School* (2nd Edition) (pp. 275-299). New York: Routledge.

Kingston, N., and Nash, B. (2011). Formative assessment: A meta-analysis and a call for research. *Educational Measurement: Issues and Practice, 30*(4), 28-37.

Kirkland, D.E. (2008). The rose that grew from concrete: Postmodern blackness and New English education. *English Journal, 97*(5), 69-75.

Kirkpatrick, D.L. (1967). Evaluation of training. In R.L. Craig and L.R. Bittel (Eds.), *Training and Development Handbook* (pp. 87-112). New York: McGraw-Hill.

Kirschner, P.A., and Paas, F. (2001). Web-enhanced higher education: A tower of Babel. *Computers in Human Behavior, 17*(4), 347-353.

Kitayama, S., and Cohen, D. (2007). *Handbook of Cultural Psychology.* New York: Guilford.

Kitayama, S., and Park, J. (2010). Cultural neuroscience of the self: Understanding the social grounding of the brain. *Social Cognitive and Affective Neuroscience, 5*(2), 111–129. doi:10.1093/scan/nsq052.

Kitayama, S., and Tompson, S. (2010). Envisioning the future of cultural neuroscience. *Asian Journal of Social Psychology, 13*(2), 92–101.

Kitayama, S., and Uskul, A.K. (2011). Culture, mind, and the brain: Current evidence and future directions. *Annual Review of Psychology, 62*(1), 419–449. doi:10.1146/annurev-psych-120709-145357.

Kitayama, S., Matsumoto, H., and Norasakkunkit, V. (1997). Individual and collective processes in the construction of the self: Self-enhancement in the United States and self-criticism in Japan. *Journal of Personality and Social Psychology, 72*(6), 1245–1267.

Kitayama, S., Yanagisawa, K., Ito, A., Ueda, R., Uchida, Y, and Abe, N. (2017). Reduced orbitofrontal cortical volume is associated with interdependent self-construal. *Proceedings of the National Academy of Sciences of the United States of America, 114*(30), 7969–7974. doi:10.1073/pnas.1704831114.

Klein, C., DeRouin, R.E., and Salas, E. (2006). Uncovering workplace interpersonal skills: A review, framework, and research agenda. In G.P. Hodgkinson and J.K. Ford (Eds.), *International Review of Industrial and Organizorganisational Psychology* (vol. 21, pp. 80–126). New York: John Wiley & Sons.

Koedinger, K.R., Anderson, J.R., Hadley, W.H., and Mark, M.A. (1997). Intelligent tutoring goes to school in the big city. *International Journal of Artificial Intelligence in Education, 8*, 30–43. Available: http://repository.cmu.edu/cgi/viewcontent.cgi?article=1000&context=hcii [December 2017].

Koedinger, K.R., Corbett, A.T., and Perfetti, C. (2012). The knowledge-learning-instruction framework: Bridging the science-practice chasm to enhance robust student learning. *Cognitive Science, 36*(5), 757–798.

Koedinger, K.R., Booth, J.L., and Klahr, D. (2013). Instructional complexity and the science to constrain it. *Science, 342*, 935–937.

Koller, K., Brown, T., Spurgeon, A., and Levy, L. (2004). Recent developments in low-level lead exposure and intellectual impairment in children. *Environmental Health Perspectives, 112*(9), 987–994. doi.org/10.1289/ehp.6941.

Kolodner, J.L., Camp, P.L., Crismond, D., Fasse, B., Gray, J., Holbrook, J., Puntambekar, S., and Ryan, M. (2003). Problem-based learning meets case-based reasoning in the middle school science classroom: Putting Learning by DesignTMinto practice. *Journal of the Learning Sciences, 4*, 495–547.

Kooij, D.T.A.M., de Lange, A.H., Jansen, P.G.W., Kanfer, R., and Dikkers, J.S.E. (2011). Age and work-related motives: Results of a meta-analysis. *Journal of Organizational Behavior, 32*(2), 197–225. doi:10.1002/job.665.

Kornell, N. (2014). Attempting to answer a meaningful question enhances subsequent learning even when feedback is delayed. *Journal of Experimental Psychology: Learning, Memory, and Cognition, 40*(1), 106–114. doi:10.1037/a0033699.

Kornell, N., and Bjork, R.A. (2008). Learning concepts and categories: Is spacing the "enemy of induction?" *Psychological Science, 19*(6), 585–592. doi:10.1111/j.1467-9280.2008.02127.x.

Kornell, N., and Son, L.K. (2009). Learners' choices and beliefs about self-testing. *Memory, 17*(5), 493–501. doi:10.1080/09658210902832915.

Kroll, J.F., Dussias, P.E., Bogulski, C.A., and Valdes-Kroff, J. (2012). Juggling two languages in one mind: What bilinguals tell us about language processing and its consequences for cognition. In B. Ross (Ed.), *The Psychology of Learning and Motivation* (vol. 56, pp. 229–262). San Diego, CA: Academic Press.

Kronenfeld, D.B., Bennardo, G., de Munck, V.C. and Fischer, M.D. (eds). (2011). *A Companion to Cognitive Anthropology.* Hoboken, NJ: Blackwell.

Kruidenier, J. (2002). *Research-based Principles for Adult Basic Education.* Washington, DC: National Institute for Literacy.

Kubeck, J.E., Delp, N.D., Haslett, T.K., and McDaniel, M.A. (1996). Does job-related training performance decline with age? *Psychology and Aging, 11*(1), 92–107.

Kuh, G.D. (2008). *High-Impact Educational Practices: What They Are, Who Has Access to Them, and Why They Matter.* Washington, DC: Association of American Colleges and Universities. Available: https://keycenter.

unca.edu/sites/default/files/aacu_high_impact_2008_final.pdf [December 2017].

Kuhl, P.K., Williams, K.A., Lacerda, F., Stevens, K.N., and Lindblom, B. (1992). Linguistic experience alters phonetic perception in infants by 6 months of age. *Science, 255*(5044), 606-608.

Kulik, J.A., and Fletcher, J.D. (2016). Effectiveness of intelligent tutoring systems: A meta-analytic review. *Review of Educational Research, 86*(1), 42-78. doi:10.3102/0034654315581420.

Kulkofsky, S., Wang, Q., and Koh, J.B.K. (2009). Functions of memory sharing and mother-child reminiscing behaviors: Individual and cultural variations. *Journal of Cognition and Development, 10*(1-2), 92-114.

Kutner, M., Greenberg, E., Jin, Y., Boyle, B., Hsu, Y., Dunleavy, E., and White, S. (2007). *Literacy in Everyday Life: Results from the 2003 National Assessment of Adult Literacy*. NCES 2007-480. Washington, DC: National Center for Education Research.

Ladson-Billings, G. (1995). Toward a theory of culturally relevant pedagogy. *American Educational Research Journal, 32*, 465-491.

Ladson-Billings, G. (2006). From the achievement gap to the education debt: Understanding achievement in U.S. schools. *Educational Researcher, 35*(7), 3-12.

Lake, B.M., Salakhutdinov, R., and Tenenbaum, J.B. (2015). Human-level concept learning through probabilitic program induction. *Science, 350*, 1332-1338.

Lake, B.M., Ullman, T.D., Tenenbaum, J.B., and Gershman, S.J. (2017). Building machines that learn and think like people. *Behavioral and Brain Sciences, e253*. doi:10.1017/S0140525X16001837.

Lamm, B., Keller, H., Teiser, J., Gudi, H., Yovsi, R.D., Freitag, C., Poloczek, S., Fassbender, I., Suhrke, J., Teubert, M., Vohringer, I., Knopf, M., Schwarzer, G., and Lohaus, A. (2017). Waiting for the second treat: Developing culture-specific modes of self-regulation. *Child Development*. doi:10.1111/cdev.12847.

Landerl, K., Ramus, F., Moll, K., Lyytinen, H., Leppanen, P.H.T., Lohvansuu, K., O'Donovan, M., Williams, J., Bartling, J., Bruder, J., Kunze, S., Neuhoff, N., Toth, D., Honbolygo, F., Csepe, V., Bogliotti, C., Iannuzzi, S., Chaix, Y., Demonet, J.-F., Longeras, E., Valdois, S., Chabernaud, C., Delteil-Pinton, F., Billard, C., George, F., Ziegler, J.C.,

Comte-Gervais, I., Soares-Boucaud, I., Gerard, C.-L., Blomert, L., Vaessen, A., Gerretsen, P., Ekkebus, M., Brandeis, D., Maurer, U., Schulz, E., van der Mark, S., Muller-Myhsok, B., and Schulte-Korne, G. (2013), Predictors of developmental dyslexia in European orthographies with varying complexity. *Journal of Child Psychology and Psychiatry, 54*(6), 686-694. doi:10.1111/jcpp.12029.

Lareau, A. (2011). *Unequal Childhoods: Class, Race, and Family Life, with an Update a Decade Later*. Berkeley: University of California Press.

Lauderdale, D.S., Knutson, K.L., Yan, L.L., Rathouz, P.J., Hulley, S.B., Sidney, S., and Liu, K. (2006). Objectively measured sleep characteristics among early-middle-aged adults: The Cardia Study. *American Journal of Epidemiology, 164*(1), 5-16.

Lave, J., and Wenger, E. (1991). *Situated Learning: Legitimate Peripheral Participation*. Cambridge, MA: Cambridge University Press.

Lawless, K.A., and Pellegrino, J.W. (2007). Professional development in integrating technology into teaching and learning: Knowns, unknowns, and ways to pursue better questions and answers. *Review of Educational Research, 77*(4), 575-614.

Lawrence, J.S., Marks, B.T., and Jackson, J.S. (2010). Domain identification predicts black students' underperformance on moderately difficult tests. *Motivation and Emotion, 34*(2), 105-109.

Lazar, S.W., Kerr, C.E., Wasserman, R.H., Gray, J.R., Greve, D.N., Treadway, M.T., McGarvey, M., Quinn, B.T., Dusek, J.A., Benson, H., Rauch, S.L., Moore, C.I., and Fischl, B. (2005). Meditation experience is associated with increased cortical thickness. *Neuroreport, 16*(17), 1893-1897.

Lazowski, R.A., and Hulleman, C.S. (2016). Motivation interventions in education: A meta-analytic review. *Review of Educational Research, 86*(2), 602-640. doi:10.3102/0034654315617832.

Lee, C.D. (2001). Is October Brown Chinese? A cultural modeling activity system for underachieving students. *American Educational Research Journal, 38*(1), 97-141.

Lee, C.D. (2006). "Every good-bye ain't gone": Analyzing the cultural underpinnings of classroom talk. *International Journal of Qualitative Studies in Education, 19*(3), 305-327.

Lee, Y.J. (2012). Identity-based research in science education. In B.J. Fraser., K. Tobin., and C.J. McRobbie (Eds.), *Second International Handbook of Science Education* (pp. 34-45). Dordrecht, The Netherlands: Springer.

Lee, H.S., and Anderson, J.R. (2013). Student learning: What has instruction got to do with it? *Annual Review of Psychology, 64*, 445-469. doi:10.1146/annurev-psych-113011-143833.

Lee, C.D., Spencer, M.B., and Harpalani, V. (2003). Every shut eye ain't sleep: Studying how people live culturally. *Educational Researcher, 32*(5), 6-13.

Lee, C.D., Goldman, S.R., Levine, S., and Magliano, J.P. (2016). Epistemic cognition in literary reasoning. In J. Green, W. Sandoval, and I. Braten (Eds.), *Handbook of Epistemic Cognition* (pp. 165-183). New York: Routledge.

Lehman, B., D'Mello, S., Strain, A., and Graesser, A. (2013). Inducing and tracking confusion with contradictions during complex learning. *International Journal of Artificial Intelligence in Education, 22*(1-2), 85-105.

Leichtman, M.D., Pillemer, D.B., Wang, Q., Koreishi, A., and Han, J.J. (2000). When Baby Maisy came to school: Mothers' interview styles and preschoolers' event memories. *Cognitive Development, 15*(1), 99-114.

Leisman, G. (2011). Brain networks, plasticity, and functional connectivities inform current directions in functional neurology and rehabilitation. *Functional Neurology, Rehabilitation, and Ergonomics, 1*, 315-356.

Leisman, G., Rodriguez-Rojas, R., Batista, K., Carballo, M., Morales, J.M., Iturria, Y., and Machado, C. (2014). Measurement of axonal fiber connectivity in consciousness evaluation. In *Proceedings of the 2014 IEEE 28th Convention of Electrical and Electronics Engineers in Israel*. Minneapolis, MN: IEEE. doi.org/10.13140/2.1.4845.7289.

Leisman, G., Mualem, R., and Mughrabi, S.K. (2015). The neurological development of the child with the educational enrichment in mind. *Psicologia Educativa, 21*(2), 79-96. doi.org/10.1016/j.pse.2015.08.006.

Lemke, J.L. (1990). *Talking Science: Language, Learning, and Values*. Norwood, NJ: Ablex.

Lemke, J.L., Lecusay, R., Cole, M., and Michalchik, V. (2015). *Documenting and Assessing Learning in Informal and Media-Rich Environments*. Cambridge, MA: MIT Press.

Lenehan, M.E., Summers, M.J., Saunders, N.L., Summers, J.J., Ward, D.D., Ritchie, K., and Vickers, J.C. (2016). Sending your grandparents to university increases cognitive reserve: The Tasmanian Healthy Brain Project. *Neuropsychology, 30*(5), 525-531. doi:10.1037/neu0000249.

Lenhart, A. (2015). *Teen, Social Media and Technology Overview 2015*. Pew Research Center. Available: http://www.pewinternet.org/2015/04/09/teens-social-media-technology-2015/#[January 2018].

Lenroot, R.K., and Giedd, J.N. (2006). Brain development in children and adolescents: Insights from anatomical magnetic resonance imaging. *Neuroscience Biobehavioral Review, 30*(6), 718-729.

Lent, R.W., Brown, S.D., and Hackett, G. (2000). Contextual supports and barriers to career choice: A social cognitive analysis. J*ournal of Counseling Psychology, 47*(1), 36-49.

Leopold, C., and Leutner, D. (2012). Science text comprehension: Drawing, main idea selection, and summarizing as learning strategies. *Learning and Instruction, 22*(1), 16-26. doi:10.1016/j.learninstruc.2011.05.005.

Leppanen, J.M., and Nelson, C.A. (2009). Tuning the developing brain to social signals of emotions. *Nature Reviews Neuroscience, 10*, 37-47.

Leppanen, P.H., Hamalainen, J.A., Guttorm, T.K., Eklund, K.M., Salminen, H., Tanskanen, A., and Lyytinen, H. (2012). Infant brain responses associated with reading-related skills before school and at school age. *Neurophysiologie Clinique, 42*(1-2), 35-41. doi:10.1016/j.neucli.2011.08.005.

Lepper, M.R., Corpus, J.H., and Iyengar, S.S. (2005). Intrinsic and extrinsic motivational orientations in the classroom: Age differences and academic correlates. *Journal of Educational Psychology, 97*(2), 184-196. doi.org/10.1037/0022-0663.97.2.184.

Levine, R. (1997). *A Geography of Time*. New York: Basic Books

Lewis, P.A., and Durrant, S.J. (2011). Overlapping memory replay during sleep builds cognitive schemata. *Trends in Cognitive Sciences, 15*(8), 343-351. doi:10.1016/j.tics.2011.06.004.

Leyens, J., Desert, M., Croizet, J., and Darcis, C. (2000). Stereotype threat: Are lower status and history of stigmatization preconditions of stereotype threat? *Personality and Social Psychology Bulletin, 26*(10), 1189-

1199.

Libby, L.K., Shaeffer, E.M., and Eibach, R.P. (2009). Seeing meaning in action: A bidirectional link between visual perspective and action identification level. *Journal of Experimental Psychology: General, 138*(4), 503–516.

Lillie-Blanton, M., and Laveist, T. (1996). Race/ethnicity, the social environment, and health. *Social Science and Medicine, 43*(1), 83–91.

Lindstrom, J.H. (2016, unpublished). *Critical Issues in Learning Disabilities Over the Past Decade: An Evolving Landscape*. Paper commissioned by the Committee on the Science of Practice and Learning, National Academies of Sciences, Engineering, and Medicine, Washington, DC.

Linn, M.C., Lee, H.-S., Tinker, R., Husic, F., and Chiu, J.L. (2006). Teaching and assessing knowledge integration in science. *Science, 313*(5790), 1049–1050.

Linnenbrink, E.A. (2005). The dilemma of performance-approach goals: The use of multiple goal contexts to promote students' motivation and learning. *Journal of Educational Psychology, 97*(2), 197–213.

Linnenbrink-Garcia, L., and Patall, E.A. (2016). Motivation. In E. Anderman and L. Corno (Eds.), *Handbook of Educational Psychology* (3rd ed., pp. 91–103). New York: Taylor & Francis.

Linnenbrink-Garcia, L., Tyson, D.F., and Patall, E.A. (2008). When are achievement goal orientations beneficial for academic achievement? A closer look at moderating factors. *International Review of Social Psychology, 21*(1–2), 19–70.

Linnenbrink-Garcia, L., Patall, E.A., and Messersmith, E. (2013). Antecedents and consequences of situational interest in science. *British Journal of Educational Psychology, 83*(4), 591–614.

Lipko-Speed, A., Dunlosky, J., and Rawson, K.A. (2014). Does testing with feedback help gradeschool children learn key concepts in science? *Journal of Applied Research in Memory and Cognition, 3*(3), 171–176. doi:10.1016/j.jarmac.2014.04.002.

Livingstone, S., and Helsper, E. (2007). Gradations in digital inclusion: Children, young people and the digital divide. *New Media and Society, 9*(4), 671–696. doi:10.1177/1461444807080335.

Liyanagunawardena, T.R., and Williams S.A. (2016). Elderly learners and massive open online courses: A review.

Interactive Journal of Medical Research, 5(1), e1. doi:10.2196/ijmr.4937.

LoBue, V. (2014). Measuring attentional biases for threat in children and adults. *Journal of Visualized Experiments : JoVE*, (92), 52190. http://doi.org/10.3791/52190.

Locke, E.A., Shaw, K.N., Saari, L.M., and Latham, G.P. (1981). Goal setting and task performance: 1969–1980. *Psychological Bulletin, 90*(1), 125–152.

Lodge, J. (2013). Session I—rom the laboratory to the classroom: Translating the learning sciences for use in technology-enhanced learning. *ACER Research Conferences, 16*. Available: https://research.acer.edu.au/research_conference/RC2013/5august/16 [December 2017].

Loewenstein, J. (2017). Structure mapping and vocabularies for thinking. *Topics in Cognitive Science, 9*, 842–858.

Lombrozo, T. (2007). Simplicity and probability in causal explanation. *Cognitive Psychology, 55*(3), 232–257. doi:10.1016/j.cogpsych.2006.09.006.

Lombrozo, T. (2012). Explanation and abductive inference. In K.J. Holyoak and R.G. Morrison (Eds.), *Oxford Handbook of Thinking and Reasoning* (pp. 260–276). Oxford, UK: Oxford University Press. doi:10.1093/oxfordhb/9780199734689.013.0014.

Looi, C.K., Seow, P., Zhang, B.H., So, H.-J., and Chen, W. (2009). Leveraging mobile technology for sustainable seamless learning: A research agenda. *British Journal of Educational Technology, 41*(2), 154–169.

Lopez, I.H. (2006). *White by Law*. New York: New York University Press.

Lorusso, M.L., Facoetti, A., Pescenti, S., Cattaneo, C., Molteni, M., and Gieger, G. (2004). Wider recognition in peripheral vision common to different subtypes of dyslexia. *Vision Research, 44*(20), 2413–2424.

Lovden, M., Bodammer, N.C., Kuhn, S., Kaufmann, J., Schutze, H., Tempelmann, C., Heinze, H.D., Duzel, E., Schmiedek, F., and Lindenberger, U. (2010). Experience-dependent plasticity of white-matter microstructure extends into old age. *Neuropsychologia, 48*(13), 3878–3883. doi:10.1016/j.neuropsychologia.2010.08.026.

Lovett, M.W., Lacerenza, L., De Palma, M., and Frijters, J.C. (2012). Evaluating the efficacy of remediation for struggling readers in high school. *Journal of Learning Disabilities, 45*(2), 151–169. doi:10.1177/0022219410371678.

Loyens, S.M.M., Magda, J. and Rikers, R.M.J.P. (2008). Self-directed learning in problem-based learning and its relationships with self-regulated learning. *Educational Psychology Review, 20*(4), 411-427. doi:10.1007/s10648-008-9082-7.

Low, L.K., and Cheng, H.-J. (2006). Axon pruning: An essential step underlying the developmental plasticity of neuronal connections. *Philosophical Transactions of the Royal Society B: Biological Sciences, 361*(1473), 1531-1544. doi:10.1098/rstb.2006.1883.

Lozano, S.C., Hard, B.M., and Tversky, B. (2006). Perspective taking promotes action understanding and learning. *Journal of Experimental Psychology: Human Perception and Performance, 32*(6), 1405-1421.

Lozoff, B. (2007). Iron deficiency and child development. *Food and Nutrition Bulletin, 28*(4 Suppl.), S560-S571.

Lozoff, B. (2011). Early iron deficiency has brain and behavior effects consistent with dopaminergic dysfunction. *Journal of Nutrition, 141*(4), 740S-746S.

Lozoff, B., Castillo, M., Clark, K.M., Smith, J.B., and Sturza, J. (2014). Iron supplementation in infancy contributes to more adaptive behavior at 10 years of age. *The Journal of Nutrition, 144*(6), 838-845. doi:10.3945/jn.113.182048.

Lubinski, D. (2000). Scientific and social significance of assessing individual differences: "Sinking shafts at a few critical points." *Annual Review of Psychology, 51,* 405-444.

Lyall, A.E., Savadjiev, P., Shenton, M.E., and Kubicki, M. (2016). Insights into the brain: Neuroimaging of brain development and maturation. *Journal of Neuroimaging in Psychiatry and Neurology, 1*(1), 10-19. doi.org/10.17756/jnpn.2016-003.

Lyons, I.M., and Beilock, S.L. (2012). When math hurts: Math anxiety predicts pain network activation in anticipation of doing math. *PLoS One, 7*(10), e48076. doi.org/10.1371/journal.pone.0048076.

MacArthur, C.A., Konold, T.R., Glutting, J.J., and Alamprese, J.A. (2010). Reading component skills of learners in adult basic education. *Journal of Learning Disabilities, 43*(2), 108-121.

MacIver, D., and Epstein, J. (1993). Middle grades research: Not yet mature, but no longer a child. *Elementary School Journal, 93,* 519-533.

MacLeod, J. (1987). *Ain't No Making It: Aspirations and Attainment in a Low-Income Neighborhood.* Boulder, CO: Westview Press.

MacLeod, J. (1995). *Ain't No Making It.* Boulder, CO: Westview Press.

Maehr, M.L. (1984). Meaning and motivation: Toward a theory of personal investment. In R. Ames and C. Ames (Eds.), *Research on Motivation in Education* (vol. 1, pp. 39-73). San Diego, CA: Academic Press.

Maehr, M.L., and Midgley, C. (1996). *Transforming School Cultures.* Boulder, CO: Westview Press.

Maehr, M.L., and Zusho, A. (2009). Achievement goal theory: The past, present, and future. In K.R. Wentzel and A. Wigfield (Eds.), *Handbook of Motivation in School* (pp. 77-104). New York: Taylor Francis.

Magnusson, S.J., and Palincsar, A.S. (2005). Teaching to promote the development of scientific knowledge and reasoning about light at the elementary school level. In J. Bransford and S. Donovan (Eds.), *How Students Learn: History, Mathematics, and Science in the Classroom* (pp. 421-474). Washington, DC: National Academies Press.

Magsamen-Conrad, K., Dowd, J., Abuljadail, M., Alsulaiman, S., and Shareefi, A. (2015). *Life-Span Differences in the Uses and Gratifications of Tablets: Implications for Older Adults.* Media and Communications Faculty Publications, Paper 39. Available: http://scholarworks.bgsu.edu/smc_pub/39 [December 2017].

Maisog, J.M., Einbinder, E.R., Flowers, D.L., Turkeltaub, P.E., and Eden, G.F. (2008). A metaanalysis of functional neuroimaging studies of dyslexia. *Annals of the New York Academy of Sciences, 1145,* 237-259. doi:10.1196/annals.1416.024.

Maki, Y., Kawasaki, Y., Demiray, B., and Janssen, S.M. (2015). Autobiographical memory functions in young Japanese men and women. *Memory, 23*(1), 11-24.

Malone, T.W. (1981). Toward a theory of intrinsically motivating instruction. *Cognitive Science, 5*(4), 333-369.

Malone, T., and Lepper (1987). Making learning fun: A taxonomy of intrinsic motivations for learning. In R. Snow and M.J. Farr (Eds.), *Aptitude, Learning, and Instruction Volume 3: Conative and Affective Process Analyses.* Hillsdale, NJ: Lawrence Earlbaum Associates.

Mandler, J.M. (1988). How to build a baby: On the development of an accessible representational system. *Cognitive Development, 3*(2), 113-136.

Mangels, J.A., Butterfield, B., Lamb, J., Good, C., and Dweck,

C.S. (2006). Why do beliefs about intelligence influence learning success? A social cognitive neuroscience model. *Social Cognitive and Affective Neuroscience, 1*(2), 75-86.

Margaryan, A., Littlejohn, A., and Milligan, C. (2013). Self-regulated learning in the workplace: Strategies and factors in the attainment of learning goals. *International Journal of Training and Development, 17*(4), 245-259. doi:10.1111/ijtd.12013.

Markus, H.R., and Kitayama, S. (1991). Culture and the self: Implications for cognition, emotion, and motivation. *Psychological Review, 98*(2), 224-253. doi. org/10.1037/0033-295X.98.2.224.

Marsh, E.J., Fazio, L.K., and Goswick, A.E. (2012). Memorial consequences of testing school-aged children. *Memory, 20*(8), 899-906. doi:10.1080/09658211.2012.708757.

Martens, A., Johns, M., Greenberg, J., and Schimel, J. (2006). Combating stereotype threat: The effect of self-affirmation on women's intellectual performance. *Journal of Experimental Social Psychology, 42*(2), 236-243. doi. org/10.1016/j.jesp.2005.04.010.

Marvel, C.L., and Desmond, J.E. (2010). Functional topography of the cerebellum in verbal working memory. *Neuropsychology Review, 20*(3), 271-279.

Master, A., Cheryan, S., and Meltzoff, A.N. (2015). Computing whether she belongs: Stereotypes undermine girls' interest and sense of belonging in computer science. *Journal of Educational Psychology, 108*(3), 424-437.

Maurer, T.J., Weiss, E.W., and Barbeite, F.G. (2003). A model of involvement in work-related learning and development activity: The effects of individual, situational, motivational, and age variables. *Journal of Applied Psychology, 88*(4), 707-724.

Mawdsley, M., Grasby, K., and Talk, A. (2014). The effect of sleep on item recognition and source memory recollection among shift-workers and permanent day-workers. *Journal of Sleep Research, 23*(5), 538-544.

Mayer, R.E. (2001). *Multimedia Learning.* New York: Cambridge University Press

Mayer, R.E. (2004). Should there be a three-strikes rule against pure discovery learning? The case for guided methods of instruction. *American Psychologist, 59*(1), 14-19.

Mayer, R.E. (2009). *Multimedia Learning* (2nd ed.). New York: Cambridge University Press.

Mayer, R.E. (2014). *Computer Games for Learning: An Evidence-based Approach.* Cambridge, MA: MIT Press.

Mayer, R.E. (2016). What should be the role of computer games in education? *Policy Insights from the Behavioral and Brain Sciences, 3*(1), 20-26. doi:10.1177/2372732215621311.

Mayer, R.E., and Johnson, C.I. (2010). Adding instructional features that promote learning in a game-like environment. *Journal of Educational Computing Research, 42*(3), 241-265. doi:10.2190/EC.42.3.a.

Mazur, E. (1997). *Peer Instruction: A User's Manual.* Upper Saddle River, NJ: Prentice Hall.

McCaslin, M., and Burross, H.L. (2011). Research on individual differences within a sociocultural perspective: Co-regulation and adaptive learning. *Teachers College Record, 113*(2), 325-349.

McClelland, M.M., Cameron, C.E., Connor, C.M., Farris, C.L., Jewkes, A.M., and Morrison, F.J. (2007). Links between behavioral regulation and preschoolers' literacy, vocabulary, and math skills. *Developmental Psychology, 43*(4), 947-959.

McCollough, C. (1965). Color adaptation of edge-detectors in the human visual system. *Science, 149*(3688), 1115-1116.

McDaniel, M.A., and Donnelly, C.M. (1996). Learning with analogy and elaborative interrogation. *Journal of Educational Psychology, 88*(3), 508-519. doi:10.1037/0022-0663.88.3.508.

McDermott, R.P., and Varenne, H. (1996). Culture, development, disability. In R. Jessor, A. Colby, and R.A. Shweder (Eds.), *Ethnograpny and Human Development.* Chicago: The University of Chicago Press.

McGinnis, D., Goss, R., Tessmer, C., and Zelinski, E.M. (2008). Inference generation in young, young-old and old-old adults: Evidence for semantic architecture stability. *Applied Cognitive Psychology, 22*(2), 171-192.

McKoon, G., and Ratcliff, R. (1992). Inference during reading. *Psychological Review, 99*(3), 440-466.

McKown, C., and Strambler, M.J. (2009). Developmental antecedents and social and academic consequences of stereotype-consciousness in middle childhood. *Child Development, 80*(6), 1643-1659. doi:10.1111/j.1467-8624.2009.01359.x.

McNamara, D.S. (2004). SERT: Self-explanation reading training. *Discourse Processes, 38*(1), 1-30. doi:10.1207/s15326950dp3801_1.

McNamara, D.S., Jacovina, M.E., and Allen, L.K. (2015). Higher order thinking in comprehension. In P. Afflerbach (Ed.), *Handbook of Individual Differences in Reading: Text and Context* (pp. 164–176). New York: Taylor and Francis, Routledge.

McNaughten, D., and Gabbard, C. (1993). Physical exertion and immediate mental performance of sixth-grade children. *Perceptual and Motor Skills, 77*(3 Suppl.), 1155–1159.

McQueen, A., and Klein, W.M.P. (2006). Experimental manipulations of self-affirmation: A systematic review. *Self and Identity, 5*(4), 289–354. doi.org/10.1080/15298860600805325.

Means, B., Toyama, Y., Murphy, R., Bakia, M., and Jones, K. (2010). *Evaluation of Evidence Based Practices in Online Learning: A Meta-Analysis and Review of Online Learning Studies.* Monograph. Available: http://www.ed.gov/about/offices/list/opepd/ppss/reports.html [November 2017].

Means, B., Toyama, Y., Murphy, R., and Baki, M. (2013). The effectiveness of online and blended learning: A meta-analysis of the empirical literature. *Teachers College Record, 115*, 1–47. Available: https://www.sri.com/sites/default/files/publications/effectiveness_of_online_and_blended_learning.pdf [December 2017].

Means, B., Shear, L., and Roschelle, J. (2015). *Using Technology and Evidence to Promote Cultures of Educational Innovation: The Example of Science and Mathematics Education.* Menlo Park, CA: SRI International.

Means, B., Murphy, R., and Shear, L. (2017). *Pearson | SRI Series on Building Efficacy in Learning Technologies* (Vol. 1). London, UK: Pearson.

Medaglia, J.D., Lynall, M.E., and Bassett, D.S. (2015). Cognitive network neuroscience. *Journal of Cognitive Neuroscience, 27*(8), 1471–1491.

Medimorecc, M.A., Pavlik, P., Olney, A., Graesser, A.C., and Risko, E.F. (2015). The language of instruction: Compensating for challenge in lectures. *Journal of Educational Psychology, 107*(4), 971–990.

Medin, D.L., and Bang, M. (2013). Culture in the classroom. *Phi Delta Kappan, 95*(4), 64–67.

Medin, D.L., and Bang, M. (2014). *Who's Asking? Native Science, Western Science and Science Education.*

Cambridge, MA: MIT Press.

Meeusen, R., Piacentini, M.F., and De Meirleir, K. (2001). Brain microdialysis in exercise research. *Sports Medicine, 31*(14), 965–983.

Mellard, D.F., and Patterson, M.B. (2008). Contrasting adult literacy learners with and without specific learning disabilities. *Remedial and Special Education, 29*(3), 133–144. doi.org/10.1177/0741932508315053.

Metcalfe, B. (2013). Metcalfe's law after 40 years of ethernet. *Computer, 46*(12), 26–31. doi:10.1109/MC.2013.374.

Meyer, A.N.D., and Logan, J.M. (2013). Taking the testing effect beyond the college freshman: Benefits for lifelong learning. *Psychology and Aging, 28*(1), 142–147. doi:10.1037/a003089010.1037/a0030890.supp.

Meyer, A., Rose, D.H., and Gordon, D. (2014). *Universal Design for Learning: Theory and Practice.* Wakefield, MA: CAST Professional.

Michaels, S., and O'Connor, C. (2012). *Talk Science Primer.* Available: https://inquiryproject.terc.edu/shared/pd/TalkScience_Primer.pdf [July 2018].

Middleton, M.J., and Midgley, C. (1997). Avoiding the demonstration of lack of ability: An unexplored aspect of goal theory. *Journal of Educational Psychology, 89*(4), 710–718.

Midgley, C., Arunkumar R., and Urdan, T. (1996). If I don't do well tomorrow, there's a reason: Predictors of adolescents' use of academic self-handicapping behavior. *Journal of Educational Psychology, 88*(3), 423–434. doi.org/10.1037/0022-0663.88.3.423.

Midgley, C., Kaplan, A., and Middleton, M.J. (2001). Performance approach goals: Good for what, for whom under what circumstances, and at what cost? *Journal of Educational Psychology, 93*(1), 77–86. doi.org/10.1037/0022-0663.93.1.77.

Mihalca, L., and Miclea, M. (2007). Current trends in educational technology research. *Cognition, Brain, Behavior, 9*(1), 115–129.

Milgram, P., and Kishino, A.F. (1994). Taxonomy of mixed reality visual displays. *IEICE Transactions on Information Systems, E77-D*(12), 1321–1329. Available: http://citeseerx.ist.psu.edu/viewdoc/download?doi=10.1.1.102.4646&rep=rep1&type=pdf [December 2017].

Miron, G., Huerta, L., Cuban, L., Horvitz, B., Gulosino, C., Rice, J.K., and Shafer, S.R. (2013). *Virtual Schools in the*

U.S. 2013: Politics, Performance, Policy, and Research Evidence. Boulder, CO: National Education Policy Center. Available: http://nepc.colorado.edu/publication/virtual-schools-annual-2013 [December 2017].

Mislevy, R.J., Steinberg, L.S., and Almond, R.G. (2003). On the structure of educational assessments. *Measurement: Interdisciplinary Research and Perspectives, 1*(1), 3-62.

Mislevy, R.J., Steinberg, L.S., Almond, R.G., and Lukas, J.F. (2006). Concepts, terminology, and basic models of evidence-centered design. In D.M. Williamson, I.I. Bejar, and R.J. Mislevy (Eds.), *Automated Scoring of Complex Tasks in Computer-Based Testing* (pp. 15-48). Mahwah, NJ: Erlbaum.

Mitchell, K.J., Johnson, M.K., Raye, C.L., Mather, M., and D'Esposito, M. (2000). Aging and reflective processes of working memory: Binding and test load deficits. *Psychological Aging, 15*(3), 527-541.

Mitrovic, A., Martin, B., and Suraweera, P. (2007). Intelligent tutors for all: The constraint-based approach. *IEEE Intelligent Systems, 22*(4), 38-45.

Miyake, A., Kost-Smith, L.E., Finkelstein, N.D., Pollock, S.J., Cohen, G.L., and Ito, T.A. (2010). Reducing the gender achievement gap in college science: A classroom study of values affirmation. *Science, 330*(6008), 1234-1237. doi:10.1126/science.1195996.

Moeller, B., and Reitzes, T. (2011). *Education Development Center, Inc. (EDC). Integrating Technology with Student-Centered Learning*. Quincy, MA: Nellie Mae Education Foundation.

Moffitt, T.E., Arseneault, L., Belsky, D., Dickson, N., Hancox, R.J., Harrington, H., Houts, R., Poulton, R., Roberts, B.W., Ross, S., Sears, M.R., Thomson, W.M., and Caspi, A. (2011). A gradient of childhood self-control predicts health, wealth, and public safety. *Proceedings of the National Academy of Sciences of the United States of America, 108*(7), 2693-2698. doi:10.1073/pnas.1010076108.

Moje, E.B., Ciechanowski, K.M., Kramer, K., Ellis, L., Carrillo, R., and Collazo, T. (2004). Working toward third space in content area literacy: An examination of everyday funds of knowledge and discourse. *Reading Research Quarterly, 39*(1), 38-70.

Molfese, D. (2000). Predicting dyslexia at 8 years of age using neonatal brain responses. *Brain & Language, 72*(3), 238-245.

Moll, L., Amanti, C., Neff, D., and Gonzalez, N. (1992). Funds of knowledge for teaching: Using a qualitative approach to connect homes and classrooms. *Theory Into Practice, XXXI*(2), 132-141.

Moller, A.C., Deci, E.L., and Ryan, R.M. (2006). Choice and ego-depletion: The moderating role of autonomy. *Personality and Social Psychology Bulletin, 32*(8), 1024-1036.

Moore, M.G., and Kearsley, G. (1996). *Distance Education: A Systems View*. New York: Wadsworth.

Moos, D., and Rongdal, A. (2012). Self-regulated learning in the classroom: A literature review on the teacher's role. *Education Research International*, Article ID 423284. Available: https://www.hindawi.com/journals/edri/2012/423284 [December 2017]. doi.org/10.1155/2012/423284.

Moreno, R., and Mayer, R.E. (2007). Interactive multimodal learning environments. *Educational Psychology Review, 19*(3), 309-326.

Morgeson, F.P., and Humphrey, S.E. (2006). The Work Design Questionnaire (WDQ), Developing and validating a comprehensive measure for assessing job design and the nature of work. *Journal of Applied Psychology, 91*(6), 1321-1339. doi.org/10.1037/0021-9010.91.6.1321.

Morrell, E. (2008). Six summers of YPAR: Learning, action and change in urban education. In J. Cammarota and M. Fine (Eds.), *Revolutionizing Education: Youth Participatory Action Research in Motion* (pp. 155-184). New York: Routledge.

Morrell, R.W., Mayhorn, C.B., and Echt, K.V. (2004). Why older adults use or do not use the Internet. In D.C. Burdick and S. Kwon (Eds.), *Gerotechnology: Research and Practice in Technology and Aging* (pp. 71-85). New York: Springer..

Morris, M.W., and Peng, K. (1994). Culture and cause: American and Chinese attributions for social and physical events. *Journal of Personality and Social Psychology, 67*(6), 949-971. Available: http://citeseerx.ist.psu.edu/viewdoc/download?doi=10.1.1.320.1966&rep=rep1&type=pdf [December 2017].

Morris, M.W., Chiu, C., and Liu, Z. (2015). Polycultural psychology. *Annual Reviews of Psychology, 66*, 631-659. doi.org/10.1146/annurev-psych-010814-015001.

Moscovitch, M. (1992). Memory and working-with-memory:

A component process model based on modules and central systems. *Journal of Cognitive Neuroscience, 4*(3), 257–267. doi:10.1162/jocn.1992.4.3.257.

Moss, P., and Haertel, E. (2016). Engaging methodological pluralism. In D. Gitomer and C. Bell (Eds.), *Handbook of Research on Teaching* (5th ed., pp. 127–248). Washington, DC: American Educational Research Association.

Mourey, J.A., Lam, B.C.P., and Oyserman, D. (2015). Consequences of cultural fluency. *Social Cognition, 33*(4), 308–344.

Mozolic, J.L., Hugenschmidt, C.E., Peiffer, A.M., and Laurienti, P.J. (2012). Multisensory integration and aging. In M.M. Murray and M.T. Wallace (Eds.), *The Neural Bases of Multisensory Processes* (pp. 381–394). Boca Raton, FL: CRC Press/Taylor & Francis.

Mueller, C.M., and Dweck, C.S. (1998). Praise for intelligence can undermine children's motivation and performance. *Journal of Personality and Social Psychology, 75*(1), 33–52.

Mueller, P.A., and Oppenheimer, D.M. (2014). The pen is mightier than the keyboard. *Psychological Science, 25*(6), 1159–1168. doi:10.1177/0956797614524581.

Mullen, M.K. (1994). Earliest recollections of childhood: A demographic analysis. *Cognition, 52*(1), 55–79.

Mullins, D., Rummel, N., and Spada, H. (2011). Are two heads always better than one? Differential effects of collaboration on students' computer-supported learning in mathematics. *International Journal of Computer-Supported Collaborative Learning, 6*(3), 421–443.

Murayama, K., and Kuhbandner, C. (2011). Money enhances memory consolidation—but only for boring material. *Cognition, 119*(1), 120–124. doi:10.1016/j.cognition.2011.01.001.

Murayama, K., Pekrun, R., Lichtenfeld, S., and Vom Hofe, R. (2013). Predicting long-term growth in students' mathematics achievement: the unique contributions of motivation and cognitive strategies. *Child Developoment, 84*(4), 1475–1490. doi 10.1111/cdev.12036.

Murayama, K., Matsumoto, M., Izuma, K., Sugiura, A., Ryan, R.M., Deci, E.L., and Matsumoto K. (2015). How self-determined choice facilitates performance: A key role of the ventromedial prefrontal cortex. *Cerebral Cortex, 25*(5), 1241–1251. doi:10.1093/cercor/bht317.

Myhre, J.W., Mehl, M.R., and Glisky, E.L. (2017). Cognitive benefits of online social networking for healthy older adults. *Journals of Gerontology. Series B: Psychological Sciences and Social Sciences, 72*(5), 752–760. doi:10.1093/geronb/gbw025.

Myles-Worsley, M., Johnston, W.A., and Simons, M.A. (1988). The influence of expertise on X-ray image processing. *Journal of Experimental Psychology: Learning, Memory, and Cognition, 14*(3), 553–557.

Nader, K. (2003). Memory traces unbound. *Trends in Neurosciences, 26*(2), 65–72.

Nash, J., Collins, B., Loughlin, S.E., Solbrig, M., Harvey, R., Krishnan-Sarin, S., Unger, J., Miner, C., Rukstalis, M., Shenassa, E., Dube, C., and Spirito, A. (2003). Training the transdisciplinary scientist: A general framework applied to tobacco use behavior. *Nicotine and Tobacco Research, 5*(Suppl. 1), S41–S53.

Nasir, N.S. (2002). Identity, goals, and learning: Mathematics in cultural practice. *Mathematical Thinking and Learning, 4*(2–3), 213–247.

Nasir, N.S., and de Royston, M. (2013). Power, identity, and mathematical practices outside and inside school. *Journal of Research in Mathematics Education, 44*(1), 264–287.

Nasir, N.S., and Hand, V.M. (2006). Exploring Sociocultural perspectives on race, culture, and learning. *Review of Educational Research, 76*, 449–475.

Nasir, N.S., Rosenbery, A.S., Warren, B., and Lee, C.D. (2006). Learning as a cultural process: Achieving equity through diversity. In R.K. Sawyer (Ed.), *The Cambridge Handbook of the Learning Sciences* (pp. 489–504). New York: Cambridge University Press.

Nation, K., Adams, J.W., Bowyer-Crane, C.A., and Snowling, M.J. (1999). Working memory deficits in poor comprehenders reflect underlying language impairments. *Journal of Experimental Child Psychology, 73*(2), 139–158. doi:10.1006/jecp.1999.2498.

National Academies of Sciences, Engineering, and Medicine. (2017). *Promoting the Educational Success of Children and Youth Learning English: Promising Futures.* Washington, DC: The National Academies Press.

National Association for the Education of Young Children and Fred Rogers Center. (2012). *Key Messages of the NAEYC/Fred Rogers Center Position Statement on Technology and Interactive Media in Early Childhood Programs.* Available: https://www.naeyc.org/files/naeyc/file/

positions/KeyMessages_Technology.pdf [December 2017].

National Institute for Literacy. (2008). *Investigating the Language and Literacy Skills Required for Independent Online Learning*. Washington, DC: Author. Available: http://eric.ed.gov/PDFS/ED505199.pdf [December 2017].

National Research Council. (1998). *Preventing Reading Difficulties in Young Children*. Washington, DC: National Academy Press.

National Research Council. (1999b). *How People Learn: Brain, Mind, Experience, and School*. Washington, DC: National Academy Press.

National Research Council. (1999c). *How People Learn: Bridging Research and Practice*. Washington, DC: National Academy Press.

National Research Council. (2000). *How People Learn: Brain, Mind, Experience, and School: Expanded Edition*. Washington, DC: National Academy Press.

National Research Council. (2001a). *Knowing What Students Know: The Science and Design of Educational Assessment*. Washington, DC: National Academy Press.

National Research Council. (2001b). *Adding It Up: Helping Children Learn Mathematics*. Washington, DC: National Academy Press.

National Research Council. (2005). *How Students Learn: History, Mathematics, and Science in the Classroom*. Washington, DC: The National Academies Press.

National Research Council. (2006). *America's Lab Report: Investigations in High School Science*. Washington, DC: The National Academies Press.

National Research Council. (2007). *Taking Science to School: Learning and Teaching Science in Grades K-8*. Washington, DC: The National Academies Press.

National Research Council. (2009). *Learning Science in Informal Environments: People, Places, and Pursuits*. Washington, DC: The National Academies Press.

National Research Council. (2011a). *Incentives and Test-based Accountability in Education*. Washington, DC: The National Academies Press.

National Research Council. (2011b). *Mathematics Learning in Early Childhood: Paths toward Excellence and Equity*. Washington, DC: The National Academies Press.

National Research Council. (2011c). *Assessing 21st Century Skills: Summary of a Workshop*. Washington, DC: The National Academies Press. doi:10.17226/13215.

National Research Council. (2012a). *Discipline-Based Education Research: Understanding and Improving Learning in Undergraduate Science and Engineering*. Washington, DC: The National Academies Press.

National Research Council. (2012b). *Education for Life and Work: Developing Transferable Knowledge and Skills in the 21st Century*. Washington, DC: The National Academies Press.

National Research Council. (2012c). *Improving Adult Literacy Instruction: Options for Practice and Research*. Washington, DC: The National Academies Press.

National Research Council. (2014). *Developing Assessments for the Next Generation Science Standards*. Washington, DC: The National Academies Press.

National Research Council and Institute of Medicine. (2009). *Preventing Mental, Emotional, and Behavioral Disorders Among Young People: Progress and Possibilities*. Washington, DC: The National Academies Press.

National Research Council and Institute of Medicine. (2015). *Transforming the Workforce for Children Birth Through Age 8: A Unifying Foundation*. Washington, DC: The National Academies Press.

National Scientific Council on the Developing Child. (2006). *Early Exposure to Toxic Substances Damages Brain Architecture*. Working Paper No. 4. Available:https://developingchild.harvard.edu/resources/early-exposure-to-toxic-substances-damages-brain-architecture [December 2017].

National Sleep Foundation. (2006). *Teens and Sleep*. Washington, DC: National Sleep Foundation. Available: http://www.sleepfoundation.org/article/sleep-america-polls/2006-teens-and-sleep [June 2018].

National Sleep Foundation. (2008). *2008 Sleep in America Poll*. Available: https://sleepfoundation.org/sites/default/files/2008%20POLL%20SOF.PDF [December 2017].

Naveh-Benjamin, M., and Kilb, A. (2012). How the measurement of memory processes can affect memory performance: The case of remember/know judgments. *Journal of Experimental Psychology: Learning, Memory and Cognition, 38*(1), 194-203.

Naveh-Benjamin, M., Brav, T.K., and Levy, O. (2007). The associative memory deficit of older adults: The role of strategy utilization. *Psychology and Aging, 22*(1), 202-208.

Nelson, C.A., Zeanah, C.H., Fox, N.A., Marshall, P.J., Smyke, A.T., and Guthrie, D. (2007). Cognitive recovery in socially deprived young children: The Bucharest Early Intervention Project. *Science, 318*(5858), 1937-1940.

Nelson, C.A., Furtado, E.A., Fox, N.A., and Zeanah, C.H. (2009). The deprived human brain. *American Scientist, 97,* 222-229.

Nelson, C.A., Fox, N.A., and Zeanah, C.H. (2014). *Romania's Abandoned Children: Deprivation, Brain Development and the Struggle for Recovery.* Cambridge, MA: Harvard University Press.

Nelson, K. (1974). Concept, word, and sentence: Interrelations in acquisition and development. *Psychological Review, 81*(4), 267-285. doi.org/10.1037/h0036592.

Neuhoff, N., Bruder, J., Bartling, J., Warnke, A., Remschmidt, H., Muller-Myhsok, B., and Schulte-Korne, G. (2012). Evidence for the late MMN as a neurophysiological endophenotype for dyslexia. *PLoS One, 7*(5), 1-7. doi:10.1371/journal.pone.0034909.

Nevarez, M.D., Rifas-Shiman, S.L., Kleinman, K.P., Gillman, M.W., and Taveras, E.M. (2010). Associations of early life risk factors with infant sleep duration. *Academic Pediatrics, 10*(3), 187-193.

Nevo, E., and Breznitz, Z. (2011). Assessment of working memory components at 6 years of age as predictors of reading achievements a year later. *Journal of Experimental Child Psychology, 109*(1), 73-90. doi.org/10.1016/j.jecp.2010.09.010.

Newman, L., Wagner, M., Cameto, R., and Knokey, A. (2009). *The Post-High School Outcomes of Youth with Disabilities up to 4 Years after High School: A Report from the National Longitudinal Transition Study-2 (NLTS2).* NCSER 2009-3017. Menlo Park, CA: SRI International

Newman, L., Wagner, M., Cameto, R., Knokey, A.M., and Shaver, D. (2010). *Comparisons across Time of the Outcomes of Youth with Disabilities up to 4 Years after High School.* Menlo Park, CA: SRI International. Available: www.nlts2.org/reports/2010_09/nlts2_report_2010_09_complete.pdf [December 2017].

Ng, T.W.H., and Feldman, D.C. (2008). The relationship of age to ten dimensions of job performance. *Journal of Applied Psychology, 93*(2), 392-423. doi.org/10.1037/0021-9010.93.2.392.

Nicholls, J.G. (1984). Achievement motivation: Conceptions of ability, subjective experience, task choice and performance. *Psychological Review, 91*(3), 328-346. doi.org/10.1037/0033-295X.91.3.328.

Nielsen, M., Haun, D., Kartner, J., and Legare, C.H. (2017). The persistent sampling bias in developmental psychology: A call to action. *Journal of Experimental Child Psychology, 162,* 31-38. doi.org/10.1016/j.jecp.2017.04.017.

Nile, E., and Van Bergen, P. (2015). Not all semantics: Similarities and differences in reminiscing function and content between Indigenous and non-Indigenous Australians. *Memory, 23*(1), 83-98.

Nisbett, R.E., Peng, K., Choi, I., and Norenzayan, A. (2001). Culture and systems of thought: Holistic versus analytic cognition. *Psychological Review, 108*(2), 291-310.

Nobel, K.G., Engelhardt, L.E., Brito, N.H., Mack, L.J., Nail, E.J., Angal, J., Barr, R., Fifer, W.P., Elliott, A.J., and in collaboration with the PASS Network. (2015). Socioeconomic disparities in neurocognitive development in the first two years of life. *Developmental Psychobiology, 57,* 535-551.

Nokes, J.D., Dole, J.A., and Hacker, D.J. (2007). Teaching high school students to use heuristics while reading historical texts. *Journal of Educational Psychology, 99*(3), 492-504.

Nokes-Malach, T.J., VanLehn, K., Belenky, D.M., Lichtenstein, M., and Cox, G. (2013). Coordinating principles and examples through analogy and self-explanation. *European Journal of Psychology of Education, 28*(4), 1237-1263. doi:10.1007/s10212-012-0164-z.

Norman, D.A. (2013), *The Design of Everyday Things: Revised and Expanded Edition.* New York: Basic Books.

Norton, E.S., Beach, S.D., and Gabrieli, J.D. (2015). Neurobiology of dyslexia. *Current Opinion in Neurobiology, 30,* 73-78. doi:10.1016/j.conb.2014.09.007.

Nunez, R., and Cooperrider, K. (2013). The tangle of space and time in human cognition. *Trends in Cognitive Sciences, 17*(5), 220-229.

Nye, B.D., Graesser, A.C., and Hu, X. (2014). AutoTutor and family: A review of 17 years of natural language tutoring. *International Journal of Artificial Intelligence, 24*(4), 427-469.

OECD. (2013). *PISA 2015: Draft Collaborative Problem Solving Framework.* Available: https://www.oecd.

org/pisa/pisaproducts/Draft%20PISA%202015%20 Collaborative%20Problem%20Solving%20Framework%20. pdf [December 2017].

OECD. (2015). *PISA 2015 Released Field Trial Cognitive Items*. Available: www.oecd.org/pisa/pisaproducts/ PISA2015-Released-FT-Cognitive-Items.pdf [December 2017].

Ohman, A., and Mineka, S. (2001). Fears, phobia, and preparedness: Toward an evolved module of fear and fear learning. *Psychological Review, 108*(3), 483-522.

Ojalehto, B.L., and Medin, D. (2015a). Emerging trends in culture and concepts. In R. Scott and S. Kosslyn (Eds.), *Emerging Trends in the Social and Behavioral Sciences: An Interdisciplinary, Searchable, and Linkable Resource*. New York: John Wiley & Sons.

Ojalehto, B.L., and Medin, D. (2015b). Perspectives on culture and concepts. *Annual Review of Psychology, 66*, 249-275. doi.org/10.1146/annurev-psych-010814-015120.

Ojalehto, B., and Medin, D.L. (2015c). Theory of mind in the Pacific: Reasoning across cultures. *Ethos, 43*(1), E5-E8.

Okonofua, J.A., Paunesku, D., and Walton, G.M. (2016). Brief intervention to encourage empathic discipline cuts suspension rates in half among adolescents. *Proceedings of the National Academy of Sciences of the United States of America, 113*(9), 5221-5226.

Old, S.R., and Naveh-Benjamin, M. (2012). Age differences in memory for names: The effect of prelearned semantic associations. *Psychology and Aging, 27*(2), 462-473.

Oliver, M., and Conole, G. (2003). Evidence-based practice and e-learning in higher education: Can we and should we? *Research Papers in Education, 18*(4), 385-397. doi:1 0.1080/0267152032000176873.

O'Neil, H.F., and Perez, R.S. (2008). *Computer Games and Team and Individual Learning*. Boston, MA: Elsevier.

Ornstein, P.A., Coffman, J.L., Grammer, J.K., San Souci, P.P., and McCall, L.E. (2010). Linking the classroom context and the development of children's memory skills. In J. Meece and J. Eccles (Eds.), *Handbook of Research on Schools, Schooling, and Human Development* (pp. 42-59). New York: Routledge.

Osborne, R., and Freyberg, P. (1985). *Learning in Science: The Implications of Children's Science*. Auckland, New Zealand: Heinneman.

Osborne, J., Erduran, S., and Simon, S. (2004). Enhancing the quality of argumentation in school science. *Journal of Research in Science Teaching, 41*(10), 994-1020.

Oyserman, D. (2011). Culture as situated cognition: Cultural mindsets, cultural fluency, and meaning making. *European Review of Social Psychology, 22*(1), 164-214.

Oyserman, D., Gant, L., and Ager, J. (1995). A socially contextualized model of African American identity: Possible selves and school persistence. *Journal of Personality and Social Psychology, 69*(6), 1216-1232. doi. org/10.1037/0022-3514.69.6.1216.

Oyserman, D., Sorensen, N., Reber, R., and Chen, S.X. (2009). Connecting and separating mindsets: Culture as situated cognition. *Journal of Personality and Social Psychology, 97*(2), 217-235. doi:10.1037/a0015850.

Oyserman, D., Destin, M., and Novin, S. (2015). The context-sensitive future self: Possible selves motivate in context, not otherwise. *Self and Identity, 14*(2), 173-188. doi:10.1080/ 15298868.2014.965733.

Ozgungor, S., and Guthrie, J.T. (2004). Interactions among elaborative interrogation, knowledge, and interest in the process of constructing knowledge from text. *Journal of Educational Psychology, 96*(3), 437-443. doi:10.1037/0022-0663.96.3.437.

Pacer, M., and Lombrozo, T. (2017). Occam's razor cuts to the root: Simplicity in causal explanation. *Journal of Experimental Psychology: General, 146*(12), 1761-1780.

Packer, M.J. (1985). Hermeneutic inquiry in the study of human conduct. *American Psychologist, 40*(10), 1081-1093. doi.org/10.1037/0003-066X.40.10.1081.

Palincsar, A.S. (2013). Reciprocal teaching. In J. Hattie and E. M. Anderman (Eds.), *International Guide to Student Achievement* (pp. 369-371). New York: Routledge/Taylor and Francis Group.

Palincsar, A.S., and Brown, A.L. (1984). Reciprocal teaching of comprehension-fostering and comprehension-monitoring activities. *Cognition and Instruction, 1*(2), 117-175. doi:10.1207/s1532690xci0102_1.

Palincsar, A.S., and Magnusson, S.J. (2001). The interplay of firsthand and text-based investigations to model and support the development of scientific knowledge and reasoning. In S. Carver and D. Klahr (Eds.), *Cognition and Instruction: Twenty Five Years of Progress* (pp. 151-194). Mahwah, NJ: Lawrence Erlbaum.

Panadero, E. (2017). A review of self-regulated learning:

Six models and directions for research. *Frontiers in Psychology, 8*, 422. doi:10.3389/fpsyg.2017.00422.

Panksepp, J., and Biven, L. (2012). *The Archaeology of the Mind: Neuroevolutionary Origins of Human Emotions.* New York: W.W. Norton & Company.

Paris, D. (2012). Culturally sustaining pedagogy a needed change in stance, terminology, and practice. *Educational Researcher, 41*(3), 93-97.

Paris, S., and Upton, L. (1976). Children's memory for inferential relationships in prose. *Child Development, 47*(3), 660-668. Available: http://www.jstor.org/stable/1128180 [December 2017].

Park, D.C., and Gutchess, A.H. (2002). Aging, cognition, and culture: A neuroscientific perspective. *Neuroscience & Biobehavioral Reviews, 26*(7), 859-867.

Park, D.C., and Reuter-Lorenz, P.A. (2009). The adaptive brain: Aging and neurocognitive scaffolding. *Annual Review of Psychology, 60*, 173-196. doi:10.1146/annurev.psych.59.103006.093656.

Park, D.C., Lautenschlager, G., Hedden, T., Davidson, N.S., Smith, A.D., and Smith, P.K. (2002). Models of visuospatial and verbal memory across the adult life span. *Psychology and Aging, 17*(2), 299-320.

Park, D.C., Lodi-Smith, J., Drew, L., Haber, S., Hebrank, A., Bischof, G.N., and Aamodt, W. (2014). The impact of sustained engagement on cognitive function in older adults. The Synapse Project. *Psychological Science, 25*(1), 103-112.

Parsons, S.A., Metzger, S.R., Askew, J., and Carswell, A. (2011). Teaching against the grain: One Title I school's journey toward project-based literacy instruction. *Literacy Research and Instruction, 50*(1), 1-14. doi.org/10.1080/19388070903318413.

Pascarella, E., Pierson, C., Wolniak, G., and Terenzini, P. (2004). First-generation college students: Additional evidence on college experiences and outcomes. *Journal of Higher Education, 75*(3), 249-284.

Pashler, H., Bain, P.M., Bottge, B.A., Graesser, A., Koedinger, K., McDaniel, M., and Metcalfe, J. (2007). *Organizing Instruction and Study to Improve Student Learning: A Practice Guide.* NCER 2007-2004. Washington, DC: Institute of Education Sciences.

Pashler, H., McDaniel, M., Rohrer, D., and Bjork, R. (2008). Learning styles concepts and evidence. *Psychological*

Science in the Public Interest, 9*(3), 105-119.

Pasnik, S., and Llorente, C. (2013). *Preschool Teachers Can Use a PBS KIDS Transmedia Curriculum Supplement to Support Young Children's Mathematics Learning: Results of a Randomized Controlled Trial.* Waltham, MA: Center for Technology in Learning and Menlo Park, CA: SRI International.

Pasnik, S., Llorente, C., Hupert, N., and Moorthy, S. (2015). *Children's Educational Media 2010-2015: A Report to the CPB-PBS Ready to Learn Initiative.* Menlo Park, CA: SRI International and New York: Education Development Center.

Patall, E.A. (2013). Constructing motivation through choice, interest, and interestingness. *Journal of Educational Psychology, 105*(2), 522-534. doi: 10.1037/a0030307.

Patall, E.A., Cooper, H., and Robinson, J.C. (2008). The effects of choice on intrinsic motivation and related outcomes: A meta-analysis of research findings. *Psychological Bulletin, 134*(2), 270-300. doi.org/10.1037/0033-2909.134.2.270.

Patall, E.A., Cooper, H., and Wynn, S.R. (2010). The effectiveness and relative importance of choice in the classroom. *Journal of Educational Psychology, 102*(4), 896-915.

Patall, E.A., Sylvester, B.J., and Han, C.W. (2014). The role of competence in the effects of choice on motivation. *Journal of Experimental Social Psychology, 50*(1), 27-44. doi:10.1016/j.jesp.2013.09.002.

Patel, V.L., and Groen, G.J. (1991). Developmental accounts of the transition from medical student to doctor: Some problems and suggestions. *Medical Education, 25*(6), 527-535.

Patel, V.L., Groen, G.J., and Frederiksen, C.H. (1986). Differences between medical students and doctors in memory for clinical cases. *Medical Education, 20*(1), 3-9.

Pavlik, P.I. Jr., and Anderson, J.R. (2008). Using a model to compute the optimal schedule of practice. *Journal of Experimental Psychology: Applied, 14*(2), 101-117.

Pavlik, P.I. Jr., Kelly, C., and Maass, J.K. (2016). The Mobile Fact and Concept Training System (MoFaCTS). In A. Micarelli, J. Stamper, and K. Panourgia (Eds.), *Intelligent Tutoring Systems. ITS 2016. Lecture Notes in Computer Science* (Vol. 9684). Cham, Switzerland: Springer.

Peich, M.-C., Husain, M., and Bays, P.M. (2013). Age related decline of precision and binding in visual working memory.

Psychology and Aging, 28(3), 729-743. doi:10.1037/a0033236.

Pellegrino, J.W. (2014). Assessment as a positive influence on 21st century teaching and learning: A systems approach to progress. *Psicología Educativa, 20*, 65-77.

Pennington, C.R., Heim, D., Levy, A.R., and Larkin, D.T. (2016). Twenty years of stereotype threat research: A review of psychological mediators. *PLoS One, 11*(1), 1-25. doi:10.1371/journal.pone.0146487.

Penuel, W.R., Bates, L., Gallagher, L.P., Pasnik, S., Llorente, C., Townsend, E., Hupert, N., Dominguez, X, and VanderBorght, M. (2012). Supplementing literacy instruction with a media-rich intervention: Results of a randomized controlled trial. *Early Childhood Research Quarterly, 27*(1), 115-127. doi.org/10.1016/j.ecresq.2011.07.002.

Pesce, C., Crova, C., Cereatti, L., Casella, R., and Bellucci, M. (2009). Physical activity and mental performance in preadolescents: Effects of acute exercise on free-recall memory. *Mental Health and Physical Activity, 2*(1), 16-22.

Pew Research Center. (2014). *Older Adults and Technology Use*. Available: http://www.pewinternet.org/2014/04/03/older-adults-and-technology-use [December 2017].

Phinney, J.S., and Haas, K. (2003). The process of coping among ethnic minority first-generation college freshman: A narrative approach. *The Journal of Social Psychology, 143*(6), 707-726.

Pinkard, N., Erete, S., Martin, C., and McKinney de Royston, M. (2017). Digital youth divas: Exploring narrative-driven curriculum to trigger middle school girls' interest in computational activities. *Journal of the Learning Sciences, 26*(3), 477-516. doi.org/10.1080/10508406.2017.1307199.

Pintrich, P.R. (2000). Multiple goals, multiple pathways: The role of goal orientation in learning and achievement. *Journal of Educational Psychology, 92*(3), 544-555.

Pintrich, P.R. (2003). A motivational science perspective on the role of student motivation in learning and teaching contexts. *Journal of Educational Psychology, 95*(4), 667-686.

Poldrack, R.A. (2000). Imaging brain plasticity: Conceptual and methodological issues. *Neuroimage, 12*(1), 1-13.

Pollock, J.I. (1994). Night-waking at five years of age: Predictors and prognosis. *Journal of Child Psychology and Psychiatry and Allied Disciplines, 35*(4), 699-708.

Potter, G.G., Plassman, B.L., Helms, M.J., Foster, S.M., and Edwards, N.W. (2006). Occupational characteristics and cognitive performance among elderly male twins. *Neurology, 67*(8), 1377-1382. doi.org/10.1212/01.wnl.0000240061.51215.ed.

Potter, G.G., Helms, M.J., and Plassman, B.L. (2008). Associations of job demands and intelligence with cognitive performance among men in late life. *Neurology, 70*(19), 1803-1808. doi.org/10.1212/01.wnl.0000295506.58497.7e.

Prensky, M. (2006). *Don't Bother Me, Mom, I'm Learning!: How Computer and Video Games are Preparing Your Kids for 21st Century Success and How You Can Help!* St. Paul, MN: Paragon House.

Pressley, M., McDaniel, M.A., Turnure, J.E., Wood, E., and Ahmad, M. (1987). Generation and precision of elaboration: Effects on intentional and incidental learning. *Journal of Experimental Psychology: Learning, Memory, and Cognition, 13*(2), 291-300. doi:10.1037/0278-7393.13.2.291.

Prieto, L.P., Dlab, M.H., Gutierrez, I., Abdulwahed, M., and Balid, W. (2011). Orchestrating technology enhanced learning: A literature review and a conceptual framework. *International Journal of Technology Enhanced Learning, 3*(6), 583-598.

Pronin, E., Puccio, C., and Ross, L. (2002). Understanding misunderstanding: Social psychological perspectives. In T. Gilovich and D. Griffin (Eds.), *Heuristics and Biases: The Psychology of Intuitive Judgment* (pp. 636-665). New York: Cambridge University Press

Purcell, K., Heaps, A., Buchanan, J., and Friedrich, L. (2013). *The Impact of Digital Tools on Student Writing and How Writing Is Taught in Schools*. Washington, DC: Pew Research Center's Internet and American Life Project.

Pyc, M.A., and Rawson, K.A. (2010). Why testing improves memory: Mediator effectiveness hypothesis. *Science, 330*(6002), 335. doi:10.1126/science.1191465.

Rader, H.B. (2002). 21st century literacy summit. *Library Hi Tech News, 19*(7), 21.

Radinsky, J., Alamar, K., and Oliva, S. (2010). Camila, the earth, and the sun: Constructing an idea as shared intellectual property. *Journal of Research in Science Teaching, 47*, 619-642.

Raemdonck, I., Gijbels, D., and van Groen, W. (2014). The

influence of job characteristics and self-directed learning orientation on workplace learning. *International Journal of Training and Development, 18*(3), 188-203. doi. org/10.1111/ijtd.12028.

Rauh, V.A., and Margolis, A.E. (2016). Research review: Environmental exposures, neurodevelopment, and child mental health—ew paradigms for the study of brain and behavioral effects. *Journal of Child Psychology and Psychiatry, 57*(7), 775-793. doi:10.1111/jcpp.12537.

Raviv, S., and Low, M. (1990). Influence of physical activity on concentration among junior highschool students. *Perceptual and Motor Skills, 70*(1), 67-74.

Raybourn, E.M. (2014). A new paradigm for serious games: Transmedia learning for more effective training and education. *Journal of Computational Science, 5*(3), 471-481. doi.org/10.1016/j.jocs.2013.08.005.

Raz, N., Lindenberger, U., Rodrigue, K.M., Kennedy, K.M., Head, D., Williamson, A., Dahle, C., Gerstorf, D., and Acker, J.D. (2005). Regional brain changes in aging healthy adults: General trends, individual differences and modifiers. *Cerebral Cortex, 15*(11), 1676-1689.

Raz, N., Ghisletta, P., Rodrigue, K.M., Kennedy, K.M., and Lindenberger, U. (2010). Trajectories of brain aging in middle-aged and older adults: Regional and individual differences. *Neuroimage, 51*(2), 501-511.

Rea, C.P., and Modigliani, V. (1987). The spacing effect in 4- to 9-year-old children. *Memory & Cognition, 15*(5), 436-443.

Reardon, S.F. (2011). The widening academic achievement gap between the rich and the poor: New evidence and possible explanations. In R. Murnane and G. Duncan (Eds.), *Whither Opportunity? Rising Inequality and the Uncertain Life Chances of Low-Income Children* (pp. 91-116). New York: Russell Sage Foundation Press.

Reich, J., Murnane, R., and Willett, J. (2012). The state of wiki usage in U.S. K-2 schools: Leveraging Web 2.0 data warehouses to assess quality and equity in online learning environments. *Educational Researcher, 41*(1), 7-15.

Reigosa-Crespo, V., Valdes-Sosa, M., Butterworth, B., Estevez, N., Rodriguez, M., Santos, E., and Lage, A. (2012). Basic numerical capacities and prevalence of developmental dyscalculia: The Havana survey. *Developmental Psychology, 48*(1), 123-135. doi.org/10.1037/a0025356.

Reisman, A. (2012). Reading like a historian: A document-based history curriculum intervention in urban high schools. *Cognition and Instruction, 30*, 86-112.

Renier, L.A., Anurova I., De Volder A.G., Carlson S., VanMeter J., and Rauschecker J.P. (2010). Preserved functional specialization for spatial processing in the middle occipital gyrus of the early blind. *Neuron, 68*(1), 138-148.

Renninger, K.A., and Hidi, S. (2002). Student interest and achievement: Developmental issues raised by a case study. In A. Wigfield and J.S. Eccles (Eds.), *Development of Achievement Motivation* (pp. 173-195). New York: Academic Press.

Reuter-Lorenz, P.A., and Cappell, K.A. (2008). Neurocognitive aging and the compensation hypothesis. *Current Directions in Psychological Science, 17*(3), 177-182.

Richardson, M., Abraham, C., and Bond, R. (2012). Psychological correlates of university students' academic performance: A systematic review and meta-analysis. *Psychological Bulletin, 138*(2), 353-387. doi:10.1037/a0026838.

Richlan, F. (2012). Developmental dyslexia: Dysfunction of a left hemisphere reading network. *Frontiers in Human Neuroscience, 6*, 120. doi:10.3389/fnhum.2012.00120.

Richlan, F., Kronbichler, M., and Wimmer, H. (2009). Functional abnormalities in the dyslexic brain: A quantitative meta-analysis of neuroimaging studies. *Human Brain Mapping, 30*(10), 3299-3308. doi:10.1002/hbm.20752.

Richlan, F., Kronbichler, M., and Wimmer, H. (2013). Structural abnormalities in the dyslexic brain: A meta-analysis of voxel-based morphometry studies. *Human Brain Mapping, 34*(11), 3055-3065. doi:10.1002/hbm.22127.

Riggs, N.R., Jahromi, L.B., Razza, R.P., Dillworth, J.E., and Mueller, U. (2006). Executive function and the promotion of social-emotional competence. *Journal of Applied Developmental Psychology, 27*(4), 300-309. doi:10.1016/j.appdev.2006.04.002.

Ritter, S., Anderson, J.R., Koedinger, K, and Corbett, A. (2007). Cognitive tutor: Applied research in mathematics education. *Psychonomic Bulletin and Review, 14*(2), 249-255.

Rittle-Johnson, B. (2006). Promoting transfer: Effects of self-explanation and direct instruction. *Child Development, 77*(1), 1-15. doi:10.1111/j.1467-8624.2006.00852.x.

Rivet, A.E., and Krajcik, J.S. (2004). Achieving standards in urban systemic reform: An example of a sixth grade project-based science curriculum. *Journal of Research in Science Teaching, 41*(7), 669-692. doi:10.1002/tea.20021.

Roberts, R.E., Anderson, E.J., and Husain, M. (2013). White matter microstructure and cognitive function. *The Neuroscientist, 19*(1), 8-15.

Roediger, H.L. (1980). Memory metaphors in cognitive psychology. *Memory & Cognition, 8*(3), 231-246. doi:10.3758/bf03197611.

Roediger, H.L., and Karpicke, J.D. (2006a). Test-enhanced learning: Taking memory tests improves long-term retention. *Psychological Science, 17*(3), 249-255. doi:10.1111/j.1467-9280.2006.01693.x.

Roediger, H.L., and Karpicke, J.D. (2006b). The power of testing memory: Basic research and implications for educational practice. *Perspectives on Psychological Science, 1*(3), 181-210. doi:10.1111/j.1745-6916.2006.00012.x.

Roediger, H.L., and McDermott, K.B. (1995). Creating false memories: Remembering words not presented in lists. *Journal of Experimental Psychology: Learning, Memory, and Cognition, 21*(4), 803-814. doi:10.1037/0278-7393.21.4.803.

Rogoff, B. (2003). *The Cultural Nature of Human Development.* New York: Oxford University Press.

Rogoff, B. (2015). Human teaching and learning involve cultural communities, not just individuals. *Behavioral and Brain Sciences, 38*, e60. doi:10.1017/S0140525X14000818.

Rogoff, B. (2016). Culture and participation: A paradigm shift. *Current Opinion in Psychology, 8*, 182-189. doi:10.1016/j.copsyc.2015.12.002.

Rogoff, B., and Chavajay, P. (1995). What's become of research on the cultural basis of cognitive development. *American Psychologist, 50*(10), 859-877.

Rohrer, D. (2012). Interleaving helps students distinguish among similar concepts. *Educational Psychology Review, 24*(3), 355-367. doi:10.1007/s10648-012-9201-3.

Rohrer, D., Dedrick, R.F., and Stershic, S. (2015). Interleaved practice improves mathematics learning. *Journal of Educational Psychology, 107*(3), 900-908. doi:10.1037/edu0000001.

Rojewski, J.W. (1999). Occupational and educational aspirations and attainment of young adults with and without LD 2 years after high school completion. *Journal of Learning Disabilities, 32*(6), 533-552.

Rojewski, J.W., Lee, I.H., and Gregg, N. (2014). Intermediate work outcomes for adolescents with high-incidence disabilities. *Career Development and Transition for Exceptional Individuals, 37*(2), 106-118. doi.org/10.1177/2165143412473352.

Rojewski, J.W., Lee, I.H., and Gregg, N. (2015). Causal effects of inclusion on postsecondary education outcomes of individuals with high-incidence disabilities. *Journal of Disability Policy Studies, 25*(4), 210-219. doi.org/10.1177/1044207313505648.

Rosch, E., and Mervis, C.B. (1975). Family resemblance: Studies in the internal structure of categories. *Cognitive Psychology, 7*(4), 573-605. doi.org/10.1016/0010-0285(75)90024-9.

Roschelle, J. (1992). Learning by collaborating: Convergent conceptual change. *The Journal of the Learning Sciences, 2*(3), 235-276.

Roschelle, J., Shechtman, N., Tatar, D., Hegedus, S., Hopkins, B., Empson, S., Knudsen, J., and

Gallagher, L. (2010). Integration of technology, curriculum, and professional development for advancing middle school mathematics: Three large-scale studies. *American Educational Research Journal, 44*(4), 833-878.

Roschelle, J., Feng, M., Murphy, R.F., and Mason, C.A. (2016). Online mathematics homework increases student achievement. *AERA Open, 2*(4), 1-12.

Roscoe, R.D., and Chi, M.T.H. (2007). Understanding tutor learning: Knowledge-building and knowledge-telling in peer tutors' explanations and questions. *Review of Educational Research, 77*(4), 534-574. doi:10.3102/0034654307309920.

Rosen, Y., and Rimor, R. (2009). Using collaborative database to enhance students' knowledge construction. *Interdisciplinary Journal of E-Learning and Learning Objects, 5*, 187-195. Available: http://www.ijello.org/Volume5/IJELLOv5p187-195Rosen671.pdf [December 2017].

Rosenshine, B., Meister, C., and Chapman, S. (1996). Teaching students to generate questions: A review of the intervention studies. *Review of Educational Research, 66*(2), 181-221.

Ross, J.A., and Starling, M. (2008). Self-assessment in a technology supported environment: The case of grade 9 geography. *Assessment in Education, 15*(2), 183-199.

Ross, J.A., Hogaboam-Gray, A., and Rolheiser, C. (2002).

Student self-evaluation in grade 5-6 mathematics: Effects on problem-solving achievement. *Educational Assessment, 8*(1), 43-58. doi.org/10.1207/S15326977EA0801_03.

Rouiller, J.Z., and Goldstein, I.L. (1993). The relationship between organizational transfer climate and positive transfer of training. *Human Resource Development Quarterly, 4*(4), 377-390. doi.org/10.1002/hrdq.3920040408.

Rowe, J.W., and Kahn, R.L. (1987). Human aging: Usual and successful. *Science, 237*(4811), 143-149. doi:10.1126/science.3299702.

Ruiz-Primo, M.A., and Li, M. (2013). Examining formative feedback in the classroom context: New research perspectives. In J.H. McMillan (Ed.), *SAGE Handbook of Research on Classroom Assessment* (pp. 215-231). New York: SAGE.

Ryan, R.M., and Deci, E.L. (2000). Intrinsic and extrinsic motivations: Classic definitions and new directions. *Contemporary Educational Psychology, 25*(1), 54-67. doi:10.1006/ceps.1999.1020.

Sabatini, J.P., Sawaki, Y., Shore, J.R., and Scarborough, H.S. (2010). Relationships among reading skills of adults with low literacy. *Journal of Learning Disabilities, 43*(2), 122-138.

Sadoski, M., and Paivio, A. (2001). *Imagery and Text: A Dual Coding Theory Reading and Writing*. New York: Lawrence Erlbaum Associates.

Saffran, J.R., Aslin, R.N., and Newport, E.L. (1996). Statistical learning by 8-month-old infants. *Science, 274*(5294), 1926-1928.

Salas, E., Cooke, N.J., and Rosen, M.A. (2008). On teams, teamwork, and team performance: Discoveries and developments. *Human Factors, 50*(3), 540-548.

Salthouse, T.A. (2009). When does age-related cognitive decline begin? *Neurobiology of Aging, 30*(4), 507-514. doi:10.1016/j.neurobiolaging.2008.09.023.

Salthouse, T.A. (2010). *Major Issues in Cognitive Aging*. New York: Oxford University Press.

Sana, F., Weston, T., and Cepeda, N.J. (2013). Laptop multitasking hinders classroom learning for both users and nearby peers. *Computers and Education, 62*, 24-31. doi:10.1016/j.compedu.2012.10.003.

Sandoval, W.A., and Reiser, B.J. (2004). Explanation-driven inquiry: Integrating conceptual and epistemic scaffolds for scientific inquiry. *Science Education, 88*(3), 345-372.

Saxe, G.B. (2012a). Approaches to reduction in treatments of culture-cognition relations: Affordances and limitations. Commentary on Gauvain and Munroe. *Human Development, 55*, 233-242. doi:10.1159/000341975.

Saxe, G.B. (2012b). *Cultural Development of Mathematical Ideas: Papua New Guinea Studies*. New York: Cambridge University Press.

Scardamalia, M., and Bereiter, C. (1993). Computer support for knowledge-building communities. *Journal of the Learning Sciences, 3*(3), 265-283.

Scardamalia, M., and Bereiter, C. (2006). Knowledge building: Theory, pedagogy, and technology. In K. Sawyer (Ed.), *Cambridge Handbook of the Learning Sciences* (pp. 97-118). New York: Cambridge University Press.

Schacter, D.L., Koutstaal, W., and Norman, K.A. (1997). False memories and aging. *Trends in Cognitive Sciences, 1*(6), 229-236.

Schacter, D.L., Gaesser, B., and Addis, D.R. (2013). Remembering the past and imagining the future in the elderly. *Gerontology, 59*(2), 143-151.

Schapiro, A.C., and Turk-Browne, N.B. (2015). Statistical learning. In A.W. Toga and R.A. Poldrack (Eds.), *Brain Mapping: An Encyclopedic Reference* (pp. 501-506). London, UK: Academic Press.

Schedlowski, M., Enck, P., Rief, W., and Bingel, U. (2015). Neuro-bio-behavioral mechanisms of placebo and nocebo responses: Implications for clinical trials and clinical practice. *Pharmacological Reviews, 67*(3), 697-730. doi:10.1124/pr.114.009423.

Schiefele, U. (2009). Situational and individual interest. In K.R. Wentzel and A. Wigfield (Eds.), *Handbook of Motivation in School* (pp. 197-223). New York: Taylor Francis.

Schlichting, M.L., and Preston, A.R. (2015). Memory integration: Neural mechanisms and implications for behavior. *Current Opinion in Behavioral Sciences, 1*, 1-8. doi.org/10.1016/j.cobeha.2014.07.005.

Schmader, T., and Johns, M. (2003). Converging evidence that stereotype threat reduces working memory capacity. *Journal of Personality and Social Psychology, 85*(3), 440-452.

Schmader, T., Johns, M., and Forbes, C. (2008). An integrated process model of stereotype threat effects on performance. *Psychological Review, 115*(2), 336-356. doi.

org/10.1037/0033-295X.115.2.336.

Schmeck, A., Mayer, R.E., Opfermann, M., Pfeiffer, V., and Leutner, D. (2014). Drawing pictures during learning from scientific text: Testing the generative drawing effect and the prognostic drawing effect. *Contemporary Educational Psychology, 39*(4), 275–286. doi:10.1016/j.cedpsych.2014.07.003.

Schmidt, R.A., and Bjork, R.A. (1992). New conceptualizations of practice: Common principles in three paradigms suggest new concepts for training. *Psychological Science, 3*(4), 207–217.

Schneps, M.H., Rose, L.T. and Fischer, K.W. (2007). Visual learning and the brain: Implications for dyslexia. *Mind, Brain, and Education, 1*(3), 128–139. doi:10.1111/j.1751-228X.2007.00013.x.

Scholz, J., Klein, M.C., Behrens, T.E.J., and Johansen-Berg, H. (2009). Training induces changes in white matter architecture. *Nature Neuroscience, 12*(11), 1370–1371.

Schoorman, F.D., and Schneider, B. (1988). Integration and overview of the research on work facilitation. In F.D. Schoorman and B. Schneider (Eds.), *Facilitating Work Effectiveness* (pp. 215–230). Lexington, MA: Lexington Books/D.C. Heath and Company.

Schraw, G., and Lehman, S. (2001). Situational interest: A review of the literature and directions for future research. *Educational Psychology Review, 13*(1), 23–52. doi:10.1023/A:1009004801455.

Schraw, G., Bruning, R., and Svoboda, C. (1995). Sources of situational interest. *Journal of Reading Behavior, 27*(1), 1–17. Available: http://journals.sagepub.com/doi/pdf/10.1080/10862969509547866 [December 2017].

Schulz, M., and Stamov Rosnagel, C. (2010). Informal workplace learning: An exploration of age differences in learning competence. *Learning and Instruction, 20*(5), 383–399. doi.org/10.1016/j.learninstruc.2009.03.003.

Schultz, W.P., Nolan, J.M., Cialdini, R.B., Goldstein, N.J., and Griskevicius, V. (2007). The constructive, destructive, and reconstructive power of social norms. *Psychological Science, 18*(5), 429–434.

Schunk, D.H., and Cox, P.D. (1986). Strategy training and attributional feedback with learning disabled students. *Journal of Educational Psychology, 78*(3), 201–209. doi.org/10.1037/0022-0663.78.3.201.

Schwamborn, A., Mayer, R.E., Thillmann, H., Leopold, C., and Leutner, D. (2010). Drawing as a generative activity and drawing as a prognostic activity. *Journal of Educational Psychology, 102*(4), 872–879. doi:10.1037/a0019640.

Schwartz, D.L. (1995). The emergence of abstract dyad representations in dyad problem solving. *The Journal of the Learning Sciences, 4*(3), 321–354. doi.org/10.1207/s15327809jls0403_3.

Schwartz, D.L., Martin, T., and Pfaffman, J. (2005). How mathematics propels the development of physical knowledge. *Journal of Cognition and Development, 6*(1), 65–88. doi 10.1207/s15327647jcd0601_5.

Schyns, P.G., Goldstone, R.L., and Thibaut, J.-P. (1998). The development of features in object concepts. *Behavioral and Brain Sciences, 21*, 1–54.

Seabrook, R., Brown, G.D.A., and Solity, J.E. (2005). Distributed and massed practice: From laboratory to classroom. *Applied Cognitive Psychology, 19*(1), 107–122. doi:10.1002/acp.1066.

Seehagen, S., Konrad, C., Herbert, J.S., and Schneider, S. (2015). Timely sleep facilitates declarative memory consolidation in infants. *Proceedings of the National Academy of Sciences of the United States of America, 112*(5), 1625–1629.

Seel, N.M. (2012). *Encyclopedia of the Sciences of Learning*. Boston, MA: Springer.

Segall, M.H., Campbell, D.T., and Herskovits, M.J. (1966). *The Influence of Culture on Visual Perception*. Indianapolis, IN: Bobbs-Merrill Company.

Senko, C., Hulleman, C.S., and Harackiewicz, J.M. (2011). Achievement goal theory at the crossroads: Old controversies, current challenges, and new directions. *Educational Psychologist, 46*(1), 26–47. doi:10.1080/00461520.2011.538646.

Serpell, R., and Boykin, A.W. (1994). Cultural dimensions of cognition: A multiplex, dynamic system of constraints and possibilities. In R.J. Sternberg (Ed.), *Thinking and Problem Solving* (pp. 235–258). San Diego, CA: Academic Press.

Serpell, R., and Boykin, A.W. (1994). Cultural dimensions of cognition: A multiplex, dynamic system of constraints and possibilities. In R.J. Sternberg (Ed.), *Handbook of Perception and Cognition, Vol. 12: Thinking and Problem Solving* (pp. 369–408). San Diego, CA: Academic Press.

Serpell, Z.N., Boykin, A.W., Madhere, S., and Nasim, A. (2006). The significance of contextual factors in African American students' transfer of learning. *Journal of Black Psychology, 32*(4), 418–441.

Shaffer, D.W. (2007). *How Computer Games Help Children Learn*. New York: Palgrave.

Shaffer D.W., Hatfield D., Svarovsky G.N., Nash P., Nulty A., Bagley E., Frank, K., Rupp, A.A., and Mislevy, R. (2009). Epistemic network analysis: A prototype for 21st–century assessment of learning. *International Journal of Learning and Media, 1*(2), 33–53. doi:10.1162/ijlm.2009.0013.

Shah, J.Y., and Kruglanski, A.W. (2000). Aspects of goal networks: Implications for self–regulation. In M. Boekaerts, P.R. Pintrich, and M. Zeidner (Eds.), *Handbook of Self–Regulation* (pp. 85–110). San Diego, CA: Academic Press.

Shim, S.S., Ryan, A.M., and Anderson, C.J. (2008). Achievement goals and achievement during early adolescence: Examining time–varying predictor and outcome variables in growth–curve analysis. *Journal of Educational Psychology, 100*(3), 655–671. doi.org/10.1037/0022-0663.100.3.655.

Shute, V. (2008). Focus on formative feedback. *Review of Educational Research, 78*(1), 153–189.

Shute, V.J., and Ventura, M. (2013). *Measuring and Supporting Learning in Games: Stealth Assessment*. Cambridge, MA: The MIT Press.

Siadaty, M., Gašević, D., Jovanović, J., Pata, K., Milikić, N., Holocher-Ertl, T., Jeremić, Z., Ali, L., Giljanović, A., and Hatala, M. (2012). Self–regulated workplace learning: A pedagogical framework and semantic web–based environment. *Educational Technology and Society, 15*(4), 75–88.

Sibley, B.A., and Etnier, J.L. (2003). The relationship between physical activity and cognition in children: A metaanalysis. *Pediatric Exercise Science, 15*(3), 243–256. doi.org/10.1123/pes.15.3.243.

Siemens, G., Gašević D., and Dawson, S. (2015). *Preparing for the Digital University: A Review of the History and Current State of Distance, Blended, and Online Learning*. Available: http://linkresearchlab.org/PreparingDigitalUniversity.pdf [December 2017].

Silveri, M.M. (2012). Adolescent brain development and underage drinking in the United States: Identifying risks of alcohol use in college populations. *Harvard Review of Psychiatry, 20*(4), 189–200.

Simone, P.M., Bell, M.C., and Cepeda, N.J. (2012). Diminished but not forgotten: Effects of aging on magnitude of spacing effect benefits. *Journals of Gerontology Series B: Psychological Sciences and Social Sciences, 68*(5), 674–680. doi:10.1093/geronb/gbs096.

Siuda-Krzywicka, K., Bola, L., Paplińska, M., Sumera, E., Jednorog, K., Marchewka, A., Ślwińska, M.W., Amedi, A., and Szwed, M. (2016). Massive cortical reorganization in sighted Braille readers. *eLife*, 5, e10762. http://doi.org/10.7554/eLife.10762.

Slavin, R.E. (2008). Perspectives on evidence–based research in education: What works? *Educational Researcher, 37*(1), 5–14. doi:10.3102/0012189X08314117.

Slavin, R.E. (2016). *Educational Psychology: Theory and Practice*. London: Pearson.

Slavin, R.E., and Lake, C. (2008). Effective programs in elementary mathematics: A best–evidence synthesis. *Review of Educational Research, 78*(3), 427–515. doi.org/10.3102/0034654308317473.

Smedley, A., and Smedley, B.D. (2005). Race as biology is fiction, racism as a social problem is real: Anthropological and historical perspectives on the social construction of race. *American Psychologist, 60*(1), 16–26.

Smeyers, P., and Depaepe, M. (2013). Making sense of the attraction of psychology: On the strengths and weaknesses for education and educational research. In P. Smeyers and M. Depaepe (Eds.), *Educational Research: The Attraction of Psychology* (pp. 1–10). Dordrecht, The Netherlands: Springer.

Smith, M.K., Wood, W.B., Krauter, K., and Knight, J.K. (2011). Combining peer discussion with instructor explanation increases student learning from in–class concept questions. *CBE-Life Sciences Education, 10*(1), 55–63. doi:10.1187/cbe.10-08-0101.

Smith-Spark, J.H., and Fisk J.E. (2007). Working memory functioning in developmental dyslexia. *Memory, 15*(1), 34–56. doi:10.1080/09658210601043384.

Snow, R.E. (1989). Cognitive–conative aptitude interactions in learning. In R. Kanfer, P.L. Ackerman, and R. Cudeck (Eds.), *Abilities, Motivation, and Methodology: The Minnesota Symposium on Learning and Individual Differences* (pp. 435–474). Hillsdale, NJ: Lawrence Erlbaum Associates.

Snowling, M.J., and Hulme, C. (2012). Annual research review: The nature and classification of reading disorders — commentary on proposals for DSM-5. *Journal of Child Psychology and Psychiatry, 53*(5), 593-607. doi:10.1111/j.1469-7610.2011.02495.x.

Sobel, H.S., Cepeda, N.J., and Kapler, I.V. (2011). Spacing effects in real-world classroom vocabulary learning. *Applied Cognitive Psychology, 25*(5), 763-767. doi:10.1002/acp.1747.

Songer, N., Kelcey, B., and Gotwals, A. (2009). How and when does complex reasoning occur? Empirically driven development of a learning progression focused on complex reasoning about biodiversity. *Journal for Research in Science Teaching, 46*(6), 610-631.

Sonnentag, S., and Lange, I. (2002). The relationship between high performance and knowledge about how to master cooperative situations. *Applied Cognitive Psychology, 16*, 491-508. Available: https://pdfs.semanticscholar.org/f850/d8a0f6155107149d92edaded7f7cede442c3.pdf [December 2017].

Sottilare, R., Graesser, A., Hu, X., and Goldberg, B. (Eds.). (2014). *Design Recommendations for Intelligent Tutoring Systems* (Vol. 2). Orlando, FL: U.S. Army Research Laboratory. Available: http://ict.usc.edu/pubs/Intelligent%20Tutoring%20Support%20for%20Learners%20Interacting%20with%20Virtual%20Humans.pdf [December 2017].

Spelke, E.S. (2004). Core knowledge. In N. Kanwisher and J. Duncan (Eds.), *Attention and Performance* (Vol. 20). Oxford, UK: Oxford University Press.

Spelke, E.S., and Kinzler, K.D. (2007). Core knowledge. *Developmental Science, 10*(1), 89-96.

Spencer, J.A. (1999). Learner centered approaches in medical education. *British Medical Journal, 318*, 1280-1283. doi.org/10.1136/bmj.318.7193.1280.

Spencer, S.J., Steele, C.M., and Quinn, D.M. (1999). Stereotype threat and women's math performance. *Journal of Experimental Social Psychology, 35*(1), 4-28. doi:10.1006/jesp.1998.1373.

Spencer, W.D., and Raz, N. (1995). Differential effects of aging on memory for content and context: A meta-analysis. *Psychology and Aging, 10*(4), 527-539.

Spilsbury, J.C., Storfer-Isser, A., Drotar, D., Rosen, C.L., Kirchner, L.H., Benham, H., and Redline, S. (2004). Sleep behavior in an urban U.S. sample of school-aged children. *Archives of Pediatrics and Adolescent Medicine, 158*(10), 988-994.

Sporns, O. (2011). *Networks of the Brain*. Cambridge, MA: MIT Press.

Spreng, R.N., Wojtowicz, M., and Grady, C.L. (2010). Reliable differences in brain activity between young and old adults: A quantitative meta-analysis across multiple cognitive domains. *Neuroscience and Biobehavioral Reviews, 34*, 1178-1194.

Squire, K. (2011). *Video Games and Learning: Teaching and Participatory Culture in the Digital Age. Technology, Education—onnections (the TEC series)*. New York: Teachers College Press.

Stark, S.M., Yassa, M.A., and Stark, C.E. (2010). Individual differences in spatial pattern separation performance associated with healthy aging in humans. *Learning & Memory, 17*(6), 284-288.

Steele, C.M. (1997). A threat in the air: How stereotypes shape intellectual identity and performance. *American Psychologist, 52*(6), 613-629.

Steele, C.M., and Aronson, J. (1995). Stereotype threat and the intellectual test performance of African Americans. *Journal of Personality and Social Psychology, 69*(5), 797-811.

Steele, C.M., Spencer, S.J., and Aronson, J. (2002). Contending with group image: The psychology of stereotype and social identity threat. In M. Zanna (Ed.), *Advances in Experimental Social Psychology* (vol. 34, pp. 379-440). New York: Academic Press.

Stephens, N.M., Fryberg, S.A., Markus, H.R., Johnson, C.S., and Covarrubias, R. (2012). Unseen disadvantage: How American universities' focus on independence undermines the academic performance of first-generation college students. *Journal of Personality and Social Psychology, 102*(6), 1178-1197. doi:10.1037/a0027143.

Sternberg, R.J. (2004). Culture and intelligence. *American Psychologist, 59*(5), 325-338. doi.org/10.1037/0003-066X.59.5.325.

Stiles, J., and Jernigan, T.L. (2010). The basics of brain development. *Neuropsychology Review, 20*(4), 327-348. doi.org/10.1007/s11065-010-9148-4.

Stine-Morrow, E.A.L., Parisi, J.M., Morrow, D.G., and Park, D.C. (2008). The effects of an engaged lifestyle on cognitive vitality: A field experiment. *Psychology and*

Aging, 23(4), 778–786. doi.org/10.1037/a0014341.

Stoel, G.L., van Drie, J.P., and van Boxtel, C.A.M. (2015). Teaching towards historical expertise. Developing a pedagogy for fostering causal reasoning in history. *Journal of Curriculum Studies, 47*, 49–76.

Stroth, S., Kubesch, S., Dieterle, K., Ruchsow, M., Heim, R., and Kiefer, M. (2009). Physical fitness, but not acute exercise modulates event-related potential indices for executive control in healthy adolescents. *Brain Research*, 1269, 114–124. doi:10.1016/j.brainres.2009.02.073.

Sue, S., and Dhindsa, M.K. (2006). Ethnic and racial health disparities research: Issues and problems. *Health Education and Behavior, 33*(4), 459–469. doi.org/10.1177/1090198106287922.

Super, C.M., and Harkness, S. (1986). The developmental niche: A conceptualization at the interface of child and culture. *International Journal of Behavioral Development, 9*(4), 545–569.

Super, C.M., and Harkness, S. (2010). Culture and infancy. In J.G. Bremner and T.D. Wachs (Eds.), *The Wiley-Blackwell Handbook of Infant Development* (2nd ed., vol.1). Oxford: Blackwell.

Swanson, H.L. (1999). Reading research for students with LD: A meta-analysis in intervention outcomes. *Journal of Learning Disabilities, 32*(6), 504–532. doi:10.1177/002221949903200605.

Swanson, H.L. (2000). Searching for the best cognitive model for instructing students with learning disabilities: A component and composite analysis. *Educational and Child Psychology, 17*(3), 101–121.

Swanson, H.L. (2012). Adults with reading disabilities: Converting a meta-analysis to practice. *Journal of Learning Disabilities, 45*(1), 17–30. doi.org/10.1177/0022219411426856.

Swanson, H.L. (2016, unpublished). *Learning Disabilities*. Paper commissioned by the Committee on the Science of Practice and Learning, National Academies of Sciences, Engineering, and Medicine, Washington, DC.

Swanson, H.L., and Hsieh, C. (2009). Reading disabilities in adults: A selective meta-analysis of the literature. *Review of Educational Research, 79*(4), 1362–1390.

Swanson, H.L., Hoskyn, M., and Lee, C. (1999). *Interventions for Students with Learning Disabilities: A Meta-analysis of Treatment Outcomes*. New York: Guilford Press.

Swartout, W., Artstein, R., Forbell, E., Foutz, S., Lane, H.C., Lange, B., Morie, J.F., Rizzo, A. S., and Traum, D. (2013). Virtual humans for learning. *AI Magazine, 34*(4), 13–30.

Swartout, W., Nye, B.D., Hartholt, A., Reilly, A., Graesser, A.C., VanLehn, K., Wetzel, J., Liewer, M., Morbini, F., Morgan, B. Wang, L., Benn, G., and Rosenberg, M. (2016). Designing a personal assistant for life-long learning (PAL3). In *Proceedings of the 29th International Florida Artificial Intelligence Research Society Conference, FLAIRS 2016* (pp. 491–496). Palo Alto, CA: AAAI Press.

Swisher, K. (1990). Cooperative learning and the education of American Indian/Alaskan Native Students: A review of the literature and suggestions for implementation. *Journal of American Indian Education, 29*, 2, 36–43.

Tadmor, C.T., Chao, M.M., Hong, Y.Y., and Polzer, J.T. (2013). Not just for stereotyping anymore: Racial essentialism reduces domain-general creativity. *Psychological Science, 24*(1), 99–105. doi:10.1177/0956797612452570.

Tait, A.R., Voepel-Lewis, T., Chetcuti, S.J., Brennan-Martinez, C., and Levine, R. (2014). Enhancing patient understanding of medical procedures: Evaluation of an interactive multimedia program with in-line exercises. *International Journal of Medical Informatics, 83*(5), 376–384.

Tajfel, H., and Turner, J.C. (1979). An integrative theory of intergroup conflict. In W.G. Austin, and S. Worchel (Eds.), *The Social Psychology of Intergroup Relations* (pp. 33–37). Monterey, CA: Brooks/Cole.

Tang, M., Fouad, N.A., and Smith, P.L. (1999). Asian Americans' career choices: A path model to examine factors influencing their career choices. *Journal of Vocational Behavior, 54*(1), 142–157. doi.org/10.1006/jvbe.1998.1651.

Tannenbaum, S.I. (1997). Enhancing continuous learning: Diagnostic findings from multiple companies. *Human Resource Management, 36*(4), 437–452. doi.org/10.1002/(SICI)1099-050X(199724)36:4〈437::AID-HRM7〉3.0.CO;2-W.

Tannenbaum, S.I., Beard, R.L., McNall, L.A., and Salas, E. (2010). Informal learning and development in organizations. In S W.J. Kozlowski and E. Salas (Eds.), *Learning, Training, and Development in Organizations* (pp. 303–331). New York: Routledge/Taylor and Francis Group.

Taras, H. (2005). Nutrition and student performance at school.

Journal of School Health, 75(6), 199–213.

Tate, W. (2001). Science education as a civil right: Urban schools and opportunity-to-learn considerations. *Journal of Research in Science Teaching, 38*(9), 1015–1028.

Tauber, S.K., Dunlosky, J., Rawson, K.A., Wahlheim, C.N., and Jacoby, L.L. (2013). Self-regulated learning of a natural category: Do people interleave or block exemplars during study? *Psychonomic Bulletin & Review, 20*, 356–363.

Taylor, S.E., and Brown, J.D. (1988). Illusion and well-being: A social psychological perspective on mental health. *Psychological Bulletin, 103*(2), 193–201.

Tenenbaum, J.B., Kemp, C., Griffiths, T.L., and Goodman, N.D. (2011). How to grow a mind: Statistics, structure, and abstraction. *Science, 331*(6022), 1279–1285.

Thomas, J.W. (2000). *A Review of Research on Project-based Learning*. Available: http://www.bie.org/images/uploads/general/9d06758fd346969cb63653d00dca55c0.pdf [December 2017].

Thompson, G. (1990). How can correspondence-based distance education be improved?: A survey of attitudes of students who are not well disposed toward correspondence study. *International Journal of E-Learning and Distance Education, 5*(1), 53–65.

Thorell, L.B., Lindqvistm, S., Bergmanm, N., Bohlinm, G., and Klingberg, T. (2009). Training and transfer effects of executive functions in preschool children. *Developmental Science, 12*(1), 106–113. doi:10.1111/j.1467-7687.2008.00745.x.

Thorndyke, P.W., and Hayes-Roth, B. (1982). Differences in spatial knowledge acquired from maps and navigation. *Cognitive Psychology, 14*, 560–589.

Thrasher, C., and LoBue, V. (2016). Do infants find snakes aversive? Infants' psychological responses to "fear-relevant" stimuli. *Journal of Experimental Child Psychology, 142*, 382–390. doi: 10.1016/j.jecp.2015.09.013.

Tindall-Ford, S., Chandler, P., and Sweller, J. (1997). When two sensory modes are better than one. *Journal of Experimental Psychology: Applied, 3*(4), 257–287. doi.org/10.1037/1076-898X.3.4.257.

Tobias, S., and Fletcher, J.D. (2011). *Computer Games and Instruction*. Charlotte, NC: Information Age.

Tomasello, M. (2001). *The Cultural Origins of Human Cognition*. Cambridge, MA: Harvard University Press.

Tomasello, M. (2008). *Origins of Human Communication*. Cambridge, MA: MIT Press.

Tomasello, M. (2016). Cultural learning redux. *Child Development*, 87(3), 643–653.

Tomporowski, P.D., and Ellis, N.R. (1984). Preparing severely and profoundly mentally retarded adults for tests of motor fitness. *Adapted Physical Activity Quarterly, 1*(2), 158–163.

Tomporowski, P.D., and Ellis, N.R. (1985). The effects of exercise on the health, intelligence, and adaptive behavior of institutionalized severely and profoundly mentally retarded adults: A systematic replication. *Applied Research in Mental Retardation, 6*(4), 465–473.

Tomporowski, P.D., Lambourne, K., and Okumura, M.S. (2011). Physical activity interventions and children's mental function: An introduction and overview. *Preventive Medicine, 52*(Suppl. 1), S3–S9. doi:10.1016/j.ypmed.2011.01.028.

Topping, K. (2013). Peers as a source of formative and summative assessment. In J. McMillan (Ed.), *SAGE Handbook of Research on Classroom Assessment* (pp. 395–412). New York: SAGE.

Toppino, T.C. (1991). The spacing effect in young children's free recall: Support for automaticprocess explanations. *Memory & Cognition, 19*(2), 159–167.

Toppino, T.C., Hara, Y., and Hackman, J. (2002). The spacing effect in the free recall of homogeneous lists: Present and accounted for. *Memory & Cognition, 30*(4), 601–606.

Treisman U. (1992). Studying students studying calculus: A look at the lives of minority mathematics students in college. *The College Mathematics Journal, 23*(5), 362–372. doi:10.2307/2686410.

Tulving, E., and Thomson, D.M. (1973). Encoding specificity and retrieval processes in episodic memory. *Psychological Review, 80*(5), 352–373. doi:10.1037/h0020071.

Turner, G.R., and Spreng, R.N. (2012). Executive functions and neurocognitive aging: Dissociable patterns of brain activity. *Neurobiology of Aging, 33*, 826.e1–826.e13.

Tyler, K.M., Boykin, A.W., and Walton, T.R. (2006). Cultural considerations in teachers' perceptions of student classroom behavior and achievement. *Teaching and Teacher Education, 22*(8), 998–1005. doi.org/10.1016/j.tate.2006.04.017.

Tynjala, P. (2008). Perspectives into learning at the workplace. *Educational Research Review, 3*(2), 130–154.

Urdan, T., Midgley, C., and Anderman, E.M. (1998). The role of classroom goal structure in students' use of self-handicapping strategies. *American Educational Research Journal, 35*(1), 101–122. doi:10.3102/00028312035001101.

U.S. Department of Commerce, National Telecommunications and Information Administration. (2014). *Exploring the Digital Nation: Embracing the Mobile Internet*. Available: https://www.ntia.doc.gov/files/ntia/publications/exploring_the_digital_ nation_embracing_the_mobile_internet_10162014.pdf [December 2017].

U.S. Department of Education. (1992). *Fourteenth Annual Report to Congress on the Implementation of the Individuals with Disabilities Education Act*. Washington, DC: U.S. Government Printing Office.

U.S. Department of Education. (1999). *1992 National Adult Literacy Survey: An Overview*. Working Paper No. 1999-09a. Available: https://nces.ed.gov/pubs99/199909a.pdf [July 2018].

U.S. Department of Education. (2001). *No Child Left Behind Act of 2001*. Washington, DC: Author. Available: http://www2.ed.gov/policy/elsec/leg/esea02/index.html [December 2017].

U.S. Department of Education. (2010). *Beyond the Bubble Tests: The Next Generation of Assessments—Secretary Arne Duncan's Remarks to State Leaders at Achieve's American Diploma Project Leadership Team Meeting*. Available: http://www.ed.gov/news/speeches/beyond-bubble-tests-next-generation-assessments-secretary-arne-duncans-remarks-stateleaders-achieves-american-diploma-project-leadership-team-meeting [December 2017].

U.S. Department of Education. (2016). *Section 1: Engaging and Empowering Learning Through Technology*. Available: https://tech.ed.gov/netp/learning [December 2017].

U.S. Department of Education, and Office of Educational Technology. (2016). *Future Ready Learning: Reimagining the Role of Technology in Education*. Available: https://tech.ed.gov/files/2015/12/NETP16.pdf [December 2017].

U.S. Department of Health and Human Services, and Administration for Children and Families (2010). *Head Start Impact Study. Final Report*. Washington, DC: Author. Available: https://www.acf.hhs.gov/sites/default/files/opre/hs_impact_study_final.pdf [December 2017].

Valle, C. (2015). Effects of criteria-referenced formative assessment on achievement in music. Doctoral dissertation. University at Albany—SUNY.

Van der Kleij, F.M., Feskens, R.C., and Eggen, T.J.H.M. (2015). Effects of feedback in a computerbased learning environment on students' learning outcomes: A meta-analysis. *Review of Educational Research, 85*(4), 475–511.

van Geldorp, B., Heringa, S.M., van den Berg, E., Olde Rikkert, M.G., Biessels, G.J., and Kessels, R.P. (2015). Working memory binding and episodic memory formation in aging, mild cognitive impairment, and Alzheimer's dementia. *Journal of Clinical and Experimental Neuropsychology, 37*(5), 538–548.

Van Kesteren, M.T.R., Fernandez, G., Norris, D.G., and Hermans, E.J. (2010). Persistent schemadependent hippocampal-neocortical connectivity during memory encoding and postencoding rest in humans. *Proceedings of the National Academy of Sciences of the United States of America, 107*(16), 7550–7555. doi.org/10.1073/pnas.0914892107.

Van Meter, P. (2001). Drawing construction as a strategy for learning from text. *Journal of Educational Psychology, 93*(1), 129–140. doi:10.1037/0022-0663.93.1.129.

Van Meter, P., and Garner, J. (2005). The promise and practice of learner-generated drawing: Literature review and synthesis. *Educational Psychology Review, 17*(4), 285–325. doi:10.1007/s10648-005-8136-3.

Van Meter, P., Aleksic, M., Schwartz, A., and Garner, J. (2006). Learner-generated drawing as a strategy for learning from content area text. *Contemporary Educational Psychology, 31*(2), 142–166. doi:10.1016/j.cedpsych.2005.04.001

van Zuijen, T.L., Plakas, A., Maassen, B.M., Maurits, N.M., and van der Leij, A. (2013). Infant ERPs separate children at risk of dyslexia who become good readers from those who become poor readers. *Developmental Science, 16*(4), 554–563. doi:10.1111/desc.12049.

VanLehn, K. (2011). The relative effectiveness of human tutoring, intelligent tutoring systems, and other tutoring systems. *Educational Psychologist, 46*(4), 197–221.

VanLehn, K., Graesser, A.C., Jackson, G.T., Jordan, P., Olney, A., and Rose, C.P. (2007). When are tutorial dialogues more effective than reading? *Cognitive Science, 31*(1), 3–62.

VanLehn, K., Wetzel, J., Grover, S., and van de Sande, B. (2015). Learning how to construct models of dynamic systems: An initial evaluation of the Dragoon intelligent tutoring system. *IEEE Transactions on Educational Technology*. Available: http://ieeexplore.ieee.org/document/7374728 [December 2017]. doi:10.1109/TLT.2016.2514422.

VanLehn, K., Chung, G., Grover, S., Madni, A., and Wetzel, J. (2016). Learning science by constructing models: Can Dragoon increase learning without increasing the time required? *International Journal of Artificial Intelligence in Education, 26*(4), 1033-1068. doi:10.1007/s40593-015-0093-5.

VanSledright, B., and Limon, M. (2006). Learning and teaching social studies: A review of cognitive research in history and geography. In P.A. Alexander and P.H. Winne (Eds.), *Handbook of Educational Psychology* (pp. 545-570). Hillsdale, NJ: Erlbaum.

Vansteenkiste, M., Lens, W., Dewitte, S., De Witte, H, and Deci, E.L. (2004). The "why" and "why not" of job search behavior: Their relation to searching, unemployment experience and well-being. *European Journal of Social Psychology, 34*(3), 345-363. doi:10.1002/ejsp.202.

Vansteenkiste, M., Sierens, E., Soenens, B., Luyckx, K., and Lens, W. (2009). Motivational profiles from a self-determination perspective: The quality of motivation matters. *Journal of Educational Psychology, 101*(3), 671-688. doi.org/10.1037/a0015083.

Varga, N.L., and Bauer, P.J. (2013). Effects of delay on 6-year-old children's self-generation and retention of knowledge through integration. *Journal of Experimental Child Psychology, 115*(2), 326-341. doi:10.1016/j.jecp.2013.01.008.

Varga, N.L., Stewart, R., and Bauer, P.J. (2016). Integrating across episodes: Investigating the longterm accessibility of self-derived knowledge in 4-year-old children. *Journal of Experimental Child Psychology, 145*(1), 48-63. doi:10.1016/j.jcep.2015.11.015.

Vellutino, F.R., Fletcher, J.M., Snowling, M.J., and Scanlon, D.M. (2004). Specific reading disability (dyslexia), What have we learned in the past four decades? *Journal of Child Psychology and Psychiatry, 45*(1), 2-40. doi:10.1046/j.0021-9630.2003.00305.x.

Verhaeghen, P., and Salthouse, T.A. (1997). Meta-analyses of age-cognition relations in adulthood: Estimates of linear and nonlinear age effects and structural models. *Psychological Bulletin, 122*(3), 231-249.

Vezzali, L., Goclowska, M., Crisp, R., and Stathi, S. (2016). On the relationship between cultural diversity and creativity in education: The moderating role of communal versus divisional mindset. *Thinking Skills and Creativity, 21*, 152-157. doi:10.1016/j.tsc.2016.07.001.

Vignoles, V.L., Owe, E., Becker, M., Smith, P.B., Easterbrook, M.J., Brown, R., Gonzalez, R., Didier, N., Carrasco, D., Cadena, M.P., Lay, S., Schwartz, S.J., Des Rosiers, S.E., Villamar, J.A., Gavreliuc, A., Zinkeng, M., Kreuzbauer, R., Baguma, P., Martin, M., Tatarko, A., Herman, G., de Sauvage, I., Courtois, M., Gardarsdottir, R.B., Harb, C., Schweiger Gallo, I., Prieto Gil, P., Lorente Clemares, R., Campara, G., Nizharadze, G., Macapagal, M.E., Jalal, B., Bourguignon, D., Zhang, J., Lv, S., Chybicka, A., Yuki, M., Zhang, X., Espinosa, A., Valk, A., Abuhamdeh, S., Amponsah, B., Ozgen, E., Guner, E. U., Yamakoğlu, N., Chobthamkit, P., Pyszczynski, T., Kesebir, P., Vargas Trujillo, E., Balanta, P., Cendales Ayala, B., Koller, S.H., Jaafar, J.L., Gausel, N., Fischer, R., Milfont, T.L., Kusdil, E., Cağlar, S., Aldhafri, S., Ferreira, M.C., Mekonnen, K.H., Wang, Q., Fulop, M., Torres, A., Camino, L., Lemos, F.C., Fritsche, I., Moller, B., Regalia, C., Manzi, C., Brambilla, M., and Bond, M.H. (2016). Beyond the "east-est" dichotomy: Global variation in cultural models of selfhood. *Journal of Experimental Psychology: General, 145*(8), 966-1000.

Vohs, K., and Bauminster, R.F. (Eds.). (2017). *Handbook of Self-Regulation: Research, Theory, and Applications* (3rd ed.). New York: Guilford Press.

von Karolyi, C., Winner, E., Gray, W., and Sherman, G.F. (2003). Dyslexia linked to talent: Global visual-spatial ability. *Brain and Language, 85*(3), 427-431. doi:10.1016/S0093-934X(03)00052-X.

Vosniadou, S., and Brewer, W.F. (1992). Mental models of the earth: A study of conceptual change in childhood. *Cognitive Psychology, 24*(4), 535-585. doi.org/10.1016/0010-0285(92)90018-W.

Wade, S.E., Buxton, W.M., and Kelly, M. (1999). Using think-alouds to examine reader-ext interest. *Reading Research Quarterly, 34*(2), 194-216.

Wade-Stein, D., and Kintsch, E. (2004). Summary Street: Interactive computer support for writing. *Cognition and*

Instruction, 22(3), 333-362.

Wagner, M., Newman, L., Cameto, R., Garza, N., and Levine, P. (2005). *After High School: A First Look at the Postschool Experiences of Youth with Disabilities*. Menlo Park, CA: SRI International. Available: https://files.eric.ed.gov/fulltext/ED494935.pdf [December 2017].

Wahlstrom, K., Dretzke, B., Gordon, M., Peterson, K., Edwards, K., and Gdula, J. (2014). *Examining the Impact of Later School Start Times on the Health and Academic Performance of High School Students: A Multi-Site Study*. Center for Applied Research and Educational Improvement. St. Paul: University of Minnesota.

Waldinger, R.J., Cohen, S., Schulz, M.S., and Crowell, J.A. (2015). Security of attachment to spouses in late life: Concurrent and prospective links with cognitive and emotional wellbeing. *Clinical Psychological Science, 3*(4), 516-529.

Walker, M.P. (2006). Sleep to remember. *American Scientist, 94*, 326-333.

Walton, G.M., and Cohen, G.L. (2011). A brief social-belonging intervention improves academic and health outcomes of minority students. *Science, 331*(6023), 1447-1451.

Walton, G.M., and Spencer, S.J. (2009). Latent ability: Grades and test scores systematically underestimate the intellectual ability of negatively stereotyped students. *Psychological Science, 20*(9), 1132-1139.

Wang, M., Burlacu, G., Truxillo, D.J., James, K., and Yao, X. (2015). Age differences in feedback reactions: The roles of employee feedback orientation on social awareness and utility. *Journal of Applied Psychology, 100*(4), 1296-1308. doi:10.1037/a0038334.

Wang, Q. (2004). The emergence of cultural self-constructs: Autobiographical memory and self-description in European American and Chinese children. *Developmental Psychology, 40*(1), 3-15.

Wang, Q. (2009). Are Asians forgetful? Perception, retention, and recall in episodic remembering. *Cognition, 111*(1), 123-131.

Wang, Q., and Conway, M.A. (2004). The stories we keep: Autobiographical memory in American and Chinese middle-aged adults. *Journal of Personality, 72*(5), 911-938.

Wang, Q., and Ross, M. (2007). Culture and memory. In H.

Kitayama and D. Cohen (Eds.), *Handbook of Cultural Psychology* (pp. 645-667). New York: Guilford Press.

Wang, S., and Gathercole, S.E. (2013). Working memory deficits in children with reading difficulties: Memory span and dual task coordination. *Journal of Experimental Child Psychology, 115*(1), 188-197.

Wang, Y.-S., Wu, M.-C., and Wang, H.-Y. (2009). Investigating the determinants and age and gender differences in the acceptance of mobile learning. *British Journal of Educational Technology, 40*(1), 92-118.

Wanzek, J., Vaughn, S., Scammacca, N.K., Metz, K., Murray, C.S., Roberts, G., and Danielson, L. (2013). Extensive reading interventions for students with reading difficulties after grade 3. *Review of Educational Research, 83*(2), 163-195. doi:10.3102/0034654313477212.

Warschauer, M., and Grimes, D. (2008). Automated writing in the classroom. *Pedagogies: An International Journal, 3*, 22-26. doi:10.1080/15544800701771580.

Warschauer, M., and Matuchniak, T. (2010). New technology and digital worlds: Analyzing evidence of equity in access, use, and outcomes. *Review of Research in Education, 34*(1), 179-219.

Wasserberg, M.J. (2014). Stereotype threat effects on African American children in an urban elementary school. *The Journal of Experimental Education, 82*(4), 502-517. doi.org/10.1080/00220973.2013.876224.

Wei, X., Yu, J.W., Shattuck, P., McCracken, M., and Blackorby, J. (2013). Science, technology, engineering, and mathematics (STEM) participation among college students with an autism spectrum disorder. *Journal of Autism and Developmental Disorders, 43*(7), 1539-1546. doi:10.1007/s10803-012-1700-z.

Wenglinsky, H. (2005). *Using Technology Wisely: The Keys to Success in Schools*. New York: Teachers College Press.

Wertsch, J.V. (1991). *Voices of the Mind: A Sociocultural Approach to Mediated Action*. Cambridge, MA: Harvard University Press.

Wheeler, M.A., Stuss, D.T., and Tulving, E. (1997). Toward a theory of episodic memory: The frontal lobes and autonoetic consciousness. *Psychological Bulletin, 121*(3), 331-354.

Whipp, J.L., and Chiarelli, S. (2004). Self-regulation in a Web-based course: A case study. *Educational Technology Research and Development, 52*(4), 5-22.

Wiesel, T.N., and Hubel, D.N. (1965). Extent of recovery from the effects of visual deprivation in kittens. *Journal of Neurophysiology, 28*(6), 1060–1072.

Wigfield, A., and Eccles, J.S. (2000). Expectancy-value theory of achievement and motivation. *Contemporary Educational Psychology, 25*(1), 68–81. https://doi.org/10.1006/ceps.1999.1015.

Wiley, J., Goldman, S., Graesser, A., Sanchez, C., Ash, I., and Hemmerich, J. (2009). Source evaluation, comprehension, and learning in Internet science inquiry tasks. *American Educational Research Journal, 46*(4), 1060–1106.

Wiliam, D. (2010). The role of formative assessment in effective learning environments. In H. Dumont, D. Istance, and F. Benavides (Eds.), *The Nature of Learning: Using Research to Inspire Practice* (pp. 135–159). Paris, France: OECD.₩ doi.org/10.1787/9789264086487-8-en.

Wiliam, D. (2013). Feedback and instructional correctives. In J.H. McMillan (Ed.), *Handbook of Research on Classroom Assessment* (Chapter 12). Thousand Oaks, CA: SAGE. doi.org/10.4135/9781452218649.n12.

Wilkinson, I.A., and Fung, I.Y.,Y. (2002). Small-group composition and peer effects. *International Journal of Educational Research, 37*(5), 425–447.

Willcutt, E.G., Pennington, B.F., Chhabildas, N.A., Olson, R.K., and Hulslander, J.L. (2005). Neuropsychological analyses of comorbidity between RD and ADHD: In search of the common deficit. *Developmental Neuropsychology, 27*(1), 35–78.

Williams, J.J., and Lombrozo, T. (2010). The role of explanation in discovery and generalization: Evidence from category learning. *Cognitive Science, 34*(5), 776–806. doi:10.1111/j.1551-6709.2010.01113.x.

Williams, J.J., and Lombrozo, T. (2013). Explanation and prior knowledge interact to guide learning. *Cognitive Psychology, 66*(1), 55–84. doi:10.1016/j.cogpsych.2012.09.002.

Williams, D.L., Goldstein, G., and Minshew, N.J. (2006). The profile of memory function in children with autism. *Neuropsychology, 20*(1), 21–29.

Williams, J.J., Lombrozo, T., and Rehder, B. (2013). The hazards of explanation: Overgeneralization in the face of exceptions. *Journal of Experimental Psychology: General, 142*(4), 1006–1014. doi:10.1037/a0030996.

Willingham, E.B., Nissen, M.J., and Bullemer, P. (1989). On the development of procedural knowledge. *Journal of Experimental Psychology. Learning, Memory, and Cognition, 15*(6), 1047–1060.

Willis, P. (1977). *Learning to Labour*. Farnborough, UK: Saxon House.

Wilson, R.S., Krueger, K.R., Arnold, S.E., Schneider, J.A., Kelly, J.F., Barnes, L.L., Tang, Y., and Bennett, D.A. (2007). Loneliness and risk of Alzheimer disease. *Archives of General Psychiatry, 64*(2), 234–240.

Winkler-Rhoades, N., Medin, D., Waxman, S.R., Woodring, J., and Ross, N.O. (2010). Naming the animals that come to mind: Effects of culture and experience on category fluency. *Journal of Cognition and Culture, 101*(2), 205–220.

Witkow, M.R., and Fuligni, A.J. (2007). Achievement goals and daily school experiences among adolescents with Asian, Latino, and European American backgrounds. *Journal of Educational Psychology, 99*(3), 584–596. doi.org/10.1037/0022-0663.99.3.584.

Wolfson, N.E., Cavanagh, T.M., and Kraiger, K. (2014). Older adults and technology-based instruction: Optimizing learning outcomes and transfer. *Academy of Management Learning and Education, 13*(1), 26–44. doi.org/10.5465/amle.2012.0056.

Woloshyn, V.E., Paivio, A., and Pressley, M. (1994). Use of elaborative interrogation to help students acquire information consistent with prior knowledge and information inconsistent with prior knowledge. *Journal of Educational Psychology, 86*(1), 79–89. doi:10.1037/0022-0663.86.1.79.

Wolters, C.A. (2004). Advancing achievement goal theory: Using goal structures and goal orientations to predict students' motivation, cognition, and achievement. *Journal of Educational Psychology, 96*(2), 236–250. doi.org/10.1037/0022-0663.96.2.236.

Wood, W., Quinn, J.M., and Kashy, D.A. (2002). Habits in everyday life: Thought, emotion, and action. *Journal of Personality and Social Psychology, 83*(6), 1281–1297. doi:10.1037//0022-3514.83.6.1281.

Woody, W.D., Daniel, D.B., and Baker, C.A. (2010). E-books or textbooks: Students prefer textbooks. *Computers and Education, 55*(3), 945–948. doi.org/10.1016/j.compedu.2010.04.005.

Wouters, P., and van Oostendorp, H. (Eds.). (2017). *Instructional Techniques to Facilitate Learning and*

Motivation of Serious Games. CITY: Switzerland: Springer International.

Wouters, P., van Nimwegen, C., van Oostendorp, H., and van der Spek, E.D. (2013). A metaanalysis of the cognitive and motivational effects of serious games. *Journal of Educational Psychology, 105*(2), 249–265.

Wu, Y.T., Prina, A.M., and Brayne, C. (2015). The association between community environment and cognitive function: A systematic review. *Social Psychiatry and Psychiatric Epidemiology, 50*(3), 351–362.

Wylie, R., and Chi, M.T.H. (2014). The self-explanation principle in multimedia learning. In R.E. Mayer (Ed.), *Cambridge Handbooks in Psychology* (2nd ed., pp. 413–432, xvii, 930). New York: Cambridge University Press.

Wylie, C., Ciofalo, J., and Mavronikolas, E. (2010). *Documenting, Diagnosing and Treating Misconceptions: Impact on Student Learning.* Paper presentation at the annual meeting of the American Educational Research Association, Denver, CO.

Xin, Y.P., and Jitendra, A.K. (1999). The effects of instruction in solving mathematical word problems for students with learning problems: A meta-analysis. *The Journal of Special Education, 32*(4), 207–225.

Xu, D., and Jaggars, S.S. (2011a). *Online and Hybrid Course Enrollment and Performance in Washington State Community and Technical Colleges.* CCRC Working Paper No. 31. New York: Columbia University, Teachers College, Community College Research Center.

Xu, D., and Jaggars, S.S. (2011b). The effectiveness of distance education across Virginia's community colleges: Evidence from introductory college-level math and English courses. *Educational Evaluation and Policy Analysis, 33*(3), 360–377.

Yannier, N., Hudson, S.E., Wiese, E.S., and Koedinger, K.R. (2016). Adding physical objects to an interactive game improves learning and enjoyment: Evidence from EarthShake. *ACM Transaction on Computer-Human Interaction, 23*(4), Article 26:1–31.

Yarnall, L., and Haertel, G. (2016). CIRCL Primer: Evidence-Centered Design. In *CIRCL Primer Series.* Available: http://circlcenter.org/evidence-centered-design/ [July 2018].

Yeager, D.S., and Walton, G.M. (2011). Social-psychological interventions in education: They're not magic. *Review of Educational Research, 81*(2), 267–301.

Yeager, D.S., Walton, G.M., Brady, S.T., Akcinar, E.N., Paunesku, D., Keane, L., Kamentz, D., Ritter, G., Duckworth, A.L., Urstein, R., Gomez E., Markus, H.R. Cohen, G.L., and Dweck, C.S. (2016). Teaching a lay theory before college narrows achievement gaps at scale. *Proceedings of the National Academy of Sciences of the United States of America, 113*(24), E3341–E3348.

Zacks, J.M., Tversky, B., and Iyer, G. (2001). Perceiving, remembering, and communicating structure in events. *Journal of Experimental Psychology: General, 130*(1), 29–58.

Zeki, S., Romaya, J.P., Benincasa, D.M., and Atiyah, M.F. (2014). The experience of mathematical beauty and its neural correlates. *Frontiers in Human Neuroscience, 8*, 68. doi.org/10.3389/fnhum.2014.00068.

Zimmerman, B.J. (2000). Attaining self-regulation: A social cognitive perspective. In M. Boekaerts, P.R., Pintrich and M. Zeidner (Eds.), *Handbook of Self Regulation* (pp. 13–39). San Diego, CA: Academic Press.

Zimmerman, B.J. (2002). Achieving self-regulation: The trial and triumph of adolescence. In F. Pajares and T. Urdan (Eds.), *Academic Motivation of Adolescents* (vol. 2, pp. 1–27). Greenwich, CT: Information Age.

Zola, S.M., and Squire, L.R. (2000). The medial temporal lobe and the hippocampus. In E. Tulving and F.I.M. Craik (Eds.), *The Oxford Handbook of Memory* (pp. 485–500). New York: Oxford University Press.

Zusho, A., and Njoku, H. (2007). Culture and motivation to learn: Exploring the generalizability of achievement goal theory. In F. Salili and R. Hoosain (Eds.), *Culture, Motivation, and Learning: A Multicultural Perspective* (pp. 91–113). Charlotte, NC: Information Age.

Zusho, A., Pintrich, P.R., and Cortina, K.S. (2005). Motives, goals, and adaptive patterns ofperformance in Asian American and Anglo American students. *Learning and Individual Differences, 15*(2), 141–158. doi.org/10.1016/j.lindif.2004.11.003.

Zusho, A., Anthony, J.S., Hashimoto, N., and Robertson, G. (2014). Do video games provide motivation to learn? In F.C. Blumberg (Ed.), *Learning by Playing: Video Gaming in Education* (pp. 69–86). New York: Oxford University Press.

찾아보기

[인명]

Ames, C. 155
Aronson, J. 178

Bandura, A. 70, 157
Bargh, J. A. 149
Bauer, P. J. 126
Beller, S. 138
Bronfenbrenner, U. 52

Carvalho, P. F. 143
Cepeda, N. J. 142
Chi, M. T. H. 148
Cole, M. 49
Cortiella, C. 279
Covington, M. V. 168

Deci, E. L. 161
Donnelly, C. M. 147
Dunlosky, J. 142, 145
Dweck, C. S. 155

Eccles, J. S. 158
Elliott, E. S. 165
Erickson, F. 194
Fiorella, L. 145

Gesell, A. 47
Goldstone, R. L. 143

Haertel, E. 38
Hahn, U. 132
Harris, A. J. L. 132
Hatano, G. 52, 129
Henrich, J. 39
Hidi, S. 160
Hillman, C. H. 58
Horowitz, S. H. 279
Hubel, D. N. 90
Hulleman, C. S. 166

Immordino-Yang, M. H. 172
Ionas, I. G. 148

John-Steiner, V. 49

Kahan, D. M. 132
Karpicke, J. D. 140
Kaufmann, L. 282
Kitayama, S. 173
Kolodner, J. L. 135

Leopold, C. 145
Leutner, D. 145
Linnenbrink-Garcia, L. 156
Luria, A. 49

Mahn, H. 49

Markus, H. R. 173
Mayer, R. E. 145, 256
McCollough, C. 76
McDaniel, M. A. 147
Morris, M. W. 138
Moss, P. 38
Mueller, P. A. 145
Murayama, K. 153

Oppenheimer, D. M. 145
Osawa, K. 129
Oyserman, D. 172

Pavlov, I. 68
Peirce, C. S. 81
Peng, K. 138
Pintrich, P. R. 153

Rawson, K. A. 142
Roediger, H. L. 140
Rogoff, B. 50
Ryan, R. M. 161

Saxe, G. B. 50
Schul, Y. 149
Segal, M. H. 48
Souci, P. 126
Steele, C. M. 177

[내용]

How People Learn II: The Science and Practice of Learning 위원회

미국 국립학술원(National Academies) 산하의 과학·공학·의학 학술원이 정책적 의사 결정의 근거를 마련하기 위한 프로젝트의 일환으로 구성한 전문가 위원회이다. 이 위원회가 2000년에 출판된『How People Learn: Brain, Mind, Experience, and School: Expanded Edition』을 기초로, 사회문화적 맥락을 반영한 교육 연구와 테크놀로지의 교육적 활용 방안 등을 폭넓게 보완한 보고서가 『How People Learn II: Learners, Contexts, and Cultures』이다. 미국 위스콘신-매디슨 대학교(University of Wisconsin-Madison) 사회학과 교수 코라 배글리 머렛(Cora Bagley Marrett)이 위원회의 의장으로 보고서 작성 프로젝트를 총괄하였고, 알프레드슬로안재단(Alfred P. Sloan Foundation), 미국교육학회(American Educational Research Association), 빌앤멜린다게이츠재단(Bill & Melinda Gates Foundation), 미국교육부 교육과학연구소(Institute of Education Sciences of the U.S. Department of Education), 티글재단(Teagle Foundation) 등의 지원을 받았다. 위원회의 전문가 간 엄격한 상호 평가를 통해 보고서를 완성하되, 이후 워크숍, 심포지엄 들을 통해 수집된 의견을 국립학술원의 입장과 독립적으로 반영하는 방식으로 연구 결과의 객관성과 현장성을 높였다.

역자 소개

신종호

미네소타 대학교 교육심리 박사
서울대학교 교육학과 교수

이현주

서울대학교 교육심리 박사
명지대학교 교직과 교수

최효식

서울대학교 교육심리 박사
춘천교육대학교 교육학과 교수

연은모

서울대학교 교육심리 박사
영남대학교 교양학부 교수

진성조

서울대학교 교육심리 박사
명지대학교 방목기초교육대학 교수

장유진

오하이오 주립대학교 교육심리 박사
충북대학교 교육학과 교수

황혜영

노스캐롤라이나 대학교 교육심리 박사
경기대학교 교양학부 교수

정은경

UC버클리 대학교 교육심리 박사
서울대학교 교육학과 강사

박수원

서울대학교 교육심리 박사
세종대학교 교육학과 교수

조은별

서울대학교 교육심리 박사
한국해양대학교 교직과 교수

김명섭

서울대학교 교육심리 박사
인천대학교 사회과학연구원 연구교수

김정아

서울대학교 교육학과 박사 수료

류장한

서울대학교 교육학과 박사 수료

학습과학 II

학습자, 맥락 그리고 문화
How People Learn II: Learners, Contexts, and Cultures

2020년 3월 5일 1판 1쇄 인쇄
2020년 3월 10일 1판 1쇄 발행

엮은이 • How People Learn II: The Science and Practice of Learning 위원회
옮긴이 • 신종호 · 이현주 · 최효식 · 연은모 · 진성조 · 장유진 · 황혜영
　　　　정은경 · 박수원 · 조은별 · 김명섭 · 김정아 · 류장한
펴낸이 • 김진환
펴낸곳 • ㈜ 학지사
　　　　04031 서울특별시 마포구 양화로 15길 20 마인드월드빌딩
대표전화 • 02)330-5114　　　팩스 • 02)324-2345
등록번호 • 제313-2006-000265호

홈페이지 • http://www.hakjisa.co.kr
페이스북 • https://www.facebook.com/hakjisa

ISBN 978-89-997-2075-8 93370

정가 20,000원

이 도서의 국립중앙도서관 출판시도서목록(CIP)은 서지정보유통지
원시스템 홈페이지(http://seoji.nl.go.kr)와 국가자료공동목록시스템
(http://www.nl.go.kr/kolisnet)에서 이용하실 수 있습니다.
(CIP 제어번호: CIP2020008136)

출판 · 교육 · 미디어기업 학지사

간호보건의학출판 학지사메디컬 www.hakjisamd.co.kr
심리검사연구소 인싸이트 www.inpsyt.co.kr
학술논문서비스 뉴논문 www.newnonmun.com
원격교육연수원 카운피아 www.counpia.com